TEMAS DE PROCESSO ADMINISTRATIVO

CONTRACORRENTE

LUCIANO ANDERSON DE SOUZA
RUY CARDOZO DE MELLO TUCUNDUVA SOBRINHO
(*Coordenadores*)

TEMAS DE PROCESSO ADMINISTRATIVO

São Paulo

2017

CONTRACORRENTE

Copyright © EDITORA CONTRACORRENTE

Rua Dr. Cândido Espinheira, 560 | 3º andar
São Paulo – SP – Brasil | CEP 05004 000
www.editoracontracorrente.com.br
contato@editoracontracorrente.com.br

Editores

Camila Almeida Janela Valim
Gustavo Marinho de Carvalho
Rafael Valim

Conselho Editorial

Alysson Leandro Mascaro
(Universidade de São Paulo – SP)

Augusto Neves Dal Pozzo
(Pontifícia Universidade Católica de São Paulo – PUC/SP)

Daniel Wunder Hachem
(Universidade Federal do Paraná – UFPR)

Emerson Gabardo
(Universidade Federal do Paraná – UFPR)

Gilberto Bercovici
(Universidade de São Paulo – USP)

Heleno Taveira Torres
(Universidade de São Paulo – USP)

Jaime Rodríguez-Arana Muñoz
(Universidade de La Coruña – Espanha)

Pablo Ángel Gutiérrez Colantuono
(Universidade Nacional de Comahue – Argentina)

Pedro Serrano
(Pontifícia Universidade Católica de São Paulo – PUC/SP)

Silvio Luís Ferreira da Rocha
(Pontifícia Universidade Católica de São Paulo – PUC/SP)

Equipe editorial

Carolina Ressurreição (revisão)
Denise Dearo (design gráfico)
Mariela Santos Valim (capa)

Dados Internacionais de Catalogação na Publicação (CIP)
(Ficha Catalográfica elaborada pela Editora Contracorrente)

S719   SOUZA, Luciano Anderson de; TUCUNDUVA SOBRINHO, Ruy Cardozo de Mello et al.

Temas de Processo Administrativo | Luciano Anderson de Souza; Ruy Cardozo de Mello Tucunduva Sobrinho (coordenadores) – São Paulo: Editora Contracorrente, 2017.

ISBN: 978-85-69220-32-9

Inclui bibliografia

1. Processo Administrativo. 2. Direito Administrativo. 3. Devido processo legal. 4. Direitos fundamentais. I. Título.

CDU: 341.362

Impresso no Brasil
Printed in Brazil

SUMÁRIO

SOBRE OS AUTORES 7

PREFÁCIO – Desembargador Hamilton Elliot Akel 11

APRESENTAÇÃO.. 13

A (IN)COMPETÊNCIA DO CNJ EM FACE DA *QUESTÃO JUDICIALIZADA*

Diogo Rais Rodrigues Moreira; Ivan Candido da Silva de Franco   15

DO PROCESSO NA OAB

Fabio Guedes Garcia da Silveira 43

O PROCESSO ADMINISTRATIVO DE CONCURSO PÚBLICO. ANÁLISE JURÍDICA DOS MÉTODOS DE SELEÇÃO DOS SERVIDORES PÚBLICOS NO BRASIL

Fábio Lins de Lessa Carvalho 75

A INSTRUÇÃO PROBATÓRIA NO PROCESSO ADMINISTRATIVO DISCIPLINAR DE MAGISTRADO: EM BUSCA DE UM NOVO PROCEDIMENTO

Ruy Cardozo de Mello Tucunduva Sobrinho; Hans Robert Dalbello Braga 119

RESQUÍCIOS MEDIEVAIS NO PROCESSO ADMINISTRATIVO BRASILEIRO

Irene Patrícia Nohara..133

LUCIANO A. DE SOUZA; RUY C. M. TUCUNDUVA SOBRINHO (COORDS.)

AS NULIDADES E O PROCESSO ADMINISTRATIVO: ALGUMAS BREVES CONSIDERAÇÕES

Jorge Coutinho Paschoal 153

OS PROCEDIMENTOS ADMINISTRATIVOS NA LEI N. 12.529/12 (LEI DE DEFESA DA CONCORRÊNCIA): QUAL A LEI APLICÁVEL?

Leopoldo Pagotto; Raphaela Satie Nawa Velloso 191

FALSO TESTEMUNHO OU FALSA PERÍCIA

Luciano Anderson de Souza 213

BREVES NOTAS A RESPEITO DO CONSELHO DE JUSTIFICAÇÃO NO ÂMBITO DAS FORÇAS ARMADAS

Nelson Lacava Filho 239

INSTAURAÇÃO DE PROCESSO ADMINISTRATIVO DISCIPLINAR POR SIGILO PROFISSIONAL: O CASO DO ADVOGADO

Regina Cirino Alves Ferreira de Souza 265

REFLEXÃO CONSTITUCIONAL SOBRE A VINCULAÇÃO DO CARF ÀS DECISÕES DOS TRIBUNAIS JUDICIAIS SUPERIORES EM SEDE DE RECURSOS REPRESENTATIVOS DE CONTROVÉRSIAS

Renan Cirino Alves Ferreira 281

ACORDOS DE LENIÊNCIA NO PROCESSO ADMINISTRATIVO BRASILEIRO: MODALIDADES, REGIME JURÍDICO E PROBLEMAS EMERGENTES

Thiago Marrara 305

PROCESSO ADMINISTRATIVO DISCIPLINAR E O SISTEMA ACUSATÓRIO

Tiago Cintra Essado 331

O CONCEITO DE FUNCIONÁRIO PÚBLICO E A ADMINISTRAÇÃO PÚBLICA NACIONAL OU ESTRANGEIRA NA LEI ANTICORRUPÇÃO

Vicente Greco Filho; João Daniel Rassi 353

SOBRE OS AUTORES

DIOGO RAIS RODRIGUES MOREIRA

Mestre em Direito pela Pontifícia Universidade Católica de São Paulo – PUC/SP. Doutorando pela PUC/SP, com bolsa do Projeto "CNJ Acadêmico". Pesquisador do Núcleo de Metodologia de Ensino da Escola de Direito de São Paulo da Fundação Getúlio Vargas – FGV-DIREITO/SP.

FABIO GUEDES GARCIA DA SILVEIRA

Mestre em Direito Político e Econômico pela Universidade Presbiteriana Mackenzie/SP. Professor da Faculdade de Direito da UniFMU. Conselheiro Seccional da OAB/SP. Corregedor-Geral do Tribunal de Ética e Disciplina da OAB/SP. Advogado.

FÁBIO LINS DE LESSA CARVALHO

Doutor em Direito Administrativo pela *Universidad de Salamanca* (Espanha). Mestre em Direito Público pela Universidade Federal de Pernambuco – UFPE. Professor Adjunto da Universidade Federal de Alagoas – UFAL e do Centro de Estudos Superiores de Maceió – CESMAC. Procurador do Estado de Alagoas. Advogado.

HANS ROBERT DALBELLO BRAGA

Professor de Direito Penal e Processo Penal da Universidade Nove de Julho – Uninove. Mestre em Direito pela Uninove. Advogado.

LUCIANO A. DE SOUZA; RUY C. M. TUCUNDUVA SOBRINHO (COORDS.)

IRENE PATRÍCIA NOHARA

Livre-Docente em Direito Administrativo. Doutora e Mestre em Direito do Estado pela Faculdade de Direito da Universidade de São Paulo – USP. Professora-Pesquisadora do Programa de Direito Político e Econômico da Universidade Presbiteriana Mackenzie. Advogada.

IVAN CANDIDO DA SILVA DE FRANCO

Mestrando em Direito e Desenvolvimento na Escola de Direito de São Paulo da Fundação Getúlio Vargas – FGV-DIREITO/SP. Graduado pela Faculdade de Direito da Universidade de São Paulo – USP.

JOÃO DANIEL RASSI

Doutor e Mestre em Direito Penal pela Universidade de São Paulo – USP. Doutorando em Direito Processual Penal pela USP. Advogado.

JORGE COUTINHO PASCHOAL

Mestre em Direito Processual Penal pela Universidade de São Paulo – USP. Advogado.

LEOPOLDO PAGOTTO

Doutor e Mestre em Direito Econômico-Financeiro pela Faculdade de Direito da Universidade de São Paulo – USP e *MSc in Regulation* pela *London School of Economics and Political Science*. Membro da Comissão Geral de Ética do Estado de São Paulo e do Tribunal de Ética Deontológico – TED I da Ordem dos Advogados do Brasil – OAB/SP.

LUCIANO ANDERSON DE SOUZA

Professor Doutor de Direito Penal da Faculdade de Direito da Universidade de São Paulo – USP. Doutor e Mestre em Direito Penal pela USP. Especialista em Direito Penal pela *Universidad de Salamanca* (Espanha). Advogado.

NELSON LACAVA FILHO

Mestre e Doutorando em Direito Penal pela Faculdade de Direito da Universidade de São Paulo – USP. Promotor de Justiça Militar.

RAPHAELA SATIE NAWA VELLOSO

Acadêmica de Direito da Faculdade de Direito da Universidade de São Paulo – USP.

REGINA CIRINO ALVES FERREIRA DE SOUZA

Mestre em Direito Penal pela Faculdade de Direito da Universidade de São Paulo – USP. Especialista em Direito Penal pela Universidade de Coimbra. Especialista em Direito Penal pela *Universidad de Salamanca* (Espanha). Advogada.

RENAN CIRINO ALVES FERREIRA

Cursando *Master in Corporate Finance, Controllership and Economics* pela Escola de Economia de São Paulo da Fundação Getúlio Vargas – EESP/FGV. Especialista em Direito Tributário pelo Instituto Brasileiro de Estudos Tributários – IBET. Bacharel em Direito pela Pontifícia Universidade Católica de São Paulo – PUC/SP. Advogado.

RUY CARDOZO DE MELLO TUCUNDUVA SOBRINHO

Doutor em Direito do Estado pela Universidade de São Paulo – USP. Professor de Direito Constitucional da Universidade Nove de Julho – Uninove. Advogado.

THIAGO MARRARA

Professor de Direito Administrativo da Faculdade de Direito de Ribeirão Preto – FDRP. Livre-docente. Doutor pela Universidade de Munique – LMU. Advogado consultor.

LUCIANO A. DE SOUZA; RUY C. M. TUCUNDUVA SOBRINHO (COORDS.)

TIAGO CINTRA ESSADO

Mestre em Direito do Estado pela Universidade de Franca. Doutor em Direito Processual pela Faculdade de Direito da Universidade de São Paulo – USP. Promotor de Justiça/SP.

VICENTE GRECO FILHO

Professor Titular da Faculdade de Direito da Universidade de São Paulo – USP. Advogado.

PREFÁCIO

Honraram-me, os jovens e brilhantes advogados e professores universitários Ruy Cardoso de Mello Tucunduva e Luciano Anderson de Souza com o convite para prefaciar esta obra "Temas de Processo Administrativo", por eles coordenada.

Desincumbo-me da tarefa com satisfação.

O livro, que é composto por quatorze capítulos, cada um deles versando tema relacionado ao processo administrativo, revela enorme utilidade, ainda mais na época em que vivemos, quando o Estado intervém de maneira cada vez mais decisiva na órbita de relações que até alguns anos atrás eram havidas como nitidamente privadas, tornando o processo administrativo cada vez mais presente no cotidiano dos operadores do Direito.

Questiona-se, na obra, a intervenção do Conselho Nacional de Justiça (CNJ), que ora completa dez anos de existência, em questões judicializadas, sendo importante para todos aqueles que de alguma forma atuam na jurisdição, junto a ela ou diante dela, a reflexão profunda a respeito dos limites de atuação daquele órgão.

Àqueles que militam na advocacia, em especial, será muito útil a leitura do título concernente ao processo disciplinar na Ordem dos Advogados do Brasil, e do modo como isso pode interferir no exercício de seu *munus*. Da mesma forma, daquele referente ao sigilo profissional do advogado e ao processo administrativo disciplinar que o garante.

11

O concurso público, tratado como processo administrativo que garante a consideração do mérito como forma adequada de acesso ao serviço estatal constitui tema que, nos dias de hoje, em especial diante dos últimos escândalos políticos, adquiriu especial importância.

Instigante será, em especial para aqueles que, como o redator destas linhas, exercem função correcional, a reflexão acerca da instrução probatória no processo administrativo disciplinar de magistrado. Eventual aplicação de pena disciplinar, ao magistrado como a qualquer servidor público, deve ser resultado de um processo justo, pleno, isento de vícios ou falhas e, além disso, o mais rápido possível, porque a justiça tardia é arremedo de Justiça, mas tão deletéria quanto ela é a injustiça rápida.

O CARF (Conselho Administrativo de Recursos Fiscais), criado em 2008 e instalado em 2009 com a missão de "assegurar à sociedade imparcialidade e celeridade na solução dos litígios tributários" está vinculado às decisões judiciais dos tribunais superiores? Essa a indagação, posta em um dos capítulos, apresentada do ponto de vista constitucional.

Temas como as nulidades do processo administrativo e a falsidade da prova testemunhal ou pericial acabam revelando uma interface entre o Direito Administrativo, o Direito Constitucional, o Direito Penal e o Direito Processual, merecendo especial atenção nesse período de entrada em vigor do Novo Código de Processo Civil.

Não foram deixados de lado, na obra, por fim, os temas referentes ao processo administrativo destinado a julgar a incapacidade do oficial das Forças Armadas ou das Forças Auxiliares para permanecer na ativa em decorrência do cometimento de uma falta disciplinar grave ou de um outro ato previsto nas leis ou nos regulamentos, nem aos procedimentos do CADE e da Lei Anticorrupção.

Todos os autores que participaram da obra são juristas de escol, pesquisadores e professores de renome, o que garante a profundidade e utilidade da obra, pelo que lhes auguro sucesso editorial.

Hamilton Elliot Akel

Desembargador do Tribunal de Justiça do Estado de São Paulo
Corregedor Geral da Justiça no biênio 2014/2015

APRESENTAÇÃO

Com os ventos da globalização e as cíclicas crises econômicas, dentro de um ambiente democrático, o papel do Estado brasileiro vem, há muito, sofrendo profundas transformações. Isso significa não apenas uma mudança de paradigmas na assunção de funções e na maneira de exercê-las como também na forma de lidar com os administrados diante dos naturais e crescentes litígios que daí surgem.

Neste contexto, a Constituição de 1988 representou um marco em favor da cidadania, tanto delineando que o Estado está a serviço de seus cidadãos como também estabelecendo diretrizes horizontais na relação com estes. Em outras palavras, o Estado estático, prepotente e voluntarista, que trata os integrantes da sociedade como súditos, sede passo à concreção de uma lógica democrática de igualdade formal e material, em todos os aspectos.

Por tudo isso, primordial o estudo jurídico do processo administrativo nos dias atuais. A forma da administração proceder, principalmente quanto ao inconformismo com decisões administrativas que ensejam discussões na própria esfera administrativa, há de ser cercada de garantias, transparência, eficiência e honestidade, dentre outros predicados, tal qual se espera em todos os momentos da atuação do Estado, mas se sensibilizam no procedimento de questionamento de decisões tomadas ou outros aspectos procedimentais.

Estas as inquietações que ensejaram a ideia de edição do presente livro. Mas tal mister se deparou ainda com um problema prático na análise, diante da ausência de uniformização no processo administrativo. Vale dizer, além das linhas gerais dadas pelo constituinte, muito pouco, ou quase nada, de uniformização existe quanto a essa seara, o que deixa atônitos os operadores jurídicos.

Neste sentido, existem muitas regras de processo administrativo, de diferentes matizes, e grande parte carente de disciplina clara e segura. Por essa razão, optou-se por convidar especialistas em assuntos diversos, para que se trouxessem problematizações variadas em torno do tema.

O livro que o leitor possui em mãos, então, apresenta assuntos diversificados quanto à disciplina do processo administrativo no Brasil, uns mais genéricos outros mais específicos, mas todos elaborados por especialistas preocupados com o erigimento de uma maneira de litigar com a administração pública mais democrática e em prol da sociedade brasileira. A ordem de leitura das diferenciadas contribuições é aquela que o leitor julgar mais pertinente, mas o ideário subjacente não pode, em qualquer caso, ser olvidado.

Por fim, agradecemos à Editora Contracorrente pela honesta busca por um ambiente jurídico-acadêmico melhor. Razão assistia à Oscar Wilde quando afirmou que o progresso não é senão a realização das utopias.

Os coordenadores

A (IN)COMPETÊNCIA DO CNJ EM FACE DA *QUESTÃO JUDICIALIZADA*

DIOGO RAIS RODRIGUES MOREIRA

IVAN CANDIDO DA SILVA DE FRANCO

SUMÁRIO: Resumo. Introdução: surgimento do CNJ e a independência jurisdicional. 1. Questão judicializada no CNJ. 2. Jurisprudência do CNJ: como é definida sua própria competência? 2.1 Tese da reserva de competência do CNJ. 2.2 Tese do critério cronológico. 3. STF e a Supremacia da apreciação judicial. Considerações Finais. Referências Bibliográficas.

RESUMO

O Conselho Nacional de Justiça completará 10 anos de efetiva instalação em junho de 2015. Durante esse tempo, apreciou grande número de processos administrativos, segundo divulgou o próprio Conselho, nele tramitaram mais de 52,1 mil processos, dos quais 47,2 mil foram julgados.[1] O órgão hoje já se consolidou e é referência nacional

---

[1] Informações do site institucional do Conselho Nacional de Justiça. Disponível em http://www.cnj.jus.br/index.php?option=com_content&view=article&id=30418:reforma-constitucional-que-criou-cnj-completa-10-nos&catid=223:cnj&Itemid=4640. Acesso em 15.01.2015.

na administração da Justiça, sendo reconhecido como o órgão central do Poder Judiciário. Mas nem sempre foi assim, tendo sido o CNJ alvo de intensos debates e embates desde as discussões congressuais. Pode-se dizer que as disputas em torno da capacidade de atuação do órgão continuam vivas até hoje. O presente artigo busca elucidar um importante campo de disputa ainda aberto: a competência do Conselho diante da judicialização da demanda.

O recorte escolhido explora um campo de antiga tensão: os limites dos âmbitos administrativo e judicial. Como se define a competência para julgamento de matérias eminentemente administrativas que podem ser judicializadas? Como o Conselho Nacional de Justiça, órgão administrativo de cúpula do Poder Judiciário, lida com a chamada *questão judicializada*? Isto é, deve julgar casos que, com identidade de partes e de objeto, estão sendo apreciados pela Justiça? As respostas a esses problemas constituem o objetivo deste artigo e, para buscá-las, recorremos à pesquisa das decisões sobre o tema adotadas tanto pelo CNJ quanto pelo STF.

Para desenvolver a problemática exposta acima, o presente artigo é dividido em cinco seções. Na Seção 1, a introdução abordando o surgimento do CNJ e a independência jurisdicional; na Seção 2, explicitaremos em detalhe o conceito de *questão judicializada*, com os casos em que ela pode ocorrer dentro da atuação ordinária do Conselho Nacional de Justiça. Na Seção 3, descreveremos como a jurisprudência do CNJ tem lidado com a questão, isto é, como o Plenário tem decidido sobre matérias que envolvam a *questão judicializada*. Na Seção 4, será examinado de que forma o Supremo Tribunal Federal delimita a competência do Conselho em face de *questões judicializadas*. Na Seção 5, considerações finais, serão resumidos os principais achados de cada uma das seções pretéritas e propostas problematizações.

INTRODUÇÃO: SURGIMENTO DO CNJ E A INDEPENDÊNCIA JURISDICIONAL

O Conselho Nacional de Justiça inaugurado com a Reforma do Judiciário, notadamente pela Emenda Constitucional n. 45 de dezembro

A (IN)COMPETÊNCIA DO CNJ EM FACE DA QUESTÃO JUDICIALIZADA

de 2004, não é o primeiro Conselho do gênero na história constitucional brasileira. Em 1977, pela Emenda Constitucional n. 07, a Ditadura Militar instituiu o famigerado Conselho Nacional de Magistratura, apontado por Peleja Júnior[2] como o *órgão censório* do Poder Judiciário. Essa emenda constitucional trouxe uma série de alterações que minaram a força do Judiciário nacional, retirando-lhe autonomia e submetendo as garantias da magistratura a exceções de "interesse público".[3] Pode-se dizer que ao passo que a Emenda Constitucional n. 45/2004 reformou o Judiciário, a Emenda Constitucional n. 07/1977 implodiu o Judiciário brasileiro.

Embora o Conselho Nacional de Justiça esteja muito distante desse modelo autoritário que conhecemos em outra época, desde antes de sua criação figurou como protagonista de intensos debates. Antecedendo seu nascimento, em uma atmosfera pouco amistosa que permeava a relação entre os Poderes da República, a ideia de criação do órgão foi alvo de intensos embates.[4] Os debates no Congresso Nacional mobilizaram setores da magistratura e de fora dela para defender posições sobre modelos de Conselho de Justiça ou mesmo sobre a não existência dele.[5]

A pretensão de criação do Conselho Nacional de Justiça, nas palavras de André Ramos Tavares,

> (...) seria, então, o de vigiar, tal e qual uma sentinela. O axioma que embasa essa criação é bastante conhecido: a eficiência de

---

[2] *Conselho Nacional de Justiça e a magistratura brasileira.* 3ª Ed. Curitiba: Juruá Editora, 2009, p. 95.

[3] PELEJA Jr., Antônio Veloso. *Conselho Nacional de Justiça e a magistratura brasileira.* 3ª Ed. Curitiba: Juruá Editora, 2009, p. 95.

[4] FALCÃO, Joaquim; LENNERTZ, Marcelo; RANGEL, Tânia Abrão. O *Controle da Administração Judicial* (2009). Disponível em http://academico.direito-rio.fgv.br/ccmw/images/1/1e/O_controle_da_administra%C3%A7%C3%A3o_judicial_-_portugu%C3%AAs_-_M%C3%A9xico.pdf. Acesso em 05.01.2015, sem página.

[5] SADEK, Maria Tereza. *Controle Externo do Poder Judiciário.* São Paulo: Fundação Konrad Adanauer, 2001, p. 111. Esclarece a autora que os principais setores envolvidos nessas discussões foram: magistratura, agentes do Sistema de Justiça (Ministério Público, juristas, Ordem dos Advogados do Brasil) e parlamentares.

determinado poder, bem como a sua lisura, é mais facilmente obtida por meio da existência de um órgão fiscalizador. Afinal, o sentimento de impunidade, inexoravelmente, gera a acomodação e, pior, o sentimento de total liberdade, ou melhor, de arbitrariedade.[6]

Como observa Sampaio[7], enquanto na Europa os Conselhos vieram para conceder a independência jurisdicional, na América Latina foram motivados pelo "estabelecimento da *accountability*, da fiscalização, do controle para a modernização do funcionamento interno do Poder, racionalizando o uso dos recursos humanos e financeiros, bem como, evitando o nepotismo, a corrupção, a má gestão e os desperdícios". No Brasil, em movimento semelhante, o CNJ foi constituído para lançar luz sobre a "caixa-preta" [8]: um Poder Judiciário hermético que funcionava no início do século XXI.

Sua instalação, em junho de 2005, foi feita ainda sob desconfiança de setores insatisfeitos com a Reforma realizada por meio da Emenda Constitucional n. 45/2004. Como resume Almeida[9], havia notadamente da parte da magistratura "(...) uma preocupação com a independência dos juízes, especialmente os de primeira instância, e com a possibilidade de que o órgão de controle externo atuasse sobre o conteúdo das decisões judiciais, substituindo os tribunais na função jurisdicional de processamento de recursos". A incerteza sobre a competência do Conselho e o medo de interferência desse novo órgão administrativo na jurisdição dos Tribunais são marcantes em seus primeiros passos.

---

[6] TAVARES, André Ramos. *Curso de Direito Constitucional*. 9ª Ed. São Paulo: Saraiva, 2011, p. 1131.

[7] SAMPAIO, José Adercio Leite. *Conselho Nacional de Justiça e a Independência do Judiciário*. Belo Horizonte: Del Rey, 2007, p. 82.

[8] Expressão utilizada pelo ex-Presidente da República Luiz Inácio Lula da Silva, que vocaliza a insatisfação de alguns setores com o caráter fechado do Poder Judiciário antes da Reforma de 2004.

[9] ALMEIDA, Frederico Normanha de. *A nobreza togada*: as elites jurídicas e a política da Justiça no Brasil. (2010) Dissertação (doutorado) – Faculdade de Filosofia, Letras e Ciências Humanas da Universidade de São Paulo – FFLCH-USP, 2010, p. 256. Sobre a expressão "controle externo", utilizada pelo autor, fazemos a ressalva de que, por mais que tenha sido constantemente empregada à época dos debates congressuais, não corresponde à feição do CNJ, que é órgão de controle interno do Poder Judiciário.

A (IN)COMPETÊNCIA DO CNJ EM FACE DA QUESTÃO JUDICIALIZADA

Mesmo que a nova redação da Constituição Federal tenha deixado claro que a atuação do Conselho era de controle administrativo (art. 103-B, § 4º), houve resistências à sua competência. Logo após a instituição do Conselho Nacional de Justiça, em vista de embates ainda não solucionados na tramitação congressual, sua constitucionalidade foi questionada no Supremo Tribunal Federal. Trata-se da ADI n. 3.367/2005, sob a relatoria do Min. Cezar Peluso, que rendeu intensos debates sobre a matéria, especificamente diante da *independência jurisdicional* e do verdadeiro papel do Conselho. A Ação Direta de Inconstitucionalidade foi declarada improcedente, tendo assim sido confirmada a constitucionalidade do Conselho Nacional de Justiça.[10] Essa decisão do Supremo contribuiu para a consolidação do órgão e, consequentemente, para o ulterior exercício de suas competências.[11]

Com quase dez anos de existência, sua atuação já se revelou necessária, ainda que cercada de polêmicas com certos setores, oscilando diante de suas composições mais ou menos atuantes (ou audaciosas) no processo de construção e concretização do conteúdo e dos limites de atuação do Conselho Nacional de Justiça. A delimitação exata de sua competência é um tema que se discute desde seu projeto e que até hoje provoca cisões. A definição aparentemente cristalina de que o CNJ é um órgão administrativo de cúpula do Poder Judiciário encontra dificuldades na sua atuação concreta, como pretendemos demonstrar com esse artigo. É dizer: não está delimitada com precisão a competência do Conselho, principalmente em face de casos em que haja *questão judicializada*, que é a existência de matéria que em algum momento foi levada à apreciação do Poder Judiciário.

Longe de ser uma questão menor, a discussão sobre a competência nesses casos é central porque envolve a atuação ordinária do Conselho que pode causar uma interferência (direta, indireta ou reflexa) em

---

[10] SUPREMO TRIBUNAL FEDERAL. ADI 3.367/DF. Plenário, Rel. Ministro Cezar Peluso, j. 13/04/2005.

[11] FRANCO, Ivan Candido da Silva de; CUNHA, Luciana Gross. "O CNJ e os discursos do Direito e Desenvolvimento". *Revista Direito GV*, vol. 9, pp. 515-534, 2013, p. 516.

um dos principais postulados do Estado Democrático de Direito: a independência jurisdicional. Mais do que isso, a delimitação da competência pode significar a concessão de mais ou menos poder ao Conselho, o que é alvo de disputa política desde antes de sua criação.[12]

1. QUESTÃO JUDICIALIZADA NO CNJ

Questão judicializada é a expressão mais comum no teor das decisões do CNJ para designar o conflito provocado pela utilização simultânea das vias judicial e administrativa. Explicando melhor: *questão judicializada* é aquela que, ainda que de competência do CNJ por versar sobre matéria administrativa, encontra-se *sub judice* em algum órgão judicial, pendendo da decisão *jurisdicional*. Possivelmente a maior dificuldade seja em identificar hipóteses em que podem ocorrer tais situações.

Diante da polissemia da expressão "questão judicializada" e seus plurais sentidos, buscamos, nas decisões do CNJ, um conceito e parâmetros para que se defina o que é *questão judicializada* para fins deste estudo. Em síntese, podemos afirmar que ela ocorre se satisfeitas duas condições: nas ocasiões em que i) a(s) mesma(s) parte(s) se socorre(m) da atividade jurisdicional, ii) tratando de mesma matéria submetida ao CNJ. Em decisão recente[13], o Conselho se manifestou neste sentido. Vejamos alguns trechos da Ementa:

> PROCEDIMENTO DE CONTROLE ADMINISTRATIVO. LICITAÇÃO POR CONCORRÊNCIA. CONSTRUÇÃO DE FÓRUM CÍVEL NA COMARCA DE CURITIBA. RESTRIÇÃO AO CARÁTER COMPETITIVO DO

---

[12] FALCÃO, Joaquim; LENNERTZ, Marcelo; RANGEL, Tânia Abrão. *O Controle da Administração Judicial* (2009). Disponível em http://academico.direito-rio.fgv.br/ccmw/images/1/1e/O_controle_da_administra%C3%A7%C3%A3o_judicial_-_portugu%C3%AAs_-_M%C3%A9xico.pdf. Acesso em 05 de janeiro de 2015, sem página. Como explicam os autores, a capacidade de controle administrativo do CNJ é influenciada por disputas com "roupagem doutrinária-jurisprudencial".

[13] CONSELHO NACIONAL DE JUSTIÇA. PCA 0005673-81.2012.2.00.0000. Plenário, Rel. Conselheiro Silvio Rocha, j. 08/10/2013. Ementa.

A (IN)COMPETÊNCIA DO CNJ EM FACE DA QUESTÃO JUDICIALIZADA

> CERTAME. NULIDADE. JUDICIALIZAÇÃO DA QUESTÃO. MANDADO DE SEGURANÇA. IDENTIDADE SUBJETIVA ENTRE O IMPETRANTE NO MS E O ORA REQUERENTE NÃO CONFIGURADA. POSSIBILIDADE DE APRECIAÇÃO PELO CONSELHO. INABILITAÇÃO DE EMPRESA. INTIMAÇÃO. RECURSO INTEMPESTIVO. NÃO IMPUGNAÇÃO DO EDITAL. PRECLUSÃO.
>
> 2. Questão foi judicializada pelo ajuizamento de mandado de segurança interposto pela DM Construtora de Obras Ltda., do qual há notícia de desistência, o que, no entanto, não impede a apreciação desse Conselho na medida em que não há identidade subjetiva entre a impetrante do mandado de segurança e o requerente neste procedimento de controle administrativo.

Pelo que se lê do trecho transcrito acima, a identidade das partes é fundamental. Para a ocorrência da questão judicializada, é necessário, também, a identidade de matéria. Abaixo, trechos de outra decisão do Conselho[14], que ressalta a condição de matérias idênticas. Vejamos trechos do voto do Relator Conselheiro José Adonis Sá:

> Conforme já se destacou, a decisão submetida à revisão por este CNJ é a que deferiu o pedido de revisão no âmbito do Tribunal de Justiça para modificar a sanção originariamente aplicada. Não se trata de revisão da decisão proferida no PAD julgado na Sessão Ordinária de 10.12.2008. *Não procede*, portanto, a alegação de *judicialização* da matéria. O mandado de segurança impetrado perante o TJ/PA, sob alegações de nulidades no PAD, ataca a decisão que originariamente aplicou a sanção de aposentadoria compulsória.
>
> Não está em discussão no presente pedido de revisão a regularidade do PAD e a sanção nele aplicada. A controvérsia posta nestes autos diz respeito à existência dos pressupostos legais para o deferimento do pedido de revisão na instância de origem. Apresenta-se claríssima a diversidade de objeto, na ação de mandado de segurança e no presente pedido de revisão disciplinar. *Rejeito a alegação de judicialização do tema.*

---

[14] CONSELHO NACIONAL DE JUSTIÇA. REVDIS 0000325-53.2010.2.00.0000. Plenário, Rel. Conselheiro José Adonis Sá, j. 18/05/2010. Voto do relator, sem página.

Notemos que a *questão judicializada* no sentido investigado por esse artigo *não* se refere a uma ação judicializada diretamente contra o Conselho Nacional de Justiça. Neste caso a competência é definida pela lei nos casos que escapem à competência do Supremo Tribunal Federal[15], decorrente diretamente da Constituição Federal (com grifos nossos):

> Art. 102. Compete ao Supremo Tribunal Federal, precipuamente, a guarda da Constituição, cabendo-lhe:
>
> I – processar e julgar, originariamente:
>
> r) *as ações contra o Conselho Nacional de Justiça* e contra o Conselho Nacional do Ministério Público; (Incluída pela Emenda Constitucional n. 45, de 2004).

Portanto, considerando a experiência do Conselho Nacional de Justiça diante da matéria, *questão judicializada* pode ser caracterizada quando há, simultaneamente, identidades de sujeitos e de objeto em processos que tramitem no CNJ e em âmbito jurisdicional.

2. JURISPRUDÊNCIA DO CNJ: COMO É DEFINIDA SUA PRÓPRIA COMPETÊNCIA?

Tendo delineado o objeto central de nossa investigação, importa compreendermos de que forma o CNJ, ao longo de sua história, define sua própria competência. Para tanto, fizemos pesquisa exaustiva no mecanismo de busca de jurisprudência do CNJ.[16] Nesta seção apresentaremos,

---

[15] Vale salientar que, conforme sólida jurisprudência do STF, as ações que a Corte têm recebido como de sua competência são as mandamentais (mandado de segurança, habeas corpus, habeas data e mandado de injunção). Por todos os acórdãos, ver: SUPREMO TRIBUNAL FEDERAL. AO 1.706 AgR/DF. Plenário, Rel. Ministro Celso de Mello, j. 18/12/2013.

[16] Em consulta ao *site* oficial do CNJ, especificamente em sua base de dados jurisprudenciais, fez-se a pesquisa com os parâmetros "judicializa", "judicializada", "judicializadas" e "judicialização". O primeiro resultado apresentado foram 230 (duzentos e trinta) ocorrências sendo 68 (sessenta e oito) não referentes ao objeto da pesquisa, formando o universo de pesquisa com 162 (cento e sessenta e duas) ocorrências

A (IN)COMPETÊNCIA DO CNJ EM FACE DA QUESTÃO JUDICIALIZADA

inicialmente, a origem dos julgados do CNJ sobre questão judicializada e a jurisprudência amplamente predominante sobre a matéria. Em seguida, detalharemos duas soluções distintas que foram levantadas pelo Conselho para enfrentar (e julgar, como de sua competência) casos que envolvam *questão judicializada*.

As discussões sobre a *questão judicializada* são recorrentes no CNJ, tendo a matéria sido enfrentada pela primeira vez em 2007. O primeiro caso que tratou do tema se desenvolveu sob relatoria do Conselheiro Rui Stoco[17], cujo trecho pertinente da Ementa se apresenta abaixo:

> Questão posta já judicializada. "A parte interessada não pode fazer uso, a um só tempo, dos procedimentos administrativos excepcionais assegurados pelo art. 103-B, § 4º da CF/88 perante o CNJ e dos meios judicialiformes tendentes a obter a coisa julgada definitiva no âmbito do Poder Judiciário".

No segundo caso, julgado no ano seguinte, em 2008, o Conselheiro Relator Felipe Locke Cavalcanti apresenta em sua decisão[18], de forma explícita, impressões diante da *questão judicializada* (com grifos nossos):

> Parece, portanto, evidente que o Conselho Nacional de Justiça, embora competente para o controle da atuação administrativa do Poder Judiciário, nos termos do parágrafo 4° do art. 103-B da Constituição da República, *não pode avançar além dos limites impostos pela norma constitucional, de modo a indevidamente atingir decisão judicial ou nela interferir. Muito menos pode, mesmo que eventualmente, furtar-lhe o objeto, esvaziando seu conteúdo decisório.*

---

que trataram da matéria "questão judicializada", das quais 154 (cento e cinquenta e quatro) foram decisões de abstenção de julgamento pelo CNJ diante da questão estar judicializada, restando 08 (oito) exemplares de decisões em que o CNJ, mesmo diante da questão judicializada, prosseguiu com o processo administrativo reconhecendo sua competência independentemente da judicialização da matéria.

[17] CONSELHO NACIONAL DE JUSTIÇA. PP 1400. Plenário, Rel. Conselheiro Rui Stoco, j. 11/09/2007.

[18] CONSELHO NACIONAL DE JUSTIÇA. RA-PP 0000295-86.2008.2.00.0000 62. Plenário, Rel. Conselheiro Felipe Locke Cavalcanti, j. 13.05.2008, p. 04.

DIOGO RAIS RODRIGUES MOREIRA; IVAN CANDIDO DA SILVA FRANCO

Ficando a matéria decidida por unanimidade e ementada[19] da seguinte maneira:

> Recurso Administrativo no Pedido de Providências. Matéria judicializada pela própria requerente, por meio de Mandado de Segurança. Segundo entendimento pacificado por este Conselho Nacional de Justiça, uma vez judicializada a questão, não cabe ao CNJ examiná-la, sob pena de, por vias transversas, imprimir ineficácia à decisão judicial ou esvaziar seu objeto. Recurso a que se nega provimento.

Em síntese, considerando os julgados iniciais do CNJ diante da matéria, constata-se que diante da possibilidade de interferência, direta ou indireta, da decisão do Conselho na decisão judicial, o CNJ se absteve de decidir a respeito da matéria.

Em outro caso[20], ainda no ano de 2008, o Conselheiro Relator João Oreste Dalazena fundamentou sua decisão no princípio da segurança jurídica. Segundo ele, o sistema jurídico não admitiria um conflito de decisões entre duas esferas distintas. Vejamos o desenvolvimento de sua argumentação (com grifos nossos):

> A Requerente pretende, portanto, *manejar de maneira imprópria o Procedimento de Controle Administrativo, objetivando o exame pelo Conselho Nacional de Justiça de questão anteriormente judicializada.*
>
> Com efeito, *a parte submeteu a matéria a um órgão de natureza judicial* e, posteriormente, a outro de índole administrativa, a fim de alcançar, por uma ou outra via, o deferimento de sua pretensão.
>
> *O CNJ não se presta a proporcionar à parte uma possibilidade paralela de êxito, caso não o obtenha pela via judicial.*

---

[19] CONSELHO NACIONAL DE JUSTIÇA. RA-PP 0000295-86.2008.2.00.0000 62. Plenário, Rel. Conselheiro Felipe Locke Cavalcanti, j. 13.05.2008, Ementa.

[20] CONSELHO NACIONAL DE JUSTIÇA. PCA 0001844-34.2008.2.00.0000. Plenário, Rel. Conselheiro João Oreste Dalazena, j. 02/12/2008, voto do Relator p. 04.

A (IN)COMPETÊNCIA DO CNJ EM FACE DA QUESTÃO JUDICIALIZADA

> Quando a parte opta livremente pela utilização de medidas judiciais antes de postular o controle de legalidade do ato pelo Conselho Nacional de Justiça, *este não deve exercê-lo, em respeito ao princípio da segurança jurídica, evitando-se que sobrevenham decisões conflitantes.*

O Conselheiro Dalazena[21] ainda apresentou o argumento de que eventual decisão do CNJ a respeito da matéria implicaria em *interferência* na atividade jurisdicional. Vejamos (com grifos nossos):

> Ademais, *o pronunciamento do CNJ posterior à decisão proferida em sede judicial implicaria interferência na atividade jurisdicional do Estado, atribuição não inserida nas competências conferidas ao Conselho*, cuja atividade de controle se limita ao exame de atos administrativos, e não atos judiciais, emanados do Poder Judiciário.

Em aproximadamente 95% (noventa e cinco por cento) dos casos que envolveram *questão judicializada* no âmbito do CNJ, decidiu-se que o Conselho deveria abster-se de julgar a matéria. Em sua maioria, a fundamentação incluiu o binômio *segurança jurídica* e *vedação de interferência na atividade jurisdicional*. Todavia, em 08 (oito) decisões o CNJ entendeu de maneira diversa e apresentou solução distinta à matéria mesmo havendo *questão judicializada*. Nestes casos, de exceção na jurisprudência predominante do Conselho, a argumentação e fundamentação das decisões podem ser representadas por duas grandes teses: i) reserva de competência do CNJ; ii) critério cronológico. Apresentaremos, a seguir, casos envolvendo cada uma das teses.

2.1 Tese da reserva de competência do CNJ

Descreveremos, neste momento, casos com soluções distintas do Conselho frente a ocorrências da *questão judicializada*, com foco na tese

---

[21] CONSELHO NACIONAL DE JUSTIÇA. PCA 0001844-34.2008.2.00.0000. Plenário, Rcl. Conselheiro João Oreste Dalazena, j. 02/12/2008, voto do Relator, p. 04.

25

DIOGO RAIS RODRIGUES MOREIRA; IVAN CANDIDO DA SILVA FRANCO

de *reserva de competência*, isto é, a tese de que algumas matérias deveriam ser decididas pelo CNJ pela absoluta pertinência da matéria com sua competência. Um caso em que o CNJ não se absteve de julgar diante da *questão judicializada* com base nesta tese foi o de "Iolanda Nepomuceno Silva e o Tribunal de Justiça do Estado do Maranhão", sob a relatoria do Conselheiro Marcelo Nobre.

Em 25 de setembro de 2008, Iolanda Nepomuceno Silva ingressou no Conselho Nacional de Justiça com o Procedimento de Controle Administrativo, PCA[22], em face de ato do Presidente do Tribunal de Justiça do Estado do Maranhão, em vista de alegado ferimento a seu direito adquirido ao longo de 42 anos de trabalho como Escrevente Juramentada e Escrivã do 2º Oficio da Comarca de Barra do Corda (Maranhão).

Foi nomeada para o cargo de Escrevente Juramentada Substituta por ato do Governador do Estado em 1966, o que perdurou até 1978, quando foi renovada sua designação por ato do então Presidente do Tribunal de Justiça do Estado do Maranhão para os mesmos cargos. Estes são os dois atos que a mantiveram no cargo antes da entrada em vigor da atual Constituição Federal.

O Tribunal de Justiça do Maranhão informou nos autos (afirmação não impugnada pela requerente) que ela fora designada para exercer a titularidade do cartório em 03 de julho de 1998. Foi surpreendida com o edital do concurso em que o 2º Oficio da Comarca de Barra do Corda foi listado como serventia vaga e, por isso, requereu liminar para que fosse imediatamente excluída do concurso essa serventia, reforçando sua tese de que possuía estabilidade excepcionalmente garantida pela Constituição. Informou, também, que pleiteava a estabilidade no cargo de escrivã, por meio do processo judicial n. 22232/2008, que tramita no âmbito do Tribunal de Justiça do Maranhão.

Inicialmente, sob a relatoria do Conselheiro Marcelo Nobre, a liminar foi indeferida diante da ausência dos requisitos legais e, ato contínuo, foram solicitadas informações ao Tribunal de Justiça do Estado

---

[22] CONSELHO NACIONAL DE JUSTIÇA. PCA 0002346-70.2008.2.00.0000. Plenário, Rel. Conselheiro Marcelo Nobre, j. 07/05/2009.

A (IN)COMPETÊNCIA DO CNJ EM FACE DA QUESTÃO JUDICIALIZADA

do Maranhão, em 20 de outubro de 2008. Vejamos trechos da decisão (com grifos nossos):

> (...) desde a publicação do edital do concurso até a possível nomeação para o exercício da função em alguma das serventias, não decorrerá menos que seis meses, lapso de tempo suficiente para que o presente procedimento tenha seu regular processamento e julgamento de mérito.
>
> *Destarte, é de todo conveniente que primeiro se recolha informações do Tribunal de Justiça do Estado do Maranhão, que já aprecia a presente questão na ação proposta pela requerente, autuada sob n. 22232/2008.*

Vale ressaltar que desde a decisão liminar o Conselheiro já mencionava a existência de ação judicial sobre a matéria, com aparente identidade de objeto e de sujeitos, mas, ainda assim, o procedimento prosseguiu normalmente.

Após o indeferimento da medida liminar, o Processo de Controle Administrativo recebeu decisão monocrática pelo arquivamento, em 20 de abril de 2009. A decisão foi baseada em precedentes que trataram de matéria semelhante e exigiram a realização de concurso público, com fundamento no artigos 236 e 37 da Constituição Federal. O Relator considerou a afirmação do Tribunal de Justiça do Maranhão (não impugnada pela requerente) de que Iolanda fora designada para exercer a titularidade do cartório em 03 de julho de 1998, portanto, após a promulgação da Constituição brasileira.

Mesmo que aparentemente solucionado, o caso teve outros desdobramentos. Isso ocorreu porque a Corregedoria Nacional de Justiça recebeu, em 06 de novembro de 2009, o Pedido de Providências, PP, 0006179-62.2009.2.00.0000[23] da A.N.D.C.P.C.A.[24] O Corregedor, Ministro Gilson

---

[23] CONSELHO NACIONAL DE JUSTIÇA. PP 0006179-62.2009.2.00.0000. Plenário, Rel. Ministro Gilson Dipp / Ministra Eliana Calmon, arquivado sem julgamento definitivo por força da decisão do STF.

[24] Embora não tenhamos tido acesso ao processo e, nos dados das partes, por conta do sigilo, constarem apenas suas iniciais, supomos − por semelhança − que a sigla A.N.D.C.P.C.A. se refere à Associação Nacional de Defesa dos Concursos para Cartórios.

Dipp, decidiu em 11 de dezembro de 2009 tornar *ineficazes* as decisões do Tribunal de Justiça do Maranhão que garantiam a permanência dos registradores que ocupavam as titularidades sem concurso específico para o setor nos cartórios, salvo os nomeados segundo o regime vigente até o advento da Constituição Federal de 1988, os efetivados com base na Constituição Federal de 1967 e aqueles com processos ainda pendentes na Justiça.

Em 08 de junho de 2010, no Supremo Tribunal Federal, o Ministro Celso de Mello deferiu nos autos do Mandado de Segurança n. 28.598/DF[25] o pedido liminar, suspendendo cautelarmente, até final julgamento do MS, e unicamente em relação à mesma Iolanda Nepomuceno Silva (impetrante), os efeitos da decisão proferida pelo Corregedor Nacional de Justiça, nos autos do Pedido de Providências n. 0006179-62.2009.2.00.0000. A decisão monocrática ficou assim ementada (com grifos nossos):

> EMENTA: CONSELHO NACIONAL DE JUSTIÇA (CNJ). CORREGEDOR NACIONAL DE JUSTIÇA. ATO QUE SUSPENDE *A EFICÁCIA DE DECISÃO CONCESSIVA DE MANDADO DE SEGURANÇA EMANADA DE TRIBUNAL DE JUSTIÇA. INADMISSIBILIDADE. ATUAÇÃO "ULTRA VIRES" DO CORREGEDOR NACIONAL DE JUSTIÇA, PORQUE EXCEDENTE DOS ESTRITOS LIMITES DAS ATRIBUIÇÕES MERAMENTE ADMINISTRATIVAS OUTORGADAS PELA CONSTITUIÇÃO DA REPÚBLICA. INCOMPETÊNCIA ABSOLUTA DO CONSELHO NACIONAL DE JUSTIÇA*, NÃO OBSTANTE ÓRGÃO DE CONTROLE INTERNO DO PODER JUDICIÁRIO, PARA INTERVIR EM PROCESSOS DE NATUREZA JURISDICIONAL. *IMPOSSIBILIDADE CONSTITUCIONAL DE O CONSELHO NACIONAL DE JUSTIÇA (QUE SE QUALIFICA COMO ÓRGÃO DE CARÁTER EMINENTEMENTE ADMINISTRATIVO) FISCALIZAR, REEXAMINAR E*

---

[25] SUPREMO TRIBUNAL FEDERAL. MS 28.598/DF. Plenário, Rel. Ministro Celso de Mello, j. 14/10/2010, Decisão liminar.

A (IN)COMPETÊNCIA DO CNJ EM FACE DA QUESTÃO JUDICIALIZADA

SUSPENDER OS EFEITOS DECORRENTES DE ATO DE CONTEÚDO JURISDICIONAL, COMO AQUELE QUE CONCEDE MANDADO DE SEGURANÇA. PRECEDENTES DO SUPREMO TRIBUNAL FEDERAL. MAGISTÉRIO DA DOUTRINA. MEDIDA LIMINAR DEFERIDA.

O Plenário do Supremo Tribunal Federal, em 14 de outubro de 2010, referendou as liminares do ministro Celso de Mello que suspenderam duas decisões do Corregedor Nacional de Justiça que haviam tornado sem efeito acórdãos do Tribunal de Justiça do Maranhão, dentre elas a que se refere ao caso específico que ora se analisa, isto é, o caso de Iolanda Nepomuceno Silva.

Enfim, o Plenário do STF entendeu, diante do presente caso (também descrito na Seção 4), que o Conselho Nacional de Justiça não tem poderes para exercer a fiscalização de atos de conteúdo jurisdicional. Sua competência restringe-se aos âmbitos administrativo, financeiro e disciplinar, relativamente ao Poder Judiciário e seus serviços auxiliares. Dessa forma, foi derrotado o entendimento de que o CNJ poderia decidir matérias de sua estrita competência (como a de concursos para serventuários) quando a matéria já foi judicializada – ou, nos termos que vimos utilizando, quando há *questão judicializada*.

2.2 Tese do critério cronológico

A segunda tese utilizada para decisão diferente de declinar a competência em face de questão judicializada foi a que chamamos de *critério cronológico*. Segundo essa tese, o CNJ poderia decidir a matéria se o processo administrativo tivesse sido protocolado anteriormente ao processo judicial. O caso "Peixoto, Vieira e Tribunal de Justiça do Estado de Minas Gerais" [26] que recebeu a relatoria do Conselheiro Jorge Hélio Chaves de Oliveira, é um exemplo da utilização de tal linha argumentativa.

---

[26] CONSELHO NACIONAL DE JUSTIÇA. RL em PCA 0003873-18.2012.2.00.0000. Plenário, Rel. Conselheiro Jorge Hélio de Oliveira, j. 21/08/2012.

DIOGO RAIS RODRIGUES MOREIRA; IVAN CANDIDO DA SILVA FRANCO

Em 26 de junho de 2012, Gisele Sá Peixoto ingressou no Conselho Nacional de Justiça com o Procedimento de Controle Administrativo, PCA, em face do Tribunal de Justiça do Estado de Minas Gerais. Diante da identidade de matéria, esse procedimento foi, por prevenção, encaminhado ao Conselheiro Jorge Hélio Chaves de Oliveira, que tinha sob sua relatoria outros procedimentos conexos, que são os procedimentos: PCA 0003940-80.2012.2.00.0000[27]; PCA 0006290-75.2011.2.00.0000[28]; PCA 0000956-26.2012.2.00.0000[29]; PCA 0002535-09.2012.2.00.0000[30] e 0002537-76.2012.2.00.0000.[31]

Em síntese, o caso concreto em destaque se refere ao Concurso Público de Provas e Títulos para Outorga de Delegações de Notas e de Registro do Estado de Minas Gerais, tendo a requerente alegado que tinha conhecimento de que candidatos que constavam da lista de classificação final não comprovaram todos os requisitos previstos no Edital do concurso de 2011 para outorga de delegação. Sustentou a requerente que uma norma específica do Edital previa a necessidade de apresentação de certidão negativa, expedida por órgão competente, comprobatória de regularidade com as obrigações trabalhistas relacionadas ao Serviço de que é delegado titular.[32]

Embora o caso, em seu viés processual, possa ser enquadrado no tema da questão judicializada, o cerne material neste procedimento é a

---

[27] CONSELHO NACIONAL DE JUSTIÇCA. PCA 0003940-80.2012.2.00.0000. Plenário, Rel. Conselheiro Jorge Hélio, j. 30/04/2013.

[28] CONSELHO NACIONAL DE JUSTIÇA. PCA 0006290-75.2011.2.00.0000. Plenário, Rel. Conselheiro Jorge Hélio, j. 28/02/2012.

[29] CONSELHO NACIONAL DE JUSTIÇA. PCA 0000956-26.2012.2.00.0000. Plenário, Rel. Conselheiro Jorge Hélio, j. 21/05/2012.

[30] CONSELHO NACIONAL DE JUSTIÇA. PCA 0002535-09.2012.2.00.0000. Decisão Monocrática, Rel. Conselheiro Jorge Hélio, j. 21/04/2012.

[31] CONSELHO NACIONAL DE JUSTIÇA. PCA 0002537-76.2012.2.00.0000. Plenário, Rel. Conselheiro Silvio Rocha, j. 28/05/2013.

[32] No caso, trata-se de certidão expedida pelo Ministério do Trabalho por meio das Delegacias Regionais, após a verificação de inexistência de autos de infração lavrados em razão de fiscalizações administrativas a respeito do cumprimento, pelo delegatário, de suas obrigações trabalhistas, bem como de observância das restrições legais ao trabalho de menores e adolescentes, além da repressão das situações análogas à escravidão.

A (IN)COMPETÊNCIA DO CNJ EM FACE DA QUESTÃO JUDICIALIZADA

análise de legalidade do ato do Tribunal de Justiça do Estado de Minas Gerais que aceitou a inscrição de candidatos que apresentaram certidões diferentes entre si para comprovarem a quitação de obrigações trabalhistas.

Em 17 de julho de 2012, com fundamento no art. 25, XI do Regimento Interno do Conselho Nacional de Justiça[33], o Conselheiro Relator Jorge Hélio indeferiu a medida liminar por entender que não estavam presentes no caso os requisitos para a concessão de medidas urgentes e acauteladoras, quais sejam: (a) existência de fundado receio de prejuízo, (b) dano irreparável ou (c) risco de perecimento do direito invocado.

Após o ingresso no feito do interessado Jorge Eduardo Brandão Coelho Vieira e o pedido de reapreciação da liminar, o Conselheiro Relator reexaminou a situação com novos argumentos e documentos e, nessa nova oportunidade, deferiu medida liminar em 08 de agosto de 2012.

Dentre os novos fatos esclarecidos, foi informado que a escolha de serventias estava marcada para o dia 9 de agosto de 2012, o que realçaria o *periculum in mora*. Destacou que a candidata Keziah Alessandra Vianna Silva Pinto, que teria se classificado equivocadamente, ocupava a primeira posição na lista de classificação, o que poderia gerar prejuízos irreparáveis em caso de realização do ato de escolha.

A referida candidata se manifestou espontaneamente nos autos, impugnando o Procedimento de Controle Administrativo mediante a alegação, em preliminar, de que haveria no caso *questão judicializada*, vez que o interessado Jorge Eduardo Brandão Coelho Vieira havia impetrado Mandado de Segurança perante o Tribunal de Justiça do Estado de Minas Gerais com idêntico objeto ao deste Procedimento de Controle Administrativo. Além disso, defendeu que o processo tratava de tutela de interesses meramente individual, que não deveria ser objeto de

---

[33] Art. 25. São atribuições do Relator:

XI – deferir medidas urgentes e acauteladoras, motivadamente, quando haja fundado receio de prejuízo, dano irreparável ou risco de perecimento do direito invocado, determinando a inclusão em pauta, na sessão seguinte, para submissão ao referendo do Plenário;

apreciação do Conselho Nacional de Justiça. Finalizou requerendo o não conhecimento do presente Procedimento de Controle Administrativo ou sua improcedência.

A requerente, Gisele Sá Peixoto, apresentou réplica rebatendo justamente a configuração, no caso, de *questão judicializada*, alegando que o objeto deste procedimento seria mais abrangente do que o existente na ação judicial mencionada pela candidata Keziah. Dessa forma, buscou a requerente descaracterizar um dos elementos essenciais da questão judicializada, qual seja, o da identidade de objeto. O Tribunal de Justiça de Minas Gerais, em suas informações prestadas, ao contrário da requerente, limitou-se a mencionar a existência do Mandado de Segurança já referido pela candidata Keziah, solicitando que o procedimento no CNJ fosse arquivado em razão da judicialização da matéria.

Ao enfrentar o tema da judicialização da matéria, o Relator – em seu voto – entendeu que embora o Mandado de Segurança tenha objeto muito semelhante ao do Procedimento de Controle Administrativo, não deveria afastar a atuação do Conselho Nacional de Justiça por força do *critério cronológico*. Considerou que o CNJ não tem conhecimento de questões levadas a exame de outros órgãos do Poder Judiciário no exercício de suas competências jurisdicionais quando ocorre a judicialização prévia, isto é, se operada antes da instauração do procedimento administrativo no Conselho. Ou seja, uma vez acionada a competência do Conselho Nacional de Justiça para o controle da atividade administrativa e financeira dos órgãos do Poder Judiciário, suas decisões só poderiam ser controladas pelo Supremo Tribunal Federal.[34] Em uma defesa mais aberta da competência do CNJ em relação à tese da reserva de competência (ver 3.1), o Conselheiro Relator Jorge Hélio considerou que aceitar a judicialização posterior como forma de inibir a atuação do CNJ seria o mesmo que aceitar a usurpação simultânea de competências do Conselho Nacional de Justiça e do Supremo Tribunal Federal. Em suas palavras (com grifos nossos):

---

[34] Sobre a competência do STF em face de atos do CNJ, ver nota de rodapé 16.

A (IN)COMPETÊNCIA DO CNJ EM FACE DA QUESTÃO JUDICIALIZADA

> *A ideia de que a atuação do Conselho Nacional de Justiça não pode ser obstada mediante a provocação posterior de outro órgão do Poder Judiciário tutela não somente a autoridade das suas decisões e deliberações nas matérias de sua competência, mas também e principalmente, visa preservar a competência originária deferida pelo constituinte derivado ao Supremo Tribunal Federal para processar e julgar as ações contra o Conselho Nacional de Justiça.* Entender em sentido contrário significa usurpar competência privativa da Corte Suprema.

Neste caso concreto, Mandado de Segurança tratando de objeto semelhante fora impetrado em 04 de julho de 2012, ao passo que o Procedimento de Controle Administrativo já tramitava desde 26 de junho do mesmo ano. Por esse motivo, e com base no raciocínio acima, o Relator não reconheceu judicialização da matéria por não ser prévia ao acionamento do CNJ, defendendo a tese do *critério cronológico*. O mérito em Ratificação de Liminar do caso[35] ficou decidido da seguinte forma (com grifos nossos):

> Assim, considerando que a regularidade com as obrigações trabalhistas só se demonstra com a apresentação de todas as certidões mencionadas nesta decisão, bem como a proposta do próprio Tribunal em sanar a situação em exame (INF81), com base nos precedentes citados e no edital em exame (capítulo XIV do Edital n. 1/2011), *defiro parcialmente o pedido para determinar que o Tribunal reabra o prazo para que todos os candidatos que apresentaram a documentação tempestivamente possam regularizá-la, entregando à Comissão Examinadora os seguintes documentos:* Certidão Negativa de Débitos Trabalhistas, Certidão negativa junto à Superintendência Regional do Trabalho e Emprego, Certificado de Regularidade do FGTS e Certidão Negativa do cartório distribuidor na Justiça Trabalhista com competência sobre a área de atuação da serventia de que atualmente é titular.

Em síntese, por esta segunda tese, entendeu o CNJ que a questão temporal deve reger a matéria e, portanto, caso haja judicialização prévia

---

[35] CONSELHO NACIONAL DE JUSTIÇA. RL em PCA 0003873-18.2012.2.00.0000. Plenário, Rel. Conselheiro Jorge Hélio de Oliveira, j. 21/08/2012.

ela deve inibir a atuação do CNJ, ao passo que, se a judicialização for posterior, o Conselho deveria prosseguir e decidir a matéria em seu âmbito.

3. STF E A SUPREMACIA DA APRECIAÇÃO JUDICIAL

Como afirmamos, o Conselho Nacional de Justiça tem ampla jurisprudência sustentando a prevalência da competência do Poder Judiciário em matérias com conflito de competências. Os casos relatados em detalhe foram posicionamentos de exceção, que, por meio de teses distintas, buscaram preservar a competência do CNJ em face de *questão judicializada*. O Supremo Tribunal Federal também se manifestou algumas vezes sobre a competência do CNJ, notadamente em casos de Mandados de Segurança contra atos do Conselho.[36] É interessante observar que em nenhum dos casos estudados o Supremo abriu a possibilidade para entendimento diverso, como vimos que ocorreu na jurisprudência do CNJ, ainda que de forma excepcional. Passamos, neste momento, a descrever em detalhes o comportamento do STF ao longo dos anos.

O primeiro caso apreciado pelo STF data de 2006. Trata-se do MS 25.879 AgR/DF[37], que versa sobre pedido de uma advogada que alega que o CNJ teria sido omisso na fundamentação sobre arquivamento de petição que requeria abertura de sindicância contra magistrado. O fundamento utilizado pelo CNJ foi de que o pedido se baseava em proposta de anular decisão judicial por supostos vícios. Nesse caso, o Plenário do Supremo por unanimidade apenas ratificou decisão tomada

---

[36] Para as conclusões dessa Seção, utilizamo-nos de pesquisa empírica realizada pelo *site* do STF. Por meio de duas chaves de pesquisa no motor de busca do site – "(Conselho Nacional de Justiça) e (matéria submetida à apreciação do Poder Judiciário)" e "(Conselho Nacional de Justiça) e (decisão judicial)" – chegamos a um total de 6 acórdãos pertinentes: MS 27650 / DF, MS 28174 AgR / DF, MS 29744 AgR / DF, MS 27148 AgR, MS 26284 / DF, MS 25879 AgR / DF. Após, verificamos quais acórdãos eram mencionados como precedentes para ampliarmos os resultados. Com isso, foram agregados mais dois casos: MS 28611 MC-AgR, MS 28598.

[37] SUPREMO TRIBUNAL FEDERAL. MS 25.879 AgR/DF. Plenário, Rel. Ministro Sepúlveda Pertence, j. 23/08/2006.

A (IN)COMPETÊNCIA DO CNJ EM FACE DA QUESTÃO JUDICIALIZADA

pelo CNJ de, justamente, *não interferir* em matéria jurisdicional. Vale dizer que a competência do CNJ é apenas parte do fundamento da decisão da Corte, não tendo sido seu objeto central de deliberação, e que a decisão apenas tangenciou o objeto do artigo, pois não tratou de uma *questão judicializada* propriamente.

O próximo caso encontrado data de 2008. Trata-se de Mandado de Segurança (MS 26.284/DF) que questiona decisão do Conselho Nacional de Justiça que alterou notas de candidatos em concurso para a magistratura. Na dicção do Relator do Acórdão, Ministro Menezes Direito[38], "(...) o ato impugnado no Conselho Nacional de Justiça tem natureza administrativa, relativo à homologação de concurso público, matéria afeita à administração do Tribunal. Trata-se do exercício de controle administrativo dos próprios atos do Judiciário". Esse caso toca mais de perto a questão judicializada pelo fato de ter havido um processo judicial prévio (Mandado de Segurança julgado pelo Tribunal de Justiça de Pernambuco, que reconheceu a possibilidade de revisão de provas de concurso), mas a decisão do CNJ foi complementar à decisão judicial, o que não gerou conflito de competência. O Pleno do Tribunal, por maioria, seguiu o entendimento do Relator no ponto mencionado.

Nestes dois casos, podemos entender que as matérias discutidas tratavam de um primeiro aspecto da fixação da competência do Conselho Nacional de Justiça pelo STF. É dizer, questionava-se a competência do CNJ sobre determinadas matérias, independentemente de sua judicialização. Esse fenômeno pode ser atribuído à consolidação do Conselho como órgão administrativo de cúpula, o que fez com que o Supremo determinasse quais matérias seriam de sua competência, ou seja, se sua atuação nos casos específicos era *administrativa* ou *judicial*.

Decisões sobre *questão judicializada* e competência do CNJ são apreciadas pelo STF apenas no ano de 2010. No caso mencionado pelos Ministros como relevante (possivelmente o *caso paradigma*) sobre o tema, o MS 28.174 AgR/DF, temos decisão do Supremo no sentido de que

---

[38] SUPREMO TRIBUNAL FEDERAL. MS 26.284/DF. Plenário, Rel. Ministro Menezes Direito, j. 31/03/2008, p. 09.

DIOGO RAIS RODRIGUES MOREIRA; IVAN CANDIDO DA SILVA FRANCO

o CNJ não deve se manifestar sobre matéria previamente judicializada. Segue a Ementa do caso (com grifos nossos)[39]:

> EMENTA: AGRAVO REGIMENTAL. MANDADO DE SEGURANÇA. CONSELHO NACIONAL DE JUSTIÇA. NÃO CONHECIMENTO DE PROCEDIMENTO DE CONTROLE ADMINISTRATIVO. PRÉVIA JUDICIALIZAÇÃO DA MATÉRIA. MANDADO DE SEGURANÇA A QUE SE NEGOU PROVIMENTO. AGRAVO IMPROVIDO. I – *Não cometeu qualquer ilegalidade o CNJ ao [deixar] de apreciar a questão que lhe foi submetida, uma vez que a matéria já estava sob o crivo da jurisdição.* II – o CNJ seja órgão do Poder Judiciário, possui tão somente atribuições de natureza administrativa e, nesse sentido, não lhe é permitido decidir de forma contrária ao estabelecido em processo jurisdicional. III – Agravo improvido.

Vale dizer que a decisão do Plenário do Supremo, tomada de forma unânime, apenas confirmou decisão do CNJ, que havia declinado da competência para apreciar o caso pelo fato de haver *questão judicializada.* Salienta o Relator Ministro Ricardo Lewandowski[40]: "Entendo, dessa forma, que o CNJ, ao não conhecer do PCA, uma vez que a matéria já foi objeto de processo judicial, não praticou qualquer ilegalidade. (...) o CNJ, que é órgão de natureza meramente administrativa (...) optou por, ao ser provocado, não apreciar a questão, dado que a matéria já estava sob o crivo da jurisdição". Ressalta-se, por isso, que o caso do Plenário do Supremo com posicionamento mais cristalino sobre a matéria apenas referendou posicionamento adotado pelo próprio Conselho.

Na mesma sessão de julgamento em que esse caso foi julgado, no dia 14 de outubro de 2010, outros dois casos (MS 28.598/DF[41] e

---

[39] SUPREMO TRIBUNAL FEDERAL. MS 28.174 AgR/DF. Plenário, Rel. Ministro Ricardo Lewandowski, j. 14/10/2010. Ementa. A palavra "deixar" foi acrescida pelo fato de não constar no acórdão consultado pelo provável motivo de erro de digitação.

[40] SUPREMO TRIBUNAL FEDERAL. MS 28.174 AgR/DF. Plenário, Rel. Ministro Ricardo Lewandowski, j. 14/10/2010, pp. 10/11.

[41] SUPREMO TRIBUNAL FEDERAL. MS 28.598/DF. Plenário, Rel. Ministro Celso de Mello, j. 14/10/2010.

A (IN)COMPETÊNCIA DO CNJ EM FACE DA QUESTÃO JUDICIALIZADA

MS 28.611 MC-AgR/DF[42]) tiveram julgamento conjunto e trataram da competência do Conselho. Dessa vez, confirmou-se a desconstituição de uma decisão da Corregedoria Nacional de Justiça do CNJ (descrita no item 3.1, aplicando a tese da *reserva de competência* ao CNJ), que havia tornado sem efeito decisão judicial concedida em sede de Mandado de Segurança. Nesses dois julgados, evidencia-se a jurisprudência mencionada de que o Conselho não poderia se imiscuir em matérias jurisdicionais ou, algo particular desse caso, *jurisdicionalizadas*. Interessante notarmos que, ao contrário dos casos anteriores, o STF se colocou contra uma decisão do Conselho – que havia, segundo o entendimento do Supremo, usurpado de competência judicial, em ato de estrita *revisão*.

No ano de 2011, outros dois casos foram apreciados e a jurisprudência sobre a não revisão de decisões judiciais, mesmo em face de matéria administrativa, foi mantida. Tratam-se do MS 27.148 AgR/DF[43] e do MS 29.744 AgR/DF[44], ambos decididos por unanimidade pelos Ministros do Plenário do STF.

O último caso analisado, foi julgado pelo Supremo em 2014: MS 27.650/DF. O caso é interessante por trazer alguns elementos novos para a análise e por tratar especificamente da competência do CNJ em face de *questão judicializada*. Como particularidades do caso temos o fato de que a matéria foi judicializada alguns dias após o protocolo do pedido no CNJ – razão pela qual tanto o Conselho Nacional de Justiça (em decisão de 2008) quanto a Procuradoria-Geral da República (atuando como *custos legis*) entenderam como possível a decisão pelo CNJ; e, ainda, que a matéria na Justiça foi considerada prejudicada e, portanto, não teve decisão de mérito proferida. Mesmo em face dessas peculiaridades, a Turma do STF, por unanimidade, julgou descabida a atuação do Conselho[45]:

---

[42] SUPREMO TRIBUNAL FEDERAL. MS 28.611 MC-AgR/DF. Plenário, Rel. Ministro Celso de Mello, j. 14/10/2010.

[43] SUPREMO TRIBUNAL FEDERAL. MS 27.148 AgR/DF. Plenário, Rel. Ministro Celso de Mello, j. 11/05/2011.

[44] SUPREMO TRIBUNAL FEDERAL. MS 29.744 AgR/DF. Plenário, Rel. Ministro Gilmar Mendes, j. 29/06/2011.

[45] SUPREMO TRIBUNAL FEDERAL. MS 27.650/DF. 2ª Turma, Rel. Ministra Cármen Lúcia, j. 24/06/2014. Ementa.

EMENTA: MANDADO DE SEGURANÇA. ATO DO CONSELHO NACIONAL DE JUSTIÇA. PROCEDIMENTO DE CONTROLE ADMINISTRATIVO SOBRE MATÉRIA SUBMETIDA À APRECIAÇÃO DO PODER JUDICIÁRIO. IMPOSSIBILIDADE DE ATUAÇÃO DO CONSELHO, POR DISPOR DE ATRIBUIÇÕES EXCLUSIVAMENTE ADMINISTRATIVAS. SEGURANÇA CONCEDIDA.

O caso acima mencionado demonstra uma tendência de rigidez do Supremo em relação à *questão judicializada*. Mesmo em caso peculiar, a jurisprudência (sólida) foi mantida. Como destaca a Ministra Relatora Cármen Lúcia[46]:

> Apesar da precedência do protocolo do procedimento de controle administrativo no Conselho Nacional de Justiça, aquele órgão foi informado da existência de mandado de segurança em tramitação sobre a matéria, com liminar deferida, e ainda assim deu prosseguimento ao procedimento de controle administrativo ora atacado. (...) Mas a ele é vedado apreciar questões submetidas à apreciação do Poder Judiciário, as quais devem ser impugnadas pelas vias próprias.

Essas são as decisões do Supremo Tribunal Federal que ao menos tangenciaram a *questão judicializada* em face da competência do CNJ. Em nossa análise constatamos que há pouca abertura à fixação da competência administrativa do CNJ como prevalente diante da judicialização da demanda, mesmo em matérias estritamente administrativas. A principal conclusão que tiramos de todos esses casos julgados pelo STF é que a existência de *questão judicializada*, a qualquer tempo, atrai a competência para o órgão jurisdicional, retirando-a do CNJ, revelando a prevalência pelo processamento e julgamento da questão em âmbito judicial, independente do momento em que foi ajuizada.

---

[46] SUPREMO TRIBUNAL FEDERAL. MS 27.650/DF. 2ª Turma, Rel. Ministra Cármen Lúcia, j. 24/06/2014. Voto do Relator, p. 10.

A (IN)COMPETÊNCIA DO CNJ EM FACE DA QUESTÃO JUDICIALIZADA

CONSIDERAÇÕES FINAIS

O Conselho Nacional de Justiça, em mais de uma centena de casos analisados, apresentou ampla jurisprudência declinando de sua competência em face de *questão judicializada*. Pode-se concluir que o próprio Conselho, em face de potencial conflito de competência entre órgãos administrativo e judicial, tende a afastar sua própria competência, com base no binômio *segurança jurídica* e *vedação de interferência na atividade jurisdicional*, evitando, assim, risco de decisões díspares. Há, todavia, alguns casos de exceção nos quais o Conselho esboçou mudanças jurisprudenciais e que, pela importância potencial de uma alteração nesse sentido, receberam nossa detida atenção.

O primeiro movimento de mudança sustentou a tese que chamamos de *reserva de competência*. Segundo tal entendimento, matérias notadamente administrativas deveriam ser decididas pelo CNJ, o que levou um Corregedor Nacional de Justiça a desconstituir uma decisão judicial que considerou ilegal. Esse posicionamento traçava um limite de matérias que necessariamente deveriam ser apreciadas por órgão administrativo e limitava a atuação do Judiciário – chegando ao limite de tornar sem efeito uma decisão judicial. Tal entendimento não prosperou por muito tempo, tendo sido alterado por decisão do STF.

O segundo movimento de mudança ocorreu com outra tese, do *critério cronológico*. Segundo tal entendimento, matérias administrativas seriam de competência do CNJ, mesmo que houvesse demanda judicializada com identidade de sujeitos e de objeto, desde que o órgão fosse acionado previamente à judicialização da matéria. Ou seja, o critério, nesse caso, é temporal. Propunha-se uma estabilização da competência do Conselho, se a matéria não houvesse sido judicializada previamente. Interessantemente, tal decisão não foi revista pelo Supremo e tampouco foi replicada em casos seguintes. Algumas hipóteses surgem, tais como: ausência de casos com semelhante característica? Ausência de casos com mesmo relator? Respeito à jurisprudência majoritária do órgão, ou mesmo do STF?

O Supremo Tribunal Federal tem poucos acórdãos especificamente sobre o tema da *questão judicializada* em face da competência do CNJ.

Em alguns casos, apenas tangencia o tema e afirma que o CNJ não pode interferir na jurisdição porque tem competência meramente administrativa. Nos casos em que houve manifestação, todavia, o entendimento sempre prestigiou a competência judicial, fazendo da competência do CNJ subsidiária em qualquer hipótese. No mais recente caso analisado, julgado pelo STF, ainda que não pelo Plenário, considerou-se que a judicialização da matéria, mesmo que posterior ao protocolo da ação no CNJ, afasta a competência do CNJ.

O mapa jurisprudencial brevemente traçado neste artigo demonstra um conflito ainda existente na atuação concreta do Conselho Nacional de Justiça. Sua relevância está em entender o difícil limite entre a competência administrativa e a competência judicial, polêmica que surge desde os primeiros debates sobre um órgão administrativo "externo"[47]. Ainda mais notável o fato de serem raras as tentativas de alteração dessa jurisprudência e, quando um julgado apontou em sentido distinto, não foi replicado nos anos seguintes. Vale mencionar também a posição do órgão judicial de cúpula – o Supremo Tribunal Federal – que, em todas as manifestações encontradas, considerou como absoluta a competência judicial diante do CNJ, devendo o Conselho abster-se de decidir o processo em âmbito administrativo, o que chama a atenção para a fragilidade de competência de um órgão administrativo de cúpula, que tem afastada sua competência por judicialização da matéria *a qualquer tempo*.

REFERÊNCIAS BIBLIOGRÁFICAS

ALMEIDA, Frederico Normanha de. *A nobreza Togada*: as elites jurídicas e a política da Justiça no Brasil. (2010) Dissertação (doutorado) – Faculdade de Filosofia, Letras e Ciências Humanas da Universidade de São Paulo – FFLCH-USP, 2010.

FALCÃO, Joaquim; LENNERTZ, Marcelo; RANGEL, Tânia Abrão. *O Controle da Administração Judicial*. (2009) Disponível em http://academico.direito-rio.fgv. br/ccmw/images/1/1e/O_controle_da_administra%C3%A7%C3%A3o_ judicial_-_portugu%C3%AAs_-_M%C3%A9xico.pdf. Acesso em 04.04.2014.

---

[47] Vale reforçar que o Conselho Nacional de Justiça é órgão interno, sendo a cúpula administrativa do Poder Judiciário.

A (IN)COMPETÊNCIA DO CNJ EM FACE DA QUESTÃO JUDICIALIZADA

FRANCO, Ivan Candido da Silva de; CUNHA, Luciana Gross. "O CNJ e os discursos do Direito e Desenvolvimento". *Revista Direito GV*, vol. 9, pp. 515-534, 2013.

PELEJA Jr., Antônio Veloso. *Conselho Nacional de Justiça e a magistratura brasileira.* 3ª ed. Curitiba: Juruá, 2009.

SADEK, Maria Tereza. "Controle Externo do Poder Judiciário". *In*: SADEK, Maria Tereza (coord.). *Reforma do Judiciário*. São Paulo: Fundação Konrad Adenauer, pp. 91-180, 2001.

SAMPAIO, José Adercio Leite. *Conselho Nacional de Justiça e a Independência do Judiciário*. Belo Horizonte: Del Rey. 2007, p. 82.

TAVARES, André Ramos. *Curso de Direito Constitucional.* 9ª ed. São Paulo: Saraiva, 2011, p. 1131.

Informação bibliográfica deste texto, conforme a NBR 6023:2002 da Associação Brasileira de Normas Técnicas (ABNT):

MOREIRA, Diogo Rais Rodrigues; FRANCO, Ivan Candido da Silva de. "A (in)competência do CNJ em face da questão judicializada". *In*: SOUZA, Luciano Anderson de; TUCUNDUVA SOBRINHO, Ruy Cardozo de Mello (Coord.). *Temas de Processo Administrativo*. São Paulo: Editora Contracorrente, 2017, pp. 15-41. ISBN. 978-85-69220-32-9.

DO PROCESSO NA OAB

FABIO GUEDES GARCIA DA SILVEIRA

SUMÁRIO: Introdução. 1. Princípios norteadores do processo disciplinar na OAB. 2. Das partes. 3. Prazos e forma de comunicação dos atos. 4. Competência. 5. Representação inicial. 6. Fases do Processo Disciplinar. 7. Procedimento nas hipóteses de Suspensão Preventiva. 8. Dos Recursos. 9. Da revisão do processo disciplinar. Referências Bibliográficas.

INTRODUÇÃO

O advogado, como preceitua a Constituição Federal em seu artigo 133, é indispensável à administração da justiça, sendo inviolável por seus atos e manifestação no exercício da profissão, nos limites da lei.

A Ética e as Prerrogativas profissionais são as duas colunas que sustentam a Advocacia, razão pela qual não parece incorreto afirmar que a Ordem dos Advogados do Brasil – OAB deve ser a entidade mais corporativa no que tange à defesa das prerrogativas profissionais e a menos corporativa no que se refere à apuração e punição das faltas éticas de seus pares.

Ocorre que o desrespeito à prerrogativa profissional de um advogado não atinge somente a ele e o seu cliente, pelo contrário,

FABIO GUEDES GARCIA DA SILVEIRA

transcende, inclusive, a soma dos interesses individuais e afeta a sociedade como um todo, assim como a falta ética perpetrada por um advogado não macula apenas a sua imagem e sim o interesse coletivo, na medida em que afeta um grupo de pessoas que são indispensáveis à administração da justiça e que devem inspirar confiança para que possam exercer referido mister.

A defesa das prerrogativas profissionais é questão que foge ao escopo do presente ensaio.

Cabe analisar nestas singelas linhas apenas o processo[1] ético disciplinar na OAB, os sujeitos que dele participam, seus os poderes, deveres e ônus, além do seu procedimento.

O processo na OAB, ou melhor, as normas de caráter genérico e principiológicas que regem o processo e o procedimento administrativo na OAB estão previstas no Título III da Lei n. 8.906/94, Estatuto da Advocacia e da Ordem dos Advogados do Brasil – EAOAB.

Conforme ensina Gisela Gondim Ramos[2], os procedimentos específicos, em relação aos processos na OAB, encontram-se em vários dispositivos do Regulamento Geral e, quanto aos processos disciplinares, também no Código de Ética e Disciplina.

É importante destacar que o próprio EAOAB prevê a aplicação de outras legislações de forma subsidiária. A este respeito Paulo Lôbo[3] esclarece com propriedade que:

---

[1] É desnecessário lembrar que processo distingue-se do procedimento. Processo, em apertada síntese, é o instrumento por meio do qual atua a jurisdição. Já o procedimento é a forma pela qual sucedem os atos processuais. José Carlos G. Xavier de Aquino e José Renato Nalini oferecem um conceito mais técnico quando afirmam que: *Numa primeira visão, o processo é gênero, enquanto o procedimento é espécie. O processo é o instrumento através do qual se aplica o direito material; o procedimento é o modus operandi, é a maneira de proceder dentro do processo. É a exteriorização do processo mediante a série de atos que se constituem. Manual de processo penal.* 3ª ed. São Paulo: Editora Revista dos Tribunais, 2009, p. 30.

[2] RAMOS, Gisela Gondin. *Estatuto da advocacia*: comentários e jurisprudência selecionada. 5ª ed. Rio de Janeiro: Forense, 2009, p. 587.

[3] *Comentários ao Estatuto da Advocacia e da OAB.* 5ª ed. São Paulo: Saraiva, 2009, p. 333.

DO PROCESSO NA OAB

as normas supletivas ao Estatuto e à legislação regulamentar estão previstas em duas áreas determinadas: para o processo e procedimento disciplinar aplicam-se supletivamente as normas da legislação processual penal comum (princípios gerais); para os demais processos (por exemplo, os relativos à inscrição ou a impedimentos), aplicam-se supletivamente, em primeiro lugar as normas do processo administrativo comum (princípios de direito administrativo e os procedimentos adotados na respectiva legislação, principalmente a Lei n. 9.784, de 1999) e, em segundo lugar, as normas de processo civil.

Cabe ainda ressaltar que o art. 71 do EAOAB consagra o conhecido "princípio da independência das esferas administrativa e penal", razão pela qual se infere que as consequências advindas da conduta aética do advogado podem render ensejo a que ele venha a ser responsabilizado penal e disciplinarmente perante a Justiça comum e OAB respectivamente, toda vez que o fato objeto do processo disciplinar caracterizar crime.

Concluindo estas considerações iniciais, é necessário trazer à colação novamente a pena de Paulo Lôbo, que esclarece com propriedade que *o direito disciplinar tem natureza de direito administrativo e não de direito penal, não podendo ser aplicado a ele, inclusive quanto às infrações disciplinares, as regras supletivas da legislação penal, nem mesmo seus princípios gerais.*[4]

Essa distinção é de suma importância, pois não é incomum que defensores de advogados que respondem a processos disciplinares na OAB façam requerimentos embasados em regras atinentes à legislação penal, em flagrante demonstração de ausência de técnica jurídica apurada.

O procedimento do processo disciplinar na OAB sofreu profundas modificações por força da Resolução n. 02/2015 do Conselho Federal da Ordem dos Advogados do Brasil[5], que aprovou o Código de Ética e

---

[4] *Comentários ao Estatuto da Advocacia e da OAB.* 5ª ed. São Paulo: Saraiva, 2009, p. 333.

[5] Resolução 02/2015, datada de 19 de outubro de 2015, foi publicada no Diário Oficial da União do dia 04.11.2015, *Vacatio legis* de 180 (cento e oitenta dias) após a data de sua publicação (art. 79).

Disciplina da Ordem dos Advogados do Brasil, revogando o Código de Ética e Disciplina editado em 13 de fevereiro de 1995, bem como as demais disposições em contrário.

1. PRINCÍPIOS NORTEADORES DO PROCESSO DISCIPLINAR NA OAB

Consoante já esclarecido, o próprio EAOAB dispôs em seu art. 68 que, salvo disposição em contrário, aplicam-se subsidiariamente ao processo disciplinar as regras da legislação processual penal comum.

Dessarte, é imprescindível que os princípios gerais que norteiam a legislação processual penal sejam observados nos processos disciplinares na OAB.

Miguel Reale[6] ensinava que *Princípios* "são verdades ou juízos fundamentais, que servem de alicerce ou de garantia de certeza a um conjunto de juízos, ordenados em um sistema de conceitos relativos a dada porção da realidade".

Dentre os inúmeros princípios norteadores do direito processual penal, aplicados subsidiariamente ao processo disciplinar na OAB, podemos destacar:

- princípio da Legalidade objetiva;
- princípio da indisponibilidade;
- princípio do *ne procedat judex extra petita*;
- princípio do contraditório ou da ampla defesa;
- princípio da verdade material;
- princípio da proibição de tribunais de exceção;
- princípio da fundamentação;
- princípio da publicidade.

---

[6] REALE, Miguel. *Filosofia do Direito*. 11ª ed. São Paulo: Saraiva, 1986, p. 60.

DO PROCESSO NA OAB

2. DAS PARTES

Podemos afirmar que *Parte* é todo aquele que pede, ou contra quem se pede, a prestação da tutela jurisdicional.

O EAOAB adota o conceito em questão, pois considera parte tanto a pessoa que atua como representante (polo ativo), que não necessita ser advogado, como o advogado representado (polo passivo).

Quando, entretanto, a representação decorrer de ofício[7] ou comunicação realizada por juízes ou demais autoridades, deverá o Presidente do Conselho Seccional, da Subseção, ou nas Seccionais cujos Regimentos Internos atribuírem competência ao Tribunal de Ética e Disciplina para instaurar o processo ético disciplinar[8], instaurar de ofício o processo ético-disciplinar, não incluindo a autoridade comunicante como parte.

Não se exige também a capacidade postulatória no processo ético-disciplinar, ou seja, o processo administrativo ético-disciplinar perante a OAB prescinde da representação por advogado, podendo a parte nele postular diretamente.[9]

A ausência de capacidade postulatória temporária decorrente da aplicação de sanção disciplinar que acarreta a interdição do exercício profissional ao advogado que responde a novo processo disciplinar na

---

[7] O Novo Código de Ética e Disciplina da OAB dispõe que a instauração, de ofício, do processo disciplinar dar-se-á em função do conhecimento do fato, quando obtido por meio de fonte idônea ou em virtude de comunicação da autoridade competente, não se considerando fonte idônea a que consistir em denúncia anônima (art. 55 e §§).

[8] Por força do Novo Código de Ética e Disciplina da OAB, parágrafo único do art. 56, nas Seccionais cujos Regimentos Internos atribuírem competência ao Tribunal de Ética e Disciplina para instaurar o processo ético disciplinar, a representação poderá ser dirigida ao Presidente do TED, sendo a este igualmente encaminhada pelo Presidente do Conselho Seccional ou da Subseção que a houver recebido.

[9] Em sentido contrário, o Manual de Procedimentos do Processo Ético-Disciplinar do Conselho Federal, editado em 4 de janeiro de 1.999, dispõe que "atualmente, quem quer que tenha figurado como representante, além do representado, mesmo não sendo advogado, é parte. E, em consequência, há de ter um advogado a patrociná-lo (*ressalvada, é claro, a postulação em causa própria*)" grifo nosso.

OAB também não é óbice para que ele possa realizar a própria defesa nos termos da Súmula Vinculante n. 5 do STF.[10]

3. PRAZOS E FORMA DE COMUNICAÇÃO DOS ATOS

O prazo para a prática de todos os atos processuais no processo administrativo na OAB, inclusive para a interposição de recursos, é único de 15 (quinze) dias, conforme dispõe o art. 69 do EAOAB.

A forma de contagem do prazo único, entretanto, difere da forma de contagem tradicional dos prazos processuais, pois se a notificação for pessoal o prazo terá início a partir do dia útil seguinte ao da data em que foi anotado o recebimento e não da juntada do aviso de recebimento (AR) do Correio aos autos, nos expressos termos do disposto no art. 69, § 1º do EAOAB.

Assim, como ensina Paulo Lôbo[11], a demora da secretaria da OAB para a juntada do comprovante de AR aos autos não prorroga o termo inicial do prazo em questão.

O mesmo se aplica para a hipótese de prazo recursal consoante dispõe o art. 139 do Regulamento Geral do EAOAB e pacífica jurisprudência do Egrégio Conselho Federal.[12]

---

[10] "A falta de defesa técnica por advogado no processo administrativo disciplinar não ofende a Constituição".

[11] *Comentários ao Estatuto da Advocacia e da OAB.* 5ª ed. São Paulo: Saraiva, 2009, p. 335.

[12] Nesse sentido ver: RECURSO N. 49.0000.2012.004375-5/OEP. Recte: E.C.C.Z.. Recdo: N.F. Interessado: Conselho Seccional da OAB/São Paulo. Relator: Conselheiro Federal Gedeon Batista Pitaluga Junior (TO). EMENTA N. 026/2014/OEP. RECURSO N. 49.0000.2012.009035-6/SCA-PTU. Recte: G.S. Recdos: Conselho Seccional da OAB/Santa Catarina e D.J.B. RECURSO N. 49.0000.2013.004005-1/ PCA. Recte: R.V. Recdo: Conselho Seccional da OAB/Paraná. Relatora: Conselheira Federal Clea Carpi da Rocha (RS). EMENTA N. 063/2013/PCA. RECURSO 49.0000.2012.007435-0/SCA-TTU. Recte.: B.M.S.J. Recdo.: Conselho Seccional da OAB/Minas Gerais. Relatora: Conselheira Federal Vera de Jesus Pinheiro (AP). EMENTA N. 163/2012/SCA-TTU.

DO PROCESSO NA OAB

Já nas hipóteses de publicação pela imprensa oficial do ato ou da decisão a forma de contagem do prazo é idêntica a dos processos judiciais, ou seja, o prazo inicia-se no primeiro dia útil subsequente ao da publicação.

O prazo para sustentação oral pelo representado ou seu advogado é de 15 (quinze) minutos após a leitura do relatório, do voto e da proposta de ementa do Acórdão, todos escritos pelo relator, nos termos do art. 60, § 4º do Novo Código de Ética e Disciplina da OAB.

A lida na presidência das sessões de julgamento do Tribunal de Ética recomenda ainda a aplicação, por analogia, de um prazo previsto no art. 94, inc. III do Regulamento Geral do EAOAB, que dispõe que a discussão da matéria deve ocorrer dentro do prazo máximo fixado pelo Presidente, não podendo cada Conselheiro ou membro do Tribunal de Ética e Disciplina fazer uso da palavra mais de uma vez, nem por mais de três minutos, salvo se lhe for concedida prorrogação.

A aplicação da referida norma evita que os julgamentos perante o Tribunal de Ética se transformem em espaços para lamentáveis demonstrações de vaidade ou de discursos com caráter sancionatório em desfavor do representado na presença do representante, sendo mais rápidos e objetivos.

Por fim, nos termos do art. 139, §1º do Regulamento Geral do EAOAB, ocorre a suspensão dos prazos processuais durante o período de recessos dos Conselhos.

4. COMPETÊNCIA

Compete privativamente à OAB o poder de punir disciplinarmente o advogado ou estagiário inscritos em seus quadros nos expressos termos do disposto no artigo 70 do EAOAB, razão pela qual é defeso aos juízes, ou a qualquer outra autoridade, aplicar sanções aos advogados em virtude da prática de fatos tipificados como infrações disciplinares.

Questão sempre tormentosa resulta do disposto no art. 265 do Código de Processo Penal, com redação que lhe foi dada pela Lei n. 11.719/2008,

49

que permite ao juiz aplicar uma multa (10 a 100 salários) para o advogado que abandonar o processo.

O Conselho Federal da Ordem dos Advogados do Brasil ingressou com uma Ação Direta de Inconstitucionalidade (ADIN n. 4398[13]), tendo a Associação dos Magistrados Brasileiros – AMB requerido o ingresso naqueles autos na qualidade de *amicus curiae* com o objetivo de defender a constitucionalidade do referido dispositivo legal.

O critério escolhido pelo EAOAB para definir a competência foi o critério territorial.

Assim, o Conselho Seccional competente para o julgamento e a aplicação da sanção disciplinar, por meio do seu Tribunal de Ética, será aquele em cuja base territorial foi praticada, em tese, a infração ética, pouco importando a origem da inscrição do advogado.

Se a infração, em tese, ocorreu no Conselho Federal, caberá a este apurar e julgar o advogado, aplicando-lhe a sanção se procedente a representação.

Também será hipótese de competência originária do Conselho Federal a representação contra seus membros e Presidentes dos Conselhos Seccionais, nos termos do art. 58, § 5º do Novo Código de Ética e Disciplina da OAB, sendo competente a Segunda Câmara reunida em sessão plenária.

Por fim, a representação contra membros da diretoria do Conselho Federal[14], Membros Honorários Vitalícios e detentores da Medalha Rui Barbosa será processada e julgada pelo Conselho Federal, sendo competente o Conselho Pleno.

A representação contra dirigente de Subseção é processada e julgada pelo Conselho Seccional, nos termos do § 6º do art. 58 do Novo

---

[13] Disponível em http://redir.stf.jus.br/estfvisualizadorpub/jsp/consultarprocessoeletronico/ConsultarProcessoEletronico.jsf?seqobjetoincidente=3856394.

[14] A diretoria do Conselho Federal é composta por um representante de cada região do país, sendo Presidente, Vice-Presidente, Secretário-Geral, Secretário-Geral Adjunto e Tesoureiro.

DO PROCESSO NA OAB

Código de Ética e Disciplina da OAB. É curioso que esse foro privilegiado não tenha sido estendido aos Conselheiros Seccionais.

Aliás, sob a égide do Código de Ética e Disciplina de 1995, Gisela Gondin Ramos já defendia que *Conselho Seccional julga processos em grau de recurso, exceto no caso de Conselheiro, hipótese em que a sua competência é originária.*[15]

Ora, nesse ponto perdeu o novel Código uma grande oportunidade de sanar essa omissão, pois é inocultável que o Conselheiro Seccional, em face da elevada função que desempenha, pode, até mesmo em face de um insólito temor reverencial[16] por parte de membros do Tribunal de Ética ou de Subseção não-Conselheiros, interferir na apuração imparcial dos fatos.

Dessarte, o julgamento de representado Conselheiro pelo Conselho Seccional é medida salutar que visa garantir a isenção e transparência de todo o processo disciplinar, pois a condição de Conselheiro do representado poderia causar constrangimentos óbvios ao advogado não-Conselheiro que fosse designado para realizar a instrução.[17]

Transitada em julgado a decisão condenatória, o Conselho Seccional onde o sancionado possui inscrição originária deverá ser oficiado para fins de registro nos assentamentos do inscrito.

---

[15] *Estatuto da advocacia*: comentários e jurisprudência selecionada. 5ª ed. Rio de Janeiro: Forense, 2009, p. 595.

[16] Clóvis Bevilaqua ensinava que por temor reverencial entende-se o receio de desgostar a quem se deve obediência e respeito. "Não sendo acompanhado de ameaças e violências, nem assumindo a forma de força moral irresistível, é incapaz de viciar o acto. Não tolhe a liberdade ao agente; apenas actuará para que proceda reflectidamente, depois de ponderar nas vantagens e desvantagens do acto". *Código Civil dos Estados Unidos do Brasil.* vol. I. Rio de Janeiro: Livraria Francisco Alves, 1916, p. 376.

[17] Não obstante esses fatos a Resolução 9/2011 do Tribunal de Ética e Disciplina da OAB/SP dispõe em seu art. 2º, parágrafo único, inciso II que as representações que envolvam direta ou indiretamente Conselheiros, Diretores, Relatores e Presidentes, sejam da Seccional, Subseção, Câmaras Recursais ou Turmas de Ética e Disciplinar são de competência do Tribunal de Ética e Disciplina da Secção de São Paulo.

FABIO GUEDES GARCIA DA SILVEIRA

5. REPRESENTAÇÃO INICIAL

Como já comentado, o processo administrativo disciplinar na OAB não exige a representação da parte por advogado.

Essa possibilidade, entretanto, costuma produzir uma grande gama de representações canhestras que, infelizmente, dificultam a prestação da tutela administrativa disciplinar almejada.

Ocorre que o representante leigo, principalmente aquele que pertence à camada mais humilde da população em termos socioeconômicos, possui grande dificuldade em expor os fatos de forma lógica, por meio de um silogismo, o que infelizmente conduz ao arquivamento liminar de muitas representações em face da ausência dos pressupostos mínimos de admissibilidade, nos termos do disposto no art. 58, § 3º do Novo Código de Ética e Disciplina da OAB.

Essa hipótese de arquivamento liminar[18] é absolutamente distinta da possibilidade de indeferimento liminar, contemplada pelo EAOAB

---

[18] A decisão que determina o arquivamento liminar possui natureza processual não definitiva. Nesse sentido: EMENTA N. 068/2014/SCA-TTU. Recurso ao Conselho Federal. Decisão de Conselho Seccional que mantém arquivamento liminar da representação por ausência de seus pressupostos de admissibilidade. Decisão de caráter processual. Recurso não conhecido. 1) O art. 75 da Lei n. 8.906/94 atribui competência a este Conselho Federal para processar e julgar recursos interpostos contra decisões definitivas proferidas por conselhos seccionais, quando não unânimes ou, sendo unânimes, que contrariem o Estatuto, decisão do Conselho Federal ou de outro Conselho Seccional e, ainda, o Regulamento Geral, o Código de Ética e Disciplina e os Provimentos. 2) A decisão que determina o arquivamento liminar da representação, por ausência de seus pressupostos de admissibilidade previstos no art. 51, § 2º, do Código de Ética e Disciplina, possui natureza processual, não definitiva, porquanto o surgimento de documentos novos ou a comprovação de fatos que indiquem indícios de autoria e provas de materialidade da prática de infração disciplinar poderá autorizar a reabertura do procedimento administrativo. 3) Nesse contexto, tal decisão não pode ser combatida pela via extraordinária do recurso previsto no art. 75 da Lei n. 8.906/94, que tem como pressuposto a definitividade da decisão recorrida, ou seja, que se volte contra decisão de mérito proferida em única ou última instância. 4) Recurso não conhecido. Acórdão: Vistos, relatados e discutidos os autos do processo em referência, acordam os membros da 3ª Turma da Segunda Câmara do CFOAB, por unanimidade, em não conhecer do recurso, nos termos do voto do Relator, que integra o presente. Brasília, 20 de maio de 2014. Renato da Costa Figueira, Presidente. Guilherme Octávio Batochio, Relator (DOU, S.1, 28.05.2014, pp. 178/179).

DO PROCESSO NA OAB

em seu artigo 73, § 2º, que tem lugar após a apresentação da defesa prévia e que implica em extinção do processo com resolução de mérito.

Ambas, sob a égide do Código de Ética e Disciplina da OAB de 1995, eram de competência exclusiva do Presidente do Conselho Seccional, em que pese, como anotou Gisela Gondim Ramos[19] "a confusa redação do art. 51, § 2º do Código de Ética e Disciplina da OAB", que dava a entender que o Presidente da Subseção teria competência concorrente neste sentido.

Agora, o arquivamento liminar de representação, após o parecer de admissibilidade realizado pelo relator, pode ser determinado pelo Presidente do Conselho competente ou, conforme o caso, pelo Presidente do Tribunal de Ética e Disciplina, nos termos do disposto no § 4º do artigo 58 do novel Código de Ética e Disciplina da OAB.

A representação inicial deve ao menos conter a identificação do representante, com a sua qualificação civil, endereço e assinatura; a narração de fatos que, em tese, possam ser tipificados nos incisos do art. 34 ou que representem violação a outro dispositivo do EAOAB, ou ainda aos deveres éticos estabelecidos no Código de Ética e Disciplina, os documentos e a indicação das provas a serem produzidas e, se for o caso, a apresentação do rol de testemunhas até o máximo de cinco, a serem notificadas, mas cujos comparecimentos ficam a cargo do próprio representante (art. 57 do Novo Código de Ética e Disciplina da OAB).

Se a representação for verbal, será reduzida a termo pela secretaria.

Não se admite denúncia anônima, pois não se pode desconsiderar que essas denúncias apócrifas muitas vezes são apresentadas como vingança ou com o escopo precípuo de prejudicar terceiros.

Nossos Tribunais já decidiram inúmeras vezes que a denúncia apócrifa deve ser combatida já no nascimento, eis que a denúncia anônima não pode, evidentemente, servir de base para qualquer juízo de valor,

---

[19] *Estatuto da advocacia*: comentários e jurisprudência selecionada. 5ª ed. Rio de Janeiro: Forense, 2009, p. 592.

já que é muito temerário submeter o cidadão a um degradante processo de investigação sem que haja qualquer comprovação de fatos, meramente em decorrência de informações advindas não se sabe nem de quem, nem de onde, para, ao final, em não raras hipóteses, constatar a falta de veracidade das alegações, nesse sentido vale conferir a decisão do Egrégio TRF2 no HC 2003.02.01011011-0.

Em suma, com o devido respeito, o destino de denúncias apócrifas é a lata de lixo, pois a exegese constitucional exige e destaca a necessidade absoluta de identificação do denunciante como forma de preservar a dignidade da pessoa humana, razão pela qual não pode, em hipótese alguma, o Presidente do Conselho Seccional ou da Subseção instaurar o procedimento com base em denúncia apócrifa justificando que a instauração ocorreu de ofício após o conhecimento dos fatos narrados na carta anônima.

Nesse sentido merece louvor a redação do parágrafo segundo do art. 55 do Novo Código de Ética e Disciplina da OAB que dispôs expressamente que "não se considera fonte idônea a que consistir em denúncia anônima" (art. 55, § 2º).

6. FASES DO PROCESSO DISCIPLINAR

O processo disciplinar na OAB possui apenas duas fases procedimentais, a fase instrutória e a fase de julgamento[20], sendo aplicado o rito atribuído pelo Novo Código de Ética e Disciplina da OAB (art. 55 e ss.)

O processo disciplinar como mencionado anteriormente, instaura-se de ofício ou mediante representação dos interessados, que não pode ser anônima.

Não obstante a exigência de requisitos formais da representação deve-se ter sempre em mente que quando a representação disciplinar é

---

[20] Gisela Gondin Ramos vislumbra uma terceira fase, que compreende os recursos ao Conselho Seccional ou federal, conforme o caso. *Estatuto da advocacia*: comentários e jurisprudência selecionada. 5ª ed. Rio de Janeiro: Forense, 2009, p. 592.

DO PROCESSO NA OAB

realizada por leigos ela dificilmente atenderá a todos aqueles requisitos, motivo pelo qual desde que se consiga depreender do teor da queixa indícios suficientes de autoria e a ocorrência, a princípio e em tese, da prática de atos contrários aos deveres éticos do advogado, a representação deve ser recebida e o processo disciplinar instaurado, possibilitando que uma serena e imparcial apuração possa trazer à colação a verdade dos fatos.

Dessarte, para fins de admissibilidade inicial da representação basta verificar se:

i. O representado é advogado ou estagiário inscrito na OAB?

ii. Os fatos narrados, a princípio e em tese, são contrários aos deveres éticos do advogado estabelecidos no EAOAB e no CED?

iii. Os fatos narrados ocorreram na jurisdição territorial de competência do Conselho Seccional?

É importante, contudo, em respeito ao princípio da legalidade objetiva, que o processo administrativo disciplinar na OAB seja embasado numa norma legal específica, sob pena de invalidade, razão pela qual, ainda que a representação realizada pelo leigo não indique o enquadramento legal, o parecer preliminar, previsto no *caput* do artigo 73 do EAOAB e no § 7º do art. 59 do Novo Código de Ética e Disciplina da OAB, deve indicar a descrição dos fatos e o dispositivo ético, a princípio e em tese, violado.

O novo Código de Ética e Disciplina da OAB em boa hora pôs fim a uma séria discussão a respeito da ocorrência ou não de nulidade decorrente do oferecimento de parecer de admissibilidade da representação por advogado não Conselheiro Seccional, o que causava grande insegurança jurídica.[21]

---

[21] Pela ocorrência de nulidade vale conferir, dentre outros, o RECURSO N. 49.0000.2012.002639-0/OEP. Recte: V.D.I. (Adv: José Antônio Carvalho OAB/SP 53981). Recdos: Despacho de fls. 473 do Presidente do Órgão Especial e Maria Aparecida da Silva (Adv: Elaine Dias Guazzelli Vidal OAB/SP 80518). Interessado: Conselho Seccional da OAB/São Paulo. Relator: Conselheiro Federal Wadih Nemer

FABIO GUEDES GARCIA DA SILVEIRA

Damous Filho (RJ). EMENTA N. 150/2015/OEP. Recurso ao Conselho Federal. Preliminar. Parecer elaborado por assessor do Presidente do TED XI. Nulidade procedimental. 1) Flagrante a irregularidade consubstanciada no parecer preliminar ter sido firmado por assessor da presidência do TED, que não restou assinado conjuntamente por relator devidamente designado, em afronta ao art. 73 do EAOAB, impõe-se a nulidade processual. Reconhecimento de prescrição, de ofício. 2) Atos processuais posteriores à decretação de nulidade hão de ser reputados como inexistentes, não surtindo efeitos jurídicos, inclusive para contagem do prazo prescricional, conforme assente a jurisprudência deste CFOAB. Restaurada a última decisão condenatória, e decorrendo lapso temporal superior a 5 (cinco) anos entre a última decisão condenatória válida e o presente julgamento, há que ser reconhecida a prescrição da pretensão punitiva. 3) Recurso conhecido e provido para acolher a preliminar de nulidade processual e, de ofício, reconhecer a prescrição da pretensão punitiva. Acórdão: Vistos, relatados e discutidos os autos do processo em referência, acordam os membros do Órgão Especial do Conselho Pleno do Conselho Federal da Ordem dos Advogados do Brasil, observado o quorum exigido no art. 92 do Regulamento Geral, por unanimidade, em acolher o voto do Relator, parte integrante deste, conhecendo e dando provimento ao recurso. Brasília, 30 de novembro de 2015. Claudio Pacheco Prates Lamachia, Presidente. Sérgio Eduardo Fisher, Relator ad hoc. (DOU, S.1, 11.12.2015, p. 199).

Pela não ocorrência de nulidade vale conferir, dentre outros a decisão no RECURSO N. 49.0000.2013.006657-6/SCA-TTU. Recte: C.Q.F.M. (Adv: Moisés Ferreira Bispo OAB/SP 118190). Recdos: Conselho Seccional da OAB/São Paulo e F.V.S. (Adv: Osvaldo Pereira da Silva OAB/SP 261121). Relator: Conselheiro Federal Gedeon Batista Pitaluga Junior (TO). EMENTA N. 057/2014/SCA-TTU. Nulidade. Parecer Preliminar. Advogado não eleito. Meramente opinativo. Legitimidade. Permissão Legal. Improvimento. Recurso. Julgamento Unânime. Ausência de requisitos recursais. I-O indigitado parecer preliminar e opinativo, a rigor, não tem o condão de se caracterizar como julgamento disciplinar ou mesmo ato jurídico equivalente, mormente quando sucedido de decisão fundamentada do Presidente do TED determinando a instauração de processo disciplinar e o regular andamento do feito, consoante os procedimentos internos pertinentes, expressamente autorizados pelo artigo 109, parágrafo primeiro, do Regulamento Geral. II-Recurso interposto contra acórdão que por unanimidade de votos da instância Seccional decidiu improver a representação e arquivar o procedimento disciplinar em análise. III-Não estando presentes os pressupostos de admissibilidade do recurso, vez que o acórdão recorrido foi à unanimidade de votos (Art. 75, do Estatuto da Advocacia e da OAB) e, à míngua de afronta à Lei n. 8.906/94 (EAOAB), a decisão do Conselho Federal ou de outro Conselho Seccional, bem como o Regulamento Geral, o Código de Ética e Disciplina e os Provimentos do Conselho Federal, não há como conhecer do recurso. Acórdão: Vistos, relatados e discutidos os autos do processo em referência, acordam os membros da 3ª Turma da Segunda Câmara do Conselho Federal da Ordem dos Advogados do Brasil, por unanimidade, em conhecer do recurso no tocante a arguição de nulidade, improvendo-o, e não conhecer do recurso quanto às alegações meritórias por ausência de pressupostos recursais para a sua

DO PROCESSO NA OAB

Ocorre que nos Conselhos Seccionais com grande número de advogados inscritos era comum que os regimentos internos dispusessem a respeito da existência de advogados não-Conselheiros que atuavam como assessores ou instrutores junto a Presidência do Tribunal de Ética e Disciplina ou nas Câmaras Recursais, o que não era previsto no EAOAB nem no Código de Ética e Disciplina da OAB de 1995.

Com o escopo de colocar fim a essa discussão o Novo Código de Ética e Disciplina da OAB, com fundamento no artigo 72, § 1º do EAOAB, deixou claro no § 1º do art. 58 que os atos de instrução, incluindo os pareceres de admissibilidade e preliminar, podem delegados ao Tribunal de Ética e Disciplina, conforme dispuser o regimento interno do Conselho Seccional, caso em que caberá ao seu Presidente, por sorteio, designar relator.

Dessarte, doravante o relator poderá ser um advogado não-Conselheiro integrante do Tribunal de Ética e Disciplina, conforme dispuser o regimento interno do Conselho Seccional competente.

Não sendo hipótese de arquivamento liminar da representação o processo é declarado instaurado por despacho do Presidente do Conselho Seccional competente, ou, conforme o caso, do Presidente do Tribunal de Ética e Disciplina, nos termos do parecer do relator ou segundo os fundamentos que adotar, conforme dispõe expressamente o § 4º do artigo 58 do Novo Código de Ética e Disciplina da OAB.

Vê-se, assim, que o despacho do Presidente do Conselho Seccional competente, ou, conforme o caso, do Presidente do Tribunal de Ética e Disciplina, não está vinculado ao parecer de admissibilidade do relator, sendo o indigitado parecer preliminar meramente opinativo.

Instaurado o processo disciplinar o relator sorteado determina a notificação do advogado representado para que apresente defesa prévia no prazo de 15 (quinze) dias (art. 59 do Novo CED), prazo este que

---

admissibilidade, nos termos do voto do Relator, que integra o presente. Brasília, 20 de maio de 2014. Renato da Costa Figueira, Presidente. Gedeon Batista Pitaluga Junior, Relator. (DOU, S.1, 28.05.2014, pp. 178/179).

pode ser prorrogado pelo relator na ocorrência de motivo relevante (art. 73, § 3º do EAOAB).

A notificação inicial é realizada por meio de correspondência, com aviso de recebimento, no endereço profissional ou residencial do advogado representado constante do cadastro do Conselho Seccional (art. 59, § 1º do Novo CED), nos termos do art. 137-D do Regulamento Geral do EAOAB.

É muito importante que o advogado mantenha sempre atualizado o seu endereço junto ao cadastro do Conselho Seccional, pois nos termos do §1º do mesmo art. 137-D presume-se recebida a correspondência enviada para o endereço nele constante[22], em que pese a doutrina autorizada de Paulo Lôbo exigir a notificação diretamente à pessoa do destinatário.[23]

Frustrada a notificação inicial por meio de correspondência, será a mesma realizada por meio de edital que deverá respeitar o sigilo de

---

[22] EMENTA N. 090/2014/SCA-PTU. Alegada nulidade de atos processuais por ausência de notificação pessoal. Notificações regularmente enviadas para os endereços constantes do cadastro do Recorrente na OAB, Seção do Rio Grande do Sul, tudo em absoluta conformidade com o disposto no art. 137-D, do Regulamento Geral do EAOAB. Inexistência de cerceamento de defesa. Apelo conhecido, mas improvido. Acórdão: Vistos, relatados e discutidos os autos do processo em referência, acordam os membros da 1ª Turma da Segunda Câmara do CFOAB, por unanimidade, em conhecer e negar provimento ao recurso, nos termos do voto do Relator, que integra o presente. Brasília, 3 de junho de 2014. Valmir Pontes Filho, Presidente em exercício e Relator. (DOU, S.1, 10.06.2014, pp. 86/87). EMENTA N. 014/2014/SCA-STU. EMBARGOS DE DECLARAÇÃO. AUSÊNCIA DE OBSCURIDADE NO ACÓRDÃO EMBARGADO. IRRESIGNAÇÃO DO EMBARGANTE. 1) A decisão embargada encontra-se devidamente fundamentada, não havendo obscuridade a ser sanada. 2) Na forma do art. 137-D do Regulamento Geral as notificações em processos administrativos no âmbito da OAB são efetivadas por correspondência, com aviso de recebimento, incumbindo as partes manterem atualizados os cadastros e informações nos autos. Embargos de declaração conhecidos e, no mérito negado provimento. Acórdão: Vistos, relatados e discutidos os autos do processo em referência, acordam os membros da 2ª Turma da Segunda Câmara do CFOAB, por unanimidade, em conhecer e rejeitar os embargos de declaração, nos termos do voto do Relator, que integra o presente. Brasília, 11 de fevereiro de 2014. Luiz Cláudio Allemand, Presidente, André Luis Guimarães Godinho, Relator. (DOU, S.1, 25.02.2014, p. 161/164).

[23] *Comentários ao Estatuto da Advocacia e da OAB.* 5ª ed. São Paulo: Saraiva, 2009, p. 335.

DO PROCESSO NA OAB

que trata o artigo 72, § 2º do EAOAB, dele não podendo constar qualquer referência de que se trate de matéria disciplinar, constando apenas o nome completo do advogado, o seu número de inscrição e a observação de que ele deverá comparecer à sede do Conselho Seccional ou da Subseção para tratar de assunto de seu interesse. (art. 137-D, §§. 2º e 3º do Regulamento Geral do EAOAB).

A defesa prévia deve ser escrita e se fazer acompanhar de todos os meios de prova que o representado pretende produzir durante a fase probatória, inclusive o rol de testemunhas, no máximo 05 (cinco), nos termos do art. 58, § 3º do Código de Ética e Disciplina da OAB.

A instrução processual, como mencionado anteriormente, poderá ser presidida por relator não Conselheiro, conforme dispuser o regimento interno do Conselho Seccional.[24]

Como bem ensina Paulo Lobo[25] o EAOAB extinguiu as duas partes previstas na legislação anterior *"(investigação e admissibilidade e instauração do processo disciplinar)"*, razão pela qual não há mais *"o procedimento cometido à comissão de ética e disciplina, que foi extinta como órgão necessário do Conselho"*.

Nada obstante, no Estado de São Paulo, diante do grande número de Subseções e de advogados inscritos, é comum que as Subseções possuam Comissão de Ética e Disciplina a quem compete receber qualquer tipo de representação disciplinar; dar ciência ao interessado para resposta e juntada de documentos, promover a instrução e emitir parecer prévio, para apreciação da competente Turma Disciplinar do Tribunal de Ética e Disciplina, nos termos do artigo 137, § 3º do Regimento Interno da Seccional Bandeirante, regulamentado pela Resolução n. 9/2011 do Tribunal de Ética e Disciplina da OAB/SP.

---

[24] No Conselho Seccional de São Paulo os julgamentos perante o TED também são realizados por relatores advogados não-conselheiros, o que já foi objeto de alegação de nulidade, superada pela edição da súmula n. 1/2007 do Órgão Especial do Conselho Federal da OAB.

[25] LÔBO, Paulo. *Comentários ao Estatuto da Advocacia e da OAB.* 5ª ed. São Paulo: Saraiva, 2009, p. 340.

FABIO GUEDES GARCIA DA SILVEIRA

Dispõe ainda o Regimento Interno da Seccional Bandeirante que nas Subseções onde não houver Comissão de Ética e Disciplina, as atribuições anteriormente referidas podem ser praticadas pelo seu Presidente.

A norma em questão é louvável e tem por escopo descentralizar a atividade do Conselho Seccional, lembrando que o EAOAB e o CED permitem que a instrução seja realizada também pelas Subseções, razão pela qual não se pode alegar a ocorrência de nulidade pelo fato de a instrução ser realizada por advogado não-Conselheiro.

Se o representado, regulamente notificado, deixar de apresentar defesa prévia, o relator deverá nomear um defensor dativo, o mesmo ocorrendo se o representado não for encontrado (EAOAB, § 4º art. 73 e Novo CED, art. 59, § 2º).

Apresentada a defesa prévia pelo próprio representado, seu defensor constituído ou dativo, o relator pode opinar pelo indeferimento liminar da representação[26], que como já referido equivale à extinção do processo disciplinar na OAB com resolução de mérito, sendo ato de competência exclusiva do Presidente do Conselho Seccional nos termos do§ 2º do art. 73, do EAOAB.

---

[26] O parecer do relator é meramente opinativo, ou seja, não vincula o Presidente do Conselho Seccional, ou do Tribunal de Ética e Disciplina, que pode possuir outro elevado entendimento e deliberar pelo prosseguimento da instrução. Em respeito ao princípio da fundamentação tanto o parecer opinativo do relator pelo indeferimento liminar da representação, quanto a decisão do Presidente do Conselho Seccional, devem ser fundamentados, sob pena de nulidade. Nesse sentido EMENTA N. 159/2007/SCA. 1) Falta de fundamentação do despacho do Presidente da Seccional, do qual desatende a regra do art. 73, § 2º, do Estatuto da Advocacia e da OAB. 2) Quando o relator se manifestar pelo indeferimento liminar da representação, o Presidente do Conselho Seccional deverá, fundamentadamente, decidir a respeito, seja para indeferir, seja para arquivar o feito. 3) Nulidade do Processo a partir das fls. 1068. Artigo 73, § 2º, do EAOAB c/c Artigo 93, IX da Constituição Federal. ACÓRDÃO: Vistos, relatados e discutidos estes autos, acordam os Senhores Conselheiros Federais integrantes da Segunda Câmara do CFOAB, por unanimidade de votos, em anular o processo a partir do despacho do Presidente da Seccional, em conformidade com o relatório e voto que integram o presente julgado. Brasília, 06 de agosto de 2007. Alberto Zacharias Toron. Presidente da Segunda Câmara. Guaracy da Silva Freitas. Relator. (DJ, 23.11.2007, p. 1586, S1).

DO PROCESSO NA OAB

Da decisão do Presidente do Conselho Seccional nos termos do art. 73, § 2º do EAOAB cabe recurso ao Conselho Seccional.

Sendo hipótese de instrução o relator deve designar data para a produção da prova oral, desde que necessária para o deslinde dos fatos, onde serão tomados os depoimentos pessoais das partes e reduzidos a termo os depoimentos das testemunhas arroladas pelas partes, no máximo cinco.

É importante frisar que o Novo Código de Ética e Disciplina da OAB é enfático ao dispor que o relator somente indeferirá a produção de determinado meio de prova quando for ilícito, impertinente, desnecessário ou protelatório, devendo fazê-lo fundamentadamente (art. 59, § 6º do CED).

No processo disciplinar da OAB o relator pode determinar a realização de diligências que julgar convenientes, ainda que não solicitadas pelas partes, conforme expressamente previsto no artigo 59, § 5º do CED.

Mais do que um poder, trata-se na realidade de um dever do relator que conduz a instrução processual, decorrente do respeito e aplicação do princípio da verdade material. Conforme ensina Hely Lopes Meirelles[27]

> *enquanto nos processos judiciais o juiz deve cingir-se às provas indicadas no devido tempo pelas partes, no processo administrativo a autoridade processante ou julgadora pode, até o julgamento final, conhecer de novas provas, ainda que produzidas em outro processo ou decorrentes de fatos supervenientes que comprovem as alegações em tela.*

Assim também esclarece o Manual de Procedimentos do Processo Ético-Disciplinar do Conselho Federal da OAB ao dispor que:

> *a instrução do processo, que é uma atribuição e um ônus dos Conselhos e dos Conselheiros, haverá de ser obrigatoriamente dinâmica e teleológica. Não se deve aceitar a instrução apenas formal ou retórica. Os Relatores e os Instrutores deverão procurar, sem tréguas, a verdade real dos fatos,*

---

[27] *Direito Administrativo Brasileiro*. 34ª ed, atualizada por Eurico de Andrade Azevedo, Délcio Balestero Aleixo e José Emmanuel Burle Filho. São Paulo: Malheiros Editores Ltda., 2008, p. 696.

ainda que as partes não a propiciem com facilidade; há de se perseguir, sempre, a neutralização dos apelos corporativistas e a realização dos fins sociais da advocacia. Aos Conselheiros deve ser instado determinarem a produção das provas que se afigurem necessárias ao estabelecimento da veracidade, ainda que as partes não as requeiram. É nosso o dever de bem instruir para facilitar o cumprimento do dever maior de bem julgar.

Mudança importante ocorreu ao término da instrução probatória, pois o Novo Código de Ética e Disciplina da OAB agora dispõe que concluída a instrução o relator deverá proferir parecer preliminar, a ser submetido ao Tribunal de Ética, dando enquadramento legal aos fatos imputados ao representado.

Esse parecer preliminar deve indicar a descrição pormenorizada dos fatos, as provas produzidas e o enquadramento legal, em respeito aos princípios da legalidade objetiva e do contraditório, posto que apenas a respeito desses fatos e enquadramento legal que o Tribunal de Ética irá deliberar e o representado, ou seu advogado, poderá se manifestar por meio de defesa oral, após o voto do relator, pelo prazo de 15 (quinze) minutos, na sessão de julgamento perante o Tribunal de Ética.

Só após o oferecimento desse parecer preliminar é que as partes serão agora intimadas para, no prazo comum de 15 (quinze) dias, apresentar as suas razões finais.

O antigo CED de 1995 dispunha que encerrada a instrução probatória as partes seriam notificadas para apresentação de razões finais escritas, no prazo sucessivo de quinze dias para cada uma das partes, iniciando-se pelo representante (art. 52, § 4º do CED).

Muito embora o artigo 73, § 4º do EAOAB só mencione a obrigatoriedade de nomeação de defensor dativo ao representado não encontrado ou revel, é prudente a nomeação de defensor dativo para o oferecimento de razões finais se o representado, devidamente notificado, deixar de apresentar razões finais, sob pena de nulidade. Nesse sentido já decidiu o Conselho Federal da OAB.[28]

---

[28] EMENTA N. 259/2011/SCA-PTU. Recurso. Acórdão unânime. Nulidade processual. Defensor dativo. Alegações finais. 1. A falta de alegações finais é causa de

DO PROCESSO NA OAB

Com a juntada aos autos do processo disciplinar das razões finais encerra-se o procedimento de instrução.

Recebido o processo instruído, o presidente do Tribunal de Ética e Disciplina da OAB nomeia um dos seus membros[29] para proferir voto, sendo o processo inserido automaticamente na pauta da primeira sessão de julgamento após a distribuição ao relator, da qual serão as partes notificadas com 15 (quinze) dias de antecedência.

Se o processo já estiver tramitando perante o Tribunal de Ética e Disciplina ou perante o Conselho competente, o relator não será o

---

nulidade absoluta, uma vez que, em homenagem ao devido processo legal, é necessário o pronunciamento da defesa técnica sobre a prova produzida. 2. As exigências maiores que se fazem ao defensor dativo, de usar ambas oportunidades de defesa (defesa prévia e alegações finais), decorrem justamente de não ter sido ele escolhido pela parte, de não gozar de sua confiança e assim precisar justificar legal e faticamente o empenho máximo. 3. Processo declarado nulo desde a notificação para apresentação de alegações finais, com determinação de reabertura de prazo para realização do ato processual. ACÓRDÃO: Vistos, relatados e discutidos estes autos, acordam os Senhores Conselheiros integrantes da Primeira Turma da Segunda Câmara do CFOAB, por unanimidade de votos, em declarar nulo o processo desde a notificação para apresentação de alegações finais, determinando à Comissão de Ética e Disciplina da OAB/MG a reabertura de prazo, com nova notificação ao Representado no endereço que informou nos autos. Brasília, 23 de agosto de 2011. Gilberto Piselo do Nascimento, Presidente e Relator. (DOU, S. 1, 02/12/2011, p. 185). Em sentido contrário a ver o respeitável entendimento esposado por Paulo Lobo na obra citada, p. 341, com apoio em decisão também do Conselho Federal da OAB (2ª Câmara, Rec. N. 0360/2004/SCA-SC).

[29] Na Seccional de São Paulo, nos termos do Regimento Interno da OAB-SP, os membros do Tribunal de Ética não necessitam ser Conselheiros Seccionais. Conforme art. 136 *caput* e §1º, além do Conselheiro Presidente e do Conselheiro Corregedor, o TED fica dividido em 24 Turmas, composta de 1 (um) Presidente e 20 (vinte) membros vogais relatores da Primeira Turma de Ética Profissional e 1 (um) Presidente e 30 (trinta) membros vogais relatores das Turmas Disciplinares, sendo que cada uma das Turmas possui um Presidente, escolhido pelo Conselho, mediante indicação do Presidente do Conselho Seccional. Quando a escolha recair em advogado não Conselheiro, serão observados os requisitos de notório saber jurídico, ilibada reputação, inscrição com mais de 15 (quinze) anos e efetivo exercício da advocacia. Só podem ser indicados e eleitos vogais relatores advogados de notório saber jurídico, ilibada reputação e que sejam inscritos há mais de 5 (cinco) anos, com efetivo exercício na advocacia. (art. 135, § 2º). Nos termos do artigo 74 do Novo Código de Ética e Disciplina da OAB os Conselhos Seccionais e os Tribunais de Ética e Disciplina deverá elaborar ou rever seus Regimentos Internos em até 180 dias após o início da vigência do Novo CED.

mesmo designado na fase de instrução[30], conforme vedação expressa prevista no § 1º do art. 60 do Novo Código de Ética e Disciplina da OAB.

Os integrantes do Tribunal de Ética podem solicitar esclarecimentos ao representado, o que recomenda que o Presidente do Tribunal de Ética aplique o prazo previsto no art. 94, inc. III do Regulamento Geral do EAOAB como já comentado.

Em respeito ao princípio da verdade material o relator do processo no Tribunal de Ética pode determinar a realização de novas diligências, reabrindo a instrução probatória, se entender que as provas carreadas ao bojo dos autos não são suficientes para formar o seu convencimento.

Entretanto, a reabertura da instrução enseja que seja concedida vista às partes para manifestação a respeito das novas provas produzidas, em respeito ao princípio do contraditório. Após, os autos são incluídos em pauta para julgamento com a intimação das partes com 15 (quinze) dias de antecedências da sessão de julgamento.

A decisão proferida em sessão de julgamento pelo Tribunal de Ética é obtida pela maioria de seus membros, sendo lavrado o respectivo Acórdão e sua ementa, com a publicação na imprensa oficial, a qual, em respeito ao sigilo determinado pelo EAOAB, deve apenas indicar o Tribunal de Ética, o número do processo, as iniciais dos nomes das partes, e o nome completo e o número de inscrição na OAB dos procuradores das partes, se constituídos, ou o nome do representado, na condição de advogado, quando postular em causa própria.

O Novo Código de Ética e Disciplina da OAB disciplinou com propriedade nos artigos 61 e 62 os requisitos formais do Acórdão, sendo feliz ao exigir que havendo voto divergente, ainda que vencido, deverão ser lançados nos autos, em voto escrito ou em transcrição na ata de julgamento do voto oral proferido, os seus fundamentos.

---

[30] Dessarte, segundo o Novo CED da OAB, quando a instrução for realizada pelo Tribunal de Ética e Disciplina há verá o sorteio de um relator que terá competência para exarar os pareceres de admissibilidade e preliminar, bem como o sorteio de novo relator para proferir voto após o recebimento do processo devidamente instruído.

DO PROCESSO NA OAB

O artigo 61 em questão exige que o Acórdão indique as circunstâncias agravantes ou atenuantes consideradas e as razões determinantes de eventual conversão da censura aplicada em advertência sem registro nos assentamentos do inscrito, prevalecendo dessa maneira à tese de que a conversão da censura aplicada em advertência sem registro nos assentamentos do inscrito não é automática, exigindo fundamentação.

7. PROCEDIMENTO NAS HIPÓTESES DE SUSPENSÃO PREVENTIVA

Prevê ainda o EAOAB, em seu art. 70, § 3º, um procedimento cautelar e sumaríssimo, que tramita exclusivamente pelo Tribunal de Ética e Disciplina do Conselho Seccional competente, para deliberação a respeito da Suspensão Preventiva do advogado que seja acusado da prática de ato que tenha causado repercussão prejudicial à dignidade da advocacia.

Trata-se, portanto, de uma medida excepcional posto que antagônica ao princípio constitucional da não culpabilidade, razão pela qual se exige a ocorrência de fatos graves que tenham repercutido de forma absolutamente prejudicial à dignidade coletiva da advocacia, ou seja, à imagem que a sociedade faz da advocacia.

Em suma, os fatos além de graves devem ser notórios, objeto de comentários desabonadores da sociedade[31], exigindo uma resposta rápida,

---

[31] Mesmo assim o Conselho Federal da OAB já decidiu pela inadmissibilidade da medida excepcional de suspensão preventiva proferida com base unicamente em matérias jornalísticas, nesse sentido: EMENTA N. 84/2013/SCA-TTU. Suspensão preventiva – Medida Cautelar – Princípio constitucional da não culpabilidade que sinaliza no sentido de que sua aplicação é medida absolutamente excepcional – Decisão, ademais, proferida com base unicamente em matérias jornalísticas – Inadmissibilidade – Recurso conhecido e provido parcialmente para revogar a suspensão preventiva e seus efeitos. Acórdão: Vistos, relatados e discutidos os autos do processo em referência, acordam os membros da 3ª Turma da Segunda Câmara do CFOAB, por maioria, em conhecer do recurso e dar-lhe provimento parcial, nos termos do voto do Relator, que integra o presente. Brasília, 06 de agosto de 2013. Renato da Costa Figueira, Presidente. Guilherme Octávio Batochio, Relator (DOU, S. 1, 22/08/2013, pp. 133/134).

firme e eficaz no sentido de demonstrar à sociedade que a advocacia não tolera esses tipos de desvio de conduta.

O Conselho Federal da OAB, *v.g.*, já ratificou a suspensão preventiva aplicada a um advogado comprovadamente envolvido em esquema fraudulento de licitação, condenado em processo criminal.[32]

Assim, os fatos devem ser graves e repercutirem de forma absolutamente prejudicial à dignidade da advocacia, tratando-se de medida excepcional.

O procedimento cautelar em testilha dispõe que o advogado acusado da prática de falta ética grave e de notória repercussão prejudicial à dignidade da advocacia deve ser notificado para comparecer a sessão especial do Tribunal de Ética, na qual poderá apresentar defesa, produzir prova e realizar sustentação oral pessoalmente ou por defensor, restritas, entretanto, à questão do cabimento, ou não, da suspensão preventiva (EAOAB, art.70, § 3º c.c. art. 63 do Novo CED).

Vê-se, assim, que nessa audiência é importante que o advogado demonstre aos membros do Tribunal de Ética que não houve repercussão pública e notória dos fatos prejudicial à dignidade da advocacia, pois apenas esse motivo enseja a aplicação de tão excepcional medida disciplinar.

Estando preso o advogado acusado da prática de falta ética grave e de notória repercussão prejudicial à dignidade da advocacia devem os membros do Tribunal de Ética competente se reunir para a sessão de julgamento em sala localizada no estabelecimento prisional.

---

[32] EMENTA N. 047/2012/SCA-PTU. Recurso interposto contra decisão unânime de Seccional. Não conhecimento. Necessidade de demonstração dos requisitos do art. 75 do Estatuto da OAB. A ausência dos pressupostos autoriza aplicação do art. 140 do Regulamento Geral. Advogado comprovadamente envolvido em esquema fraudulento de licitação, condenado em processo criminal. Mácula para a boa imagem da advocacia. Aplicação da suspensão preventiva na forma dos arts. 70, § 3º, do EAOAB, c/c art. 48 do CED. ACÓRDÃO: Vistos, relatados e discutidos os autos do processo em referência, acordam os membros da Primeira Turma da Segunda Câmara do CFOAB, por unanimidade, em não conhecer do recurso, nos termos do voto do Relator, que integra o presente. Brasília, 17 de abril de 2012. Gilberto Piselo do Nascimento, Presidente. Marcus Vinicius Cordeiro, Relator (DOU, 16.05.2012, S. 1, p. 111).

DO PROCESSO NA OAB

Se o advogado acusado não atender à notificação para comparecimento na sessão especial que irá deliberar a respeito da sua suspensão preventiva, o Presidente do Conselho Seccional deverá nomear defensor dativo, nos termos do § 4º do art. 73 do EAOAB, a quem compete apresentar defesa, produzir prova e realizar sustentação oral, sob pena de nulidade da sessão de julgamento.

Prevê o § 3º do art. 73 do EAOAB que na hipótese de aplicação da suspensão preventiva o processo disciplinar deverá ser concluído no prazo de 90 (noventa) dias, bem como que dessa decisão o eventual recurso não possui efeito suspensivo (art. 77 do EAOAB).

Após a realização da sessão especial o Tribunal de Ética deverá remeter o processo ao Presidente do Conselho ou da Subseção para que seja realizada a fase instrutória e posteriormente o julgamento do mérito, tudo isso respeitado o prazo de 90 (noventa) dias já referido.

8. DOS RECURSOS

José Carlos Barbosa Moreira define Recurso como "o remédio voluntário idôneo a ensejar, dentro do mesmo processo, a reforma, a invalidação, o esclarecimento ou a integração de decisão judicial que se impugna".[33]

Em face desse conceito é comum classificarmos os recursos[34] quanto ao fim colimado pelo recorrente como "Recurso de reforma", por meio do qual objetiva-se obter um pronunciamento do órgão hierarquicamente superior mais favorável ao recorrente; "Recurso de invalidação", que tem por escopo anular a decisão guerreada que padece de vício processual (extintivas sem resolução de mérito, por falha nos pressupostos processuais ou nas condições de ação ou que possuam vícios intrínsecos, como as hipóteses de decisão *citra, ultra* ou *extra petita*) e

---

[33] *Comentários ao Código de Processo Civil*. vol. V. 8ª ed. Rio de Janeiro: Forense, 1999, p. 207.

[34] Nesse sentido ver a lição de THEODORO Jr., Humberto. *Curso de Direito Processual Civil*. vol. I. 44ª ed. Rio de Janeiro: Editora Forense, 2006, p. 606.

"Recurso de esclarecimento ou integração", que são os Embargos declaratórios, que objetivam sanar a falta de clareza ou imprecisão técnica da decisão, ou ainda suprir omissão do julgado.

O EAOAB dispôs a respeito de um sistema recursal muito simples, prevendo o cabimento de um único recurso ordinário inominado de todas as decisões definitivas.[35]

É bem verdade que o Regulamento Geral do EAOAB também prevê a possibilidade de um Recurso "voluntário" em seu artigo 140, bem como da interposição de Embargos de Declaração, dirigidos ao relator da decisão combatida (art. 138), sem explicitar as suas hipóteses de cabimento, razão pela qual devem ser aplicadas subsidiariamente as hipóteses previstas na legislação processual penal para essa modalidade de recurso.

É importante ressaltar, entretanto, que o relator pode negar seguimento aos Embargos de Declaração que entender manifestamente protelatórios, intempestivos ou carentes dos pressupostos legais para interposição, não cabendo recurso contra essa decisão (art. 138, §§ 3º e 5º). É importante ressaltar ainda que o Novo Código de Ética e Disciplina da OAB fez menção expressa à proibição da interposição de recursos com intuito manifestamente protelatório, consignando no artigo 66 que esse ato contraria os princípios do CED, sujeitando os responsáveis à correspondente sanção.

Em face desse simplificado sistema recursal, como bem ensina Paulo Lôbo,

> *não podem ser utilizados os tipos de recursos previstos na legislação processual comum (penal ou civil), de modo supletivo, porque não há lacuna no Estatuto. Ao contrário, a lei optou expressamente por um*

---

[35] Há, entretanto, a previsão do Recurso de "Embargos" previsto no art. 55, §3º do EAOAB, cuja legitimação é exclusiva do Presidente do Conselho Federal, bem como a previsão da Revisão (art. 73, § 5º) para aqueles que a consideram como recurso conforme lição de Paulo Lôbo (*Comentários ao Estatuto da Advocacia e da OAB*. 5ª ed. São Paulo: Saraiva, 2009, p. 348).

DO PROCESSO NA OAB

único recurso, com exclusão de qualquer outro, por via de interpretação, seguindo a tendência universal para simplificação e máxima economia processual.

O EAOAB ao tratar da legitimação para o recurso ordinário inominado utilizou a expressão interessados, o que dá a entender que além das partes, terceiros interessados também possuem legitimidade para recorrer.

Dessarte, todos aqueles que possuem interesse jurídico são legitimados para recorrer, destacando a autoridade oficiante e os Presidentes das Turmas Disciplinares dos Tribunais de Ética e das Câmaras Julgadoras da OAB.[36]

O Regulamento Geral do EAOAB trata de apenas uma hipótese de impedimento, dispondo em seu artigo 141 que se o relator da decisão recorrida também integrar o órgão julgador superior, fica neste impedido de relatar o recurso. Vê-se, entretanto, que o impedimento diz respeito apenas à função de relator, não havendo impedimento no que tange à discussão da matéria em plenário e ao direito de voto.

O prazo para a interposição de qualquer recurso é de 15 (quinze) dias, contados nos termos do artigo 139 do Regulamento Geral do EAOAB do primeiro dia útil seguinte, seja da publicação da decisão na imprensa oficial, seja da data do recebimento da notificação, anotada pela Secretaria do órgão da OAB ou pelo agente dos Correios.

Os recursos podem ser protocolizados nos Conselhos Seccionais ou nas Subseções nos quais se originaram os processos, devendo o interessado indicar a quem recorre e remeter cópia integral da peça, no prazo de 10 (dez) dias, ao órgão julgador superior competente, via sistema postal rápido, fac-símile ou correio eletrônico, nos termos do disposto no §2º do art. 139 do Regulamento Geral do EAOAB, com redação determinada pela Resolução n. 02/2012 (DOU, 19.04.2012, S.1, p. 96).

---

[36] Esse entendimento é também esposado por Gisela Gondin Ramos (*Estatuto da advocacia*: comentários e jurisprudência selecionada. 5ª ed. Rio de Janeiro: Forense, 2009, p. 608).

Outrossim, qualquer manifestação de inconformismo com a decisão que seja protocolizada dentro do prazo recursal deve ser entendida e recebida como recurso, prevalecendo o princípio da fungibilidade, ou seja, os recursos no processo disciplinar na OAB não exigem o pressuposto objetivo da forma.

Contra as decisões do Presidente da Subseção cabe recurso ao Conselho Seccional, nos termos do art. 143 do Regulamento Geral do EAOAB.

Há, por fim, a previsão no Regulamento Geral do EAOAB de reexame necessário quando a decisão, inclusive dos Conselhos Seccionais, conflitar com a orientação de órgão colegiado superior.

Conforme preleciona Gisela Gondin Ramos[37],

> *em se tratando de reexame obrigatório, enquanto a decisão não for confirmada pelo órgão superior não surtirá efeitos. Os procedimentos seguem a mesma regra do direito processual comum, ou seja: a) há devolução obrigatória da apreciação; b) não tem razões, nem do órgão ou autoridade julgadores, nem das partes ou terceiros interessados; c) não tem prazo, de modo que não transita em julgado enquanto não apreciada pela instância superior.*

Como regra geral, o juízo de admissibilidade recursal, preliminar ao juízo de mérito, é realizado pelo relator do processo no órgão hierarquicamente superior ao que proferiu a decisão recorrida.[38]

Nos termos do § 1º do art. 138 do Regulamento Geral do EAOAB é defeso à autoridade ou órgão recorrido rejeitar o encaminhamento do recurso ao órgão hierarquicamente superior, razão pela qual não inexiste

---

[37] *Estatuto da advocacia*: comentários e jurisprudência selecionada. 5ª ed. Rio de Janeiro: Forense, 2009, p. 608.

[38] Nos embargos de declaração o juízo de admissibilidade é realizado pelo próprio relator da decisão embargada e não cabe recurso da decisão do relator que nega seguimento ou admite os embargos e os coloca em mesa para julgamento nos termos do art. 138, § 5º do Regulamento Geral do EAOAB.

DO PROCESSO NA OAB

a possibilidade de interposição de agravo de instrumento no processo disciplinar na OAB.

Além da legitimidade, pressuposto subjetivo, e da tempestividade pressuposto objetivo, exige-se a presença do pressuposto recursal objetivo da motivação, ou seja, é imprescindível que o recurso indique de forma direta, clara e objetiva os fundamentos e as razões do pedido de novo julgamento, sob pena de ser reputado pedido inepto.

Exige-se, também, que o inconformismo do recorrente se dirija em face de decisão não unânime ou contrária ao EAOAB, ao Código de Ética, ao Regulamento Geral do EAOAB, ou aos Provimentos do Conselho Federal da OAB, ou por último, que seja antagônica à decisão proferida por outro Conselho Seccional ou pelo Conselho Federal da OAB.

É necessário frisar que só cabe recurso ao Conselho Federal de decisões proferidas pelos Conselhos Seccionais e, mesmo assim, os recursos ao Conselho Federal possuem natureza extraordinária razão pela qual não servem para a simples revisão de matéria de fato.[39]

---

[39] Nesse sentido Segunda Câmara do CFOAB, EMENTA N. 52/2013/SCA-TTU. Recurso. Julgamento não unânime. Ausência de preenchimento dos pressupostos recursais do art. 75, da Lei n. 8.906/1994. Reapreciação de provas. Impossibilidade. Repetição das razões dos recursos anteriores revolvendo matéria fática. Pela natureza extraordinária do recurso para o Conselho Federal, este não se presta para mera revisão de matéria de fato. Ausência de contrariedade ao direito aplicável à espécie. Recurso não conhecido. Acórdão: Vistos, relatados e discutidos os autos do processo em referência, acordam os membros da 3ª Turma da Segunda Câmara do CFOAB, por unanimidade, em não conhecer do recurso, nos termos do voto da Relatora, que integra o presente. Brasília, 21 de maio de 2013. Renato da Costa Figueira, Presidente. Valéria Lauande Carvalho Costa, Relatora. (DOU, S. 1, 04/06/2013, p. 104). EMENTA N. 048/2011/SCA-TTU. Recurso inadmissibilidade. Recurso revisão de matéria de fato. Impossibilidade de admissão de recurso ao CFOAB. Frente à sua natureza excepcional. Não servindo, por isso, para mera revisão da matéria de fato. O conhecimento do recurso importaria em novo reexame da prova, matéria que rejoge aos respectivos pressupostos de admissibilidade. Recurso que não se conhece, portanto. ACÓRDÃO: Vistos, relatados e discutidos estes autos, acordam os Conselheiros da 3ª Turma da Segunda Câmara do CFOAB, por unanimidade dos votos, em não conhecer do recurso, nos termos do voto do Relator. Brasília, 12 de abril de 2011. Renato da Costa Figueira, Presidente, em exercício, 3ª Turma da Segunda Câmara e Relator. (DOU, S. 1, 08.07.2011 p. 203).

Os recursos nos processos disciplinares na OAB possuem efeito suspensivo, exceto no que tange ao recurso em face de decisão que deliberou pela suspensão preventiva[40] do representado na forma do disposto no § 3º do artigo 70 do EAOAB.[41]

Por fim, dispõe o parágrafo único do art. 144 do Regulamento Geral do EAOAB que "o Regimento Interno do Conselho Seccional disciplina o cabimento dos recursos no âmbito de cada órgão julgador".

9. DA REVISÃO DO PROCESSO DISCIPLINAR

A revisão no processo disciplinar na OAB não pode ser entendida como recurso[42], tratando-se de ação autônoma de impugnação que exige pressupostos próprios para o exame de seu mérito, a saber: o trânsito em julgado da decisão disciplinar e a ocorrência do erro de julgamento ou de condenação baseada em falsa prova.

Como já decidiu o Conselho Federal da OAB

> o pedido de Revisão não pode ser usado a guisa de novo recurso, na tentativa de obter julgamento favorável não obtido no processo ético-disciplinar. Tendo como pressupostos a ocorrência de erro de julgamento ou condenação baseada em falsa prova (EAOAB, art. 73, § 5º), exige argumentos novos ou novos elementos de prova, suscetíveis de justificar a revisão do julgado anterior, mediante a demonstração de que o direito foi mal aplicado ou

---

[40] O art. 144-A do Regulamento Geral do EAOAB dispõe que para a formação do recurso interposto contra a decisão de suspensão preventiva de advogado (art. 77, Lei n. 8.906/94), dever-se-á juntar cópia integral dos autos da representação disciplinar, permanecendo o processo na origem para cumprimento da pena preventiva e tramitação final, nos termos do art. 70, § 3º, do Estatuto.

[41] Os recursos que versem sobre eleições na OAB, bem como a respeito de cancelamento da inscrição obtida com falsa prova também não possuem efeito suspensivo (art. 77 do EAOAB).

[42] Em sentido contrário ver a lição de LÔBO, Paulo. *Comentários ao Estatuto da Advocacia e da OAB.* 5ª ed. São Paulo: Saraiva, 2009, p. 348.

DO PROCESSO NA OAB

de que a prova que lhe serviu de supedâneo não era idônea (Terceira Turma da Segunda Câmara do CFOAB. Interessado: Conselho Seccional da OAB/Santa Catarina. Relator: Conselheiro Federal Paulo Roberto de Gouvêa Medina (MG). EMENTA N. 032/2013/SCA).

Dessarte, é imprescindível que o pedido de revisão objetive a desconstituição da decisão por erro de julgamento ou por condenação baseada em falsa prova, conforme dispõe o § 5º do art. 73 do EAOAB, trazendo à colação do Conselho Seccional ou Federal novos fatos e argumentos aptos a comprovar o equívoco na interpretação dos fatos ou a falsidade da prova em embasou a condenação.

Tem legitimidade para requerer a revisão apenas o advogado punido com a sanção disciplinar.

A competência originária para o conhecimento processamento da Revisão é do órgão da OAB de que emanou a condenação final, conforme previsão expressa do § 2ª do art. 68 do Novo Código de Ética e Disciplina da OAB.[43]

Quando órgão competente for o Conselho Federal a revisão será processada perante a Segunda Câmara, reunida em sessão plenária (art. 68, § 3º do Novo CED).

Observar-se-á, na revisão, o procedimento do processo disciplinar, no que couber. O pedido de revisão terá autuação própria, devendo os autos respectivos ser apensados aos do processo disciplinar a que se refira.

---

[43] Sob a vigência do CED de 1995 a Segunda Câmara do Conselho Federal da Ordem dos Advogados do Brasil, já possuía esse entendimento, não obstante a ausência de previsão legal, nesse sentido: Pedido de Revisão n. 2010.08.03580-05/SCA (SGD: 49.0000.2012.006327-8/SCA), Ementa n. 022/2012/SCA.

FABIO GUEDES GARCIA DA SILVEIRA

REFERÊNCIAS BIBLIOGRÁFICAS:

AQUINO, José Carlos G. Xavier de; NALINI, José Renato. *Manual de processo penal*. 3ª ed. São Paulo: Editora Revista dos Tribunais, 2009.

BEVILAQUA, Clóvis. *Código Civil dos Estados Unidos do Brasil*. vol. I. Livraria Francisco Alves, Rio de Janeiro: 1916.

LÔBO, Paulo. *Comentários ao Estatuto da Advocacia e da OAB*. 5ª ed. São Paulo: Saraiva, 2009.

MEIRELLES, Hely Lopes. *Direito Administrativo Brasileiro*. 34ª ed, atualizada por Eurico de Andrade Azevedo, Délcio Balestero Aleixo e José Emmanuel Burle Filho. São Paulo: Malheiros Editores Ltda., 2008.

MOREIRA, José Carlos Barbosa. *Comentários ao Código de Processo Civil*. vol. V. 8ª ed. Rio de Janeiro: Forense, 1999.

RAMOS, Gisela Gondin. *Estatuto da advocacia*: comentários e jurisprudência selecionada. 5ª ed. Rio de Janeiro: Forense, 2009.

REALE, Miguel. *Filosofia do Direito*. 11ª ed. São Paulo: Saraiva, 1986.

RIBEIRO Jr., Oswaldo P.; GUIMARÃES, Paulo Fernando Torres; SILVA, Suzana Dias; NASCIMENTO, Tarcizo Roberto do. *Estatuto da Advocacia e da OAB e legislação complementar*. 11ª ed. Brasília: OAB, Conselho Federal, 2012.

SEGUNDA CÂMARA DO CONSELHO FEDERAL. *Manual de Procedimentos do Processo Ético-Disciplinar do Conselho Federal da OAB*. OAB, 1998.

THEODORO Jr., Humberto. *Curso de Direito Processual Civil*. vol. I. 44ª ed. Rio de Janeiro: Editora Forense, 2006.

Informação bibliográfica deste texto, conforme a NBR 6023:2002 da Associação Brasileira de Normas Técnicas (ABNT):

SILVEIRA, Fabio Guedes Garcia da. "Do processo na OAB". *In*: SOUZA, Luciano Anderson de; TUCUNDUVA SOBRINHO, Ruy Cardozo de Mello (Coord.). *Temas de Processo Administrativo*. São Paulo: Editora Contracorrente, 2017, pp. 43-74. ISBN. 978-85-69220-32-9.

O PROCESSO ADMINISTRATIVO DE CONCURSO PÚBLICO. ANÁLISE JURÍDICA DOS MÉTODOS DE SELEÇÃO DOS SERVIDORES PÚBLICOS NO BRASIL

FÁBIO LINS DE LESSA CARVALHO

SUMÁRIO: 1. O concurso público enquanto processo administrativo. 2. A realização de provas como principal etapa da disputa. 3. Os métodos de seleção dos servidores públicos. 3.1 As provas escritas. 3.1.1 As provas objetivas. 3.1.2 As provas discursivas. 3.2 As provas orais. 3.3 As provas práticas. 3.4 As provas físicas. 3.5 Os exames psicotécnicos. 3.6 Outros meios de avaliação.

1. O CONCURSO PÚBLICO ENQUANTO PROCESSO ADMINISTRATIVO

No sistema constitucional brasileiro, cada ente federativo, por ser dotado de autonomia, possui competência legislativa para disciplinar, através de suas próprias leis, os procedimentos que deverão ser adotados pela Administração Pública, especialmente no tocante às suas relações com os administrados. Neste contexto, uma das espécies de processo administrativo que deve ser objeto de leis criadas por cada ente da Federação é o concurso público, previsto no art. 37, II, da Constituição Federal, como procedimento de seleção impessoal e eficiente dos ocupantes dos cargos e empregos públicos.

Não obstante, paradoxalmente, apesar da Constituição da República ter atribuído a cada um dos entes federativos a competência para definição das regras de seus processos seletivos de acesso à função pública, aqueles não vêm utilizando de forma plena esta potestade, já que praticamente não há leis sobre o procedimento administrativo de concurso público no Brasil, o que seria relevante, especialmente para normatizar os comportamentos da Administração Pública e dos candidatos.

Não são poucos os doutrinadores que reconhecem (e lamentam) este fato. Neste sentido, "apesar de sua inegável importância, o instituto do concurso público não tem sido objeto de atenção doutrinária. Da mesma maneira, é escassa em todos os entes federados a elaboração legislativa sobre o tema, limitando-se às leis existentes, em sua maioria, a dispor sobre cargos e requisitos para seu provimento".[1]

Também se registrou que "o concurso público constitui princípio constitucional explícito desde a Carta de 1934, mas, infelizmente, não tem gozado de idêntico prestígio perante o legislador infraconstitucional, uma vez que (...) o instituto carece de uma sistemática legal".[2]

No caso de que o ente federativo não tenha criado lei para regular o acesso à função pública, o papel exercido pelas normas constitucionais (regras e princípios) é ainda mais intenso, como reconhece a doutrina brasileira:

> cada ente político deverá ter uma lei para regulamentar o concurso público na sua esfera (...). Todavia, sabe-se que em muitos Estados e Municípios não existe lei. Poderia em um desses Estados ou Municípios ser realizado concurso público? A resposta é sim,

---

[1] MOTTA, Fabrício (coord). "Apresentação". *Concurso público e Constituição*. Belo Horizonte, Editora Fórum, 2005, p. 10.

[2] BARBOSA MAIA, Márcio; PINHEIRO DE QUEIROZ, Ronaldo. *O regime jurídico do concurso público e o seu controle jurisdicional*. São Paulo: Editora Saraiva, 2007, p. 11.

perfeitamente. A falta de lei reguladora não impede que se realize o concurso, desde que sejam seguidos os princípios gerais que regem o concurso público. Evidentemente que em existindo lei para regular o concurso a sua elaboração ficará muito mais fácil, e dará mais segurança para quem montá-lo e, por óbvio, para os candidatos.[3]

Cabe destacar, todavia, que os problemas não se limitam à não ocupação do espaço reservado pela Constituição à lei, mas também à invasão do citado espaço pelo administrador público. Ademais, "a inexistência de uma legislação voltada para o disciplinamento da realização dos concursos públicos dificulta a concretização da impessoalidade nos referidos processos seletivos"[4], já que em cada processo seletivo, há a possibilidade (e é o que costuma acontecer) de que sejam previstas regras casuísticas, como as que impõem requisitos discriminatórios de acesso[5] ou a realização de métodos de seleção que não respeitem as exigências da igualdade.[6]

2. A REALIZAÇÃO DAS PROVAS COMO PRINCIPAL ETAPA DA DISPUTA

Conforme determina o art. 37, II, da Constituição Federal, o concurso público se desenvolverá através da realização de provas ou

---

[3] DA SILVA OLIVEIRA Jr., Dario; CAMPOS OLIVEIRA, Isabel. *Concurso público: teoria e prática.* Rio de Janeiro: Lumen Juris Editora, 2008, p. 30.

[4] LINS DE LESSA CARVALHO, Fábio. *O princípio da impessoalidade nas licitações.* Maceió: Edufal, 2005, p. 74.

[5] Sobre este tema, indicamos o nosso livro *Igualdade, discriminação e concurso público*: análise dos requisitos de acesso aos cargos públicos no Brasil. Maceió: Viva Editora, 2014.

[6] Relativamente aos aspectos que devem estar previstos na lei, afirma-se que: "*Antes da Emenda Constitucional n. 19, de 1998, a regulamentação de todos os atos procedimentais referentes ao concurso público era feita por decreto do Chefe do Executivo. Todavia, a referida Emenda Constitucional modificou esta forma de agir, exigindo lei para regulamentar tais atos. (...) Portanto, deverá existir lei que disponha sobre a convocação dos candidatos e a elaboração dos editais; sobre a inscrição dos candidatos e os documentos a serem exigidos; sobre a designação da comissão de elaboração; aplicação, correção e identificação das provas, sua composição, a escolha de seus membros e as suas atribuições; sobre a elaboração, correção e julgamento das provas; sobre a homologação do concurso, bem como sobre os recursos e pedidos de revisão de provas, entre outros.*" (DA SILVA OLIVEIRA Jr., Dario; CAMPOS OLIVEIRA, Isabel. *Concurso público: teoria e prática.* Rio de Janeiro: Lumen Juris Editora, 2008, p. 28).

através destas somadas à avaliação dos títulos dos candidatos. Na realidade, é exatamente na realização das provas e análise dos títulos que sucede o momento fulcral da seleção e reside o cerne do procedimento concorrencial, o que se dará a partir da comparação do rendimento dos candidatos.

As modalidades de provas que serão utilizadas no curso do processo seletivo dependerão da apreciação discricionária da Administração Pública, que analisará o(s) melhor(es) instrumento(s) de avaliação dos candidatos de acordo com o posto de trabalho (cargo ou emprego) a ser provido.

No sistema jurídico brasileiro se percebe que as Administrações Públicas habitualmente utilizam métodos de seleção coincidentes (provas escritas, orais, físicas, práticas, exames psicotécnicos, entre outras), ainda que existam muitas diferenças em relação à forma de execução dos mencionados instrumentos de avaliação da capacidade dos candidatos e, consequentemente, diferentes riscos à igualdade, o que se verá a seguir.

É notória a dificuldade encontrada pelas Administrações Públicas no tocante à seleção de pessoas que, efetivamente, possam assumir as tarefas inerentes aos órgãos públicos. Neste contexto, chama a atenção "a incapacidade dos sistemas seletivos para garantir a adequação dos candidatos selecionados às necessidades concretas dos serviços administrativos".[7]

As questões relativas às políticas de seleção, que envolvem todas as discussões sobre os requisitos de acesso aos cargos, os métodos de provas, a utilidade dos cursos de formação, a possibilidade de utilização de um período de estágio, dentre outras medidas, devem ser priorizadas pelas Administrações Públicas, já que são fundamentais para a melhoria da qualidade dos serviços públicos prestados à sociedade.

Relativamente à realização das provas nos processos seletivos, cabe destacar que as mesmas costumam apresentar muitos problemas, já que as decisões administrativas nem sempre estão de acordo com o

---

[7] SANTAMARÍA PASTOR, Juan Alfonso. "Prólogo". PALOP. Vicente M. Escuin. *El acceso del personal y la provisión de puestos de trabajo en la Administración del Estado y de las Comunidades Autónomas*. Madrid: INAP, 1986, p. 5, tradução do autor.

entendimento dos candidatos. Na verdade, sempre alguém sairá insatisfeito, especialmente pelo caráter competitivo do concurso público. O que é relevante é saber se a referida insatisfação provém de uma atuação ilegítima ou não da Administração Pública.

No direito brasileiro, como já destacado, todos os concursos públicos deverão submeter os candidatos a provas, com o objetivo de avaliar a capacidade daqueles para o exercício do cargo ou emprego público, e comparar seus desempenhos para efeito de classificação no concurso público. Sobre as finalidades das provas, afirma-se que estas são:

> o aspecto mais evidente dos concursos públicos. São procedimentos padronizados e objetivos aplicados aos candidatos do concurso com a finalidade de aferir, de forma direta, sua aptidão para o exercício do cargo ou emprego que se pretende preencher e, através da comparação dos resultados obtidos por cada candidato, classificá-los.[8]

A ausência de norma de hierarquia superior que determine quais são as modalidades de provas faz com que a Administração Pública escolha, em cada situação, os métodos seletivos que serão utilizados. No entanto, parece claro que a escolha dos métodos de seleção deverá levar em consideração as características do posto de trabalho a ser provido pela Administração Pública. A realidade é que a própria Constituição Federal impõe que isto suceda, quando no art. 37, II, determina que o concurso público ocorrerá "de acordo com a natureza e a complexidade do cargo ou emprego".

3. OS MÉTODOS DE SELEÇÃO DOS SERVIDORES PÚBLICOS

Com respeito à vinculação entre as peculiaridades do cargo e os métodos de seleção utilizados no concurso público, também chamado de princípio da seletividade[9], destaca-se que:

---

[8] LOBELLO DE OLIVEIRA ROCHA, Francisco. *Regime jurídico dos concursos públicos*. São Paulo: Editora Dialética, 2006, p. 121.

[9] Neste contexto, convém a leitura de nosso livro *Teoria Geral do Concurso Público: fundamentos e princípios no direito brasileiro*. Maceió: Edufal, 2015.

FÁBIO LINS DE LESSA CARVALHO

> Nas provas, o que se pretende é prever como o candidato se comportaria no exercício do cargo ou emprego, pois é esta a finalidade do concurso público: selecionar entre os candidatos habilitados os mais aptos para o exercício do cargo ou emprego. Assim, a forma de avaliação da aptidão dos candidatos variará de acordo com as peculiaridades do cargo ou emprego a ser preenchido. Foi para preservar esta flexibilidade na avaliação dos candidatos que o constituinte, apesar de eleger as provas como forma obrigatória (art. 37, II) de mensuração do mérito dos candidatos a cargos e empregos públicos, deu competência à lei para determinar a forma do concurso (de provas ou provas e títulos) e das provas, de acordo com a natureza e a complexidade do cargo ou emprego a ser preenchido.[10]

A grande variedade de métodos de seleção permite que a Administração Pública use os instrumentos adequados para verificação de quais candidatos são mais aptos para ingressar na função pública. Para tanto, é imprescindível que os entes federativos desenvolvam políticas públicas de pessoal, que disponham de funcionários especializados em técnicas de seleção e que enfrentem este tema com a devida seriedade.[11] A referida variedade de espécies de provas é confirmada pela doutrina, que aponta alguns critérios de classificação das mesmas:

> Quanto à natureza, as provas dos concursos públicos, podem ser escritas (objetivas, discursivas/dissertativas e mistas), orais, de capacidade física, psicotécnicas, práticas e de títulos; quanto à existência, ou não, de caráter excludente do certame, as provas podem

---

[10] LOBELLO DE OLIVEIRA ROCHA, Francisco. *Regime jurídico dos concursos públicos.* São Paulo: Editora Dialética, 2006, pp. 122/123.

[11] Sobre estas circunstâncias, sublinha-se que: "*qualquer fórmula que se adote em concursos públicos provoca insatisfações e reações, uma vez que as pessoas geralmente analisam as normas estabelecidas segundo os seus interesses e habilidades. Quanto a isso, somente um elevado grau de compreensão, educação e disciplina dos concorrentes pode tornar mais suave o clima dos concursos, havendo também, é óbvio, a necessidade de elevado grau de seriedade e autocrítica dos seus organizadores.*" (MORHY, Lauro. *A realidade dos concursos públicos.* Texto extraído do site da Universidade de Brasília – UnB (http://www.unb.br/administracao/reitoria/artigos/20050616.php), com acesso em 20 de junho de 2010.

O PROCESSO ADMINISTRATIVO DE CONCURSO PÚBLICO. ANÁLISE...

ser exclusivamente classificatórias, exclusivamente eliminatórias ou classificatórias e eliminatórias; quanto ao objeto da avaliação, as provas podem ser de conhecimento (provas escritas e orais), de habilidade específica (provas práticas), físico-orgânicas (prova de capacidade física), de aptidão psicológica (provas psicotécnicas) e culturais (provas de títulos).[12]

A escolha dos métodos seletivos não é a única decisão que deve ser tomada pela Administração Pública no momento da definição das regras do concurso público. Também se impõe que sejam tratados outros aspectos das provas, especialmente aqueles relacionados à sua execução.[13] O que é importante acentuar é que todos os aspectos do procedimento de execução das provas devem estar regulados nas bases do edital, para que não haja espaço para decisões arbitrárias ou subjetivas da Administração Pública. Por esta razão, acentua-se que:

> Não basta, todavia, que o edital contenha os critérios de avaliação dos candidatos. É imperioso que descreva, de forma minudente e exaustiva, a forma de avaliação e pontuação atribuída a cada critério. Isto porque, após publicação do edital, não pode restar ao Administrador qualquer margem de discricionariedade que pudesse ter sido exaurido no momento de sua elaboração.[14]

Na celebração das provas, para que seja alcançada a igualdade de todos os candidatos, devem ser observadas diversas circunstâncias, como a exigência de que todos os candidatos sejam submetidos às mesmas

---

[12] BARBOSA MAIA, Márcio; PINHEIRO DE QUEIROZ, Ronaldo. *O regime jurídico do concurso público e o seu controle jurisdicional*. São Paulo: Editora Saraiva, 2007, p. 104.

[13] No que concerne a este tema: "*O procedimento das provas inclui as datas de sua realização e de divulgação dos resultados, o tempo mínimo e máximo que o candidato terá para realizá-la, tempo de permanência mínima no local da prova, os instrumentos que o candidato poderá utilizar (consulta bibliográfica, legislação, legislação comentada, calculadora, réguas, etc.) e outras regras que devam ser obedecidas durante a realização das provas*" (LOBELLO DE OLIVEIRA ROCHA, Francisco. *Regime jurídico dos concursos públicos*. São Paulo: Editora Dialética, 2006, p. 126).

[14] LOBELLO DE OLIVEIRA ROCHA, Francisco. *Regime jurídico dos concursos públicos*. São Paulo: Editora Dialética, 2006, p. 57.

provas.[15] Também se impõe que, sempre que possível, todos os candidatos realizem as provas no mesmo momento. Neste contexto, afirma-se que "no afã de preservar a plena igualdade de condições entre os candidatos por ocasião da aplicação das provas objetivas, a Administração deverá garantir a simultaneidade de sua realização e a sigilosidade do conteúdo dos respectivos exames".[16]

Deve ser destacado ainda que os examinadores também não devem saber quem são os candidatos que realizaram as provas que irão avaliar.[17] O tema do anonimato dos candidatos é muito relevante para garantir a igualdade, especialmente nas provas que demandam uma avaliação de conteúdos menos objetivos[18], como é o caso das provas discursivas.

Neste contexto, há muitas medidas que devem ser adotadas para evitar as possíveis preferências ou tratamentos discriminatórios a determinados candidatos. Sobre este tema, pode-se enfatizar que:

> Sempre que a natureza da capacidade a ser avaliada ou da prova adotada envolver uma redução da objetividade na avaliação dos

---

[15] Por esta razão, destaca-se que: "*Se os candidatos forem submetidos a provas diferentes, não é possível comparar seus resultados, pois estará quebrada a igualdade que deve existir nos concursos. Por disposição do princípio da igualdade, portanto, os candidatos devem ser submetidos a condições idênticas. Qualquer diferença de dificuldade entre as provas, por menor e mais subjetiva que seja, quebra a padronização do concurso e viola o mencionado princípio*" (LOBELLO DE OLIVEIRA ROCHA, Francisco. *Regime jurídico dos concursos públicos*. São Paulo: Editora Dialética, 2006, p. 130).

[16] BARBOSA MAIA, Márcio; PINHEIRO DE QUEIROZ, Ronaldo. *O regime jurídico do concurso público e o seu controle jurisdicional*. São Paulo: Editora Saraiva, 2007, p. 110.

[17] Neste contexto, afirma-se que nos processos seletivos, há que "*garantir que o examinador não saiba de quem é a prova que está corrigindo*" (LOBELLO DE OLIVEIRA ROCHA, Francisco. *Regime jurídico dos concursos públicos*. São Paulo: Editora Dialética, 2006, p. 35).

[18] A objetividade é uma exigência que deve estar presente com grande intensidade na celebração e avaliação das provas. Entretanto, o maior grau da objetividade dependerá da utilização de modelos de prova que não admitam interferências de cada julgador, como se pode perceber: "*A prova objetiva é aquela cujo resultado não depende de qualquer avaliação subjetiva do examinador. Isto quer dizer que independentemente de quem aplicar ou corrigir a prova, o resultado será sempre o mesmo. Este requisito deve estar presente em todas as etapas da avaliação: na elaboração das questões, na correção das provas e na atribuição de pontos aos candidatos.*" (LOBELLO DE OLIVEIRA ROCHA, Francisco. *Regime jurídico dos concursos públicos*. São Paulo: Editora Dialética, 2006, p. 121).

O PROCESSO ADMINISTRATIVO DE CONCURSO PÚBLICO. ANÁLISE...

mais capacitados, deverão ser incorporadas cautelas destinadas a evitar preferências reprováveis. Assim, deverá ser adotado o anonimato quanto à autoria dos trabalhos, a convocação de sujeitos oriundos de diversos extratos alheios aos quadros públicos para compor a banca de julgamento, a realização de provas públicas, o sorteio de tema imediatamente antes da realização da prova e assim por diante. Se não for possível estabelecer critérios predeterminados de avaliação do desempenho do candidato, deverão ser previstos instrumentos de neutralização da influência de simpatias ou antipatias pessoais (mesmo que inconscientes). Assim, por exemplo, será império que diversos julgadores avaliem a mesma prova, produzindo-se um tratamento estatístico destinado a evitar que a opinião de um único indivíduo desnature o resultado.[19]

Para a igualdade, tão relevante quanto à escolha dos métodos de seleção é a definição dos critérios de avaliação dos desempenhos dos candidatos, já que se estes são avaliados através de critérios que não sejam uniformes para todos, ou que não valorizem de forma adequada suas atuações, a seleção chegará a um resultado ilegítimo. Sobre este tema, pode-se ressaltar que:

> Os critérios de avaliação são os parâmetros de valoração do desempenho dos candidatos nas provas. Sua determinação passa por um juízo discricionário da Administração que, no entanto, deve levar em conta os princípios da igualdade, da razoabilidade, da impessoalidade e a da eficiência. Preservar o princípio da igualdade na valoração do desempenho dos candidatos implica a utilização de critérios objetivos e padronizados, que não devem permitir que candidatos que demonstrem o mesmo desempenho recebam tratamentos diferentes.[20]

Antes de começar a análise dos modelos de provas aplicados nos concursos públicos, convém destacar a necessidade de que haja a

---

[19] JUSTEN FILHO, Marçal. *Curso de direito administrativo*. 4ª ed. São Paulo: Editora Saraiva, 2009, p. 587.

[20] LOBELLO DE OLIVEIRA ROCHA, Francisco. *Regime jurídico dos concursos públicos*. São Paulo: Editora Dialética, 2006, p. 126.

FÁBIO LINS DE LESSA CARVALHO

possibilidade do candidato ter acesso às provas[21] (suas ou dos outros) após sua correção, assim como deve ser garantido o direito de recurso a aqueles que não estão de acordo com os critérios de avaliação adotados.

3.1 As provas escritas

O que se chama aqui neste trabalho "provas escritas" envolve distintos exercícios que exigem dos candidatos a leitura de determinadas questões e a apresentação das respostas adequadas de forma escrita, no devido lugar e no prazo designado pela Administração Pública.

A utilização de provas escritas é o expediente mais usual nos processos seletivos, posto que permite: a) a realização simultânea dos exercícios com quantidades consideráveis de candidatos; e b) a correção mais rápida, especialmente nas provas objetivas. Não obstante, provavelmente, a vantagem mais destacada das provas escritas é a maior possibilidade de controle que oferece, pois as perguntas e respostas estão documentadas, proporcionando um acesso mais fácil aos próprios candidatos e aos órgãos de controle (sejam administrativos ou judiciais).

Além disso, deve ser sublinhada a objetividade que as provas escritas podem oferecer, ainda que esta característica mude seu matiz segundo o tipo de exercício que seja utilizado no processo seletivo. No contexto brasileiro, as provas escritas que mais usualmente são utilizadas pela Administração Pública são as provas objetivas (escolha da alternativa correta, verdadeiro ou falso, etc.), as questões abertas, as dissertações, entre outras opções.

Nas provas objetivas, sua grande vantagem é a maior objetividade da correção, já que somente será admitida uma única resposta como

---

[21] Sobre o direito de acesso (*direito de vista*) às provas após a sua correção, diz-se que *"trata-se direito que precisa ser assegurado ao candidato, já que somente através da vista é que poderá ele verificar a existência de erros materiais ou de arbitrariedade cometidas por examinadores. Em nosso entender, a vista de provas decorre do próprio princípio da publicidade, inscrito no art. 37, caput, da CF, como um dos princípios fundamentais da Administração Pública."* (SANTOS CARVALHO FILHO, José dos. *Manual de Direito Administrativo*. 17ª ed. Rio de Janeiro: Lumen Juris Editora, 2007, p. 550).

O PROCESSO ADMINISTRATIVO DE CONCURSO PÚBLICO. ANÁLISE...

válida. A objetividade dos métodos seletivos é um desafio que deve ser buscado pela Administração Pública, já que o subjetivismo é uma grave ameaça à igualdade entre os candidatos. Neste contexto, as provas objetivas satisfazem esta exigência, ainda que apresentem outras inconveniências, principalmente se é o único método seletivo utilizado.[22]

Por sua vez, as questões abertas são aquelas nas quais se formula ao candidato uma ou várias perguntas para que responda livremente. Desta forma, o candidato pode demonstrar sua habilidade para organizar suas respostas e expor suas ideais, assim como mostrar seus critérios pessoais.

Nas mencionadas provas, para que seu uso seja o mais objetivo possível, é relevante acentuar que a Administração Pública deve definir previamente quais são os aspectos que devem ser tratados pelo candidato, o conteúdo que pode ser aceito como total e parcialmente válido e a pontuação para cada um dos itens destacados. Como o candidato tem uma maior "liberdade" na elaboração da resposta, convém que as avaliações estejam circunscritas a determinados parâmetros de correção, para permitir uma certa uniformidade. Isto se deve à necessidade da previsão de mecanismos que impeçam a existência de estimações radicalmente distintas, pelo simples fato de que foram realizadas por pessoas diferentes. Esta questão é relevante para a garantia da igualdade, posto que seria inadmissível que o destino dos candidatos no processo seletivo se decidisse pela boa ou má sorte de ter seus exercícios corrigidos por este ou aquele avaliador.

Por sua vez, as dissertações consistem na exposição ordenada de ideias de forma escrita sobre um determinado tema. Nesta modalidade de prova, o candidato deverá elaborar um texto estruturado de acordo

---

[22] A sobrevalorização das provas tipo teste faz com que o processo seletivo seja convertido em uma competição memorística, que deixa de levar em consideração outras e mais relevantes aptidões que os funcionários devem ter. No entanto, como os processos seletivos exigem uma alta dose de memorização dos candidatos, estes são obrigados a aprender técnicas que certamente não lhes serão tão úteis no desempenho de suas futuras atividades funcionais. Desafortunadamente, a habilidade mencionada é mais enfatizada que o grau de iniciativa, de responsabilidade, entre outras.

FÁBIO LINS DE LESSA CARVALHO

com as normas previstas nas bases do edital (por exemplo, segundo o número mínimo ou máximo de páginas, linhas ou palavras).

No contexto das provas escritas, se o nível de objetividade da correção alcança seu ponto máximo nas provas objetivas, diminuindo nas questões abertas, pode-se acrescentar que chega a seu ponto mínimo tolerável nas dissertações, devido a que tanto o candidato, como o avaliador dispõem de uma dose mais considerável de liberdade de atuação. Também cabe acrescentar que "tem que estar fixado com precisão, com muita precisão e claridade, o sistema de qualificação dos distintos exercícios e provas, porque é uma garantia de segurança jurídica para os candidatos, reduzindo-se ao máximo a possível discricionariedade na atuação do órgão selecionador".

Convém acrescentar que as normas do edital indiquem que modalidades de exercícios serão utilizadas no processo seletivo, o que permitirá que o candidato possa se preparar de acordo a cada tipo de prova. Pode-se destacar que as provas escritas consistem no método seletivo mais utilizado e que contribui de forma mais decisiva à definição daqueles que serão selecionados pela Administração Pública, seja por oferecer distintas possibilidades de realização ou porque podem ser elaboradas e corrigidas com maior nível de objetividade, circunstâncias que certamente não garantem que as referidas provas deixem de estar sujeitas à transgressão da igualdade.

Nos processos seletivos brasileiros, as provas escritas são o expediente mais utilizado pela Administração Pública, especialmente porque há o reconhecimento de que este método seletivo é o que melhor verifica a capacidade intelectual dos candidatos.[23] A realidade é que, na maioria absoluta dos concursos públicos realizados neste país, somente costuma haver provas escritas, já que as demais modalidades de provas (orais, físicas, práticas, etc.) só são utilizadas em determinados contextos.

---

[23] A doutrina brasileira acentua que: "*A finalidade da prova escrita é medir a capacidade de conhecimento do candidato para aquela função, além de por a prova seu raciocínio e sua intelectualidade. Portanto, é fundamental que ao se elaborar uma prova escrita tudo isto seja levado em conta. De nada adianta uma prova escrita que não consiga auferir estas qualidades do candidato, ou as suas dificuldades.*" (DA SILVA OLIVEIRA Jr., Dario; CAMPOS OLIVEIRA, Isabel. *Concurso público*: teoria e prática. Rio de Janeiro: Lumen Juris Editora, 2008, p. 49).

O PROCESSO ADMINISTRATIVO DE CONCURSO PÚBLICO. ANÁLISE...

3.1.1 As provas objetivas

Pode-se afirmar que em quase todos os concursos públicos brasileiros, há a utilização das provas objetivas[24], especialmente devido à facilidade de sua execução e avaliação. Neste contexto, destaca-se que:

> A pesquisa científica provou a eficiência de testes objetivos, também mais baratos e de correções mais rápidas. Tais testes são, de fato, recursos indispensáveis em exames de massas, pois permitem cobrir melhor a matéria, possibilitando que se chegue a um bom perfil do candidato, sem variação de critérios na correção (a variação é 0). E associados a exames práticos ou provas discursivas subsequentes, permitem que se chegue a resultados satisfatórios.[25]

Em que pesem as vantagens do referido método de seleção, também devem ser sublinhados seus inconvenientes, entre os quais se destacam a impossibilidade de avaliação integral da capacidade do candidato e o risco de que o mesmo possa ter um bom desempenho na prova sem que efetivamente disponha dos conhecimentos das matérias previstas no temário do concurso público.[26] No que tange aos inconvenientes das provas objetivas, a doutrina brasileira salienta que:

---

[24] No Brasil, costuma-se chamar estas provas de *prova objetiva*. Sobre tal método, destaca-se que *"Prova objetiva é modalidade de concurso público de provas em que são oferecidas aos candidatos premissas prontas para que este escolha a correta ou a incorreta. Esta modalidade de concurso é a mais utilizada pela Administração Pública nos concursos públicos para preenchimento de grande número de cargos ou empregos idênticos e que possuem alta rotatividade, como é o caso do magistério, diante do grande número de candidatos que sempre acorrem a esse certame, e a dificuldade que uma prova discursiva escrita pode acarretar tanto pela demora de sua correção como pela ausência de parâmetros uniformes para essa mesma correção."* (PACHECO BARROS, Wellington. *Direito Administrativo*: concurso público teoria e prática. Porto Alegre: Livraria do Advogado, 2007, p. 22).

[25] MORHY, Lauro. *A realidade dos concursos públicos*. Texto extraído do site da Universidade de Brasília – UnB (http://www.unb.br/administracao/reitoria/artigos/20050616.php), com acesso em 20 de junho de 2010.

[26] Para que se possa ter a exata dimensão de como isto sucede, convém expor que há métodos que ensinam aos candidatos a responder as perguntas das provas tipo teste ainda quando aqueles não saibam qual é a resposta correta. O ato de arriscar uma resposta sem certeza é chamado no Brasil de "chutar". Sobre tal atitude, diz-se que: *"Chutar" é*

Não há dúvidas que os testes são as formas mais objetivas de avaliação. Isto porque inexiste qualquer forma de interferência do examinador na correção das provas. Esta tarefa, inclusive, é, na maioria das vezes, executada por computadores. Por outro lado, há o inconveniente de que, através dos testes não é possível avaliar o modo como o candidato se expressa, já que este se limita a selecionar entre as hipóteses dadas aquela que lhe parece correta. Além disso, é possível que o candidato acerte as questões sem saber realmente a resposta, escolhendo aleatoriamente alguma das alternativas.[27]

Na elaboração destes exames, há que se levar em conta a necessidade de absoluta clareza das perguntas e das respostas, evitando a ambiguidade no sentido das palavras e expressões. Neste contexto, ainda que sejam usuais os "truques" e "armadilhas" para dificultar a questão, estes só são válidos se podem ser reconhecidos pelo leitor com um nível normal de atenção e compreensão. Cabe acrescentar que as provas objetivas costumam ser utilizadas como um exercício que se desenvolve no início do processo seletivo, o que faz com que, em muitas ocasiões, um grande contingente de candidatos seja reprovado após a referida prova. Assim, como se vê, a dimensão que se atribui na atualidade às provas objetivas, assim como o papel que estes exercem no processo seletivo (com uma ampla capacidade de influenciar a situação jurídica de tantos candidatos), obriga a que sua utilização seja a mais idônea possível.

Ainda que se reconheça que as provas objetivas têm vantagens e desvantagens, também se deve exigir que as mesmas sejam aplicadas segundo os parâmetros jurídicos exigidos pela Constituição. Neste contexto, pode ser destacado que o dever de lealdade da Administração

---

para quem conhece as técnicas, uma atividade tão inteligente quanto estudar e responder. Com técnica, às vezes é possível acertar uma questão apenas olhando as alternativas, sem precisar olhar o enunciado. O candidato bem preparado deve estar preparado também para "chutar" bem" (DOUGLAS, Willian. *Guia de aprovação em provas e concursos.* 8ª ed. Rio de Janeiro: Elsevier, Campus Concursos, 2009, p. 153).

[27] LOBELLO DE OLIVEIRA ROCHA, Francisco. *Regime jurídico dos concursos públicos.* São Paulo: Editora Dialética, 2006, p. 136.

O PROCESSO ADMINISTRATIVO DE CONCURSO PÚBLICO. ANÁLISE...

Pública (procedente da moralidade administrativa), assim como o princípio de vinculação ao instrumento convocatório (derivação da legalidade), impõem que as questões elaboradas tenham conexão com o temário previsto no edital do concurso público.

Também se exige que as respostas às questões oferecidas pela Administração Pública efetivamente correspondam à realidade, já que, neste aspecto, não há espaço para discricionariedade técnica, pois, em tal método seletivo, só pode haver uma única resposta válida cientificamente. Sobre tal constatação, acentua-se que:

> é preciso, desde logo, delinear os limites do poder discricionário da bancas examinadoras em sede de provas objetivas de concursos públicos. Entendemos que a discricionariedade, nessa seara, reside, em primeiro lugar, na própria elaboração do edital, por intermédio da delimitação *in genere* do conteúdo programático das provas, da escolha das disciplinas e tema objeto dos exames, da estipulação dos critérios de avaliação das questões e de sua correção, com a indicação, quando for o caso, dos respectivos pesos das matérias e métodos para sua adequada ponderação, da definição de parâmetros para a nota de corte, se cabível, e das respectivas fórmulas matemáticas representativas de tal metodologia. Em um segundo instante, o poder discricionário residiria na delimitação *in concreto* do conteúdo programático previsto no edital na ocasião de confecção das provas (...). Após tal operação, a banca examinadora se vincula às consequências de sua prévia escolha, visto que as questões formuladas serão avaliadas, a partir de sua aplicação, sob o enfoque puramente técnico-científico.[28]

A necessidade de que só possa ser aceita como correta uma única resposta faz com que a questão deva ser elaborada de forma clara[29] (sem

---

[28] BARBOSA MAIA, Márcio; PINHEIRO DE QUEIROZ, Ronaldo. *O regime jurídico do concurso público e o seu controle jurisdicional.* São Paulo: Editora Saraiva, 2007, p. 106.

[29] Neste sentido: *"Não raramente uma questão objetiva parece aos olhos de seu elaborador perfeitamente correta, mas, quando submetida a uma revisão, observa-se contradição ou a existência de outras premissas igualmente corretas ou incorretas."* (PACHECO BARROS, Wellington. *Direito Administrativo:* concurso público teoria e prática. Porto Alegre: Livraria do Advogado, 2007, p. 55).

FÁBIO LINS DE LESSA CARVALHO

que favoreça a presença de muitas interpretações) e, preferencialmente, não devem ser questionados ao candidato temas que ainda não estejam consolidados na comunidade científica, que sejam polêmicos ou duvidosos.[30]

3.1.2 As provas discursivas

Além das provas objetivas, há muitas outras possibilidades de utilização de provas escritas nos processos seletivos brasileiros. Em termos gerais, na realidade do citado país, as provas escritas costumam ser divididas em dois grupos: as provas objetivas[31] (escolha dentre alternativas, verdadeiro ou falso, etc.) e as provas subjetivas[32] (provas discursivas).

As chamadas provas *subjetivas* exigem que o candidato ofereça seu ponto de vista a questões formuladas de forma mais aberta. Tais

---

[30] Por isso, acentua-se que: "*não se pode na prova objetiva perguntar-se sobre temas duvidosos ou dar-se como correta ou incorreta premissas que não tenham um alto padrão de aceitação técnica, salvo se expressamente previstas no edital, as questões deverão sempre ser formuladas sobre temas que tenham previsão legal, aceitação doutrinária plena ou que, se formuladas sobre temas excepcionais, tenham sido eles previstos no edital. Desta forma, como regra de segurança na formulação das questões objetivas, em tese, são sempre os temais gerais, e não os excepcionais ou duvidosos que serão perguntados pelo simples fato de que, se a questão proposta pode ser possível de outra resposta, ela se torna nula, possibilitando o controle administrativo de ofício ou através de recurso do interessado ou mesmo o controle judicial da referida questão.*" (PACHECO BARROS, Wellington. *Direito Administrativo:* concurso público teoria e prática. Porto Alegre: Livraria do Advogado, 2007, pp. 23/24).

[31] Sobre tais provas, diz-se que: "*As provas objetivas caracterizam-se por não deixarem margem nenhuma de subjetividade nas respostas dadas às questões formuladas, limitando-se o candidato a assinalar no local próprio a sua preferência pelas opções já colocadas: CERTO ou ERRADO, VERDADEIRO ou FALSO etc.*" (SÁTIRO FERNANDES, Flávio. *A prova oral como elemento defraudador dos princípios da impessoalidade e da moralidade.* Texto extraído do site Jus Navigandi (http://jus2.uol.com.br/doutrina/texto.asp?id=8691), publicado em 26.07.2006, acesso em 16.02.2010).

[32] "*As provas subjetivas, também chamadas discursivas, são chamadas daquele ou deste modo, porque nelas é patente a subjetividade das respostas apresentadas, não estando o candidato preso às limitadas opções (certo ou errado, verdadeiro ou falso), mas, ao contrário, podendo responder consoante o seu entendimento e discorrendo sobre a indagação ou o tema proposto*". (SÁTIRO FERNANDES, Flávio. *A prova oral como elemento defraudador dos princípios da impessoalidade e da moralidade.* Texto extraído do site Jus Navigandi (http://jus2.uol.com.br/doutrina/texto.asp?id=8691), publicado em 26.07.2006, acesso em 16.02.2010).

O PROCESSO ADMINISTRATIVO DE CONCURSO PÚBLICO. ANÁLISE...

circunstâncias tanto fazem com que seja possível uma melhor avaliação da capacidade intelectual do candidato, como impõem muito mais dificuldade à avaliação objetiva do desempenho do mesmo.[33] Por essa razão, nas provas subjetivas "deverão ser criados mecanismos de controle ainda mais rígidos para evitar a influência de qualquer critério subjetivo na avaliação, impedindo privilégios e preterições não justificados".[34] Relativamente às provas discursivas, a doutrina sublinha que a prova discursiva escrita é a "modalidade de concurso de prova onde a Administração Pública procura aferir o grau de conhecimentos técnicos do candidato sobre determinados temas previstos anteriormente no edital, outorgando-lhe uma certa parcela de discricionariedade de explanação de pensamento na sua sustentação".[35]

Não há dúvida que a grande preocupação nas provas discursivas é a previsão de parâmetros de avaliação, que permitam que o órgão julgador possa avaliar todas as provas de forma uniforme, o que é uma exigência da igualdade. No entanto, a doutrina brasileira não é unânime com respeito à efetiva possibilidade de que seja garantida a avaliação uniforme de todos os candidatos, já que há os juristas que reconhecem a inviabilidade de definição de todos os parâmetros objetivos para a avaliação das provas objetivas.[36]

---

[33] Neste sentido: *"As provas escritas ou dissertativas permitem ao examinador avaliar, além dos conhecimentos do candidato, o modo como se expressa por escrito: a clareza com que expõe seu raciocínio, o modo como utiliza a linguagem escrita, a ortografia, a gramática, etc. Podem tomar diversas formas, como a elaboração de descrição, narração ou dissertação, questões discursivas, etc. A aplicação dessas provas, no entanto, exige mais esforços para garantir-se a objetividade e a padronização."* (LOBELLO DE OLIVEIRA ROCHA, Francisco. *Regime jurídico dos concursos públicos.* São Paulo: Editora Dialética, 2006, p. 139).

[34] LOBELLO DE OLIVEIRA ROCHA, Francisco. *Regime jurídico dos concursos públicos.* São Paulo: Editora Dialética, 2006, p. 135.

[35] PACHECO BARROS, Wellington. *Direito Administrativo:* concurso público teoria e prática. Porto Alegre: Livraria do Advogado, 2007, p. 24.

[36] Neste caminho: *"Realmente, afigura-se de todo inviável, em linha de princípio, que a comissão de concurso, previamente, estabeleça todos os parâmetros objetivos para a aferição dos candidatos em sede de provas discursivas, uma vez que uma gama de fatores complexos e inter-relacionados contribuirão para a aplicação, a avaliação e a correção das proposições formuladas, o que impossibilita a confecção de uma solução unívoca e de caráter excludente de outras possibilidades abertas por essa espécie de prova de conhecimento."* (BARBOSA MAIA, Márcio; PINHEIRO DE

FÁBIO LINS DE LESSA CARVALHO

Ainda que se admita como verdadeira a afirmação com respeito ao fato de que a avaliação das provas objetivas não alcança o nível mais alto de objetividade, isto não significa que tal valor não deva ser um desafio para a Administração Pública.[37] Não obstante, para que se possa conseguir tal objetivo, devem ser tomadas algumas medidas para que haja a avaliação mais uniforme possível das provas discursivas. Neste sentido, destaca-se que:

> Em verdade, cada prova deveria ter um gabarito prévio, em que seria especificada a resposta correta – mesmo nas provas subjetivas isso poderia ser utilizado – o famoso "espelho" da prova, através da discriminação de tópicos os quais deveriam ser abordados pelos candidatos, estando também especificados os pontos relativos a cada um deles. Isso diminuiria o subjetivismo. Infelizmente, o que se verifica são correções de provas subjetivas sem critérios predeterminados, ficando a cargo de cada examinador apreciar as respostas como bem entenderem (subjetivismo); e pior, muitas vezes as respostas a tais provas não aparecem expressas ou aparecem sem motivação alguma, ou seja, o candidato não sabe sequer o que errou, quanto mais por que errou, pois tal aspecto não vem especificado na correção, o que dificulta o acesso a recursos.

Outra medida relevante está relacionada à não identificação dos candidatos (anonimato), que, ao menos, fará com que a avaliação do julgador não seja contaminada por preconceitos contra determinados candidatos ou até mesmo preferências por outros.

Também devem ser tomadas outras medidas que favoreçam a uniformidade na realização e na avaliação das provas escritas. Neste

---

QUEIROZ, Ronaldo. *O regime jurídico do concurso público e o seu controle jurisdicional.* São Paulo: Editora Saraiva, 2007, p. 112).

[37] Por isso, afirma-se que: "*A subjetividade dessas provas não está relacionada com o julgador, que deve proceder a uma avaliação objetiva sobre o que o candidato, subjetivamente, escreveu e que está posto, às claras*" (SÁTIRO FERNANDES, Flávio. *A prova oral como elemento defraudador dos princípios da impessoalidade e da moralidade.* Texto extraído do site Jus Navigandi.

O PROCESSO ADMINISTRATIVO DE CONCURSO PÚBLICO. ANÁLISE...

primeiro aspecto, podem ser citadas providências como a previsão no edital de uma quantidade mínima e máxima de linhas que devam ser utilizadas pelo candidato para oferecer suas respostas, assim como a utilização dos mesmos meios para execução da prova.[38]

Com respeito à avaliação das provas discursivas, outras medidas úteis seriam a proibição de que um mesmo avaliador possa avaliar uma grande quantidade de provas discursivas, a fim de que o fator esgotamento não influa na correção[39], e a obrigação de que, no caso de que haja mais de um avaliador, cada prova não seja avaliada por uma só pessoa.

3.2 As provas orais

Os exercícios dos processos seletivos também podem ser realizados a partir da verificação do rendimento dos candidatos, quando os mesmos sejam convocados a apresentar oralmente, em sessão pública, suas considerações a respeito de determinados temas, sorteados entre aqueles previstos no programa. A prova oral é a modalidade de prova na qual a Administração Pública "contata diretamente com o candidato, que nos concursos de massa era um número e agora tem um nome e um rosto, e o submete a nova aferição de conhecimentos técnicos, alinhando a isso a forma de como exterioriza seu conhecimento".[40]

---

[38] Sobre este aspecto, a doutrina considera que *"por aplicação do princípio da isonomia e de que muitos candidatos que ainda não dominam a informática, ou a comissão não pode disponibilizar computadores para todos ou, se permitidos, nem todos dispõem desse utensílio, a prova discursiva ainda é manuscrita. A dificuldade de correção de tal prova é que muitas vezes o candidato se expressa com uma grafia tão ilegível que é difícil, quando não impossível, entender o conteúdo escrito."* (PACHECO BARROS, Wellington. *Direito Administrativo:* concurso público teoria e prática. Porto Alegre: Livraria do Advogado, 2007, pp. 57/58).

[39] Sobre esta constatação, destaca-se que: *"É sabido, porque isso faz parte da natureza humana, que a repetição da correção de provas subjetivas ou mesmo o cansaço que disso decorre, são fatores que podem alterar a aferição isonômica. (...) o apuro técnico da correção das primeiras provas sofre variação com o passar do tempo."* (PACHECO BARROS, Wellington. *Direito Administrativo:* concurso público teoria e prática. Porto Alegre: Livraria do Advogado, 2007, p. 23).

[40] PACHECO BARROS, Wellington. *Direito Administrativo:* concurso público teoria e prática. Porto Alegre: Livraria do Advogado, 2007, p. 25.

Chama a atenção que, nas provas orais, não somente se leva em consideração a capacidade intelectual dos candidatos, mas também sua inteligência emocional, e tal circunstância proporciona matizes próprios a esta modalidade de prova. Entretanto, o papel do órgão selecionador é se concentrar na análise da capacidade dos candidatos, e esta envolve uma série de fatores, o que faz com que tal órgão deva depurar sua avaliação com alta dose de razoabilidade e objetividade, afastando-se das circunstâncias que não tenham relação com os mencionados valores.

Para conseguir a tão desejada objetividade, os exercícios orais devem estar submetidos a regras específicas, como é a escolha ao acaso dos temas pelo próprio concursante entre os distintos assuntos e o tempo mínimo e máximo para exposição.

Sobre as observações transcritas acima, convém destacar que a estipulação do mesmo tempo para todos os candidatos não é suficiente para garantir a igualdade de tratamento. É relevante também que o mencionado tempo seja razoável, uma vez que a previsão de um tempo muito breve, ainda que seja o mesmo para todos, poderá favorecer a aqueles que têm uma capacidade de expressão verbal mais desenvolvida, sem que isto signifique que os concursantes em questão tenham maior conhecimento sobre o tema exposto. Por sua vez, a estipulação de um tempo muito prolongado pode prejudicar àqueles que têm uma maior capacidade de síntese, e como se sabe, falar muito não significa necessariamente saber mais sobre determinado tema.

Também é relevante que as circunstâncias que envolvam a realização das provas orais sejam adequadas. O que aqui se sublinha é que o entorno em questão deve ser protegido de interferências que possam prejudicar o rendimento dos candidatos (especialmente dos mais nervosos). Em primeiro lugar, os candidatos, para que tenham um rendimento adequado, devem estar protegidos de interferências externas. Neste sentido, medidas para evitar a realização das provas orais em lugares de difícil e/ou demorado acesso ou onde haja excessivo ruído são relevantes. Por sua vez, as interferências internas, como muita quantidade de pessoas que assistam à realização das supracitadas provas, a temperatura excessivamente alta ou baixa, etc., também devem ser eliminadas.

O PROCESSO ADMINISTRATIVO DE CONCURSO PÚBLICO. ANÁLISE...

O uso de provas orais tem dois grandes inconvenientes à hora de selecionar aos mais aptos e, consequentemente, riscos na igualdade: a) a possibilidade de que os candidatos simplesmente repitam a informação que memorizaram, o que pouco servirá para verificar a aptidão dos mesmos; b) a avaliação menos objetiva pelo tribunal selecionador. Como se pode perceber, nas provas orais, os concursantes se veem obrigados pelas circunstâncias a memorizar os temas e a expô-los de forma mecânica, repetindo tudo aquilo que foi gravado em suas mentes a duras penas. Evidentemente, nestas condições, os candidatos com boa capacidade de memorização terão a oportunidade de se sobressair, inclusive sobre aqueles que apresentam melhor aptidão para o desempenho do emprego público ofertado pela Administração Pública.

Assim, para que a banca examinadora possa efetivamente verificar o nível de conhecimento dos candidatos, é relevante que, após a apresentação, haja a possibilidade de diálogo entre os membros da banca e o concursante.

A outra (e principal) inconveniência das provas orais consiste na dificuldade encontrada para a objetivação da avaliação, o que causa grandes transtornos à igualdade, e inclusive torna o controle dos atos administrativos muito mais precário. A questão sob análise tem conexão com a menor possibilidade, em comparação com as provas escritas, de cumprimento dos parâmetros de avaliação, objetivos delimitados pela banca examinadora. Tudo isso sucede porque após a realização das provas orais, as impressões com respeito ao desempenho dos candidatos serão captadas pelos membros do Tribunal, que, por sua vez, passarão imediatamente a avaliar os supracitados candidatos. Tudo passa de forma muito rápida e nem sempre há a possibilidade de apreciação, de reflexão, de discussão, de comparação, etc. Muitas vezes, a percepção (e todos os fatores, relevantes ou não[41], que

---

[41] Por esta razão, aconselha-se que os candidatos se apresentem de forma adequada (bem vestido, penteado, limpo, bem apresentável). É que "·*estes fatores influenciam na primeira impressão do tribunal sobre ti. É o chamado "efeito umbral", que consiste em que a primeira impressão que o tribunal forma sobre o concursante, influencia em sua maneira de avaliar toda sua exposição"* (NAVARRO, Pilar. *Prepara oposiciones con éxito*: las técnicas y los trucos para superar todas las pruebas. Barcelona: Editorial Planeta, 2006, p. 162).

FÁBIO LINS DE LESSA CARVALHO

a influenciam) passa a ser mais decisiva que outras atividades mentais (efetivamente avaliativas) dos membros da banca examinadora.

Nas provas orais, devido ao contato entre os candidatos e a banca, a avaliação costuma ser menos objetiva. É notório que as pessoas, quando vão emitir juízos de valor, ainda que estes sejam considerados técnicos, não conseguem deixar de levar totalmente em consideração outras características do sujeito avaliado, ainda que estas sejam de pouca ou nenhuma relevância. Cabe sublinhar que tudo isso acontece sem que os avaliadores se deem conta, pois é uma circunstância inerente à condição humana. Também se pode mencionar que, nas provas orais, uma vez realizada a avaliação, os candidatos terão maior dificuldade de refutar as pontuações atribuídas pela banca examinadora.

Diante das circunstâncias apontadas, convém que o ordenamento jurídico estabeleça, em primeiro lugar, quando devem ser utilizadas as provas orais, e as condições de sua utilização, especialmente para garantir as exigências de avaliação objetiva e possibilidade do efetivo controle da mesma.

Com respeito à execução das provas orais no contexto brasileiro, destaca-se a resistência a sua utilização como método de seleção.[42] Sobre esta questão, a doutrina não costuma reconhecer as finalidades[43] da prova

---

[42] Para demonstrar tal resistência, pode-se destacar que *"Existem mesmo projetos de lei em trâmite no Congresso Nacional propondo a abolição das provas orais em concursos públicos, ante a ausência de impessoalidade na avaliação. Não prever o procedimento recursal contra as notas desse tipo de prova só contribui para ofender o princípio da impessoalidade".* (DA SILVA OLIVEIRA, Luciano Henrique. *O contraditório e a ampla defesa nos concursos públicos.* Texto extraído do site Jus Navigandi (http://jus2.uol.com.br/doutrina/texto. asp?id=12006), inserido em 25.11.2008, acesso em 16.02.2010).

[43] A doutrina brasileira destaca que a prova oral *"tem por objetivo, avaliar: – o domínio do conhecimento jurídico- o emprego adequado da língua – a articulação do raciocínio – a capacidade de argumentação – o uso correto do vernáculo. Uma outra variante do exame oral, a chamada prova de tribuna (!), tem por fim apreciar: – a entonação – a correção de linguagem – o estilo – o convencimento – o conteúdo lógico e jurídico – a segurança – a adequação técnica e desenvoltura. São exigências e requisitos que, como se vê, podem ser plenamente avaliados e comprovados em provas escritas de caráter discursivo."* (SÁTIRO FERNANDES, Flávio. *A prova oral como elemento defraudador dos princípios da impessoalidade e da moralidade.* Texto extraído do site

oral e/ou destacam suas grandes dificuldades para a efetividade da igualdade. Nos concursos públicos brasileiros, as provas orais costumam ser utilizadas, de forma obrigatória, em poucos concursos públicos, como para o ingresso em algumas carreiras jurídicas, como é o caso do Ministério Público e da Magistratura. Como destaca a doutrina brasileira, "a exigência de prova discursiva oral quase sempre se vincula a concurso público para preenchimento de cargo ou emprego público onde haja necessidade de trato público pelo agente".[44]

Não obstante, nas demais situações, sua utilização é considerada facultativa, ainda que se deva insistir que os meios jurídicos costumam criticar com muita intensidade o uso de tal modalidade de prova no concurso público.[45]

As críticas expostas pela doutrina brasileira às provas orais derivam da tradição de seu uso inadequado nos concursos públicos realizados neste país, já que o mencionado estilo de prova, em muitas ocasiões, costuma ser utilizado para favorecer ou prejudicar determinados candidatos.[46] Os juristas brasileiros insistem em expor as dificuldades da execução das provas orais, cujas circunstâncias estão demonstradas abaixo:

Jus Navigandi (http://jus2.uol.com.br/doutrina/texto.asp?id=8691), publicado em 26.07.2006, acesso em 16.02.2010).

[44] PACHECO BARROS, Wellington. *Direito Administrativo:* concurso público teoria e prática. Porto Alegre: Livraria do Advogado, 2007, p. 25.

[45] Mais uma vez, pode-se perceber como as provas orais não são recomendáveis pela doutrina brasileira *"Se o exame oral não é obrigatório e, por outro lado, poucas são as categorias em cujos concursos ele está presente, salta aos olhos a sua desnecessidade. Em outras palavras, a ausência de provas orais em nada prejudica a arregimentação, a escolha, o julgamento que se faz da aptidão ou inaptidão de candidatos a qualquer cargo ou emprego público."* (SÁTIRO FERNANDES, Flávio. *A prova oral como elemento defraudador dos princípios da impessoalidade e da moralidade.* Texto extraído do site Jus Navigandi (http://jus2.uol.com.br/doutrina/texto.asp?id=8691), publicado em 26.07.2006, acesso em 16.02.2010).

[46] O citado panorama pode ser aqui conhecido: *"Salta aos olhos a capacidade de a prova oral afrontar o princípio da impessoalidade. Em sua aplicação e uso, tudo se volta para uma utilização que nada tem de imparcial. Quaisquer que sejam os procedimentos adotados, a sua execução assumirá, sempre, feições de natureza pessoal".* (SÁTIRO FERNANDES, Flávio. *A prova oral como elemento defraudador dos princípios da impessoalidade e da moralidade.* Texto extraído do site Jus Navigandi (http://jus2.uol.com.br/doutrina/texto.asp?id=8691), publicado em 26.07.2006, acesso em 16.02.2010).

Convém assinalar que a fase da prova oral constitui um dos momentos mais delicados do concurso público, em face das seguintes circunstâncias: a) a identidade do candidato, nesta fase, é conhecida e as suas características físicas e psíquicas são reveladas para a banca examinadora, pois a prova é pública; b) via de regra, a prova oral é antecedida de sindicância social, a qual revela o perfil individual, social e econômico do candidato; c) o candidato já demonstrou o mínimo de conhecimento desejado para o cargo nas provas objetivas e discursivas e, por isso, a prova oral é decisiva; d) o grau de discricionariedade da banca examinadora na prova oral é o mais amplo dentre as provas de conhecimento; e) em consequência, o estado de sujeição do candidato em face da banca examinadora é extremamente acentuado. Ante tais perspectivas, constata-se que a prova oral pode propiciar um campo fértil para perseguições e preconceitos de cunho político, ideológico, religioso, racial, socioeconômico e, por outro lado, pode despertar preferências e favoritismos, em franco detrimento ao escopo magno do concurso público.[47]

Parece lógico que todas as denúncias realizadas pela doutrina brasileira não têm como fundamento a imaginação fértil dos juristas, mas sim a realidade dos concursos públicos neste país. Cabe acrescentar que muitas das irregularidades apontadas provêm da intenção deliberada dos membros da banca examinadora. Entretanto, muitas outras existem devido à inadequada conformação jurídica do citado instrumento seletivo. Neste sentido, acentua-se que a maioria dos concursos em que é utilizada a prova oral também "termina por violar princípios constitucionais, haja vista a forma como é implementada, dado o subjetivismo exacerbado da avaliação e da correção das provas, isso somado à impossibilidade de qualquer tipo de controle por parte do candidato e da coletividade".[48]

Devido às circunstâncias nas quais as provas orais são executadas no Brasil, impõe-se a observação de determinadas condições para que seja garantida a igualdade entre os candidatos à função pública. A primeira

---

[47] BARBOSA MAIA, Márcio; PINHEIRO DE QUEIROZ, Ronaldo. *O regime jurídico do concurso público e o seu controle jurisdicional*. São Paulo: Editora Saraiva, 2007, p. 114.

[48] MACHADO Jr., Agapito. *Concursos públicos*. São Paulo: Editora Atlas, 2008, p. 149.

exigência que se impõe é que as bases do edital estabeleçam com precisão todos os detalhes relevantes para a realização das provas orais, o que servirá para reduzir a arbitrariedade administrativa.[49] Outras cautelas[50] que devem ser observadas na execução das provas orais estão relacionadas às exigências de cumprimento dos princípios constitucionais, entre os quais se destacam a publicidade, transparência, objetividade, impessoalidade, todos corolários da igualdade, e sublinhados pela doutrina nos seguintes termos:

> Destarte, a fim de a prova oral permanecer sendo utilizada como fase de avaliação do concurso público, merece sofrer algumas adaptações sob pena de ser reconhecida como inconstitucional, entre as quais: (a) a prova deverá ser pública, com acesso à coletividade, não mais se aceitando a avaliação a portas fechadas; (b) a avaliação deverá ser gravada a fim de inibir qualquer abuso por parte da própria Banca Examinadora (ex.: discriminação quanto à pessoa do candidato em razão da cor, raça, opção sexual, etc.), além de permitir o futuro recurso do candidato, haja vista a possibilidade de conservar arquivado em registro o próprio ato de avaliação; (c) deverá haver afastamento de membros da comissão examinadora que tenham algum vínculo pessoal favorável ou desfavorável em relação a candidatos, sendo até desejável que a comissão examinadora seja composta por pessoas de fora do lugar para o qual se presta o concurso; (d) seja preservada a igualdade na competição entre os candidatos, o que se faz inicialmente

---

[49] Neste sentido: *"O edital do concurso pode estabelecer que os temas sejam sorteados 24 horas ou mesmo 30 minutos antes de sua realização; se a prova consistirá de uma dissertação oral pura e simples, de uma dissertação mais perguntas ou simplesmente de perguntas; se o conteúdo será aferido de uma única vez ou de várias vezes. Enfim, o edital de concurso, coerente com a lei que o estabeleceu, pode regulamentar a execução da prova oral."* (PACHECO BARROS, Wellington. *Direito Administrativo:* concurso público teoria e prática. Porto Alegre: Livraria do Advogado, 2007, p. 56).

[50] No que tange às referidas cautelas, diz-se que:*"Em razão do amplo espaço para interferências subjetivas dos examinadores existentes neste tipo de prova, torna-se maior a necessidade de serem adotadas cautelas destinadas a evitar preferências e perseguições reprováveis, sem o que os candidatos acabariam ficando submetidos às vontades, empatias, antipatias, vaidades e humores dos examinadores."* (LOBELLO DE OLIVEIRA ROCHA, Francisco. *Regime jurídico dos concursos públicos.* São Paulo: Editora Dialética, 2006, p. 140).

através da utilização da mesma Banca Examinadora para avaliar todos os candidatos, a fim que todos se submetam à mesma dificuldade ou facilidade em face das perguntas formuladas.[51]

3.3 As provas práticas

A Administração Pública pode considerar insuficientes os métodos usuais de seleção (provas escritas e orais), especialmente quando está diante de atividades cuja carga teórica é mais reduzida, neste caso, pois, predominariam as atividades que requeiram habilidades físicas (como as tarefas manuais) ou destrezas que demandam a devida perícia.[52]

Da mesma forma, é admissível a utilização das provas supracitadas quando se entende, diante de atividades predominantemente intelectuais, que é necessária a demonstração do adequado uso prático do conteúdo teórico acumulado pelos concursantes.[53]

Cabe inicialmente destacar que as provas práticas serão sempre complementárias, o que significa que não devem, em nenhum caso, substituir totalmente às provas intelectuais. No entanto, esta circunstância não faz com que as supracitadas provas sejam totalmente inúteis. A ampla variedade de exercícios práticos impede sua completa catalogação.

As regras do edital deverão indicar com precisão quais são os exercícios práticos, como os mesmos devem ser realizados, que critérios serão levados em consideração para a atribuição de pontuação e como se considera que o mesmo foi superado pelo concursante. Não obstante, a qualidade e a adequação dos meios técnicos não são suficientes para garantir a igualdade, já que se impõe que todos os candidatos disponham dos mesmos meios (igualdade das armas).

---

[51] MACHADO Jr., Agapito. *Concursos públicos*. São Paulo: Editora Atlas, 2008, pp. 149/150.

[52] É o que acontece quando se exige em um concurso a execução de uma tarefa relacionada às atividades de carpintaria, encanamento, motorista de veículos, entre outras.

[53] É o que ocorre quando se exige, em um concurso para professor, que os candidatos deem uma aula.

O PROCESSO ADMINISTRATIVO DE CONCURSO PÚBLICO. ANÁLISE...

No sistema jurídico brasileiro, as provas práticas também estão sempre relacionadas aos concursos públicos que devem verificar a habilidade do candidato para a realização de tarefas concretas, que têm conexão com as atividades que são usualmente cumpridas no exercício do cargo ou emprego público. Certamente, a decisão com respeito à utilização ou não do mencionado método seletivo é discricionária, ainda que existam determinadas situações nas quais sua realização é praticamente obrigatória.

Neste contexto, por exemplo, seria inadmissível a realização de um processo seletivo para provimento de vagas de músico de uma orquestra municipal sem a execução de provas práticas para verificar se os candidatos efetivamente sabem tocar determinado instrumento musical;[54] A doutrina aponta as situações nas quais a realização de provas práticas é mais usual:

> além de provas de conhecimento e testes físicos, os concursos podem incluir provas que simulem tarefas que farão parte do dia a dia do cargo ou emprego a ser preenchido. As provas práticas mais comuns são a elaboração de peças forenses nos concursos para carreiras da advocacia pública e Ministério Público e sentenças nos concursos para a Magistratura; ministrarão de aulas nos concursos para professor; execução de peças musicais nos concursos para músicos; elaboração de projetos por candidatos arquitetos ou engenheiros, entre outras. Nessas provas, através da simulação de tarefas que fazem parte do dia a dia do cargo ou emprego público, pretende-se predizer o desempenho que o candidato terá no exercício do cargo, caso obtenha sucesso no concurso.[55]

---

[54] Neste sentido: "*As provas práticas ensejam a realização de atividades que demonstrem possuir o candidato as habilidades necessárias ao exercício de determinado mister. Assim, o desenvolvimento de práticas esportivas ou de práticas musicais seriam exemplo de provas desse tipo nas quais os concorrentes devem demonstrar que são hábeis nestas ou naquelas atividades, conforme o caso. Os métodos de realização e de avaliação são bastante objetivos.*" (SÁTIRO FERNANDES, Flávio. *A prova oral como elemento defraudador dos princípios da impessoalidade e da moralidade.* Texto extraído do site Jus Navigandi (http://jus2.uol.com.br/doutrina/texto.asp?id=8691), publicado em 26.07.2006, acesso em 16.02.2010).

[55] LOBELLO DE OLIVEIRA ROCHA, Francisco. *Regime jurídico dos concursos públicos.* São Paulo: Editora Dialética, 2006, p. 124.

FÁBIO LINS DE LESSA CARVALHO

No contexto brasileiro, "não poderá existir um concurso público que seja formado somente por prova prática. Um concurso público pode ser elaborado por prova escrita e prática, ou somente prova escrita, mas nunca somente por prova prática".[56]

A realização de provas práticas pode constituir em uma contribuição para dinamizar o processo de seleção dos servidores públicos, fazendo com que a Administração Pública possa constatar a presença das efetivas condições técnicas dos candidatos para a realização das tarefas do cargo público. A realidade é que a própria Constituição brasileira, em seu art. 37, II (alterado pela Emenda Constitucional 19/1998), exige que o processo seletivo se realize "de acordo com a natureza e complexidade do cargo". Por esta razão, a doutrina brasileira confirma a importância das provas práticas, na medida em que sustenta que:

> o concurso público, antes concebido como um processo de sele-
> ção meramente intelectual, deixou de ter tal característica, intro-
> duzindo-se em seu conceito e na experiência administrativa a
> possibilidade e, até mesmo, necessidade de realização de provas
> práticas, a fim de que as funções a ele inerentes fossem disputadas
> e, posteriormente, prestadas por pessoas verdadeiramente habili-
> tadas para o seu desempenho.[57]

O novo perfil dos processos seletivos brasileiros deve evitar situações já constatadas na realidade, onde eram realizados concursos públicos para cargos ou empregos públicos que exigem do candidato pouca atividade intelectual e uma dose elevada de habilidades físicas (como as tarefas manuais), mas as regras do edital não previam a realização de provas práticas. Por esta razão, muitas pessoas com nível intelectual elevado, mas também qualquer habilidade para a realização das tarefas do cargo, apontavam-se para a participação no processo seletivo e eram aprovadas, pois tinham um bom desempenho nas provas escritas.

---

[56] DA SILVA OLIVEIRA Jr., Dario; CAMPOS OLIVEIRA, Isabel. *Concurso público: teoria e prática*. Rio de Janeiro: Lumen Juris Editora, 2008, p. 19.

[57] PINHEIRO MADEIRA, José Maria. *Servidor público na atualidade*. 3ª ed. Rio de Janeiro: Editora América Jurídica, 2006, p. 68.

O PROCESSO ADMINISTRATIVO DE CONCURSO PÚBLICO. ANÁLISE...

Resultado: eram selecionadas pessoas sem as devidas condições para exercício do cargo ou emprego público.[58]

A fim de que as provas práticas sejam efetivamente úteis à seleção dos mais aptos, impõe-se que a através das mesmas, seja verificada a posse das habilidades ou destrezas que estejam relacionadas de forma direta às tarefas do cargo ou emprego público. Também, na execução das citadas provas, devem ser observadas as exigências de tratamento igualitário a todos os candidatos (mesmas condições de realização dos exercícios) e de avaliação objetiva de seus desempenhos.

Neste contexto, sublinha-se na doutrina brasileira que:

> Executa-se uma prova prática através de uma pequena amostragem de tarefas características do cargo ou função. Estas tarefas serão pinçadas na própria lei que criou o cargo, na parte das atribuições da função. Na avaliação da prova prática deverão ser considerados o tempo que o candidato levou para executar a tarefa exigida e o resultado final do seu trabalho.[59]

3.4 As provas físicas

Ainda que não sejam tão usuais, as provas físicas consistem em uma modalidade mais de método seletivo, de natureza complementar,

---

[58] Neste contexto, destaca-se que: "*As provas práticas têm pertinência, e adquiriram importância em razão do absurdo a que se chegou, em determinados casos, quando, oferecidos cargos e empregos para serem disputados mediante concurso público, compareciam pessoas muito preparadas, mas que buscavam apenas uma investidura em cargo de provimento efetivo ou em emprego público para valer-se de tais condições e obter comissionamentos vantajosos em outras funções, continuidade da percepção de vantagens garantidas apenas a servidores públicos, entre outros objetivos. Assim, houve situações de se colocar em disputas cargos de servente de escola pública para os quais concorriam e acabavam sendo aprovados advogados, médicos, dentistas, engenheiros, etc., os quais, evidentemente, tão logo eram nomeados, obtinham ser deslocados para o exercício de funções mais compatíveis com seus níveis de escolaridade, fazendo com que as funções próprias dos cargos de serventes continuassem sem servidores a prestá-las. Somente com a introdução de provas práticas tem-se conseguido determinar a nomeação de serventes, cozinheiras, merendeiras, etc., para os cargos de serventes, cozinheiras e merendeiras*". (PINHEIRO MADEIRA, José Maria. *Servidor público na atualidade*. 3ª ed. Rio de Janeiro: Editora América Jurídica, 2006, p. 68).

[59] DA SILVA OLIVEIRA Jr., Dario; CAMPOS OLIVEIRA, Isabel. *Concurso público: teoria e prática*. Rio de Janeiro: Lumen Juris Editora, 2008, pp. 49/50.

que pode ser utilizado para a seleção de funcionários em determinadas condições especiais.

Para que as provas físicas sejam utilizadas com êxito, impõe-se que as regras do edital determinem quais são os exercícios físicos, como estes devem ser realizados e as marcas mínimas que terão de ser superadas pelos concursantes. Nas provas físicas, costuma-se exigir a realização de exercícios de aptidão física relacionados à psicomotricidade, força, saltos (verticais, laterais, longitudinais), velocidade, agilidade, resistência (corridas), subidas, flexões, natação.

Convém destacar que a previsão de provas físicas deve ser devidamente fundamentada na necessidade de uma aptidão física que permita o adequado desempenho das atividades administrativas (princípio de razoabilidade), já que, em condições normais, a capacidade que se exige do candidato só é a de caráter intelectual. Neste sentido, não seria razoável exigir que os candidatos a vagas para cargos administrativos se submetessem a provas de natação ou que os que concorressem ao cargo de médico devessem demonstrar que conseguem fazer um determinado número de flexões ou de saltos.

Além disto, cada um dos mencionados exercícios somente pode ser previsto no processo seletivo se há alguma relação entre os mesmos e as atividades desenvolvidas pelo funcionário da vaga a ser provida. Assim, a já citada prova de natação poderia (e em muitos casos deve) ser realizada nos concursos para prover vagas de bombeiros, quando estes, por exemplo, atuam no resgate de pessoas nas praias ou em outras situações nas quais a referida atividade física costuma ser utilizada com frequência.

Além disto, na avaliação dos exercícios físicos, deve ser respeitado o nível de exigência adequada, com a devida proporcionalidade, que leve em consideração que o processo seletivo deve permitir a escolha de candidatos à função pública que sejam aptos a desempenhar as atividades administrativas, e não atletas que vão aos Jogos Olímpicos. Ao mesmo tempo, na definição dos exercícios físicos, assim como em sua avaliação, deverão levar em consideração as diferenças entre homens e mulheres, e a situação das pessoas com deficiência.

O PROCESSO ADMINISTRATIVO DE CONCURSO PÚBLICO. ANÁLISE...

Cabe acrescentar ainda que as provas físicas devem ser realizadas nas instalações adequadas, com os aparelhos próprios, que permitam o bom desempenho dos candidatos, evitando acidentes e outros fatos indesejáveis que podem pôr em risco a idoneidade da disputa. Convém ressaltar que todos os candidatos (com as observações acima mencionadas sobre as diferenças de gênero e a tença de certas limitações físicas) devem receber da Administração Pública um tratamento igualitário, o que se traduz nas mesmas oportunidades, os mesmos meios, e os mesmos critérios de avaliação.

Com respeito às provas físicas realizadas nos processos seletivos brasileiros, esta modalidade de exercício costuma ser utilizada: a) sempre, nos concursos públicos para os cargos policiais (polícia civil, militar e federal); b) em alguns casos, para determinados cargos que demandam a tença de uma boa condição física.[60]

Em que pese à ausência de uma norma geral (lei) que discipline os casos nos quais deve ser realizada a prova física (o que deveria ocorrer para impedir situações arbitrárias[61]), a doutrina brasileira reconhece que:

> As provas de aptidão física, também denominadas testes físicos, têm o objetivo de aferir se os candidatos possuem as habilidades físicas relacionadas às atribuições do cargo. Devem ser aplicadas sempre que o exercício do cargo envolver esforços físicos e, quanto mais as funções inerentes ao cargo depender de esforços físicos, maior deve ser a importância dada à prova de aptidão física no concurso.[62]

---

[60] Para exemplificar esta segunda hipótese, se pode citar o concurso público realizado em 2008 pela Agencia Brasileira de Inteligência (ABIN) para o cargo de Agente de Inteligência. No edital, estava prevista a realização de prova de capacidade física, de caráter eliminatório, que consistia em dois testes físicos subsequentes de natação e corrida de doze minutos.

[61] Neste caso, nas situações onde não há lei expressa que defina as etapas do concurso público para determinada carreira, a arbitrariedade tanto sucederia quando fosse exigida a prova física de forma desnecessária como também nas situações nas que a Administração Pública deixa de exigir a citada modalidade de prova, quando esta é imprescindível para a seleção dos funcionários mais aptos.

[62] LOBELLO DE OLIVEIRA ROCHA, Francisco. *Regime jurídico dos concursos públicos*. São Paulo: Editora Dialética, 2006, p. 145.

Com respeito às provas físicas no contexto brasileiro, podem ser destacadas algumas cautelas que devem ser observadas pela Administração Pública para que seja garantido o tratamento igualitário entre os candidatos, assim como também podem ser sublinhadas algumas questões polêmicas.

Sobre as citadas cautelas, a primeira exigência que se impõe é a necessidade de que o edital detalhe os procedimentos que deverão ser observados na execução das provas físicas, a fim de que sejam evitadas as decisões improvisadas, a surpresa e a arbitrariedade administrativa. Neste contexto específico, a doutrina administrativista brasileira sublinha que o edital deve descrever de forma minuciosa quais e como os exercícios deverão ser realizados, assim como também deverão ser contemplados nas normas do concurso "o critério de pontuação (tempo, distância, número de repetições, etc.), e o desempenho mínimo exigido, no caso da prova ter caráter eliminatório. A ausência de qualquer uma destas informações deixa ao examinador margem de discricionariedade inadmissível, que dá ensejo a injustiças (ainda que inconscientes) e arbitrariedades".[63]

A realidade é que a ausência da definição das regras de execução das provas físicas é a primeira condição para que os candidatos sejam tratados de forma igualitária. Esta exigência no tratamento dos candidatos fará com que a Administração Pública possa ter as devidas condições técnicas de verificar quais são aptos ou não ao exercício do posto de trabalho a ser provido. Por esta razão:

> Elemento que exige maior atenção quando se trata de provas de aptidão física é a padronização ou uniformização. O candidato tem direito a realizar as provas em igualdade de condições com os demais concorrentes. Isso inclui as condições dos locais e equipamentos utilizados na realização das provas, inclusive condições climáticas semelhantes no momento em que se realiza a prova.[64]

---

[63] LOBELLO DE OLIVEIRA ROCHA, Francisco. *Regime jurídico dos concursos públicos*. São Paulo: Editora Dialética, 2006, p. 145.

[64] LOBELLO DE OLIVEIRA ROCHA, Francisco. *Regime jurídico dos concursos públicos*. São Paulo: Editora Dialética, 2006, p. 146.

O PROCESSO ADMINISTRATIVO DE CONCURSO PÚBLICO. ANÁLISE...

Além da preocupação com a previsão das regras e com a igualdade na aplicação das mesmas nas provas físicas, outra cautela que deve estar na mira da Administração Pública é a necessidade da convocação de profissionais capacitados para conduzir os referidos exercícios. Neste caso, ainda que já exista no processo seletivo uma comissão do concurso ou banca examinadora, deverá ser constituído um órgão colegiado específico para a aplicação das provas físicas, a ser formado por profissionais das áreas de educação física e saúde. Neste sentido, a doutrina brasileira acentua que

> como o objeto da avaliação nessa modalidade de prova é a capacidade mínima necessária para que o candidato exerça as atividades do cargo ou emprego do ponto de vista físico-orgânico, a banca examinadora deverá ser conduzida, nessa fase do certame, por pessoas com formação profissional compatível com a natureza dos testes a serem aplicados.[65]

Na execução das provas físicas, a doutrina brasileira aponta a necessidade de observância do princípio de proporcionalidade, especialmente para evitar os excessos no nível de exigência imposto aos candidatos. Sobre isto, destaca-se que, além da proporcionalidade, devem ser respeitados os princípios de razoabilidade e finalidade:

> É verdade que não se pode afastar o exame de esforço físico do certame de certos cargos, por exemplo, de agente de polícia, mas por outro lado, revela-se um exagero a eleição de um índice duvidoso, que só os bem dotados fisicamente e os super atletas, lograrão obter êxito. (...) Há testes que não se prestam a comprovar a capacidade física dos candidatos para o desempenho das atribuições do cargo, devendo, em assim, ser invalidado tal ato. (...) Declara-se nulo o ato administrativo que exclui candidato do processo seletivo, quando os critérios adotados para aferição da capacidade física constituírem atentados aos princípios da razoabilidade e da finalidade.[66]

---

[65] BARBOSA MAIA, Márcio; PINHEIRO DE QUEIROZ, Ronaldo. *O regime jurídico do concurso público e o seu controle jurisdicional*. São Paulo: Editora Saraiva, 2007, p. 118.

[66] PINHEIRO MADEIRA, José Maria. *Servidor público na atualidade*. 3ª ed. Rio de Janeiro: Editora América Jurídica, 2006, pp. 96/97.

FÁBIO LINS DE LESSA CARVALHO

Sobre as questões polêmicas que costumam ocorrer nas provas físicas realizadas nos concursos públicos brasileiros, pode-se ressaltar as situações nas quais os candidatos se encontram impossibilitados de realizar os exercícios no dia determinado pela Administração Pública.

O que ocorre é que, em algumas situações, o candidato é acometido de uma enfermidade pouco antes da prova que lhe impede de realizá-la (é o caso de uma forte gripe) ou, em outras circunstâncias, tem algum problema durante o exercício que não lhe permite completá-lo, (é o caso de uma lesão durante uma corrida).

Em geral, as opiniões doutrinárias com respeito a este assunto costuma admitir a realização do exercício em nova data, sempre que tal fato não comprometa o cronograma do concurso.[67] Por sua vez, algumas decisões judiciais também admitem tal possibilidade de forma mais limitada, já que muitas vezes costumam alegar a ausência de previsão no edital ou a existência de norma no referido instrumento que proíbe a realização de novas provas físicas.

Não obstante, para evitar o casuísmo, convém que as tais circunstâncias excepcionais sejam previamente regradas no edital, a fim de que não se admita que a Administração Pública possa, segundo cada caso, decidir de forma discricionária os eventos que admitirão ou não a realização das provas físicas em outra oportunidade, ou quando se considerará que o cronograma do concurso será afetado. Por esta razão, deve-se sublinhar que:

> O correto, portanto, seria o próprio edital trazer previsões gerais e impessoais, a cuidar de hipóteses excepcionais tais como lesões em provas físicas, traçando previamente soluções para tais ocorrências (...). Dessa forma, previamente estaria regulada uma situação excepcional (vinculação ao edital), mas de forma a

---

[67] Nesta esteira: *"Pensamos que nada impede a designação de nova data para a realização do exame, caso o candidato comprove a incapacidade relativa para se submeter ao exame na data designada, por motivo de doença, desde que não prejudique o cronograma normal do concurso."* (TOURINHO, Rita. *Concurso público no ordenamento jurídico brasileiro.* Rio de Janeiro: Lumen Juris Editora, 2008, p. 89).

O PROCESSO ADMINISTRATIVO DE CONCURSO PÚBLICO. ANÁLISE...

preservar a impessoalidade e a isonomia, pois todos os candidatos do certame, em tese, poderiam se beneficiar de tal situação.[68]

Outro tema polêmico diz respeito à possibilidade da avaliação da prova física influenciar na classificação final dos candidatos, ou se a referida modalidade de exercício será tão somente de caráter eliminatório. Ainda que não existam normas claras, a doutrina costuma sustentar que a prova física ostenta caráter exclusivamente eliminatório, "tendo em vista que o candidato só poderá prosseguir no certame se alcançar as condições físicas mínimas estabelecidas no regulamento e no edital do concurso e, caso seja aprovado, a sua classificação no certame será mantida, independentemente da performance obtida nos testes".[69]

O último aspecto polêmico que deve ser sublinhado é o que se refere à diferença de tratamento entre homens e mulheres. Como se sabe, há inegáveis distinções anatômicas e fisiológicas entre os gêneros, o que convém que a Administração Pública não faça as mesmas exigências nas provas físicas (especialmente com respeito aos índices de avaliação do desempenho, como tempos, distâncias, número de repetições, etc.) a homens e mulheres.

Em que pese a legitimidade jurídica e científica dos argumentos destacados, deve ser sublinhado que nada impede que a Administração Pública imponha os mesmos índices aos dois gêneros, sempre que aqueles digam respeito ao desempenho mínimo exigido para as mulheres e que as provas físicas não tenham caráter classificatório.

A opinião acima provém dos seguintes argumentos:

> sendo os homens por sua composição física mais fortes que as mulheres de um modo geral, pode parecer que seria injusto avaliá-los nas provas físicas segundo os mesmos critérios. De fato, a praxe nos concursos públicos é aplicar-se critérios diferenciados

---

[68] MACHADO Jr., Agapito. *Concursos públicos.* São Paulo: Editora Atlas, 2008, p. 121.

[69] BARBOSA MAIA, Márcio; PINHEIRO DE QUEIROZ, Ronaldo. *O regime jurídico do concurso público e o seu controle jurisdicional.* São Paulo: Editora Saraiva, 2007, p. 117.

para homens e mulheres. (...) O que causa estranheza, no entanto, é que os critérios eliminatórios nos concursos públicos devem limitar-se à necessidade da Administração, ou seja, corresponder ao desempenho mínimo necessário para o bom exercício do cargo ou emprego público oferecido. Diante deste quadro, quando as exigências mínimas são diferentes para homens e mulheres, só há duas opções: ou o desempenho exigido dos homens é mais do que a Administração necessita; ou o desempenho exigido das mulheres está aquém das necessidades da Administração. Nas duas há afronta ao princípio da igualdade e às regras gerais dos concursos públicos.[70]

3.5 Os exames psicotécnicos

Conscientes de que devem se esforçar para selecionar pessoas que ostentem as devidas aptidões para o desempenho das mais distintas atividades, a Administração Pública brasileira vem utilizando métodos seletivos que costumam ser usados com mais frequência no setor privado.

Neste contexto, os testes psicotécnicos têm uma especial ênfase, pois representam a tentativa da Administração Pública (nem sempre exitosa) de reconhecer nos candidatos as aptidões que os funcionários devem possuir, segundo o perfil idealizado e traçado de acordo com as atividades peculiares a cada vaga.

Também se pode afirmar, talvez com mais convicção, que os referidos *testes* servem para que o órgão selecionador reconheça nos candidatos determinadas características que seriam incompatíveis com o perfil mencionado. Por essa razão, aduz-se de forma adequada que o supracitado método "é uma técnica de seleção e sobretudo de exclusão".[71]

Como se percebe, no contexto brasileiro, há uma considerável resistência à utilização do mencionado método seletivo, especialmente porque apresenta muitas dificuldades referentes: a) à duvidosa avaliação

---

[70] LOBELLO DE OLIVEIRA ROCHA, Francisco. *Regime jurídico dos concursos públicos.* São Paulo: Editora Dialética, 2006, pp. 146/147.

[71] NAVARRO, Pilar. *Prepara oposiciones con éxito:* las técnicas y los trucos para superar todas las pruebas. Barcelona: Editorial Planeta, 2006, p. 141.

O PROCESSO ADMINISTRATIVO DE CONCURSO PÚBLICO. ANÁLISE...

objetiva dos candidatos; b) à discutível relação do mesmo com o mérito e capacidade; e, principalmente, c) a inacessibilidade dos parâmetros de avaliação, o que faz quase inviável a atividade de controle que se pode exercer com respeito ao referido método.

Sobre a primeira questão, pode-se dizer que os exames psicotécnicos devem ser realizados a partir de parâmetros previamente estipulados e cientificamente fundamentados. Também se impõe que aqueles se avaliem através de critérios objetivos, que não permitam que a qualificação do perfil psicológico do candidato dependa do fato de ter sido realizada pelo examinador A, B ou C.

No que concerne ao segundo problema detectado, convém mencionar que a realização dos testes psicotécnicos não pode estar dissociada do perfil que se deseja para cada uma das vagas ofertadas pela Administração Pública. Evidentemente, o perfil de um policial não é o mesmo que o de um juiz. De cada funcionário se exige características determinadas, que são relevantes para o bom desempenho das tarefas que lhe são peculiares.

A terceira dificuldade dos testes psicotécnicos trata sobre a referida inacessibilidade dos parâmetros de avaliação, o que faz com que os candidatos tenham uma dificuldade imensa para refutar os resultados que lhes são desfavoráveis.

Da mesma forma, os órgãos encarregados do controle dos processos seletivos, quando são reclamados pelos concursantes insatisfeitos com os resultados dos testes psicotécnicos, não costumam receber explicações dos avaliadores que possam permitir uma análise objetiva da validez da avaliação realizada.

Sobre esta questão, cabe destacar que os *testes* psicotécnicos somente poderão ser utilizados de forma legítima se, efetivamente, permitirem o controle de sua avaliação, o que possibilitaria o afastamento de determinados abusos.

No contexto brasileiro, pode-se afirmar que a duvidosa avaliação objetiva dos candidatos; discutível relação do mesmo com o mérito e capacidade; e a inacessibilidade dos parâmetros de avaliação são as

FÁBIO LINS DE LESSA CARVALHO

principais críticas que a doutrina brasileira faz à citada técnica de seleção no setor público.

Antes que sejam verificadas as mencionadas questões, é relevante acentuar que também há juristas brasileiros que, além de acentuar os aspectos negativos, igualmente reconhecem o papel dos testes psicotécnicos como método complementar no processo de seleção dos mais aptos.[72] Neste sentido:

> Habilidades diversas das aferidas nas provas e a personalidade (características emocionais, motivacionais, interpessoais e de atitudes distintas das habilidades) do candidato também podem interferir em seu desempenho no exercício do cargo. Estes atributos podem ser aferidos por meio de testes psicológicos.[73]

A verdade é que, em geral, os juristas brasileiros sublinham que os benefícios dos testes psicotécnicos para a adequada seleção dos funcionários públicos são comprometidos pela indevida execução dos mesmos na realidade dos concursos públicos. Neste contexto:

> A verdade é que aplicação de testes psicológicos para ser válida exige rigor e observância de muitos requisitos. Qualquer mínimo desvio na sua realização é suficiente para torná-lo inválido. E se a aplicação responsável e rigorosa desses testes pode ser legítima e útil na seleção dos melhores candidatos, desvios na sua aplicação criam distorções inadmissíveis em concursos públicos. Parece-nos que este segundo cenário tem prevalecido no Brasil.[74]

---

[72] Neste sentido, há os que reconhecem a relevância do teste psicotécnico, ainda que lhe atribua uma função mais próxima à dos exames de sanidade: *"Exame psicotécnico é aquele em que a Administração afere as condições psíquicas do candidato a provimento do cargo público. Trata-se de requisito legítimo, visto que as funções públicas devem ser exercidas por pessoas mentalmente sãs".* (SANTOS CARVALHO FILHO, José dos. *Manual de Direito Administrativo.* 17ª ed. Rio de Janeiro: Lumen Juris Editora, 2007, p. 561).

[73] LOBELLO DE OLIVEIRA ROCHA, Francisco. *Regime jurídico dos concursos públicos.* São Paulo: Editora Dialética, 2006, p. 101.

[74] LOBELLO DE OLIVEIRA ROCHA, Francisco. *Regime jurídico dos concursos públicos.* São Paulo: Editora Dialética, 2006, p. 102.

O PROCESSO ADMINISTRATIVO DE CONCURSO PÚBLICO. ANÁLISE...

Como já destacado de forma geral nas primeiras linhas desta seção, na realidade dos processos seletivos brasileiros, os exames psicotécnicos exercem uma função que está mais relacionada à exclusão dos candidatos que possuem características incompatíveis com o exercício de determinadas atividades públicas.[75]

Nestes termos, quase não há preocupação dos órgãos selecionadores brasileiros, quando utilizam os referidos testes, com a verificação da posse de características positivas[76] que os servidores públicos deveriam possuir, como inteligência emocional, capacidade de iniciativa, motivação, liderança, entre outras.

Para confirmar esta constatação, afirma-se no contexto brasileiro que os testes psicotécnicos nos concursos públicos devem "procurar aferir apenas as situações de manifesta incompatibilidade da estrutura psicológica dos candidatos em relação ao perfil traçado para o cargo disputado no certame".[77] Ainda sobre a referida característica dos testes psicotécnicos, convém ratificar a exigência doutrinária que recusa os:

> (...) exames psicotécnicos destinados a excluir liminarmente candidatos que não se enquadrem em um pretenso "perfil psicológico", decidido pelos promotores do certame como sendo o "adequado" para os futuros ocupantes do cargo ou emprego.

---

[75] Neste contexto: "*Reconhecer que um dado traço de personalidade apresenta incompatibilidade com determinada atividade não é a mesma coisa que exigir que os candidatos estejam ajustados a um determinado esquema psicológico proposto como "padrão" previamente definido e qualificado como sendo o "perfil psicológico", fora do qual o concorrente será eliminado*". (BANDEIRA DE MELLO, Celso Antônio. *Curso de direito administrativo*. 26ª ed. rev. e atual, São Paulo: Editora Malheiros, 2009, p. 258, nota de rodapé da página 24).

[76] Não obstante, a Resolução 1/02, do Conselho Federal de Psicologia, que regulamenta a avaliação psicológica nos concursos públicos, não rejeita a possibilidade de utilização da referida técnica para verificação dos aspectos psicológicos (positivos ou negativos) do candidato: "*Art. 1º A avaliação psicológica para fins de seleção de candidatos é um processo, realizado mediante o emprego de um conjunto de procedimentos objetivos e científicos, que permite identificar aspectos psicológicos do candidato para fins de prognóstico do desempenho das atividades relativas ao cargo pretendido.*"

[77] BARBOSA MAIA, Márcio; PINHEIRO DE QUEIROZ, Ronaldo. *O regime jurídico do concurso público e o seu controle jurisdicional*. São Paulo: Editora Saraiva, 2007, p. 126.

Exames psicológicos só podem ser feitos como meros exames de saúde, na qual se inclui a higidez mental dos candidatos, ou, no máximo – e, ainda assim, apenas no caso de certos cargos ou empregos –, para identificar e inabilitar pessoas cujas características psicológicas revelem traços de personalidade incompatíveis com o desempenho de determinadas funções. Compreende-se, por exemplo, que um teor muito alto de agressividade não se coaduna com os encargos próprios de quem deva tratar ou cuidar de crianças em creches ou escolas maternais.[78]

Com respeito às críticas realizadas pela doutrina brasileira aos *testes* psicotécnicos, as duas mais usuais dizem respeito à ausência de objetividade e a dificuldade de controle dos resultados da avaliação.[79] Também se pode acrescentar que os juristas exigem, como condição de sua validade, que a referida técnica de seleção deva estar prevista em lei.[80] Cabe acentuar que a jurisprudência brasileira também impõe tal exigência nos concursos públicos que analisa.[81]

---

[78] BANDEIRA DE MELLO, Celso Antônio. *Curso de direito administrativo*. 26ª ed. rev. e atual, São Paulo: Editora Malheiros, 2009, p. 258.

[79] Para ilustrar as grandes preocupações da doutrina brasileira com respeito à realização dos testes psicotécnicos: "*A discussão também ocorre em razão da objetividade exigida em provas de concurso público, o que não pode ser afastado nos exames psicotécnicos apesar da dificuldade em se materializar essa exigência. Dessa maneira, torna-se imprescindível que os nomes dos responsáveis pelo exame sejam devidamente publicados, para que se permita avaliar sua aptidão. Os procedimentos que serão adotados também devem ser previamente definidos no edital do certame, com a devida publicação. Por fim, exige-se também a possibilidade de revisão do resultado, garantindo aos candidatos o direito à interposição de recursos.*" (MARINELA DE SANTOS SOUZA, Fernanda. "Concursos públicos: acessibilidade e grandes polêmicas". *In:* MARINELA, Fernanda; BOLZAN, Fabrício (coord.). *Leituras complementares de Direito Administrativo: advocacia pública*. Salvador: Editora Podium, 2008, p. 200).

[80] Neste caminho: "*revela-se também passível de questionamento a exigência de aprovação em teste psicotécnico que não tenha anterior previsão em lei, a teor da Súmula n. 686 do STF. A exigência de aprovação em exames dessa natureza, portanto, só se legitima diante de anterior previsão em lei e se os critérios adotados para a avaliação forem objetivos.*" (SPITZCOVSKY, Celso. *Limitações constitucionais aos editais de concursos públicos*. Texto extraído do site Jus Navigandi em (http://jus2.uol.com.br/doutrina/texto.asp?id=5125).

[81] Para ilustrar esta linha de pensamento: "*Serviço Público – Ingresso – Requisitos – Exame psicotécnico. Somente a lei, ato normativo primário, pode estabelecer requisitos para o ingresso no serviço público – CF, art. 37, I. Se o exame psicotécnico estiver previsto em ato administrativo*

O PROCESSO ADMINISTRATIVO DE CONCURSO PÚBLICO. ANÁLISE...

Convém sublinhar sobre os testes psicotécnicos que a complexidade do tema exigiria um aprofundamento incompatível com os objetivos deste trabalho e com os escassos conhecimentos de psicologia de seu autor.

Ainda que seus propósitos sejam legítimos e, muitas vezes, a ausência ou inadequação de seu uso possa trazer consequências terríveis para a sociedade[82], impõe-se que o ordenamento jurídico estabeleça regras mais claras para que sua utilização não permita a transgressão do direito de igualdade dos candidatos à função pública.

3.6 Outros meios de avaliação

Além das técnicas tradicionais que já foram analisadas neste trabalho, que resumidamente dizem respeito à realização de provas (escritas, orais, físicas ou práticas), convém pesquisar outros mecanismos que podem trazer alguma contribuição à difícil tarefa de seleção dos candidatos mais aptos.

Também cabe verificar as condições jurídicas de execução dos outros instrumentos de seleção, para que se possa constatar a compatibilidade destes meios com as exigências de tratamento igualitário entre os candidatos. As possibilidades de que dispõe o órgão selecionador são diversas. O que se impõe é a demonstração da utilidade e pertinência do método escolhido com as tarefas que irão se desenvolver, e que o mesmo esteja previsto nas bases do edital, permitindo que os candidatos possam se preparar adequadamente.

No contexto brasileiro, técnicas de seleção, como as entrevistas e a análise curricular, não são bem aceitas pelas Administrações Públicas

---

apenas, ocorre ilegitimidade" (Supremo Tribunal Federal, Recurso Extraordinário 232.571-7-RS, 2ª Turma, Rel. Min. Carlos Velloso, publ. DJ de 5/2/1999).

[82] É o que ocorreria se fossem selecionados, devido à não realização dos testes psicotécnicos ou diante de sua má aplicação, polícias com tendência à violência extrema, juízes desumanos, fiscais covardes, professores que não toleram a interação com os alunos, entre outros exemplos. Evidentemente, ainda que se realizem os referidos testes, tampouco se pode garantir de forma absoluta que não serão selecionados funcionários com as citadas características.

e, por esta razão, são raramente utilizadas nos concursos públicos. Outrossim, pode-se acrescentar que a doutrina costuma rejeitar os referidos instrumentos de seleção, especialmente sob o argumento de que não estão conformados aos princípios constitucionais de igualdade e mérito. Neste contexto, pode-se salientar que:

> Outras modalidades de provas podem ser exigidas, de acordo com a natureza do concurso ou do cargo público para cujo preenchimento se esteja realizando o certame, devendo, porém, todas elas, guardar consonância com os princípios constitucionais aqui referidos. Até mesmo as chamadas provas didáticas para professor, tidas como o único meio pelo qual o candidato ao magistério superior é capaz de comprovar suas habilitações pedagógicas, essenciais para o desempenho da atividade docente, se não podem ser supridas pela demonstração escrita dos conhecimentos relacionados às técnicas de ensino-aprendizagem, devem se cercar de máximas cautelas, visando à obediência dos princípios constitucionais da administração.[83]

De fato, chama a atenção a oposição dos juristas brasileiros ao uso, no concurso público, das técnicas de seleção que costumam ser utilizadas com frequência no setor privado. Isto acontece seja porque se entende que, na teoria, os referidos instrumentos não se adequam às exigências constitucionais de tratamento igualitário dos candidatos, ou porque se verifica que, na realidade dos concursos públicos brasileiros, a Administração Pública, quando faz uso dos citados meios, não respeita as imposições jurídicas necessárias à seleção impessoal dos servidores públicos.

No contexto acentuado, não há dúvidas de que a entrevista é a técnica de seleção que mais críticas recebe do meio jurídico brasileiro, seja dos doutrinadores, seja dos Tribunais.[84] A partir de uma análise dos

---

[83] SÁTIRO FERNANDES, Flávio. *A prova oral como elemento defraudador dos princípios da impessoalidade e da moralidade*. Texto extraído do site Jus Navigandi (http://jus2.uol. com.br/doutrina/texto.asp?id=8691), publicado em 26.07.2006, acesso em 16.02.2010.

[84] Neste caminho: "*Concurso público – Posse impedida em razão de entrevista pré-admissional – impossibilidade. Tendo o impetrante sido aprovado em concurso público de provas e títulos, não*

O PROCESSO ADMINISTRATIVO DE CONCURSO PÚBLICO. ANÁLISE...

(poucos) estudos sobre o tema, constata-se facilmente que a doutrina brasileira considera que as entrevistas não costumam proporcionar o necessário grau de objetividade no processo de seleção, circunstância que faz com que o referido meio seja rejeitado com muita intensidade.

Na verdade, denuncia-se que o uso das entrevistas nos concursos públicos é um expediente usualmente utilizado pelas Administrações Públicas brasileiras para mudar subjetivamente as qualificações obtidas de forma objetiva nas provas, e isto se faz tanto para favorecer como para prejudicar determinados candidatos. Neste sentido, ressalta-se que as entrevistas muitas vezes "escondem forma de eliminação de candidatos, ao sabor, frequentemente, de selecionadores nem sempre habilitados para extrair qualquer tipo de aferição do candidato".[85]

De forma resumida, pode-se dizer que o grande risco de que se repitam as más experiências do passado faz com que as poucas vantagens da utilização das entrevistas nos processos seletivos de acesso à função pública sejam totalmente desprezadas por aqueles que analisam o tema.

Como se vê, é uma clara demonstração do papel relevante desempenhado pela igualdade no sistema seletivo, ainda que comprove a incapacidade da Administração Pública de usar de forma correta determinadas ferramentas frequentemente utilizadas no setor privado.

Informação bibliográfica deste texto, conforme a NBR 6023:2002 da Associação Brasileira de Normas Técnicas (ABNT):

CARVALHO, Fábio Lins de Lessa. "O processo administrativo de concurso público. Análise jurídica dos métodos de seleção dos Servidores públicos no Brasil". *In*: SOUZA, Luciano Anderson de; TUCUNDUVA SOBRINHO, Ruy Cardozo de Mello (Coord.). *Temas de Processo Administrativo*. São Paulo: Editora Contracorrente, 2017, pp. 75-117. ISBN. 978-85-69220-32-9.

---

pode ser impedido de tomar posse em razão de resultado de entrevista pré-admissional, cujos resultados não lhe foram comunicados e onde não lhe foi possível defender-se de acusações que lhe foram feitas". (Tribunal de Justiça do Estado de Rio de Janeiro, ApCív. 13619/98-Capital, 10ª CCív., unân., Res. Des. Sylvio Capanema, publ. DO de 6/9/1999).

[85] SANTOS CARVALHO FILHO, José dos. *Manual de Direito Administrativo*. 17ª ed. Rio de Janeiro: Lumen Juris Editora, 2007, p. 563.

A INSTRUÇÃO PROBATÓRIA NO PROCESSO ADMINISTRATIVO DISCIPLINAR DE MAGISTRADO: EM BUSCA DE UM NOVO PROCEDIMENTO

RUY CARDOZO DE MELLO TUCUNDUVA SOBRINHO

HANS ROBERT DALBELLO BRAGA

SUMÁRIO: Introdução. 1. O processo administrativo disciplinar de magistrado. 2. O processo penal como paradigma do processo administrativo disciplinar de magistrado. 3. A instrução probatória no processo administrativo disciplinar de magistrado. 3.1 A prova testemunhal no processo administrativo disciplinar de magistrado. Conclusões. Referências Bibliográficas.

INTRODUÇÃO

O objetivo desse artigo é a análise jurídica da instrução probatória no processo administrativo disciplinar de magistrado, haja vista a dificuldade dos Tribunais na adequada aplicação do procedimento probatório da Resolução n. 135/2011, do Conselho Nacional de Justiça.

Preliminarmente, realiza-se breve abordagem sobre o processo administrativo disciplinar de magistrado, sua regulamentação normativa e regime legal.

Posteriormente, a pesquisa fará referência à possibilidade de adotar o regramento probatório do Código de Processo Penal como paradigma de aplicação do processo administrativo disciplinar de magistrado.

Por fim, analisa-se o texto da resolução tendo em perspectiva a atividade probatória durante a instrução processual no processo administrativo disciplinar de magistrado. Ademais, realiza-se breve incursão sobre a sistemática de inquirição das testemunhas, que deverá seguir o modelo acusatório do processo penal e abandonar o ranço inquisitório, ainda presente no processo civil brasileiro.

É importante salientar que a pesquisa realizada utiliza-se do método dedutivo e como técnica de pesquisa a bibliográfica.

1. O PROCESSO ADMINISTRATIVO DISCIPLINAR DE MAGISTRADO

Preliminarmente, é fulcral ressaltar as lições de José Renato Nalini ao comentar o processo administrativo disciplinar de magistrado, senão vejamos:

> O órgão disciplinar primariamente encarregado da fiscalização e controle da atividade funcional e da conduta particular dos juízes é a Corregedoria Geral de Justiça. As Corregedorias recebem as denúncias formuladas contra os magistrados e as processam, ouvindo o interessado e a ele concedendo plenitude de defesa.[1]

O juiz é a figura central do processo, ou o sujeito *"piú eminente"* da relação processual.[2] No entanto, poderá ser punido administrativamente

---

[1] *Ética geral e profissional*. São Paulo: Editora Revista dos Tribunais, 2013, p. 716.

[2] MARQUES, José Frederico. *Elementos de direito processual penal*. 2ª ed. vol. II. Campinas: Millenium, 2000, p. 1.

A INSTRUÇÃO PROBATÓRIA NO PROCESSO ADMINISTRATIVO...

em caso de infração às normas éticas e legais expressamente positivadas no ordenamento jurídico pátrio.[3]

Tendo como base a obra de José Armando da Costa sobre direito administrativo disciplinar *mutatis mutandis* pode-se afirmar que o regime disciplinar do magistrado é o conjunto sistemático de normas substantivas definidoras de vedações, deveres, proibições, responsabilidades, transgressões, garantias e recompensas, cuja observância e aplicação objetivam resguardar a normalidade, a eficiência e a legalidade do desempenho funcional da administração pública.[4]

Maria Sylvia Zanella di Pietro define o processo administrativo da seguinte forma:

> A expressão processo administrativo, na linguagem, é utilizada em sentidos diferentes: (...) é ainda usado como sinônimo de processo disciplinar, pelo qual se apuram as infrações administrativas e se punem os infratores; nesse sentido é empregado no artigo 41§1º, da Constituição Federal, com redação dada pela Emenda Constitucional n. 19, de 1983, quando diz que o servidor público estável só perderá o cargo em virtude de sentença judicial transitada em julgado, mediante processo administrativo em que lhe seja assegurada ampla defesa ou mediante procedimento de avaliação periódica de desempenho, na forma de lei complementar, assegurada ampla defesa.[5]

Referente à responsabilidade e punição dos magistrados, o regime jurídico que se lhes aplica é específico em razão de disposição expressa no artigo 93 da Constituição da República. Ademais, a Lei Complementar n. 35, de 14 de março de 1979, conhecida como LOMAN (Lei Orgânica da Magistratura Nacional) regulamenta toda a matéria referente às

---

[3] NALINI, José Renato. *Ética geral e profissional*. São Paulo: Editora Revista dos Tribunais, 2013, p. 715.

[4] *Direito administrativo disciplinar*. 2ª ed. Rio de Janeiro: Forense; São Paulo: Método, 2009, p. 39.

[5] *Direito Administrativo*. 22ª ed. São Paulo: Atlas, 2009, p. 620.

infrações disciplinares de magistrados e suas respectivas sanções, conforme a gravidade da conduta. Nesse mesmo sentido, o Código de Ética da Magistratura nacional prevê uma série de deveres éticos do magistrado em seu mister jurisdicional.

Todavia, a legislação supracitada não regulamentou expressamente a matéria referente ao processo administrativo disciplinar de magistrado, especificamente no que tange ao procedimento a ser observado.

Assim sendo, e levando em consideração que as normas relativas ao procedimento administrativo disciplinar de magistrados, têm peculiaridades que caracterizam sua natureza especial, que as leis de organização judiciária, os regimentos internos dos Tribunais são, em geral, discrepantes, que se encontram muitas das quais desatualizadas ou superadas, o Conselho Nacional de Justiça editou a Resolução n. 135, 13 de julho de 2011, com o escopo de uniformizar as normas relativas ao procedimento administrativo disciplinar aplicável aos magistrados, bem como o rito a ser seguido pelos Tribunais.

A AMB (Associação dos Magistrados Brasileiros) insurgiu-se contra a referida Resolução por meio de ADI n. 4.638 (Ação Direta de Inconstitucionalidade), apontando vários dos seus dispositivos como violadores da Constituição Federal. No entanto, o Supremo Tribunal Federal manteve a grande maioria dos dispositivos discutidos, tendo em vista as atribuições do Conselho Nacional de Justiça.

O Conselho Nacional de Justiça foi criado pela Emenda Constitucional n. 45/2004, que deflagrou a reforma do judiciário. Suas atribuições são constitucionais, competindo-lhe o controle administrativo da atuação do Poder Judiciário, bem como do cumprimento dos deveres funcionais dos magistrados (vide artigo 103-B, da Constituição Federal).

Com efeito, a Resolução mencionada está em pleno vigor, sendo aplicada constantemente pelos Tribunais com o escopo de apurar eventuais infrações disciplinares de magistrados. Ademais, é importante salientar que atualmente aumenta em progressão geométrica o número de processos administrativos disciplinares de magistrados.

A INSTRUÇÃO PROBATÓRIA NO PROCESSO ADMINISTRATIVO...

Após a Emenda Constitucional n. 45/2004, não há dúvida de que a eficiência é princípio que deve ser respeitado pelo Poder Judiciário. A propósito disso, nas alterações realizadas pela Emenda supracitada, entre muitas, temos as seguintes: garantia de duração razoável do processo (vide art. 5º, LXXVIII da CF); a proporcionalidade entre a quantidade de demanda e a população de uma determinada unidade jurisdicional com o número de juízes (vide art. 93, XIII CF); vedação de interrupção da atividade jurisdicional por férias coletivas e obrigatoriedade de plantão permanente nos dias em que não houver expediente forense (art. 93, XII CF); a criação da justiça itinerante (vide artigos 107 § 2º, 115 § 1º, 125 § 7º, todos da CF) etc.[6]

Percebe-se a busca do legislador por um modelo ideal de eficiência na prestação jurisdicional. Com efeito, o princípio da eficiência não informa apenas a gestão do Poder Judiciário, em seus atos atípicos, mas também na sua função tipicamente jurisdicional, como consequência de acesso efetivo à justiça.

O Poder Judiciário é indigitado pelo discurso neoliberal como uma função estatal recheada de burocratismo e, por isso, extremamente moroso. Com efeito, o processo, até então visto como a garantia máxima de eficácia dos direitos fundamentais, transforma-se pelo discurso neoliberal em um verdadeiro transtorno a ser urgentemente superado, e isso em nome da eficiência.[7]

Nesse sentido, Alexandre Morais da Rosa disserta:

> Em um mundo em que o que conta é número de processos julgados ao final do mês, em que a qualidade é contigência, dado que a importância reside nos *score*, exige-se dos atores jurídicos (magistrados, ministério público, advogados e auxiliares), a lógica do custo benefício.[8]

---

[6] AZKOUL, Marco Antonio. *Justiça Itinerante*. São Paulo: Editora Juarez de Oliveira, 2006, p. 90.

[7] ROSA, Alexandre Morais da; LINHARES, José Manuel Aroso. *Diálogos com a Law & economics*. Rio de Janeiro: Lumen Juris, 2009, p. 61.

[8] *Diálogos com a Law & economics*. Rio de Janeiro: Lumen Juris, 2009, p. 64.

RUY C. M. TUCUNDUVA SOBRINHO; HANS ROBERT D. BRAGA

Emerge, então, a maior violência ao direito: a *Law and economics*, ou Análise Econômica do Direito (AED). A *Law and Economics* é uma maneira de compreender o direito por meio da aplicação de conceitos da teoria econômica. O direito passa a ser aplicado sob a perspectiva da eficiência econômica.[9]

Sobre a Análise Econômica do Direito é imprescindível colacionar um pequeno excerto da obra de Marcelino Júnior que explica:

> É esta teoria instrumental que sistematiza e organiza de modo "metodológico" e "científico" a ascendência do econômico sobre o jurídico; que provoca, declarada e abertamente, a viragem que torna o Direito em mera técnica de vinculação ao custo-benefício. Esta é a nova lógica pretendida de um Direito econômico. Aqui, o paradigma da eficiência volta a ser o cerne de operacionalização, sendo utilizado em favor de uma justificação do fazer-crer no sistema de Mercado, agora global.[10]

Sendo assim, o magistrado é observado cuidadosamente pelos órgãos censores e pela sociedade. A atividade jurisdicional é fiscalizada constantemente e o risco do magistrado vir a ser processado administrativamente é astronômico. O próprio sujeito processual imparcial está inserido no âmbito da denominada *"vigilância líquida"* da qual trata Zygmunt Bauman.[11]

Destarte, é fulcral abordar o procedimento administrativo disciplinar de magistrado, haja vista a crescente demanda de processos disciplinares e a necessidade de resguardar as garantias fundamentais do próprio juiz.

---

[9] BENACCHIO, Marcelo. "A regulação jurídica do mercado pelos valores do capitalismo humanista". *In*: SILVEIRA, Vladmir Oliveira da; MEZZAROBA, Orides (coord.). *Empresa, sustentabilidade e funcionalização do direito*. São Paulo: Revista dos Tribunais, 2011.

[10] *Princípio constitucional da eficiência administrativa:* (des)encontros entre economia e direito. Florianópolis: Habitus Editora, 2009, p. 219.

[11] *Vigilância líquida:* diálogos com David Lyon. Tradução de Carlos Alberto Medeiros. Rio de Janeiro: Zahar, 2013.

A INSTRUÇÃO PROBATÓRIA NO PROCESSO ADMINISTRATIVO...

Portanto, tendo em vista o texto da Resolução n. 135/2011, do Conselho Nacional de Justiça, é forçoso depreender a instrução probatória no âmbito administrativo dos tribunais e a possibilidade de adotar os procedimentos previstos no processo penal como paradigmas de aplicação no processo administrativo disciplinar de magistrado.

2. O PROCESSO PENAL COMO PARADIGMA DO PROCESSO ADMINISTRATIVO DISCIPLINAR DE MAGISTRADO

A academia costuma utilizar a denominação processo administrativo disciplinar para indicar o processo administrativo punitivo ou sancionador (para aplicação de sanções administrativas) interno (dirigido aos servidores públicos)[12], no caso dirigido aos magistrados.

Sendo o regime disciplinar, incluindo o processo administrativo disciplinar, parte componente do Direito Administrativo, é evidente a necessidade de observância aos princípios gerais do próprio Direito Administrativo.[13]

No entanto, o processo administrativo disciplinar deve respeitar, também, os princípios constitucionais gerais do processo, conforme redação do artigo 5º, incisos LIII, LIV, LV, LVI, LVII etc., da Constituição da República[14], que resguardam os princípios do devido processo legal, contraditório, ampla defesa, presunção de inocência e todos os outros decorrentes.

Trata-se de Direito Fundamental de qualquer pessoa humana que figure como acusada, mesmo em processo administrativo disciplinar, a

---

[12] BACELLAR FILHO, Romeu Felipe. *Processo administrativo disciplinar.* 3ª ed. São Paulo: Saraiva, 2012, p. 76.

[13] COSTA, José Armando da. *Direito administrativo disciplinar.* 2ª ed. Rio de Janeiro: Forense; São Paulo: Método, 2009, p. 77.

[14] BACELLAR FILHO, Romeu Felipe. *Processo administrativo disciplinar.* 3ª ed. São Paulo: Saraiva, 2012, p. 156.

observância do devido processo legal, direito este previsto expressamente na Constituição Federal, em seu artigo 5º, inciso LIV. Com efeito, é imprescindível que seja observado o procedimento legalmente previsto, do contrário haverá nulidade e desrespeito ao princípio constitucional supracitado.

Os princípios e regras processuais devem ser observados no processo disciplinar, ainda mais a sistemática do processo penal, isto, pois, este último resguarda mais garantias ao acusado. O processo penal é um conjunto de normas, regras e princípios para a aplicação jurisdicional do direito penal material, neste caso a liberdade está em jogo e, portanto, exige-se maior rigor na apuração dos fatos imputados. Trata-se do sistema garantista da qual trata Luigi Ferrajoli.[15]

Os princípios inerentes ao processo penal garantista devem funcionar como paradigmas de aplicação no âmbito do processo administrativo disciplinar. Nesse sentido, a Resolução n. 135/2011, do Conselho Nacional de Justiça tratou expressamente dessa matéria, indigitando, em vários momentos, a aplicação das regras do processo penal ao processo administrativo disciplinar de magistrado.

No âmbito da instrução probatória do processo administrativo este respeito aos princípios e regras do processo penal fica bem evidenciado, pois no âmbito disciplinar também vigora o princípio do estado de inocência com todas as suas premissas lógicas.[16]

O direito à produção da prova de forma garantista limita, sobremaneira, o princípio da legitimidade do ato administrativo, forçando a uma redefinição das funções administrativas exercidas sob o regime processual aplicado ao processo administrativo disciplinar.[17]

---

[15] *Direito e razão*: teoria do garantismo penal. 4ª ed. São Paulo: Editora Revista dos Tribunais, 2014, p. 91.

[16] BACELLAR FILHO, Romeu Felipe. *Processo administrativo disciplinar.* 3ª ed. São Paulo: Saraiva, 2012, pp. 371-389.

[17] BACELLAR FILHO, Romeu Felipe. *Processo administrativo disciplinar.* 3ª ed. São Paulo: Saraiva, 2012, p. 345.

A INSTRUÇÃO PROBATÓRIA NO PROCESSO ADMINISTRATIVO...

A Resolução n. 135/2011, deve ser aplicada tendo em perspectiva as normas e os princípios relativos ao processo administrativo disciplinar das Leis n. 8.112/90 e 9.784/99, haja vista o disposto em seu artigo 26, que faz expressa referência à aplicação das referidas legislações, desde que não conflitem com as normas da própria resolução.

Entretanto, a Resolução n. 135/2011, no que tange à produção das provas faz expressa referência à aplicação, também, subsidiária às normas da legislação processual penal, conforme determinação expressa do artigo 18 §4º da norma disciplinar. Sendo assim, é imperioso analisar a sistemática da instrução probatória no processo administrativo disciplinar de magistrado.

3. A INSTRUÇÃO PROBATÓRIA NO PROCESSO ADMINISTRATIVO DISCIPLINAR DE MAGISTRADO

O artigo 18 §4º da Resolução n. 135/2011, ao regulamentar a instrução probatória no processo administrativo disciplinar de magistrado determina *in verbis*:

> Artigo 18. Decorrido o prazo para a apresentação da defesa prévia, o relator decidirá sobre a realização dos atos de instrução e a produção de provas requeridas, determinando de ofício as que entender necessárias.
>
> §4º O depoimento das testemunhas, as acareações e as provas periciais e técnicas destinadas à elucidação dos fatos, serão realizadas com aplicação subsidiária, no que couber, das normas da legislação processual penal e da legislação processual civil, sucessivamente.

Assim, tendo em vista o disposto no artigo 18, §4º, da Resolução n. 135/2011, é forçosa a aplicação subsidiária do Código de Processo Penal (Decreto-Lei n 3.689 de 1941), bem como do Código de Processo Civil (Lei n. 5.869 de 1973).

Diante da redação do dispositivo supramencionado percebe-se que o Conselho Nacional de Justiça afastou a aplicação, em geral, das regras previstas nos artigos 29 a 47 da Lei n. 9.784/99, bem como dos artigos 153 e seguintes da Lei n. 8.112/1990.

Percebe-se pela redação do artigo 18 §4º da Resolução n. 135/2011, que o Conselho Nacional de Justiça deu prevalência às normas da legislação processual penal e da legislação processual civil. Ademais, a aplicação das regras da instrução deve levar em consideração, precipuamente, o disposto nas normas processuais penais.

A expressão "com aplicação subsidiária" deve ser compreendida no sentido da total regulação dos atos de instrução pelo Código de Processo Penal e sucessivamente pelo Código de Processo Civil, pois a Resolução não regulamenta a produção das provas em espécie. Ademais, o artigo 18 §5º, faz expressa referência à aplicação do artigo 405 §1º do Código de Processo Penal brasileiro, no que tange à aplicação do sistema de videoconferência na audiência de instrução probatória.

É importante salientar que a Resolução tratou o interrogatório do magistrado na mesma perspectiva do interrogatório do acusado no processo penal, ou seja, como meio de defesa, devendo ser realizado após a produção de todas as provas em audiência una de instrução (vide artigo 18 §7º, da Resolução 135/2011 do CNJ), podendo o magistrado acompanhar toda a instrução ou seu procurador constituído (vide Súmula Vinculante n. 5 do STF).

Entretanto, os Tribunais, notadamente os que não exercem jurisdição penal, têm dificuldades em aplicar a sistemática processual penal, principalmente no que se refere à sistemática da prova testemunhal, bem como das provas ilícitas e ilegítimas.

3.1 A prova testemunhal no processo administrativo disciplinar de magistrado

No que tange aos depoimentos das testemunhas a Resolução do Conselho Nacional de Justiça, como destacado, busca complemento nos Códigos de Processo Penal e Civil, sucessivamente.

A INSTRUÇÃO PROBATÓRIA NO PROCESSO ADMINISTRATIVO...

O Código de Processo Penal disciplina a matéria referente às testemunhas nos artigos 202 a 225, por sua vez, o Código de Processo Civil disciplina a produção da prova testemunhal nos artigos 407 a 419. Diante disso, surge perplexidade a respeito de quais regras devem ser aplicadas no âmbito do processo administrativo disciplinar de magistrado.

Tendo como base o disposto na própria Resolução, segundo a qual a aplicação dos diplomas processuais é realizada de maneira sucessiva, pode-se concluir que a aplicação terá como preferência as normas insculpidas no diploma processual penal e, quando este for omisso, é que teremos a aplicação do Código de Processo Civil de forma subsidiária. Nesse sentido, o próprio diploma processual penal admite a integração analógica conforme determinação do artigo 3º do Código de Processo Penal.

Dessa forma, vale citar a problemática referente ao sistema de inquirição das testemunhas. No Código de Processo Penal vigora o sistema de *cross-examination*, ou seja, as perguntas são formuladas pelas partes diretamente às testemunhas, conforme a redação do artigo 212 do Código de Processo Penal, dada pela Lei n. 11.690/2008. Entretanto, no atual Código de Processo Civil adota-se, ainda, o sistema presidencialista, em que o "juiz inquisidor" controla as perguntas formuladas pelas partes.[18]

Como o Código de Processo Penal regulamente expressamente a adoção do sistema de inquirição direta, não há razão para aplicar o Código de Processo Civil, que terá de ser aplicado sucessivamente e isto em caso de manifesta lacuna do Código de Processo Penal. Ademais, o novo Código de Processo Civil (vide Lei n. 13.105 de 13 de março de 2015) que entrará em vigor em 16 de março de 2015, no artigo 459, também adota o sistema da inquirição direta.

Assim sendo, toda a sistemática da prova testemunhal no processo administrativo disciplinar deverá seguir a disciplina do processo penal.

---

[18] LOPES Jr., Aury. *Direito Processual Penal*. 9ª ed. São Paulo: Saraiva, 2012, pp. 651/652

É importante salientar que os Tribunais deverão observar as regras sistêmicas do processo penal e subsidiariamente do processo civil e, caso não seja observado o rito processual da legislação pertinente, no caso, o Código de Processo Penal, a prova será ilícita ou ilegítima conforme o caso.[19] Nesse sentido a Constituição Federal no artigo 5º, inciso LVI impede a admissibilidade de provas ilícitas no processo administrativo, bem como o artigo 157 do Código de Processo Penal.

Ademais, o artigo 30 da Lei n. 9.784/99, veda no processo administrativo as provas obtidas por meios ilícitos. Nesse sentido é imperioso citar:

> Em relação às provas ilícitas, Constituição Federal agasalha, no art. 5º, LVI, a seguinte previsão "são inadmissíveis, no processo, as provas obtidas pro meios ilícitos". Daí é possível inferir, da redação do dispositivo constitucional, que o termo processo está empregado em sentido lato, comportando, portanto, o entendimento de que a disposição da Lei Maior refere-se tanto ao processo judicial quanto ao processo administrativo.[20]

Com efeito, o processo administrativo disciplinar resguarda ao magistrado as mesmas garantias processuais do processo penal garantista, isto, pois, o magistrado constantemente é "julgado" pelos interesses em jogo. Nesse sentido, é importante sinalizar as lições de Pedro Lessa, senão vejamos:

> Tratai bem os juízes, tendo sempre em mente as continuas injustiças com que eles são julgados, devido às paixões e aos interesses contrariados pelas sentenças, e a leviandade e precipitações que presidem as apreciações dos interessados.[21]

---

[19] BADARÓ, Gustavo Henrique Righi Ivahy. *Processo Penal*. 2ª ed. Rio de Janeiro; Elsevier, 2014, pp. 283-289.

[20] HEINEN, Juliano. *Comentários à Lei Federal do Processo Administrativo*: Lei n. 9.784/99. Porto Alegre: Livraria do Advogado Editora, 2015, p. 201.

[21] LESSA, Pedro. *Discursos e conferências*. Rio de Janeiro: Typ. do "Jornal do Commercio *Apud* NALINI, José Renato. *Ética geral e profissional*. São Paulo: Editora Revista dos Tribunais, 2013, p. 603.

A INSTRUÇÃO PROBATÓRIA NO PROCESSO ADMINISTRATIVO...

Destarte, os Tribunais devem resguardar ao magistrado em processo administrativo disciplinar todos os direitos conferidos aos acusados em geral, haja vista a dignidade de sua função constitucional.

CONCLUSÕES

1. A Emenda Constitucional n. 45/2004, trouxe a preocupação predominante com a eficiência na prestação jurisdicional, submetendo o magistrado à lógica do custo benefício e da busca incansável pela prestação jurisdicional tempestiva.

2. Diante da busca constante pela eficiência na prestação jurisdicional o magistrado está submetido ao constante risco de sofrer imputações disciplinares em processos administrativos disciplinares.

3. O processo administrativo disciplinar de magistrado, no que tange à instrução processual, deve observar as normas e princípios atinentes ao processo penal, surgindo, assim, o processo administrativo disciplinar garantista.

4. A Resolução n. 135/2011, ao regulamentar a sistemática probatória do processo administrativo disciplinar de magistrado adotou a possibilidade de aplicação subsidiária das normas processuais penais como paradigma.

5. Os depoimentos das testemunhas devem observar o disposto no Código de Processo Penal, pois a Resolução 135/2011, determina expressamente a prevalência das normas processuais penais.

REFERÊNCIAS BIBLIOGRÁFICAS

AZKOUL, Marco Antonio. *Justiça Itinerante*. São Paulo: Editora Juarez de Oliveira, 2006.

BACELLAR FILHO, Romeu Felipe. *Processo administrativo disciplinar*. 3ª ed. São Paulo: Saraiva, 2012.

BADARÓ, Gustavo Henrique Righi Ivahy. *Processo Penal*. 2ª ed. Rio de Janeiro; Elsevier, 2014.

RUY C. M. TUCUNDUVA SOBRINHO; HANS ROBERT D. BRAGA

BAUMAN, Zygmunt. *Vigilância líquida:* diálogos com David Lyon. Tradução de Carlos Alberto Medeiros. Rio de Janeiro: Zahar, 2013.

BENACCHIO, Marcelo. "A regulação jurídica do mercado pelos valores do capitalismo humanista". *In:* SILVEIRA, Vladmir Oliveira da; MEZZAROBA, Orides (coord.). *Empresa, sustentabilidade e funcionalização do direito.* São Paulo: Revista dos Tribunais, 2011.

COSTA, José Armando da. *Direito administrativo disciplinar.* 2ª ed. Rio de Janeiro: Forense; São Paulo: Método, 2009.

DI PIETRO, Maria Sylvia Zanella. *Direito Administrativo.* 22ª ed. São Paulo: Atlas, 2009.

FERRAJOLI, Luigi. *Direito e razão:* teoria do garantismo penal. 4ª ed. São Paulo: Editora Revista dos Tribunais, 2014.

HEINEN, Juliano. *Comentários à Lei Federal do Processo Administrativo:* Lei n. 9.784/99. Porto Alegre: Livraria do Advogado Editora, 2015.

LOPES Jr., Aury. *Direito Processual Penal.* 9ª ed. São Paulo: Saraiva, 2012.

MARCELINO Jr., Júlio Cesar. *Princípio constitucional da eficiência administrativa:* (des)encontros entre economia e direito. Florianópolis: Habitus Editora, 2009.

MARQUES, José Frederico. *Elementos de direito processual penal.* 2ª ed. vol. II. Campinas: Millenium, 2000.

NALINI, José Renato. *Ética geral e profissional.* São Paulo: Editora Revista dos Tribunais, 2013.

ROSA, Alexandre Morais da; LINHARES, José Manuel Aroso. *Diálogos com a Law & economics.* Rio de Janeiro: Lumen Juris, 2009.

Informação bibliográfica deste texto, conforme a NBR 6023:2002 da Associação Brasileira de Normas Técnicas (ABNT):

BRAGA, Hans Robert Dalbello; TUCUNDUVA SOBRINHO; Ruy Cardozo de Mello. "A instrução probatória no processo administrativo disciplinar de magistrado: em busca de um novo procedimento". *In:* SOUZA, Luciano Anderson de; TUCUNDUVA SOBRINHO, Ruy Cardozo de Mello (Coord.). *Temas de Processo Administrativo.* São Paulo: Editora Contracorrente, 2017, pp. 119-132. ISBN. 978-85-69220-32-9.

RESQUÍCIOS MEDIEVAIS NO PROCESSO ADMINISTRATIVO BRASILEIRO

IRENE PATRÍCIA NOHARA

SUMÁRIO: Considerações Introdutórias. 1. Falta de respeito à legalidade e de observância da autonomia de cada ente em regular processo administrativo. 2. Indeterminação dos conceitos e "atipicidade". 3. Aplicação direta da pena capital. 4. Falta de segurança jurídica na prescrição do ilícito administrativo federal. 5. Ausência de definição do regime jurídico aplicável a servidores de algumas Municipalidades. Conclusões. Referências Bibliográficas.

CONSIDERAÇÕES INTRODUTÓRIAS

O presente artigo foi confeccionado para integrar a obra organizada pelos caríssimos Ruy Cardozo de Mello Tucunduva Sobrinho e Luciano Anderson de Souza, para reunir trabalhos acerca de diversos temas de processo administrativo. Objetiva-se identificar alguns resquícios "medievais" que ainda são encontrados no tratamento jurídico do processo administrativo brasileiro.

IRENE PATRÍCIA NOHARA

A ideia é trazer à reflexão dos pesquisadores e estudiosos da área o quão longe da principiologia de um Estado de Direito se encontra a prática do processo administrativo no Brasil. Por resquícios medievais se procura nominar a falta de segurança jurídica e de legalidade no trato da matéria, que aproxima as práticas processuais administrativas do arbítrio (característico da ausência de racionalidade).

Para tanto, serão expostas algumas interpretações irrazoáveis que ainda possuem aplicação nos dias atuais, o que explica, mas não justifica, o número de invalidações de processos administrativos no Poder Judiciário. A Controladoria-Geral da União (CGU) chegou a divulgar, por exemplo, que cerca de 50% das demissões oriundas de processos administrativos disciplinares resultam em reintegração dos servidores, por falha na condução dos processos.

Serão abordados os seguintes temas: lacunas na legalidade e falta de respeito à competência de cada ente federativo; indeterminação dos conceitos e dogma da pretensa atipicidade nos ilícitos administrativos; falta de observância da individualização da pena na aplicação das infrações disciplinares federais; insegurança no critério de cômputo da prescrição do estatuto federal e indefinição do regime jurídico de inúmeros servidores municipais.

Por conseguinte, além do tratamento do processo administrativo em sentido geral, objetiva-se focar em assuntos disciplinares, pois, se há uma matéria do Direito Administrativo que parece não ter passado sequer pelo Iluminismo, trata-se do processo administrativo disciplinar, ou seja, enquanto algumas questões da matéria estão em sintonia com os debates contemporâneos, o processo administrativo disciplinar parece, em determinados aspectos, estar ainda na alcunhada "Idade das Trevas".

Desprestigia o Poder Público, no geral, que suas sindicâncias e processos administrativos disciplinares sejam desenvolvidos à margem dos procedimentos, sem observância da tipicidade, num clima que se assemelha às provas de Ordálio (do alemão Urteil, significando sentença ou juízo de Deus), em que o conflito era decidido arbitrariamente, isto

134

é, com base em evidências supostamente desejadas pelo "sobrenatural", sem correlação com provas testemunhais, documentais ou mesmo com as mais básicas leis de causalidade.

Causa espanto, portanto, perceber que em pleno século XXI ainda haja tantas injustiças: servidores que reiteradamente cometem 'barbaridades' no desempenho da função e que sequer são "sindicados", ao passo que outros, não tão influentes (às vezes até mesmo agentes que denunciam as posturas irregulares na repartição), que, por pouco ou quase nada, sofrem sanções absolutamente desproporcionais, que chegam até a "pena capital", aplicada sem individualização e, ainda, em desconformidade com a interpretação sistemática do estatuto dos servidores.

Espera-se com a presente análise alertar os intérpretes e aplicadores da matéria para a urgente necessidade de modificação da visão medieval do processo administrativo, tendo em vista a necessidade de respeito aos preceitos estruturantes de uma atuação previsível e equilibrada por parte do Poder Público.

1. FALTA DE RESPEITO À LEGALIDADE E DE OBSERVÂNCIA DA AUTONOMIA DE CADA ENTE EM REGULAR PROCESSO ADMINISTRATIVO

Um aspecto que é corrente na prática distorcida do processo administrativo é o desrespeito à legalidade. O princípio da legalidade é considerado uma das maiores conquistas da transição entre o Estado de Polícia (*Polizeistaat*) ao Estado de Direito (*Rechtsstaat*), pois foi ele quem proibiu que houvesse obrigações que não fossem alicerçadas em lei.

Antes do Estado de Direito, o monarca absolutista[1] determinava algo e, em função de sua vontade, os súditos eram obrigados a uma série de prestações. No período das monarquias absolutistas ou, de acordo

---

[1] DI PIETRO, Maria Sylvia Zanella. *Discricionariedade administrativa na Constituição de 1988*. 2ª ed. São Paulo: Atlas, 2001, p. 37.

com a doutrina alemã, no chamado *Polizeistaat,* a administração era legalmente incondicionada.

Com a enunciação do princípio da legalidade, houve uma tentativa de extinguir a ideia de que a vontade do rei teria força de lei (*rex facit legem*), pois a lei deveria, segundo a noção de separação de poderes e da ausência de concentração do poder, por meio de divisão de funções feitas para que o poder pudesse "refrear a si mesmo" (Montesquieu), determinar o que poderia ou não ser exigido dos administrados, que doravante não seriam mais considerados como meros súditos.

No entanto, para que se apreenda o efetivo sentido da legalidade, impende analisar o significado da palavra *lei.* Do ponto de vista moderno, *lei* compreende espécie normativa criada conforme o processo legislativo constitucional e dotada de abstração, generalidade e coercitividade. Rigorosamente, não é todo texto legal que deriva apenas da ação do Poder Legislativo, pois são previstas no rol de espécies normativas primárias contidas no art. 59 da Constituição também as leis delegadas e as medidas provisórias.

Ocorre que nem sempre a Administração Pública respeita os limites da legalidade, sendo editados atos normativos secundários, como decretos, que são aplicados com força de lei. Segundo Geraldo Ataliba, Victor Nunes Leal, Clèmerson Cleve, Celso Antônio Bandeira de Mello e Maria Sylvia Zanella Di Pietro[2], não se admite, na sistemática do Brasil, inovação legislativa por decreto, uma vez que o ordenamento jurídico brasileiro não acolheu, na visão de tais autores, o sistema dos regulamentos autônomos ou independentes.

A única exceção formal geralmente mencionada recai sobre a possibilidade de o Chefe do Executivo, conforme dispositivo criado pela

---

[2] ATALIBA, Geraldo. "O decreto regulamentar no sistema brasileiro". *Revista de Direito Administrativo,* 97/29; LEAL, Victor Nunes. "Lei e regulamento". *Problemas de Direito Público.* Rio de Janeiro: Forense, 1960, p. 57-91; CLÈVE, Clèmerson Merlin. *Atividade legislativa do Poder Executivo.* 2ª ed. São Paulo: Revista dos Tribunais, 2000, p. 280; BANDEIRA DE MELLO, Celso Antônio. *Curso de direito administrativo.* São Paulo: Malheiros, 2014, p. 356; DI PIETRO, Maria Sylvia Zanella. *Direito administrativo.* 30ª ed. São Paulo: Atlas, 2014, p. 92.

Emenda Constitucional n. 32/01, que alterou o conteúdo do art. 84, VI, *a*, da Constituição, dispor, mediante decreto, sobre a organização e o funcionamento da administração, desde que não implique aumento de despesa ou criação ou extinção de órgãos públicos.

Além disso, outro dado que contribui para a indefinição quanto à legalidade, é o fato de que nem todas as Administrações Públicas possuem regramentos sobre processo administrativo. Além de ter sido relativamente recente, em relação aos demais países do mundo[3], a edição das leis de processo administrativo, pois a lei federal é de 1999 e a do Estado de São Paulo, por exemplo, foi editada em 1998, há muitos entes federativos que não possuem ainda sua lei de processo administrativo.

Neste caso, curiosamente, os Tribunais Superiores têm ignorado a autonomia existente para que cada ente edite seu regramento próprio. De acordo com Cármen Lúcia Antunes Rocha, "tanto o processo administrativo quanto os procedimentos que lhes são inerentes são objetos precípuos de tratamento autônomo de cada qual das entidades da federação brasileira".[4]

Na contramão deste entendimento doutrinário, o Superior Tribunal de Justiça possui julgados que estendem a aplicação da lei de processo administrativo federal a entes que não possuem legislação própria, conforme se observa do teor da seguinte decisão: "de acordo com a jurisprudência firmada nesta Corte Superior de Justiça, na ausência de lei estadual específica, pode a Administração Estadual rever seus próprios atos no prazo decadencial previsto na Lei Federal n. 9.784, de 1º/2/1999".[5]

---

[3] Enquanto a maior parte das leis de processo administrativo no Brasil surgiu a partir do final da década de noventa, nos Estados Unidos, a lei geral data de 1946; na Argentina, de 1972; e na Alemanha, 1976, por exemplo.

[4] ROCHA, Cármen Lúcia Antunes. "Princípios constitucionais do processo administrativo no Direito brasileiro". *Revista de Direito Administrativo*, Rio de Janeiro, n. 209, p. 198, jul./set., 1997.

[5] AgRg no REsp 537003/RS, T. 6, Rel. Min. Maria Thereza de Assis Moura, j. 17.2.2009, In. *DJ* de 2.03.2009.

Em suma, a ideia de aplicar a legislação de outro ente federativo, apesar da mencionada decisão, é incoerente com a sistemática de repartição de competências prevista para o Estado Federal brasileiro, que garante a autonomia de cada ente para regular tal matéria. Trata-se de um expediente utilizado para suprir uma omissão legislativa.

2. INDETERMINAÇÃO DOS CONCEITOS E "ATIPICIDADE"

Conceitos jurídicos indeterminados são denominados conceitos fluidos ou vagos. O conceito indeterminado representa, nos dizeres de Engisch, "um conceito cujo conteúdo e extensão são em larga medida incertos"[6] em contraposição ao conceito numérico ou preciso.

Segundo Genaro Carrió[7] o conceito indeterminado não se confunde com o ambíguo, pois enquanto este último tem mais de um significado, sendo superada a dificuldade interpretativa quando o contexto em que a palavra é utilizada é explicitado, o conceito indeterminado ou vago não se origina da falta de informação acerca de seu objeto, mas no campo ou abrangência de sua aplicação.

Nos exemplos fornecidos pelo autor, enquanto *rádio* é palavra ambígua, pois tanto pode significar aparelho elétrico utilizado para escutar música ou notícias quanto o metal descoberto pelo casal Curie, sendo que o contexto em que o termo é utilizado dissipa as eventuais dúvidas acerca do seu emprego, *jovem* é conceito indeterminado, pois muito embora todos saibam o seu significado, não dá para precisar com exatidão qual a idade em que o ser humano deixa de ser jovem.

É de Philip Heck a paradigmática imagem da lâmpada de leitura, em que entre o foco de luz e a escuridão há uma zona cinzenta. Trata-se de metáfora do núcleo e do halo conceitual de um conceito jurídico

---

[6] ENGISCH, Karl. *Introdução ao pensamento jurídico*. 7ª ed. Lisboa: Calouste Gulbenkian, 1996, p. 208.

[7] *Notas sobre derecho y lenguaje*. 4ª ed. Buenos Aires: Abeledo-Perrot, 1990. pp. 28-36.

RESQUÍCIOS MEDIEVAIS NO PROCESSO ADMINISTRATIVO....

indeterminado. Em exposição de Engisch[8], quando se tem uma noção clara do conteúdo e extensão do conceito, está-se no domínio do núcleo conceitual (*Begriffkern*); onde as dúvidas começam inicia-se o halo do conceito (*Begriffhof*). Assim, a indeterminação do conceito se localiza entre a zona de certeza negativa e a zona de certeza positiva.

Como os estatutos dos servidores públicos costumam definir as infrações funcionais a partir de conceitos jurídicos indeterminados, é comum a doutrina mencionar que há no processo administrativo disciplinar "atipicidade". Trata-se de uma conclusão que merece maiores reflexões.

O art. 5º, XXXIX, da Constituição determina que: "(...) não há crime sem lei anterior que o defina, nem pena sem prévia cominação legal". Ainda que se admita que haja possibilidade de a previsão ser desdobrada de forma mais clara em ato normativo da Administração, ele deve ter algum fundamento em expressa previsão legal, sob pena de violação da reserva legal em punição administrativa.

Portanto, mesmo que se fale que as condutas descritas nos estatutos funcionais contemplam conceitos indeterminados, como: "falta grave", "procedimento irregular de natureza grave" e "incontinência pública e escandalosa", a discricionariedade proveniente da interpretação de tais conceitos indeterminados não pode resvalar para uma repressão arbitrária e/ou discriminatória, como acontecia, por exemplo, nas "práticas medievais" utilizadas na época da ditadura militar brasileira.

Na ditadura, para fins de tutelar a "segurança nacional", o art. 2º do Decreto-lei n. 898/69[9] objetivava garantir a "(...) consecução dos objetivos nacionais contra antagonismos, tanto internos quanto externos".

---

[8] *Introdução ao pensamento jurídico.* 7ª ed. Lisboa: Calouste Gulbenkian, 1996, p. 208.

[9] BRASIL. Decreto-lei n. 898, de 29 de setembro de 1969. Define os crimes contra a segurança nacional, a ordem política e social, estabelece seu processo e julgamento e dá outras providências. *Diário Oficial da União*, Poder Executivo, Brasília, DF, 29 set. 1969, p. 8162. Disponível em http://www.planalto.gov.br/ccivil_03/Decreto-Lei/1965-1988/Del0898.htm. Acesso em 2014.

IRENE PATRÍCIA NOHARA

Tal atipicidade foi utilizada, na prática, como pretexto para o desatendimento explícito do nulum crimen, nulla poena sine lege, sendo que atualmente considera-se que "antagonismos ideológicos" são pressupostos em um Estado Democrático de Direito.

3. APLICAÇÃO DIRETA DA PENA CAPITAL

Outro aspecto "medieval" encontrável em orientações dos mais relevantes órgãos públicos é aplicar a pena capital, que, no caso do processo administrativo disciplinar, é a demissão, sem dosimetria, tampouco individualização.

O termo medieval é utilizado como algo obscuro e excessivo. Na Idade Média havia uma significativa insegurança jurídica, sobretudo em processos nos quais o julgador possuía plenos poderes para aplicar tanto penas sem previsão legal, como para usar do arbítrio para a condenação.

A Advocacia-Geral da União (AGU)[10] tem pareceres, como o GQ 177/1998, que opinam que, diante das hipóteses listadas nos incisos do art. 132 da lei, que abarcam, por exemplo, crime contra a administração pública, abandono de cargo, inassiduidade habitual, improbidade administrativa, incontinência pública e conduta escandalosa na repartição, insubordinação grave em serviço, por exemplo, aplica-se a sanção máxima de demissão, sem possibilidade de atenuação da penalidade, sob pena de nulidade do ato.

O parecer AGU n. GQ 183/1998, por exemplo, dispõe que "(...) é compulsória a aplicação da penalidade expulsiva, se caracterizada infração disciplinar antevista no art. 132 da lei n. 8.112, de 1990".

Afasta-se, pela orientação contrária à dosimetria da pena, a possibilidade de atenuação das sanções previstas no *caput* do art. 132 do estatuto federal pelo art. 128 da lei, que determina que na aplicação das penalidades serão consideradas a natureza e a gravidade da infração

---

[10] ADVOCACIA GERAL DA UNIÃO. Disponível em http://www.agu.gov.br/. Acesso em 2014.

RESQUÍCIOS MEDIEVAIS NO PROCESSO ADMINISTRATIVO....

cometida, os danos que dela provierem ao serviço público, as circunstâncias agravantes ou atenuantes e os antecedentes funcionais.

Trata-se, em primeiro lugar, de uma interpretação não sistemática. Na interpretação sistemática busca-se identificar o sentido do preceito normativo em face dos demais preceitos do ordenamento jurídico, para que se preserve a coerência com o todo. Do ponto de vista da interpretação, expõe Eros Roberto Grau que: "uma norma jurídica isolada, destacada, desprendida do sistema jurídico, não expressa significado normativo nenhum".[11]

Segundo Tércio Sampaio Ferraz Filho, para que haja unidade do sistema jurídico do ordenamento, organizado de forma hierárquica, em subordinação e conexão de todas as normas: "num todo que culmina (e principia) pela primeira norma-origem do sistema, a Constituição".[12]

Viola à Constituição apoiar-se num sentido de um texto normativo isolado e que desrespeita a individualização da pena e, consequentemente, o postulado da proporcionalidade,[13] que estão contidos nas garantias constitucionais.

O princípio da individualização da pena está previsto nos seguintes termos do art. 5º, XLVI, da Constituição: a lei regulará a individualização da pena e adotará, entre outras, as seguintes: (a) privação ou restrição da liberdade; (b) perda de bens; (c) multa; (d) prestação social alternativa; (e) suspensão ou interdição de direitos. Compreende uma proibição à punição desnecessária ou exagerada, em respeito à dignidade humana e à chamada vedação de excesso (*Übermassverbot*).

---

[11] *A Ordem Econômica na Constituição de 1988.* 3ª ed. São Paulo: Malheiros, 1997, p. 176.

[12] *Introdução ao Estudo do Direito*: técnica, decisão e dominação. 3ª ed. São Paulo: Atlas, 2001, p. 284.

[13] Costuma-se associar a proporcionalidade a uma cláusula implícita no Estado Democrático de Direito, segundo as doutrinas portuguesas e alemãs, e para aqueles que associam proporcionalidade com razoabilidade, também ao devido processo legal substantivo, sem o qual ninguém será privado da liberdade e dos bens.

A pena deve ser, não só no Direito Penal, mas também no Direito Administrativo, *necessária* e *suficiente* para a reprovação do ilícito, na prevenção da ocorrência de outros. É conhecida a frase de Walter Jelllinek: *man soll nicht mit Kanonen auf Spatzen schiessen* (não se deve abater pardais com canhões).

Vamos supor que determinada funcionária pratique uma "conduta escandalosa" na repartição, mas que não causou danos ao serviço público, isto é, é servidora com excelentes antecedentes funcionais, sendo dedicada e com elevado rendimento nas atividades que desenvolve, justificar-se-ia aplicar a mesma sanção utilizada para alguém que praticou comprovadamente um crime contra a administração pública?

O Superior Tribunal de Justiça (STJ)[14] possui decisões (MS 13523/DF e MS 18.023/DF) que entendem ilegais os pareceres que afirmam a compulsoriedade da demissão, isto é, a aplicação automática e irrazoável da "pena capital".

Lamentavelmente, no âmbito do processo administrativo disciplinar (PAD) ainda vigoram, conforme exposto, em muitos órgãos: além da atipicidade, do desrespeito à reserva legal, também a aplicação direta da "pena capital", que, no caso do PAD, é a demissão, sem observância de individualização da pena e da proporcionalidade.

4. FALTA DE SEGURANÇA JURÍDICA NA PRESCRIÇÃO DO ILÍCITO ADMINISTRATIVO FEDERAL

Prescrição é corolário da segurança jurídica. Esta representa um valor que todo Direito deve cumprir pelo fato de sua existência, ou seja, um mínimo de segurança é condição para que haja justiça.

São decorrências da segurança jurídica, além da prescrição, o ato jurídico perfeito, o direito adquirido e a coisa julgada. Tanto a coisa

---

[14] BRASIL. *Superior Tribunal de Justiça*. Disponível em http://www.stj.jus.br/portal/site/STJ. Acesso em 2014.

RESQUÍCIOS MEDIEVAIS NO PROCESSO ADMINISTRATIVO....

julgada como o respeito à prescrição, retiram do indivíduo o fardo de uma eterna "espada de Dâmocles".

Dâmocles foi um cortesão bajulador e invejoso de Dionísio, de Siracusa (4 a.c), que experimentou por um dia ser servido como um rei, mas quando olhou para cima, no final da refeição, percebeu a presença de uma espada afiada suspensa por um fio de rabo de cavalo acima de sua cabeça, ocasião em que abdicou daqueles prazeres.

Trata-se de um conhecido mito que alude à insegurança de um poder acompanhado do sentimento de iminente condenação ou castigo. A situação se encaixa adequadamente nesses institutos jurídicos, pois tanto o desrespeito à coisa julgada, como a imprescritibilidade, representam situações em que a pessoa irá ficar *ad eternum* com a possibilidade de ser responsabilizada por algum fato ocorrido no passado.

As regras de prescrição dos processos administrativos disciplinares são geralmente encontradas nos estatutos dos servidores dos respectivos entes federativos ou no diploma que disciplina a carreira em particular.[15]

Do ponto de vista do processo administrativo disciplinar, viola a segurança jurídica o prazo prescricional previsto da seguinte maneira no art. 142, § 1º, da Lei n. 8.112/90[16]: "(...) o prazo de prescrição começa a correr da data em que o fato se tornou conhecido".

Note-se que enquanto o prazo prescricional no crime flui da data da consumação do ilícito penal, e não da ciência do fato, o estatuto federal dos servidores públicos prevê que o *dies a quo* da prescrição na data em que o fato tornou-se conhecido.

O mencionado artigo não especificou sobre se o conhecimento do fato é tomado pelo público em geral ou pela autoridade administrativa.

---

[15] NOHARA, Irene Patrícia. *Direito Administrativo*. 5ª ed. São Paulo: Atlas, 2015, p. 304.

[16] Lei n. 8.112, de 11 de dezembro de 1990. Dispõe sobre o regime jurídico dos servidores públicos civis da União, das autarquias e das fundações públicas federais. *Diário Oficial da União*, Poder Executivo, Brasília, DF, 19 abr. 1991, p. 1. Disponível em http://www.planalto.gov.br/ccivil_03/leis/l8112cons.htm. Acesso em 2014.

IRENE PATRÍCIA NOHARA

De acordo com Edmir Netto de Araújo, a Administração Pública tem decidido que o lapso temporal é contado do momento em que a falta tornou-se conhecida pela autoridade competente para instaurar o processo administrativo disciplinar ou a sindicância.[17]

Segundo análise de Edmir Netto de Araújo e de Ruy Cardoso de Mello Tucunduva Sobrinho[18], tal determinação tem potencial de tornar o poder de punição do servidor pelo Estado *indefinido*, transformando a imprescritibilidade na regra que guia as punições disciplinares federais.

Edmir Netto de Araújo reputa também essa situação uma aberração jurídica[19], pois enquanto no crime o prazo prescricional flui da data da consumação do ilícito penal e na ciência do fato; no âmbito disciplinar federal o *dies a quo* é a data do conhecimento da autoridade que, aliada à interrupção da prescrição pela instauração do processo administrativo, tornam muito difícil a alegação da prescrição por parte do servidores federais.

Assim, se o servidor cometer uma infração administrativa que simultaneamente configura crime contra a Administração, a infração mais grave, isto é, o ilícito criminal deixará de ser punível antes da infração menos grave, o que é incoerente e, portanto, irracional.

Por outro lado, tanto o Estatuto Estadual paulista, Lei n. 10.261/68, com alterações da Lei Complementar n. 942/2003, como o Estatuto do Ministério Público da União (Lei Complementar n. 75/93) estabelecem, respectivamente, nos artigos 261 e 245, que a prescrição começa a correr:

---

[17] *Curso de Direito Administrativo*. 5ª ed. São Paulo: Saraiva, 2010, p. 1018.

[18] ARAÚJO, Edmir Netto de. *Curso de Direito Administrativo*. 5ª ed. São Paulo: Saraiva, 2010, p. 101; TUCUNDUVA SOBRINHO, Ruy Cardozo de Mello. "A prescrição e o processo administrativo disciplinar". *Anais do XX Congresso Nacional do Conpedi*. Florianópolis: Fundação Boiteux, 2011, p. 2.675. Ver também: TUCUNDUVA SOBRINHO, Ruy Cardozo de Mello. (2009) *Prescrição no processo administrativo disciplinar*. Tese (Doutorado) apresentada perante a Universidade de São Paulo: 2009. *Passim*.

[19] ARAÚJO, Edmir Netto de. *Curso de Direito Administrativo*. 5ª ed. São Paulo: Saraiva, 2010, p. 1018.

do dia em que a falta for cometida ou do dia em que tenha cessado a continuação ou permanência, nas faltas continuadas ou permanentes. Trata-se de solução muito mais consentânea com a segurança que se espera de um Estado de Direito.

5. AUSÊNCIA DE DEFINIÇÃO DO REGIME JURÍDICO APLICÁVEL A SERVIDORES DE ALGUMAS MUNICIPALIDADES

Por fim, um fato que representa grande ameaça à segurança jurídica e à legalidade em âmbito funcional, é a situação de indefinição que muitas Municipalidades se encontram na atualidade no tocante ao regime jurídico único restaurado pela decisão da ADI 2135, que suspendeu em 2007, liminarmente, a eficácia da redação conferida ao art. 39, *caput*, da Constituição.

A Constituição de 1988 estabeleceu, originariamente, no *caput* do art. 39, o regime jurídico único nos seguintes termos: "a União, os Estados, o Distrito Federal e os Municípios instituirão, no âmbito de sua competência, o regime jurídico único e planos de carreira para servidores da administração pública direta, das autarquias e das fundações públicas".

Como não houve definição do sentido dado à expressão *regime jurídico único*, surgiu uma discussão doutrinária. Enquanto para Maria Sylvia Zanella Di Pietro, regime jurídico único seria o estatutário, tendo em vista que as carreiras típicas do Estado não podem submeter-se a regime celetista, conforme entendeu o Supremo Tribunal Federal ao julgar a ADI 2310 (pertinente ao pessoal das agências reguladoras",[20] Celso Antônio Bandeira de Mello interpreta que regime jurídico único seria sobretudo a uniformidade de regime na Administração Direta,[21] autarquia ou fundação.

---

[20] *Direito Administrativo*. São Paulo: Atlas, 2014, p. 608.
[21] *Curso de Direito Administrativo*. 30ª ed. São Paulo: Malheiros, 2008, p. 256.

IRENE PATRÍCIA NOHARA

A Emenda Constitucional n. 19/98 procurou extinguir o regime jurídico único, provocando a disseminação da contratação celetista na Administração Direta. Tal transformação foi inspirada no Plano Diretor de Reforma do Aparelho do Estado, que buscou substituir o modelo de administração burocrática para o gerencial. A proposta gerencial tinha por pressuposto uma flexibilização no regime jurídico, para abrir a administração à descentralização e à contratualização (logo, à maior interferência de um regime privado), tornando o Estado pretensamente mais eficiente.

O modelo gerencial, tido como solução para o esgotamento do modelo burocrático weberiano,[22] tomava por base o *managerialism* ou *public management*, adotado inicialmente por países de influência ou origem anglo-saxã, como Grã-Bretanha, Estados Unidos, Austrália e Nova Zelândia, sendo depois gradualmente utilizado também na Europa Continental e no Canadá. Ocorre que nem tudo que foi propugnado pelo plano da Reforma Administrativa foi de fato implementado no ordenamento jurídico nacional, tendo sido rejeitadas diversas das propostas.[23]

Em 2000, houve o ajuizamento da mencionada ação direta de inconstitucionalidade, cuja medida cautelar foi deferida em 2.8.2007 (sendo a publicação de 14.8.2007), para o fim de restaurar, com efeitos *ex nunc*, o regime jurídico único extinto em 1998.

Houve o reconhecimento de "efeitos repristinatórios" que provocaram a volta da vigência da redação original, haja vista sua supressão irregular, com o deslocamento de outro texto para o *caput* do art. 39, mesmo em face da ausência de aprovação formal da supressão do regime jurídico único.

Tal restauração provocou um efeito cascata de problemas jurídicos que ainda não foram satisfatoriamente esclarecidos pelo Sistema de Justiça,

---

[22] ABRUCIO, Fernando Luiz. "O impacto do modelo gerencial na administração pública". *Cadernos Enap*, Brasília, n. 10, p. 7, 1997.

[23] *Cf.* NOHARA, Irene Patrícia. *Reforma Administrativa e Burocracia*. São Paulo: Atlas, 2012, p. 227.

146

RESQUÍCIOS MEDIEVAIS NO PROCESSO ADMINISTRATIVO....

tanto no tocante à questão do regime de aposentadoria dos servidores que tiveram alterado seu regime, como na justiça competente para dirimir conflitos dos servidores.

Ademais, ainda, a Súmula 390 do TST reconhece para os celetistas da Administração Direta, autárquica e fundacional a mesma estabilidade do art. 41 da Constituição. Outro aspecto relevante é que os servidores que se submetem ao regime das leis trabalhistas não podem ter suas condições de trabalho revistas pela Município, pois não é da competência municipal legislar sobre direito do trabalho, diferentemente dos estatutários, cujo plano de carreira é regido por lei municipal de iniciativa do Prefeito.

Logo, pela indefinição do regime jurídico muitas Municipalidades que adotaram o regime celetista de forma uniforme hesitam em criar, após a restauração do regime jurídico único, em 2007, seus estatutos próprios dos servidores, pois muitos entendem ainda mais vantajosa, sobretudo diante das decisões que são obtidas na Justiça do Trabalho, desafinadas com a doutrina do Direito Administrativo, a indefinição extraída do regime celetista "híbrido", o que torna a aplicação da responsabilidade administrativa uma utopia na ausência de lei específica, transformando as sindicâncias e os processos administrativos disciplinares *ab ovo* em nulos, por serem estabelecidos em uma "terra sem lei",[24] dado que existem inúmeras municipalidades que ainda nos dia atuais não (re) criaram seus estatutos dos servidores. Esse é provavelmente um dos assuntos mais tormentosos do Direito Administrativo brasileiro.

CONCLUSÕES

Procurou-se expor na presente abordagem algumas interpretações jurídicas do processo administrativo brasileiro que não são compatíveis com um Estado de Direito, aproximando-se mais de um processo medieval.

---

[24] Ou regidas pela CLT que é aplicada de forma heterodoxa dos postulados de direito público pelos Tribunais, o que provoca insegurança.

O termo *medieval* foi empregado em sentido amplo, pois o objetivo não foi tratar rigorosamente de um paralelo entre o que acontecia no processo medieval, que era pautado também por fatores sobrenaturais considerados na formação da culpa, como acontecia nos Ordálios (juízos de Deus),[25] mas procurou-se identificar *irracionalidades* e *incoerências* que ainda existem nos processos administrativos e que não deveriam subsistir em plena Contemporaneidade, pois disseminam o medo provocado pela insegurança e ausência de amparo na legalidade.

Evidentemente que, na prática, o ordenamento nem sempre é respeitado, havendo situações que ocorrem à margem do sistema jurídico, que podem ser reputadas medievais, mas o artigo procurou retratar situações em que há uma falha de interpretação provocada *institucionalmente*, a exemplo da orientação da AGU no sentido da aplicação da pena capital, isto é, da demissão, sem individualização da pena, ou mesmo as incoerências derivadas do próprio texto normativo, a exemplo da disciplina de cômputo do *dies a quo* da prescrição da punição disciplinar, conforme art. 142, § 1º, da Lei n. 8.112/90, que começa a correr a partir do conhecimento do fato, o que pode gerar uma situação de insegurança jurídica que beira a imprescribilidade, caso tal 'abertura' for manejada arbitrariamente pelo Poder Público.

Ainda, foi visto que os tribunais aplicam a lei geral de processo administrativo de outros entes federativos, ante a omissão de Estados-membros, o que não é correto do ponto de vista da autonomia do federalismo, sendo também autoritário que haja atos normativos infralegais inovadores da ordem jurídica, estabelecidos à revelia da interpretação do princípio da legalidade no sistema brasileiro.

---

[25] Para uma abordagem precisa e aprofundada do ordálio durante a época de Carlos Magno (768-814), inclusive que procura questionar a visão corrente de que a Idade Média seria um período precipuamente "irracional", dada organização social e valores da época, ver: BERCOVICI, Milene Chavez Goffar Majzoub. *Juízos de Deus e justiça real no direito carolíngio*: estudo sobre a aplicação dos ordálios à época de Carlos Magno. São Paulo: Quartier Latin, 2015.

Outro item que foi analisado é a urgente necessidade de se repensar o dogma da pretensa "atipicidade" dos ilícitos administrativos, que faz com que servidores possam responder com a pena capital do estatuto com base em conceitos indeterminados como "incontinência pública e conduta escandalosa na repartição", por exemplo.

É imprescindível neste sentido que a interpretação do estatuto federal seja feito com a consideração da determinação contida no art. 128 da lei, que estabelece que na aplicação das penalidades serão consideradas a natureza e a gravidade da infração cometida, os danos que dela provierem para o serviço público, as circunstâncias agravantes ou atenuantes e os antecedentes funcionais.

A proporcionalidade e a consequente individualização da pena são expedientes que trazem equilíbrio nas decisões administrativas, afastando os arbítrios e as perseguições infundadas nas repartições públicas, e evitando, ainda, os excessivos gastos com reintegrações reconhecidas no Poder Judiciário, conforme informações veiculadas pela própria Controladoria Geral da União.

Por fim, alertou-se que é um resquício medieval procurar aplicar o processo administrativo disciplinar em Municipalidades que sequer criaram seus estatutos dos servidores, uma vez que mantém, mesmo após a restauração do regime jurídico único, com efeitos *ex nunc*, em 2007, o regime celetista, sendo ainda tido como mais vantajoso do ponto de vista dos direitos dos funcionários, em relação ao estatutário, uma vez que a Justiça do Trabalho reconhece estabilidade, por exemplo, para os servidores celetistas da Administração Direta, o que provoca uma significativa insegurança na interpretação do Direito Administrativo, tanto no tocante à Justiça competente, como às consequências do regime de previdência dos servidores municipais.

REFERÊNCIAS BIBLIOGRÁFICAS

ABRUCIO, Fernando Luiz. "O impacto do modelo gerencial na administração pública". *Cadernos Enap*, Brasília, n. 10, 1997.

ARAÚJO, Edmir Netto de. *Curso de Direito Administrativo*. 5ª ed. São Paulo: Saraiva, 2010.

ATALIBA, Geraldo. "O decreto regulamentar no sistema brasileiro". *Revista de Direito Administrativo*, Rio de Janeiro: Renovar, vol. 29, n. 97, Julho/setembro, 1969, pp. 21-33.

BANDEIRA DE MELLO, Celso Antônio. *Curso de direito administrativo*. 30ª ed. São Paulo: Malheiros, 2014.

BERCOVICI, Milene Chavez Goffar Majzoub. *Juízos de Deus e justiça real no direito carolíngio*: estudo sobre a aplicação dos ordálios à época de Carlos Magno. São Paulo: Quartier Latin, 2015.

CARRIÓ, Genaro R. *Notas sobre derecho y lenguaje*. 4ª ed. Buenos Aires: Abeledo-Perrot, 1990.

CLÈVE, Clèmerson Merlin. *Atividade legislativa do Poder Executivo*. 2ª ed. São Paulo: Revista dos Tribunais, 2000.

DI PIETRO, Maria Sylvia Zanella. *Direito administrativo*. São Paulo: Atlas, 2014.

_____. *Discricionariedade administrativa na Constituição de 1988*. 2ª ed. São Paulo: Atlas, 2001.

ENGISCH, Karl. *Introdução ao pensamento jurídico*. 7ª ed. Lisboa: Calouste Gulbenkian, 1996.

FERRAZ Jr., Tércio Sampaio. *Introdução ao Estudo do Direito*: técnica, decisão e dominação. 3ª ed. São Paulo: Atlas, 2001.

GRAU, Eros Roberto. *A Ordem Econômica na Constituição de 1988*. 3ª ed. São Paulo: Malheiros, 1997.

LEAL, Victor Nunes. "Lei e regulamento". *Problemas de Direito Público*. Rio de Janeiro: Forense, 1960.

NOHARA, Irene Patrícia. *Direito Administrativo*. 5ª ed. São Paulo: Atlas, 2015.

_____. *Reforma Administrativa e Burocracia*. São Paulo: Atlas, 2012.

ROCHA, Cármen Lúcia Antunes. "Princípios constitucionais do processo administrativo no Direito brasileiro". *Revista de Direito Administrativo*, Rio de Janeiro: Renovar, n. 209, jul./set., 1997.

RESQUÍCIOS MEDIEVAIS NO PROCESSO ADMINISTRATIVO....

TUCUNDUVA SOBRINHO, Ruy Cardozo de Mello. (2009) *Prescrição no processo administrativo disciplinar*. Tese (Doutorado) apresentada perante a Universidade de São Paulo, 2009.

_____.. "A prescrição e o processo administrativo disciplinar". *Anais do XX Congresso Nacional do Conpedi*. Florianópolis: Fundação Boiteux, 2011.

Informação bibliográfica deste texto, conforme a NBR 6023:2002 da Associação Brasileira de Normas Técnicas (ABNT):

NOHARA, Irene Patrícia. "Resquícios medievais no processo administrativo brasileiro". *In*: SOUZA, Luciano Anderson de; TUCUNDUVA SOBRINHO, Ruy Cardozo de Mello (Coord.). *Temas de Processo Administrativo*. São Paulo: Editora Contracorrente, 2017, pp. 133-151. ISBN. 978-85-69220-32-9.

AS NULIDADES E O PROCESSO ADMINISTRATIVO: ALGUMAS BREVES CONSIDERAÇÕES

JORGE COUTINHO PASCHOAL

SUMÁRIO: 1. A centralização do poder estatal: primeiro passo rumo à contenção do arbítrio. 2. Da importância de um regramento do procedimento ante o monopólio do poder sancionatório: da passagem do Estado totalitário para o Estado de Direito. 3. Do formalismo valorativo. 4. Da importância do tema das nulidades em qualquer disciplina jurídica. 5. O processo administrativo e o sistema de nulidades. 6. Os planos da existência, da validade e eficácia do ato jurídico. 7. Classificação das nulidades. 8. Dificuldades da aplicação do sistema de nulidades no direito administrativo. 9. Da necessidade de estudos a respeito das nulidades no processo administrativo: algumas observações quanto ao critério do prejuízo e à insubsistência do critério da violação dos direitos e garantias fundamentais. Referências Bibliográficas.

1. A CENTRALIZAÇÃO DO PODER ESTATAL: PRIMEIRO PASSO RUMO À CONTENÇÃO DO ARBÍTRIO

A resolução dos conflitos, por meio do direito, em todas as searas jurídicas, mostrou-se uma conquista em termos de ganhos civilizatórios, que ainda hoje se mostra algo irrenunciável. Embora sempre seja possível idealizar um sistema jurídico e/ou punitivo melhor, quer dizer, mais humano e justo, não é crível ou possível pensar na existência de uma alternativa ao direito regulamentado.

O direito foi instituído diante da necessidade de conter o caos punitivo então reinante nas sociedades primitivas, já que – sem alguma formalização, inexistindo a centralização de um poder central –, a violência e a brutalidade imperavam em meio à desordem, ínsita a um sistema orientado pela justiça privada. No Direito Penal, mais especificamente, Basileu Garcia demonstra os inconvenientes de um modelo de justiça assim, naturalmente violenta e acompanhada de todos os excessos, em que a vítima agia contra o seu agressor de modo emocional e desproporcional: não raras vezes, o que era para ser um dissídio limitado às partes envolvidas acabava virando um conflito de todos contra todos, o que só gerava ainda mais guerra, ódio, dor e violência.[1] No velho sistema de vingança privada inclusive os terceiros poderiam sofrer com a grande incerteza na aplicação dos castigos: não raro, estes se davam de modo coletivo.

À evidência, sistemas como estes não tinham como oferecer qualquer tipo de garantia, já que, na resolução do embate, prevalecia sempre a vontade do mais forte.

Como lembra Antonio Scarance Fernandes, com a "justiça" privada, havia o risco de ocorrer o massacre de uma tribo pela outra e o perigo sempre constante de, em cada agrupamento humano, seus indivíduos passarem a eliminar uns aos outros, sendo imprescindível delinear-se alguma forma de direito, ainda que rudimentar[2], por meio da instituição de limites e regras que visassem limitar um pouco o arbítrio então reinante.

Pouco a pouco, assim, percebeu-se o quão perigoso seria um sistema como esse, baseado muito ainda na ideia de punição privada,

---

[1] *Instituições de direito penal.* 7ª ed. vol. 1. tomo 1. São Paulo: Saraiva, 2008, p. 07.

[2] *A reação defensiva à imputação.* São Paulo: RT, 2002, p. 49.

AS NULIDADES E O PROCESSO ADMINISTRATIVO: ALGUMAS BREVES...

deixada exclusivamente ao arbítrio e nas mãos dos particulares, o que acarretava inúmeros problemas, pois, como bem se sabe, "ninguém é bom juiz em causa própria (*nemo judex in rem sua*)".[3]

Deu-se, assim, paulatinamente, em épocas afastadas e distantes da história (que aqui não seria possível precisar exatamente[4]), o surgimento de um incipiente direito sancionatório – na origem, de cunho penal[5] – mais formalizado, cujo objetivo foi o de conferir maior segurança e liberdade para todos, em prol do desenvolvimento individual e social. Evidentemente, essa evolução não se deu de uma hora para outra.

É importante destacar que a concentração de poder – paralelamente às muitas vantagens que trouxe – também acarretou diversos problemas (haja vista os abusos de poder), o que demandou a necessidade de se instituírem maiores garantias; contudo, ainda assim, o quanto exposto se mostrou algo muito melhor e preferível ao que havia antes (a mais completa anarquia e o imérito da lei do mais forte), imprescindível para permitir o desenvolvimento do indivíduo e da vida em sociedade.

Do monopólio do poder regulatório e sancionatório nasce para o Estado o dever de solucionar a controvérsia mediante um mecanismo pautado em regras, que, aos poucos, dada a necessidade de uma maior proteção e segurança, foram se tornando mais claras, precisas e efetivas. Nesse sentido, o formalismo procedimental (a legitimação pelo procedimento) colocou-se – nas mais diversas áreas do direito – como um segundo passo necessário e, talvez, imprescindível, à própria garantia consubstanciada no formalismo do direito instituído mediante a institucionalização dos conflitos, de modo a propiciar uma maior segurança e liberdade para todos os indivíduos.

---

[3] PARIZ, Ângelo Aurélio Gonçalves. *O princípio do devido processo legal*: direito fundamental do cidadão. Coimbra: Almedina, 2009, p. 30.

[4] A respeito dessa imprecisão entre as fases de vingança religiosa, privada e pública: BITENCOURT, Cezar Roberto. *Tratado de direito penal*: parte geral. vol 1. 19ª ed. São Paulo: RT, 2013, p. 72.

[5] BECCARIA, Cesare. *Dos delitos e das penas*. Tradução de José Cretella Júnior; Agnes Cretella. 2ª ed. São Paulo: RT, 1999, p. 27.

2. DA IMPORTÂNCIA DE UM REGRAMENTO DO PROCEDIMENTO ANTE O MONOPÓLIO DO PODER SANCIONATÓRIO: DA PASSAGEM DO ESTADO TOTALITÁRIO PARA O ESTADO DE DIREITO

Não é mesmo preciso fazer muito esforço para concluir que a ausência de regras ou a deficiência de direcionamentos mais precisos quanto ao procedimento do Estado dão margem aos mais variados abusos, ainda mais quando a pessoa que analisará o caso é investida de um grande poder. Como mostra a experiência acumulada ao longo dos anos, a ausência de balizas, regras ou formalidades, quer dentro ou fora do processo, anda sempre de mãos dadas com a arbitrariedade, levando à desordem e incerteza.[6]

Se a formalização do direito foi importante para conter a anarquia punitiva, bem como barbárie e a imensa insegurança a que todos estavam submetidos antes, cabe destacar que ela foi apenas um primeiro passo.

Depois, com a centralização do poder, dado o fundado receio de os indivíduos serem esmagados pelo uso da força estatal, sobretudo nos sistemas absolutistas, foi necessário dar novos passos rumo à contenção do crescente arbítrio.

No sistema mais racional de tomadas de decisões pelo poder instituído – sobretudo com o processo jurisdicional – e depois, ou melhor, mais recentemente, com o administrativo – a previsão de parâmetros para a apuração dos fatos esteve aliada ao objetivo de contenção do imenso poder estatal em prol da liberdade, com vista a uma investigação séria e efetiva, voltada à busca e ao alcance de uma maior justiça.[7]

---

[6] GRINOVER, Ada Pellegrini. *Liberdades públicas e processo penal*: as interceptações telefônicas. São Paulo: Saraiva, 1976, p. 75.

[7] "La experiencia ha demostrado que su ausencia produce desorden e incertidumbre. Por el contrario, su presencia es garantía de justicia y igualdad en la defensa, entre otras cosas" (MAURINO, Alberto Luis. *Nulidades procesales*. 3ª ed. Buenos Aires: Astrea, 2009, p. 04). No mesmo sentido: BEDAQUE, José Roberto dos Santos. *Efetividade do processo e técnica processual*. 2ª ed. São Paulo: Malheiros, 2007, p. 104; LEONE, Giovanni. *Manuale di diritto processuale penale*. 8ª ed. Napoli: Eugenio Jovene, 1973, p. 266; OLIVEIRA, Carlos Alberto

AS NULIDADES E O PROCESSO ADMINISTRATIVO: ALGUMAS BREVES...

Não foi por acaso, aliás, como bem discorre José Joaquim Calmon de Passos, que a legalidade das formas se impôs como uma solução universal em termos de ganhos civilizatórios.[8] A esse respeito, já ensinava João Mendes de Almeida Júnior:

> (...) as formas do processo asseguram a liberdade dos indivíduos, porque garantem a defesa; dão força aos julgamentos e aos juízes, porque são o penhor da sua imparcialidade; revestem a justiça de toda a majestade, porque dão testemunho da prudência de seus agentes.[9]

A forma, nesse sentido, tem uma importante função, sobretudo no que concerne à delimitação dos direitos e dos deveres existentes no processo.[10] Como bem o coloca Vicente Greco Filho, "se a forma limita a atividade de um, tem razão de ser, porque preserva o espaço do outro".[11]

A experiência mostra que as formas processuais são importantes para a celeridade. É justamente a ausência de balizas que produz confusão e dúvidas no curso do processo. Sem regras, isto é, sem a existência de um caminho previamente traçado, ou melhor, de um percurso legal a ser previamente seguido, correr-se-ia o risco de a atividade processual "perder-se em providências inúteis ou desviadas do objetivo maior, que é a preparação de um provimento final justo".[12]

Álvaro de. *Do formalismo no processo civil*. Tese (Doutorado) apresentada perante a Faculdade de Direito da Universidade de São Paulo (USP), São Paulo, 1996, p. 03; ROXIN, Claus. *Derecho Procesal Penal*. Traducción de la 25ª edicion alemana de Gabriela E. Córdoba y Daniel R. Pastor. Buenos Aires: Editores del Puerto, 2003, p. 02; SIQUEIRA, Galdino. *Curso de Processo Criminal*. 2ª ed. São Paulo: Magalhães, 1937, pp. 97/98.

[8] *Esboço de uma teoria das nulidades aplicada à teoria das nulidades processuais*. Rio de Janeiro: Forense, 2002, p. 76.

[9] *O processo criminal brasileiro*. vol I. 4ª ed. São Paulo: Freitas Bastos, 1959, p. 14.

[10] MEDEIROS, Luiz César. *O formalismo processual e a instrumentalidade*: um estudo à luz dos princípios constitucionais do processo e dos poderes jurisdicionais. 3ª ed. Florianópolis: Conceito Editorial, 2008, p. 32.

[11] *Manual de processo penal*. 7ª ed. São Paulo: Saraiva, 2009, p. 285.

[12] FERNANDES, Antonio Scarance; GOMES FILHO, Antonio Magalhães; GRINOVER, Ada Pellegrini. *As nulidades no processo penal*. 11ª ed. São Paulo: RT, 2009, p. 17.

JORGE COUTINHO PASCHOAL

As formas instituídas para o processo representam, por isso mesmo, o método escolhido – hodiernamente, pelo legislador – em prol de uma melhor investigação dos fatos, o qual, segundo se presume, constitui o melhor caminho para se alcançarem o(s) fim(ns) almejado(s) no processo, seja ele qual for, pois "pressupõe-se tenha o legislador adotado a técnica mais adequada a proporcionar o resultado desejado".[13]

O formalismo, ao disciplinar a atividade das partes, bem como a conduta do julgador, contribui para garantir a dialeticidade do processo. Essa dialética, que também pode ser lida sob a locução do exercício do contraditório, contribui, efetivamente, para o alcance do escopo final da justiça, pois, ao se conferir uma adequada participação dos envolvidos, o procedimento ganha em informação, sendo que quem irá decidir terá, por certo, melhores condições de analisar o caso e conferir razão àquele que tem direito.

Por isso, ensina a doutrina que a forma constitui uma "faceta assaz importante da própria garantia fundamental do contraditório"[14], o qual tem a sua realização "garantida apenas pela forma em sentido amplo".[15]

A observância às formas assegura o contraditório e esse respeito também serve para garantir a imparcialidade do julgador[16], pois o respeito às balizas instituídas é um indicativo de sua equidistância em relação à causa.

Apesar de o respeito à forma não garantir, por si só, o alcance da justiça das decisões tomadas, cabe ressaltar que, ainda assim, a observância

---

[13] BEDAQUE, José Roberto dos Santos. *Efetividade do processo e técnica processual*. 2ª ed. São Paulo: Malheiros, 2007, p. 502.

[14] OLIVEIRA, Carlos Alberto Álvaro de. *Do formalismo no processo civil*. Tese (Doutorado) apresentada perante a Faculdade de Direito da Universidade de São Paulo (USP), São Paulo, 1996, p. 10.

[15] OLIVEIRA, Carlos Alberto Álvaro de. *Do formalismo no processo civil*. Tese (Doutorado) apresentada perante a Faculdade de Direito da Universidade de São Paulo (USP), São Paulo, 1996, p. 11.

[16] "A prévia regulamentação da atividade das partes e do juiz atende ao interesse geral, pois não apenas garante o equilíbrio do contraditório e o tratamento isonômico entre os sujeitos parciais, como assegura a imparcialidade do juiz e confere transparência à atividade desenvolvida no processo" (BEDAQUE, José Roberto dos Santos. *Efetividade do processo e técnica processual*. 2ª ed. São Paulo: Malheiros, 2007, p. 429).

158

AS NULIDADES E O PROCESSO ADMINISTRATIVO: ALGUMAS BREVES...

da forma, como regra geral, constitui uma condição importante para a confiança dos cidadãos na sua justiça, o que torna as decisões legítimas, do ponto de vista social.

O procedimento (ou melhor, o respeito ao devido processo) sempre é um fator de legitimação de toda e qualquer decisão tomada pelo poder estatal, seja em âmbito legislativo, administrativo ou no judiciário.[17]

O formalismo, se bem pensado e aplicado, é sempre um dado absolutamente necessário e imprescindível no direito. Na Alemanha, Claus Roxin bem observa que, dentro da lógica do procedimento penal ínsito ao Estado de Direito, a proteção do que chama por *princípio da formalidade* não é menos importante que a condenação dos culpados e o restabelecimento da justiça e da paz pública.[18]

Na Itália, o jusfilósofo Luigi Ferrajoli discorre que "nenhum valor ou princípio é satisfeito sem custos"[19] residindo aí um dos preços que se deve pagar, e com muito bom grado, com o formalismo, o qual, certamente, seria muito maior, caso inexistisse. Em Portugal, João Conde Correia, em importante estudo quanto às nulidades, afirma que "uma decisão só é justa se for lograda por meios justos".[20]

Uma coisa é, em alguns casos, reconhecer a necessidade de simplificação das formas: o que não implica desnecessidade, pois as formas são sempre imprescindíveis.[21]

---

[17] FERNANDES, Antonio Scarance. *Teoria geral do procedimento e o procedimento no processo penal*. São Paulo: RT, 2005, p. 37.

[18] "En un procedimiento penal proprio del Estado de derecho, la protección del principio de formalidad no es menos importante que la condena del culpable y el restablecimiento de la paz jurídica" (*Derecho Procesal Penal*. Buenos Aires: Editores del Puerto, 2003, p. 02).

[19] *Direito e razão*: teoria do garantismo penal. Tradução de Ana Paula Zomer, Fauzi Hassan Choukr, Juarez Tavares e Luiz Flávio Gomes. São Paulo: RT, 2002, p. 449.

[20] *Contributo para a análise da inexistência e das nulidades processuais penais*. Coimbra: Coimbra, 1999, p. 26.

[21] SANTOS, Moacyr Amaral. *Primeiras linhas de direito processual civil*. vol 2. Revisão e tradução de Aricê Moacyr Amaral Santos. 23ª ed. São Paulo: Saraiva, 2004, pp. 60/61.

Vista a questão por esse ângulo, tem razão Alois Troller ao discorrer que o "princípio da rigidez das formas sempre permaneceu como a espinha dorsal do processo"[22], podendo-se até mesmo indagar ser bem questionável falar-se em um suposto e pretenso princípio da "liberdade das formas"[23], mormente no que tange à seara penal[24], válido também para o próprio âmbito administrativo.

Se não houvesse qualquer pretensão de se alcançar a justiça, não haveria razão para se instituírem formas e regras no curso processo, já que elas são previstas para levar a uma decisão que seja a mais correta possível.

Por outro lado, se não houvesse a previsão dessas mesmas regras, nunca seria possível dizer quando uma decisão poderia ser considerada justa e correta, já que, não fosse pelo respeito às regras do processo, a decisão seria produto, tão-somente, de um ato meramente impositivo de poder (do puro arbítrio, do decisionismo).[25]

---

[22] *Dos fundamentos do formalismo processual civil* (Von den Grundlagen des zivilprozessualen Formalismus). Tradução de Carlos Alberto Álvaro de Oliveira. Porto Alegre: Sérgio Antonio Fabris, 2009, p. 17.

[23] BEDAQUE, José Roberto dos Santos. *Efetividade do processo e técnica processual.* 2ª ed. São Paulo: Malheiros, 2007, p. 91.

[24] GRECO FILHO, Vicente. *Manual de processo penal.* 7ª ed. São Paulo: Saraiva, 2009, p. 286.

[25] "Se de vez em quando quisermos amaldiçoar o formalismo processual, pensemos que em um importante domínio jurídico ele ata as mãos da arbitrariedade, a pior adversária da justiça. '*A forma é a inimiga jurada do arbítrio e irmã gêmea da liberdade*'. Möser entendeu, de forma sábia e serena, a rigorosa e tão necessária finalidade do formalismo processual: 'Todas as pessoas podem errar, tanto o rei quanto o filósofo, e o último talvez por primeiro, visto que ambos estão tão altamente situados, e da quantidade de coisas que pairam sob seus olhos nenhuma pode ser considerada inteira e completamente pacífica e exata. Por causa disso, todas as nações fizeram alicerce de sua liberdade e do seu domínio que aquilo que um homem reconhece como direito ou verdade nunca deve valer como direito antes de receber o selo da forma'. 'O mais triste caso em que o juiz frequentemente se encontra é aquele em que ele reconhece de maneira evidente o verdadeiro direito e não pode realizá-lo por formalidades. Todavia, é melhor um homem triste do que colocar todos em perigo; e isso ocorreria se cada juiz pudesse aceitar como verdadeiro direito o que ele reconhece e logo lhe atribuir força de coisa julgada. Toda pessoa tem de reconhecer com coração agradecido que se prefira o formal ao real quando

AS NULIDADES E O PROCESSO ADMINISTRATIVO: ALGUMAS BREVES...

3. DO FORMALISMO VALORATIVO

Até o presente momento, deu-se destaque à análise do formalismo isoladamente considerado. Demonstrou-se o impacto que teve a formalização do direito em prol da minimização do extremo grau de violência então imperante nas sociedades mais primitivas, já que, antigamente, todos sofriam com uma espécie de "sistema" sancionatório desordenado, desproporcional e inseguro.

Do exposto, se houve avanço (e houve com a regulação de um direito e centralização de poder pelo Estado), cabe ressaltar que, muito embora a instituição das formas tenha sido uma primeira medida para conter a violência extrema e incontrolável daqueles tempos, não foi, contudo, suficiente.

Ao longo dos tempos, no curso da história, foi possível constatar que, apesar de serem formalizados sistemas de direito, muitos deles não constituíram, efetivamente, autênticas garantias para o cidadão. Assim, durante o decorrer dos séculos, foi possível constatar a existência de inúmeros direitos formalizados, só que todos pautados em pressupostos absolutamente irracionais (aos olhos de hoje) e violadores dos direitos mais básicos e basilares a uma sociedade justa.

A esse respeito, citam-se, a título meramente ilustrativo: (1) o direito romano, no qual, por vários séculos e séculos, vigorou o sistema inquisitorial (monarquia e império), havendo concentração de poder nas mãos do julgador, sendo tolerado todo tipo de arbitrariedade[26], inclusive o emprego da tortura[27], que já era admitida e aplicada desde os tempos

---

ambos não se encontrem juntos; e quem exclui totalmente a forma ou quer abreviá-la e dificultá-la de modo não natural ofende a humanidade'" (TROLLER, Alois. *Dos fundamentos do formalismo processual civil*. Tradução de Carlos Alberto Álvaro de Oliveira. Porto Alegre: Sérgio Antonio Fabris, 2009, pp. 109/110).

[26] O próprio processo contra Jesus Cristo dá o tom das arbitrariedades que eram cometidas à época. A respeito: NOVAES, André Santos. *Comentários e anotações sobre o processo penal de Jesus*: o Galileu – nulidades, ilegalidades, arbitrariedades e abusos praticados dois mil anos atrás. São Paulo: Ltr, 2001.

[27] Na Roma antiga, o procedimento da *cognitio*, pautado na noção de *inquisitio* e de

JORGE COUTINHO PASCHOAL

da Grécia Antiga[28]; (ii) o direito barbárico, no qual o averiguado era submetido, não raras vezes, às mais duras provações (conhecidas como provas mágicas), das quais, geralmente, sequer, quando muito, conseguia sair com vida[29]; (iii) o direito inquisitorial canônico (da Igreja Católica), que, apesar de ser um direito um pouco mais evoluído, se comparado ao das outras civilizações[30], ainda assim permitia que o sujeito ficasse

---

imperium, inviabilizava qualquer garantia ao indivíduo, podendo o rei ou encarregado pela persecução penal conhecê-la, de ofício (ZANOIDE DE MORAES, Maurício. *Presunção de inocência no processo penal brasileiro*: análise de sua estrutura normativa para a elaboração legislativa e para a decisão judicial. Rio de Janeiro: Lumen Juris, 2010, p. 07). O procedimento era realizado sem muitas formalidades e sem participação dos interessados (PRADO, Geraldo. *Sistema acusatório*: a conformidade constitucional das leis penais. 4ª ed. Rio de Janeiro: Lumen Juris, 2006, p. 74). Pode-se dizer que houve maiores garantias no período da República (510 a. C. até 27 a.C.), com a Lei das XII Tábuas (450 a. C.), tendo surgido o procedimento da *anquisitio*, que, pelo menos, limitava um pouco o arbítrio e o amplo poder dos magistrados; o julgamento, inclusive, poderia ser realizado perante o povo, em comícios (*comitia*). No final da República, surge o procedimento das "*questiones perpetuae*", desenvolvendo-se sob a presidência de um magistrado, mediante acusação feita por particular (ZANOIDE DE MORAES, Maurício. *Presunção de inocência no processo penal brasileiro:* análise de sua estrutura normativa para a elaboração legislativa e para a decisão judicial. Rio de Janeiro: Lumen Juris, 2010, pp. 10/11). Com o processo extraordinário (*cognitio extraordinem*), há, novamente, retrocesso, pois a acusação passa a ser dispensada, atuando de ofício os magistrados, "com grande liberdade de forma e latitude na apreciação dos delitos e imposição de penas" (FRAGOSO, Heleno Cláudio. *Lições de direito penal*: parte geral. 16ª ed. Rio de Janeiro: Forense, 2003, p. 36), podendo utilizar tortura (PRADO, Geraldo. *Sistema acusatório*: a conformidade constitucional das leis penais. 4ª ed. Rio de Janeiro, Lumen Juris, 2006, p. 77).

[28] GRINOVER, Ada Pellegrini. *Liberdades públicas e processo penal*: as interceptações telefônicas. São Paulo: Saraiva, 1976, p. 40.

[29] GRINOVER, Ada Pellegrini. *Liberdades públicas e processo penal:* as interceptações telefônicas. São Paulo: Saraiva, 1976, p. 44.

[30] Não se pode pretender julgar, condenar e até mesmo demonizar a Inquisição (e, por via reflexa, jogar no lixo toda a história da Igreja Católica, como afirma FERRAZ Jr., Tércio Sampaio. *Estudos de filosofia do direito*: reflexões sobre o poder, a liberdade, a justiça e o direito. 3ª ed. São Paulo: Atlas, 2009, p. 09), sem que se leve em conta o contexto histórico da época. Além de historicamente equivocada a afirmação de que a Inquisição foi ao "ápice da violência institucionalizada entre os povos", quer se compare às arbitrariedades cometidas naqueles tempos pretéritos, quer dos mais recentes (basta analisar o século XX), deve-se fazer uma análise contextualizada da época. Segundo João Bernardino Gonzaga: "apresenta-se induvidoso o fato de que a

AS NULIDADES E O PROCESSO ADMINISTRATIVO: ALGUMAS BREVES...

preso durante todo o curso do processo[31], o qual ostentava cunho inquisitorial (concentração de poderes nas mãos do juiz-inquisidor), além de permitir o emprego da tortura, tendo proferido éditos condenatórios calcados em débeis inferências probatórias e indiciárias (conforme lógica das provas legais)[32]; (iv) houve também o desenvolvimento do direito secular (da realeza), em que eram aplicáveis punições extremamente cruéis, por meio de processos igualmente arbitrários e bárbaros, que culminavam, em muitos casos, no largo emprego da pena de morte, executada do modo mais doloroso, lento e desumano possível.

É bem verdade que, ainda que o Absolutismo tenha se mostrado hostil ao desenvolvimento do indivíduo, deve-se ponderar que ele cumpriu ao menos alguma função: ofereceu um pouco mais de segurança (ainda que mínima), tanto do ponto de vista jurídico (unificação da

---

Inquisição foi opressora, violenta, e nisso possuem inteira razão seus acusadores. São todavia especialmente delicadas as situações em que uma posição doutrinária se assenta em bases corretas, mas depois se desgarra, cumprindo então verificar em que ponto do caminho ela deixou de estar com a verdade. Comecemos lembrando que constitui erro crasso, se não má fé, julgar, à luz das circunstâncias atuais, um episódio histórico que viveu sob o domínio de outras circunstâncias, subjetivas e objetivas, totalmente diferentes. Em trabalhos recentes, lemos que a Inquisição reduziu todo o povo a uma 'escravidão moral e intelectual'; acusam-na de 'dogmatismo', de 'patrulhamento ideológico', de 'manipuladora de consciências', de se arrogar a posição de 'única detentora da verdade'; e nesse tom segue todo o palavreado que faz sentido hoje, mas que deve ser utilizado com muito comedimento e sob outros enfoques nas antigas épocas do mundo" (GONZAGA, João Bernardino. *A inquisição em seu mundo*. 8ª ed. São Paulo: Saraiva, 1994, p. 103). No mesmo sentir é a análise de Aury Lopes Júnior: "convém recordar que a inquisição é fruto de sua época, marcada pela intolerância, a crueldade, e a própria ignorância que dominava. Não deve ser lida (ou julgada) a partir dos parâmetros atuais, pois impregnada de toda uma historicidade que não pode ser afastada" (LOPES Jr., Aury. *Introdução crítica ao processo penal*: fundamentos da instrumentalidade garantista. 3ª ed. Rio de Janeiro, Lumen Juris, 2005, p. 167, nota de rodapé n. 374).

[31] ZANOIDE DE MORAES, Maurício. *Presunção de inocência no processo penal brasileiro*: análise de sua estrutura normativa para a elaboração legislativa e para a decisão judicial. Rio de Janeiro: Lumen Juris, 2010, p. 61.

[32] A respeito da lógica das provas legais: FERRAJOLI, Luigi. *Direito e razão*. Tradução de Ana Paula Zomer; Fauzi Hassan Choukr; Juarez Tavares; Luiz Flávio Gomes. São Paulo: RT, 2002, pp. 108/109.

JORGE COUTINHO PASCHOAL

legislação, confusa e diversificada, à época[33]) quanto físico (proteção das pessoas pelos órgãos de segurança externa e interna).[34]

Contudo, é inquestionável que o indivíduo continuava mesmo muito alheio às preocupações do soberano. Na verdade, o cidadão era visto como um simples e reles súdito, sendo apenas um servo do rei, cujo poder ilimitado constituía a personificação do Estado Absoluto (*the king can do no wrong*)[35], ensejando todo o tipo de abusos e de arbitrariedades, sem que houvesse qualquer responsabilização.

Como ilustrado acima, o cidadão reduzia-se a um simples objeto de poder do soberano[36], o que influenciava a própria concepção que se tinha a respeito do direito da época (cruel e desproporcional) e, também, como não poderia deixar de ser diferente, da ideia de processo. Assim, é natural que houvesse uma grande concentração de poderes nas mãos do juiz-inquisidor. O processo então vigente, a bem da verdade, nada mais constituía que um reflexo do modelo de Estado da época: cujo cunho era evidentemente despótico.[37]

Frente aos constantes abusos decorrentes do poder absoluto, ainda que de forma incipiente, foram surgindo, já no início do período da

---

[33] Para se ter uma ideia da insegurança jurídica reinante na Idade Média, entre nós, Mariângela Gama de Magalhães Gomes bem mostra que, no que tange ao direito germânico franco-alemão, a *Constitutio Criminalis Carolina*, do imperador Carlos V, de 1532: "deixava a escolha do tipo e da medida da pena aos bons costumes e ao juiz, assim como permitia a aplicação analógica do direito positivo aos 'casos penalmente inominados'. Reconhecia também inúmeras outras fontes de direito, de maneira que não oferecia nenhuma garantia frente aos castigos extralegais" (GOMES, Mariângela Gama de Magalhães. *Direito penal e interpretação jurisprudencial*: do princípio da legalidade às súmulas vinculantes. São Paulo: Atlas, 2008, p. 06, nota de rodapé n. 02).

[34] DIMOULIS, Dimitri; MARTINS, Leonardo. *Teoria geral dos direitos fundamentais*. 2ª ed. São Paulo, RT, 2009, p. 30.

[35] CARRAZZA, Roque Antonio. *Curso de direito constitucional tributário*. 21ª ed. São Paulo: Malheiros, 2005, p. 73.

[36] GÖSSEL, Karl Heinz. In: DONNA, Edgardo Alberto (coord.). *El Derecho Procesal Penal en El Estado de Derecho*: obras completas. Santa Fe: Rubinzal-Culzoni, 2007, p. 19.

[37] GÖSSEL, Karl Heinz. In: DONNA, Edgardo Alberto (coord.). *El Derecho Procesal Penal en El Estado de Derecho*: obras completas. Santa Fe: Rubinzal-Culzoni, 2007, p. 19.

AS NULIDADES E O PROCESSO ADMINISTRATIVO: ALGUMAS BREVES...

Baixa Idade Média, e em diante, alguns documentos interessantes reconhecendo alguns direitos, com o objetivo de limitar um pouco o amplo poder estatal. Entre os principais deles, podem ser citados os de origem inglesa, como a Magna Carta outorgada por João Sem-Terra, no ano de 1215, o *Petition of Right*, datado de 1628, o *Habeas Corpus Act*, de 1679, o *Bill of Rights*, de 1689, bem como o *Act of Settlement*, de 1701.[38]

A Magna Carta de 1215, o mais significativo entre todos estes documentos citados, decorreu de uma imposição – na verdade: tratou-se de um acordo disfarçado[39] – da nobreza frente ao Rei João Sem-Terra, para que fossem respeitados os direitos, franquias e imunidades dessa classe, tendo constituído um instrumento protetor dos nobres contra os excessos da Coroa. Dessa forma, a Magna Carta de 1215, de fato, não ostentava – na aguda e ácida crítica de José Carlos Vieira de Andrade – um caráter deveras de proteção geral de todos.[40]

Contudo, ainda assim tal documento deve ser reconhecido pelo seu pioneirismo no que concerne à previsão de um devido processo legal, inicialmente lido sob a locução *Law of land*, conforme já expressava o artigo 39.[41]

A respeito disso, Fábio Konder Comparato discorre que o documento foi, de fato, inovador para a sua época, pois se reconheceram direitos da nobreza e do clero independentemente do consentimento

---

[38] PARIZ, Ângelo Aurélio Gonçalves. *O princípio do devido processo legal.* direito fundamental do cidadão. Coimbra: Almedina, 2009, pp. 55/56.

[39] Como afirma Ada Pellegrini Grinover, "apesar da forma de outorga de direitos, disfarçou um acordo de vontade entre o monarca e os súditos revoltados" (*Liberdades públicas e processo penal*: as interceptações telefônicas. São Paulo: Saraiva, 1976, p. 08, nota de rodapé n. 08).

[40] *Os direitos fundamentais na constituição portuguesa de 1976*. Coimbra: Almedina, 1998, p. 25.

[41] Muito embora a Magna Carta não tivesse utilizado o termo devido processo legal, já no século vindouro, sob o reinado de Eduardo III, em 1354, foi substituída a expressão *legem terrae* por *due process of Law*. A respeito: PARIZ, Ângelo Aurélio Gonçalves. *O princípio do devido processo legal:* direito fundamental do cidadão. Coimbra: Almedina, 2009, pp. 75-80.

do monarca, de modo que, devido a essa limitação institucional dos poderes reais, a Magna Carta de 1215 pode ser considerada um embrião da democracia moderna.[42] Como também bem coloca Ada Pellegrini Grinover, a Magna Carta pode ser considerada "um antecedente das modernas Constituições".[43]

Feitos muitos senões, foi com o Iluminismo que surgiram formas de direito e de processo (frise-se) mais comprometidas com a segurança e liberdade do indivíduo.

Nesse contexto propício ao culto das liberdades, de modo geral, mais e mais direitos passaram a ser inscritos em declarações e cartas de direitos, sendo pioneiro, nessa seara, o nascente povo estadunidense, com a sua Declaração de Direitos (*Bill of Rights*), datada de 1776.

Depois vieram os franceses, com seus "ideais revolucionários"[44], que tiveram grande importância para disseminação dos direitos humanos, com a sua Declaração dos Direitos do Homem e do Cidadão, de 1789, texto similar às Declarações estadunidenses, conforme observa a doutrina[45], diferindo-os apenas na visão de cunho político.

No início do século XX, com o florescimento do constitucionalismo, dado o horror e ojeriza aos regimes totalitários, entre os quais se podem citar o Fascismo, Nazismo e Stalinismo, bem como das duas grandes guerras mundiais, o conteúdo das principais declarações de direitos

---

[42] *A afirmação histórica dos direitos humanos.* 2ª ed. São Paulo: Saraiva, 2001, p. 76.

[43] *Liberdades públicas e processo penal:* as interceptações telefônicas. São Paulo: Saraiva, 1976, p. 08, nota de rodapé n. 08.

[44] Dimitri Dimoulis e Leonardo Martins lembram que os ideais revolucionários franceses, apesar de trazerem inegáveis avanços em racionalidade, inseriram "um novo elemento à filosofia política: a hipocrisia" (*Teoria geral dos direitos fundamentais.* 2ª ed. São Paulo, RT, 2009, p. 27). Como afirma Paula Bajer Fernandes Martins da Costa, "aos inimigos da Revolução não se garantiram os direitos do homem. (...) Em junho de 1794 executaram-se 2 mil pessoas em Paris. A guilhotina funcionava seis horas por dia. Estava em operação o terror judiciário" (*Igualdade no direito processual penal brasileiro.* São Paulo: RT, 2001, pp. 34/35).

[45] DIMOULIS, Dimitri; MARTINS, Leonardo. *Teoria geral dos direitos fundamentais.* 2ª ed. São Paulo, RT, 2009, pp. 23/24.

AS NULIDADES E O PROCESSO ADMINISTRATIVO: ALGUMAS BREVES...

humanos veio a ser positivado nas Constituições das Nações, passando a vigorar, internamente, como direitos positivos de cada Estado.

Inicia-se, assim, a fase do constitucionalismo moderno, que visa, mais do que nunca, impor limites ao poder, ensejando uma nova concepção de Estado de Direito, alicerçado na separação de "poderes"[46], dos quais o Poder Judiciário constituiria um *contrapoder*[47], para fazer frente aos abusos dos demais, em prol da tutela dos direitos e garantias, bem como da ordem constitucional e legalmente instituída.[48]

Surge nesse período a própria noção de responsabilidade estatal, tão cara ao direito administrativo, sendo corolários a responsabilidade de seus governantes e das autoridades, não sendo por acaso que muitas Monarquias caíram para dar lugar à Nova República.[49]

No processo, migrou-se se de um modelo de devido processo legal formal (necessidade de *algum* regramento do processo) para um modelo de devido processo legal material (necessidade não só de *algum* regramento, mas *do mais justo para todos*).

No próprio direito administrativo, mais e mais as decisões passaram a contar com a necessidade de participação dos interessados, mediante a necessidade da adoção de um procedimento, um verdadeiro

---

[46] Na verdade, melhor falar em separação de funções, já que o poder é uno e indivisível: BANDEIRA DE MELLO, Celso Antônio. *Curso de direito administrativo*. 23ª ed. São Paulo: Malheiros, 2007, p. 32.

[47] "E o Poder Judiciário se configura, em relação aos outros poderes do Estado, como um *contrapoder*, no duplo sentido que é atribuído ao controle de legalidade ou de validade dos atos legislativos assim como dos atos administrativos e à tutela dos direitos fundamentais dos cidadãos contra as lesões ocasionadas pelo Estado" (FERRAJOLI, Luigi. *Direito e razão*. Tradução de Ana Paula Zomer, Fauzi Hassan Choukr, Juarez Tavares e Luiz Flávio Gomes. São Paulo: RT, 2002, p. 465).

[48] GÖSSEL, Karl Heinz. *In:* DONNA, Edgardo Alberto (coord.). *El Derecho Procesal Penal en El Estado de Derecho*: obras completas. Santa Fe: Rubinzal-Culzoni, 2007, p. 25.

[49] "Falar em República, pois, é falar em *responsabilidade*. A noção de República caminha de braços dados com a idéia de que todas as autoridades, por não estarem nem acima, nem fora do Direito, são responsáveis pelos danos a que derem causa, podendo, por conseguinte, ser compelidas a ressarci-los" (CARRAZZA, Roque Antonio. *Curso de direito constitucional tributário*. 21ª ed. São Paulo: Malheiros, 2005, p. 74).

167

JORGE COUTINHO PASCHOAL

processo, já que pautado em regras do contraditório e do devido processo legal substancial.

Evidentemente, para se atingir esse nível de consciência, de que os direitos e garantias devem ser respeitados, de que ninguém pode ser julgado à margem do devido processo legal, a humanidade teve que percorrer um longo caminho, trilhado em meio a experiências históricas traumáticas e bem dolorosas[50], mas que, embora tristes, foram importantes para mostrar que não se pode abrir mão de alguns valores, que devem ser observados e sempre cultuados.[51]

A conformação do ordenamento ao Estado de Direito Democrático, juntamente à conscientização de que os direitos fundamentais devem ser tutelados (ainda que contra a vontade de uma esmagadora maioria), bem como à própria concepção de que se deve resguardar o indivíduo contra todo e qualquer tipo de ingerência indevida – dentro de uma vertente toda pautada na limitação do poder, própria do constitucionalismo[52]: todo o exposto repercute no modo como o direito é construído, sendo que o nascimento do direito administrativo coincide justamente com o surgimento do Estado (Democrático) de Direito.

4. DA IMPORTÂNCIA DO TEMA DAS NULIDADES EM QUALQUER DISCIPLINA JURÍDICA

O tema das nulidades engloba e se projeta por todas as disciplinas jurídicas.[53] Por abranger, praticamente, quase todo o direito, o estudo da

---

[50] "(...) o nascimento do direito, como o dos homens, tem sido, uniformemente, acompanhado das vivas dores do parto" (IHERING, Rudolf Von. *A luta pelo direito.* Tradução de João Vasconcelos. São Paulo: Martin Claret, 2009, p. 31).

[51] STEINER, Sylvia Helena de Figueiredo. *A convenção americana sobre direitos humanos e sua integração ao processo penal brasileiro.* São Paulo: RT, 2000, p. 96.

[52] "*Constitucionalismo* é a teoria (ou ideologia) que ergue o princípio do governo limitado indispensável à garantia que ergue o princípio de governo limitado indispensável à garantia dos direitos em dimensão estruturante da organização político-social de uma comunidade. Neste sentido, o constitucionalismo moderno representará uma *técnica específica de limitação do poder fins garantísticos*" (CANOTILHO, José Joaquim Gomes. *Direito constitucional.* 3ª ed. Coimbra: Almedina, 1999, p. 47).

[53] MAURINO, Alberto Luis. *Nulidades procesales.* 3ª ed. Buenos Aires: Astrea, 2009, p. 13.

AS NULIDADES E O PROCESSO ADMINISTRATIVO: ALGUMAS BREVES...

matéria é importante para qualquer área jurídica, especialmente à seara processual. Em praticamente todos os casos envolvendo a discussão relacionada à ocorrência de alguma nulidade – sobretudo no sistema processual – pode-se constatar que a sua indagação se dá frente à violação de algum valor que é considerado constitucionalmente relevante, o que, geralmente, está atrelado à quebra de alguma forma, em ofensa ao devido processo legal.

Por isso, a nulidade constitui um instituto imprescindível ao procedimento, quer por preservar os direitos dos envolvidos, quer por impedir que o procedimento se afaste de sua legalidade.

Ao fazê-lo, a nulidade institui um mecanismo indispensável para garantir, em todo e qualquer tipo de processo, que sejam observados os direitos mais elementares do cidadão. A nulidade, portanto, ao evitar que determinado indivíduo seja processado de uma forma diferente de todos os demais, isto é, à margem do devido processo legal – propicia *(1)* não só a igualdade de todos perante a lei (pois a todos são conferidos os mesmos direitos, em termos de tratamento jurídico isonômico), mas também *(2)* contribui para a concretização dessa mesma igualdade na sua aplicação.

De fato, por garantir que todos exerçam, no plano de igualdade de condições, os mesmos direitos (como, por exemplo, de manifestação, de defesa, de produção de provas, etc.), minimizam-se as possibilidades de serem proferidas decisões díspares para casos absolutamente iguais. Ante o exposto, não seria exagerado afirmar que a nulidade, tanto no processo penal, civil ou mesmo administrativo, constitui uma espécie de *garantia das garantias*, seja (a) ao indivíduo, por preservar seus direitos e garantias fundamentais, seja (b) à sociedade como um todo, por evitar que alguém seja julgado à margem do justo processo, diminuindo, em muito, a possibilidade de equívocos na tomada de decisões.

5. O PROCESSO ADMINISTRATIVO E O SISTEMA DE NULIDADES

A teoria das nulidades, genuinamente, foi construída e desenvolvida toda à luz dos vícios do ato jurídico em sentido geral, especialmente os da área civil.

JORGE COUTINHO PASCHOAL

Portanto, o assunto constitui um tema, propriamente, da seara da teoria geral de direito[54], que foi, primeiramente, tratado e desenvolvido pelos doutrinadores do direito civil, sendo, posteriormente, aplicado às demais áreas do direito, entre elas o direito processual e o direito administrativo. Não há como olvidar que a teoria geral dos atos e dos vícios jurídicos em muito influenciou a construção da teorização do assunto dentro do direito processual, especialmente no que tange à demarcação que se faz entre os âmbitos da inexistência, da nulidade, bem como da ineficácia do ato jurídico.

Com isso, não se pretende, de modo algum, sustentar a existência de uma teoria geral das nulidades, isto é, de uma teoria unitária aplicável a qualquer âmbito do direito[55], ou mesmo uma "teoria geral das nulidades no direito público"[56], já que essas pretensões seriam, a nosso ver, com o devido respeito às opiniões contrárias, fadadas ao insucesso.[57] Com efeito, inúmeras são as peculiaridades e pormenores que rondam o tratamento das nulidades em cada área específica do direito.

Apesar de descenderem do mesmo tronco comum (do sistema de nulidades instituído para o direito civil[58]), tem-se, em realidade, um sistema próprio para as nulidades no direito administrativo[59], outro

---

[54] LACERDA, Galeno. *Despacho saneador.* 3ª ed. Porto Alegre: Sérgio Antonio Fabris, 1990, p. 70.

[55] Na doutrina nacional, entende possível pensar algo em termos de uma teoria geral das nulidades: CALMON DE PASSOS, José Joaquim. *Esboço de uma teoria das nulidades aplicada à teoria das nulidades processuais.* Rio de Janeiro: Forense, 2002, p. 01.

[56] Assim entende Teresa Arruda Alvim Wambier: "um exame mais acurado das leis vigentes faz com que se chegue à conclusão de que existe um texto legal, nesta seara, tratando de forma razoavelmente minuciosa do assunto: é a Lei 4.717, de 29.06.1965, reguladora da ação popular" e "essa lei fornece elementos que nos podem servir de ponto de partida para esboçar uma 'Teoria Geral das Nulidades' no direito público, a que ter-se-ia de recorrer na ausência de previsão legal expressa" (*Nulidades do processo e da sentença.* 5ª ed. São Paulo: RT, 2004, pp. 154 e 157, respectivamente).

[57] Alberto M. Binder também é contra uma teoria unitária: *O descumprimento das formas processuais*: elementos para uma crítica da teoria unitária das nulidades no processo penal. Tradução de Angela Nogueira Pessôa. Rio de Janeiro: Lumen Juris, 2003, p. 35.

[58] Mesmo no direito civil, há peculiaridades que tornam a teoria das nulidades no direito de família muito diferente se comparada às outras matérias de outros ramos do direito.

[59] A respeito das nulidades no direito administrativo: ARAÚJO, Edmir Netto de.

AS NULIDADES E O PROCESSO ADMINISTRATIVO: ALGUMAS BREVES...

para as no direito constitucional[60], um terceiro para as no direito do trabalho[61] e assim segue nas demais matérias em que se coloca o questionamento quanto às nulidades dos atos jurídicos, sendo que mesmo para o sistema processual há peculiaridades ínsitas à realidade do processo civil e do próprio processo penal.

6. OS PLANOS DA EXISTÊNCIA, DA VALIDADE E EFICÁCIA DO ATO JURÍDICO

Segundo a doutrina mais tradicional das nulidades, primeiramente, o ato, para surtir efeitos, precisa existir, ter validade e eficácia. Para tanto, antes

---

Convalidação do ato administrativo. São Paulo: LTr, 1999; CAGGIANO, Alvaro Theodor Herman Salem. *Tratamento das nulidades no processo administrativo*. Dissertação (Mestrado) apresentada perante a Faculdade de Direito da Universidade de São Paulo (USP), São Paulo, 2013; HORBACH, Carlos Bastide. *Teoria das nulidades do ato administrativo*. 2ª ed. São Paulo: RT, 2010; REALE, Miguel. *Revogação e anulamento dos atos administrativos*. 2ª ed. Rio de Janeiro: Forense, 1980; SALGADO FILHO, Nilo Spinola. *Contrato administrativo*: efeitos da invalidação. Dissertação (Mestrado) apresentada perante a Faculdade de Direito da Universidade de São Paulo (USP), São Paulo, 2006; SANTOS NETO, João Antunes dos. *Da anulação ex officio do ato administrativo*. Belo Horizonte: Fórum, 2004; SILVA, Clarissa Sampaio. *Limites à invalidação dos atos administrativos*. São Paulo: Max Limonad, 2001; ZANCANER, Weida. *Da convalidação e da invalidação dos atos administrativos*. 2ª ed. São Paulo: Malheiros, 2001. Embora não seja uma obra endereçada ao estudo das nulidades no direito administrativo, é interessante, de toda forma, consultar o trabalho de: GUALAZZI, Eduardo Lobo Botelho. *Ato administrativo inexistente*. São Paulo: RT, 1980.

[60] No direito constitucional, para um estudo mais específico sobre o assunto, consulte-se: HECK, Luís Afonso. *Jurisdição constitucional*: teoria da nulidade *versus* teoria da nulificabilidade das leis. São Paulo: Livraria do Advogado, 2008. Com relação ao controle de constitucionalidade, e os efeitos da declaração de inconstitucionalidade: MENDES, Gilmar Ferreira. "A nulidade da lei inconstitucional e seus efeitos: considerações sobre a decisão do Supremo Tribunal Federal proferida no RE n. 122.202". *Revista da Fundação Escola Superior do Ministério Público do Distrito Federal e Territórios*, n. 3, vol. 2, 1994; MENDES, Gilmar Ferreira. *Direitos fundamentais e controle de constitucionalidade*: estudos de direito constitucional. 4ª ed. São Paulo: Saraiva, 2012.

[61] No direito do trabalho, seguem as seguintes obras: COUTINHO, Aldacy Rachid. *Invalidade processual*: um estudo para o processo do trabalho. Rio de Janeiro: Renovar, 2000; DALLEGRAVE NETTO, José Affonso. "Nulidade do contrato de trabalho e o novo Código Civil. *In*: DALLEGRAVE NETO, José Affonso; GUNTHER, Luiz Eduardo (coord.). *O impacto do novo Código Civil no direito do trabalho*. São Paulo: LTR, 2003; GOMES, Orlando. "Nulidades no direito contratual do trabalho". *Revista Forense,* n. 155, set./out. 1954; LORENZETTI, Ari Pedro. *As nulidades no direito do trabalho*. 2ª ed. São Paulo: LTr, 2010.

de tudo, precisa ser qualificado como jurídico, isto é, precisa existir do ponto de vista jurídico, tendo que conter, em tese, elementos mínimos. Caso contrário, o ato, ainda que praticado, não poderá ser reputado como juridicamente existente. A esse respeito, quando se fala em inexistência jurídica do ato, quer-se falar do ato que, embora tendo *existência material* (o ato, de fato, muitas vezes chega a ter materialização física, sendo palpável), ostenta uma imperfeição de tal monta em sua fisionomia normativa, sendo tão disforme e distante do modelo legal que não é possível reconhecer-lhe qualquer juridicidade.

Tão básico e importante é o plano da existência jurídica, que se afirma que ele "é a base de que dependem os outros dois dados"[62], quais sejam, o plano da validade e o da eficácia. Caso não haja qualquer problema com a constituição jurídica do ato em si (no plano da existência), isto é, com seus *elementos* constitutivos, passa-se à análise de sua validade. Na invalidade, o vício recai em algum *requisito* do ato, e não em algum de seus *elementos constitutivos*, como ocorre no caso da inexistência jurídica.

Costuma-se, assim, no plano teórico, diferenciar *elemento* de *requisito* do ato, sendo o primeiro relacionado à constituição jurídica do ato em si (existência jurídica) e o segundo conformador de sua validade. No plano da (in) validade, é dizer, o ato já entrou no mundo jurídico, pois ostenta os elementos mínimos para ser reconhecido como jurídico[63]; contudo, por conta de um defeito ou devido à falta do preenchimento de algum requisito[64], o ato, em que pese ser juridicamente existente, não

---

[62] KOMATSU, Roque. *Da invalidade no processo civil*. São Paulo: RT, 1991, p. 31.

[63] No direito civil, em teoria, afirma-se haver inexistência jurídica do ato praticado quando não há os seguintes elementos, reputados essenciais para a existência jurídica do ato: (a) uma declaração de vontade, quanto (b) um objeto à relação ou (c) alguma forma essencial requerida para a constituição do ato jurídico. Estes seriam *elementos intrínsecos* necessários para a prática do ato. Embora menos abordados na doutrina, também são elencados os *elementos extrínsecos* necessários para constituição do ato (descritos como seus pressupostos), como (i) o lugar, (ii) o tempo e (iii) a presença de sujeitos de direitos. A respeito, consulte-se: KOMATSU, Roque. *Da invalidade no processo civil*. São Paulo: RT, 1991, p. 32.

[64] A doutrina procura elencar os requisitos, que correspondem, respectivamente, ao (1) *elemento constitutivo intrínseco* declaração de vontade: que (a) a vontade seja livre, consciente e querida (ou seja, sem os vícios de consentimento); (2) quanto ao *elemento constitutivo intrínseco objeto*, que ele seja (b) lícito, possível, determinado ou determinável; (3) quanto ao *elemento constitutivo intrínseco forma*, que ela (c) seja livre, salvo disposição legal em contrário; (4) quanto ao *elemento constitutivo extrínseco* agente, que (d) o agente seja capaz e legitimado para a prática do ato; (5) quanto ao *elemento constitutivo extrínseco tempo*, que (e)

AS NULIDADES E O PROCESSO ADMINISTRATIVO: ALGUMAS BREVES...

consegue, em regra, produzir os seus efeitos. Clóvis Beviláqua fala que a nulidade seria "uma reacção da ordem jurídica para restabelecer o equilíbrio perturbado pela violação da lei".[65]

Em um terceiro nível está a eficácia do ato, isto é, a aptidão (ou, precisamente, potencialidade) para produzir efeitos jurídicos.

Estes planos constituiriam os degraus para se poder afirmar, *na maioria dos casos*, se o ato jurídico é produtor de efeitos.

Conforme a lição de Manoel Augusto Vieira Neto,

> não bastam a existência e a validade para a realização integral do ato jurídico; exige-se, também, a eficácia. O ato jurídico para valer precisa ter existência; para ser eficaz precisa de existir, de valer, e de receber do ordenamento jurídico, com o qual deve estar perfeitamente ajustado, a força necessária para que produza os efeitos a que se destina.[66]

7. CLASSIFICAÇÃO DAS NULIDADES

Em direito civil, dependendo do vício, os atos podem ser nulos de pleno direito[67] ou anuláveis.[68] A doutrina também nomeia esses

---

seja observado o prazo legal, se houver e, por fim, (6) quanto *ao elemento constitutivo extrínseco* lugar, que (e) seja o apropriado (VICENTE, Fabrizzio Matteucci. *A actio nullitatis insanabilis*. Dissertação (Mestrado) apresentada perante a Faculdade de Direito da Universidade de São Paulo (USP), São Paulo, 2006, p. 161).

[65] *Código Civil dos Estados Unidos do Brazil*. vol. I. Rio de Janeiro: Francisco Alves, 1916, p. 446.

[66] *Ineficácia e convalidação do ato jurídico*. Tese (Livre Docência) apresentada perante a Faculdade de Direito da Universidade de São Paulo (USP), São Paulo, s/d, p. 07.

[67] Art. 166, do Código Civil; "É nulo o negócio jurídico quando: I – celebrado por pessoa absolutamente incapaz; II – for ilícito, impossível ou indeterminável o seu objeto; III – o motivo determinante, comum a ambas as partes, for ilícito; IV – não revestir a forma prescrita em lei; V – for preterida alguma solenidade que a lei considere essencial para a sua validade; VI – tiver por objetivo fraudar a lei imperativa; VII – a lei taxativamente o declarar nulo, ou proibir-lhe a prática, sem cominar sanção". Também: Artigo 167, Código Civil: "É nulo o negócio jurídico simulado, mas subsistirá o que se dissimulou, se válido for na substância e na forma".

[68] Artigo 171, do Código Civil: "Além dos casos expressamente declarados na lei, é

mesmos casos como nulidade absoluta (para nulidade de pleno direito) e nulidade relativa (anulabilidade).

Essa mesma dicotomia (nulidade absoluta e relativa) veio a ser aplicada na seara administrativa e processual.

No ponto, uma das razões que contribuíram para tal transposição de conceitos e classificações, próprias da seara civil à processual, foi o modo como a antiga legislação brasileira estabelecia as matérias tratadas. Ao lado da matéria processual (disciplinada, geralmente, de forma pouco satisfatória) havia a previsão pormenorizada da matéria de direito civil, com minuciosas classificações entre nulidades absolutas e relativas. Sendo assim, aproveitava-se a disciplina de uma disciplina à outra.

Isso se deu com o Regulamento 737, de 1850[69], ao estabelecer as hipóteses de nulidades decorrentes dos contratos comerciais (arts. 682 e ss.). Esses dispositivos (que se referiam às nulidades do direito material) foram posicionados ao lado do capítulo das nulidades do processo e da própria sentença, o que, como bem aponta a doutrina[70], contribuiu para que a disciplina das nulidades no processo fosse influenciada pela das nulidades no direito civil material. Pois bem, no capítulo dedicado ao direito privado havia diversas disposições a respeito da diferenciação ·entre nulidade absoluta e nulidade relativa (art. 687 e ss.), tais como sobre a cognoscibilidade de ofício das nulidades absolutas, bem como sobre seu caráter insanável, dispondo-se para as relativas acerca da necessidade de provocação, sendo possível sua ratificação. Tudo isso foi, por tabela, aplicável à seara processual.

A doutrina ainda nos dias de hoje aponta algumas diferenças entre esses dois tipos de nulidade, sendo a nulidade absoluta (de pleno direito) hipótese mais grave em relação à nulidade relativa (anulabilidade).

---

anulável o negócio jurídico: I – por incapacidade relativa do agente; II – por vício resultante de erro, dolo, coação, estado de perigo, lesão ou fraude contra credores".

[69] Pode ser consultado no sítio eletrônico da Presidência da República Federativa do Brasil, no endereço virtual: www.planalto.gov.br/ccivil_03/decreto/Historicos/DIM/DIM737.htm.

[70] CABRAL, Antonio do Passo. *Nulidades no processo moderno*: contraditório, proteção da confiança e validade *prima facie* dos atos processuais. 2ª ed. Rio de Janeiro: Forense, 2010, p. 71.

AS NULIDADES E O PROCESSO ADMINISTRATIVO: ALGUMAS BREVES...

Na nulidade absoluta, haveria a violação da ordem pública ao passo que a nulidade relativa violaria uma norma de interesse particular.[71] A nulidade absoluta, por ser, teoricamente, mais grave se comparada à relativa, impediria que o ato produzisse todos os seus efeitos jurídicos. *Pelo menos em tese*, o ato, nesses casos, não seria passível de ter qualquer eficácia jurídica (*quod nullum est nullum producit effectum*[72]).

Sendo assim, os atos nulos sofreriam de uma ineficácia intrínseca, não sendo por outra razão que eles são qualificados como nulos de pleno direito, não havendo, em teoria, sequer a necessidade de decisão para o reconhecimento da invalidade. O mesmo já não ocorreria nos casos de anulabilidade, que precisariam de provimento para que houvesse a desconstituição de seus efeitos.[73]

8. DIFICULDADES DE APLICAÇÃO DO SISTEMA DE NULIDADES NO DIREITO ADMINISTRATIVO

Igualmente à teorização da inexistência jurídica[74], a construção da teoria das nulidades na teoria geral do direito – da forma como foi pensada

---

[71] Essa distinção entre nulidade absoluta e anulabilidade, e ofensa à ordem pública e ao interesse particular é tradicional na doutrina: BDINE Jr., Hamid Charaf. *Efeitos do negócio jurídico nulo*. São Paulo: Saraiva, 2010, p. 15; BEVILAQUA, Clóvis. *Código Civil dos Estados Unidos do Brazil*. vol. I. Rio de Janeiro: Francisco Alves, 1916, p. 446; GOMES, Orlando. *Introdução ao direito civil*. 2ª ed. Rio de Janeiro: Forense, 1965, p. 406; MONTEIRO, Washington de Barros. *Curso de direito civil*: parte geral. Vol. 1. 39ª ed. São Paulo: Saraiva, 2003, p. 310. Sem pretender opinar em matéria alheia, cabe uma breve observação quanto aos critérios eleitos pela lei civil e quanto aos ensinamentos doutrinários, que procuram separar a nulidade absoluta da nulidade relativa pela violação do interesse público/privado. No ponto, é difícil imaginar que muitas das hipóteses legais elencadas como casos de nulidades relativas (ou anulabilidades: como coação, lesão, má-fé, a fraude contra credores) também não ofendam a ordem pública, pois muitas dessas hipóteses configurariam, em tese, crimes.

[72] "O que é nulo não produz nenhum efeito". Brocardo latino citado por: PEREIRA, Caio Mário da Silva. *Instituções de direito civil*. 22ª ed. vol. 1. Rio de Janeiro: Forense, 2007, p. 644.

[73] Art. 177, do Código Civil: "A anulabilidade não tem efeito antes de julgada por sentença, nem se pronuncia de ofício; só os interessados a podem alegar,e aproveita exclusivamente aos que a alegarem, salvo o caso de solidariedade ou indivisibilidade".

[74] Entre as críticas endereçadas à teoria da inexistência jurídica, sobretudo no processo, é que ela trabalharia com exemplos esdrúxulos, que dificilmente ocorrem na prática,

175

e implantada para o direito civil e, depois, aplicada a todas as outras disciplinas – é sujeita a muitas críticas.

A começar pela diferenciação entre nulidade de pleno direito e anulabilidade, com base no interesse tutelado (público ou privado), sendo um ponto problemático sua aplicabilidade no direito administrativo, já que todo ele é inspirado na primazia do interesse público.

Outrossim, os estudiosos vêm se dando conta que existe certa crise ou incerteza quanto à separação estanque que mais antigamente se procurava fazer entre normas do interesse público ou privado, ou entre o que constituiria o direito público e o que seria próprio do direito privado. Hoje, com a constitucionalização de todo o direito, sobretudo do direito civil, essa dicotomia entre normas endereçadas ao interesse público e ao privado tem se enfraquecido, atingindo a teoria das nulidades, frise-se, não só no direito civil, mas, sobretudo, fora dele.

A rigor, o que ocorre na prática é que o legislador, pautado em critérios eleitos (ainda que criticáveis), elencou hipóteses de nulidades que ora prefere tratar de um modo, ora de outro.

No direito administrativo, elencam-se: atos juridicamente inexistentes[75], isto é, aqueles praticados em âmbito em que o direito radicalmente inadmite (por exemplo, as ordens de que seja praticado um crime, torturada uma pessoa); os atos nulos seriam aqueles que a lei prescreve, ou cuja convalidação seria impossível, tais como os atos de conteúdo ilícito, os praticados com abuso ou desvio de poder, com falta

---

sendo que, além disso, a nulidade seria instituto que poderia substituí-la com vantagem. No processo, lista-se o exemplo de um caso ser julgado por quem não seria juiz ou, no âmbito administrativo, de um procedimento administrativo ser instaurado ou conduzido por um particular. Aponta-se também como exemplos os casos de aplicação de sanção administrativa à prestação impossível, ou hipótese de u superior ordenar uma conduta criminosa ou atentatória aos direitos fundamentais ao subordinado. É adepto da teoria da inexistência jurídica no direito administrativo: BANDEIRA DE MELLO, Celso Antônio. *Curso de direito administrativo.* 23ª ed. São Paulo: Malheiros, 2007, p. 454.

[75] Cabe só observar que, teoricamente, uma coisa é a inexistência jurídica e outra a nulidade. Não é correto elenca-los no regime mais amplo das invalidades, pois a inexistência, em tese, seria um não-ato.

AS NULIDADES E O PROCESSO ADMINISTRATIVO: ALGUMAS BREVES...

de motivo vinculado, ou sem justa causa; os atos anuláveis, sendo assim aquelas que a lei declara.[76]

Outro ponto muitíssimo discutível é a questionável construção que afirma que, nas hipóteses de nulidades absolutas, seria desnecessária uma decisão, já que, em se tratando de nulidades de pleno direito, pela teoria, o ato nulo nunca produziria efeitos. Convenha-se que, na prática, o exposto quase nunca será realizável.[77]

Dependendo do caso, e das circunstâncias envolvidas, pode o ato inválido gerar parte ou até mesmo a totalidade dos efeitos de um ato inteiramente válido, o que se admite por razões de ordem pública, sobretudo quando se coloca a proteção e segurança jurídica do indivíduo frente aos desmandos do Estado.

Outras vezes, será simplesmente impossível retornar ao *status quo ante*, devendo a abstração das construções teóricas ceder espaço frente aos imperativos da vida, pois o direito é feito em prol dos homens, não o contrário.

No direito administrativo, há hipóteses em que, mesmo havendo alguma nulidade, ainda assim o ato pode produzir efeitos, quando em prol da segurança jurídica de terceiros de boa-fé.[78] Por exemplo, não obstante haja alguma invalidade na nomeação de alguém para ocupar cargos públicos, na hipótese de inexistir má-fé, não são poucas as decisões

---

[76] Elencando todos esses vícios: BANDEIRA DE MELLO, Celso Antônio. *Curso de direito administrativo*. 23ª ed. São Paulo: Malheiros, 2007, p. 463.

[77] "... há quem sustente que a nulidade é obra da lei, e somente da lei, nunca da sentença judicial que a proclama e, portanto, paralisa o ato no momento mesmo do nascimento. A noção não pode ser aceita como absoluta, pois que, se é certo que toda nulidade há de provir da lei, expressa ou virtualmente, certo é, também, que se faz mister ela seja *declarada* pelo juiz" (PEREIRA, Caio Mário da Silva. *Instituições de direito civil*. 22ª ed. vol. 1. Rio de Janeiro: Forense, 2007, p. 633).

[78] A rigor, tira-se essa conclusão da própria súmula n. 473, do Supremo Tribunal Federal, de que "a Administração pode anular seus próprios atos, quando eivados de vícios que os tornem ilegais, porque deles não se originam direitos; ou revoga-los, por motivo de conveniência ou oportunidade, respeitados os direitos adquiridos, e ressalvada, em todos os casos, a apreciação judicial".

177

JORGE COUTINHO PASCHOAL

judiciais que têm entendido que o ato, ainda que nulo, tem total aptidão para produzir efeitos jurídicos.[79] Nos contratos administrativos, não obstante sua nulidade, caso não haja má-fé, o prestador não tem que devolver os valores recebidos pelo serviço executado, sendo que, às vezes, sequer há a invalidação do próprio contrato.[80]

9. DA NECESSIDADE DE ESTUDOS A RESPEITO DAS NULIDADES NO PROCESSO ADMINISTRATIVO: ALGUMAS OBSERVAÇÕES QUANTO AO CRITÉRIO DO PREJUÍZO E À INSUBSISTÊNCIA DO CRITÉRIO DA VIOLAÇÃO DOS DIREITOS E GARANTIAS FUNDAMENTAIS

Um dos problemas concernentes, em análise um tanto quanto pretensiosa de nossa parte, ao estudo do ato nulo no procedimento administrativo é que seu estudo é feito mais por um viés estático, visto o ato isoladamente – com foco para as nulidades do direito administrativo – e sem se ter uma análise conjunta.

Deve-se observar que os atos jurídicos processuais (tanto aqueles de natureza jurisdicional quanto administrativa) não vivem isoladamente. A análise das nulidades, por isso mesmo, não pode se fazer do mesmo

---

[79] A título ilustrativo: "(...) Em sede de concurso público não se deve perder de vista a finalidade para a qual se dirige o procedimento. Na avaliação da nulidade do ato administrativo é necessário temperar a rigidez do princípio da legalidade, para que ele se coloque em harmonia com os princípios da estabilidade das relações jurídicas, da boa-fé e outros valores essenciais à perpetuação do estado de direito'. (REsp 6.518/RJ, Rel. Ministro Humberto Gomes de Barros, 1ª Turma, DJ 16/09/1991) 2. Afronta os princípios da boa-fé, da segurança jurídica e da razoabilidade o ato da Administração que, após empossar a recorrente por considerar que os documentos por ela apresentados demonstrariam sua devida aptidão para o cargo de professor, torna sem efeito o ato de nomeação ao fundamento de que à época da posse o Curso de Pedagogia do qual graduada aguardava, após parecer favorável, reconhecimento pelo MEC, ato expedido em apenas dois meses da posse. 3. Recurso ordinário provido" (STJ, RMS 25.219/PR, Ministra Relatora Maria Thereza de Assis Moura, 6ª T., j. 22.02.2011, v.u.).

[80] Nesse sentido: STJ, REsp 1.153.337/AC, Ministro Relator Castro Meira, 2ª T., j. 15.05.2012, v.u.

AS NULIDADES E O PROCESSO ADMINISTRATIVO: ALGUMAS BREVES...

modo para os atos administrativos, vistos unicamente, daqueles praticados no processo administrativo, que segue outra lógica.[81]

Discorre-se a respeito dos grandes princípios, entre eles o da supremacia do interesse público, o da indisponibilidade do interesse público, o da impessoalidade, eficiência, da igualdade, moralidade. Contudo, mais propriamente ligados ao âmbito do processo administrativo, têm-se os princípios constitucionais, como os da ampla defesa e do contraditório (art. 5º, LV, CR), o da duração razoável do processo, (art. 5º, LXXVIII, CR, inserido com a emenda 45/2004) e do devido processo legal (art. 5º, LIV, CR)[82], bem como os demais princípios, que, apesar de não estarem expressamente previstos na Constituição, estão no cerne do Estado Democrático, como o da busca da verdade e alcance de uma decisão justa, da boa-fé e da possibilidade, se não de um recurso, ao menos de impugnação das decisões tomadas, em procedimento que prime pela segurança jurídica, pautado em um mínimo de formalismo.[83]

Poucos são os trabalhos, contudo, que têm se dedicado, mais de perto e de modo mais detido, ao estudo das nulidades no processo administrativo.[84]

Dos poucos trabalhos existentes, muito pouco se fala do critério do prejuízo, com o qual – sobretudo em seara processual (penal) –

---

[81] Por essa razão, evitar-se-á abordar, mais detidamente, as nulidades do direito administrativo. Caso haja interesse em estuda-las, remetemos o leitor para a análise feita por: HORBACH, Carlos Bastide. *Teoria das nulidades do ato administrativo.* 2ª ed. São Paulo: RT, 2010. Igualmente interessante a leitura do artigo de Patrícia Irene Nohara aos artigos 2º, 3º e 4º da Lei 4.717/1965: *In:* COSTA, Susana Henriques da. *Comentários à Lei de Ação Civil Pública e de Lei de Ação Popular.* São Paulo: Quartier Latin 2006.

[82] Confira-se o trabalho de: CAGGIANO, Álvaro Theodor Herman Salem. *Tratamento das nulidades no processo administrativo.* Dissertação (Mestrado) apresentada perante a Faculdade de Direito da USP, São Paulo, 2013, p. 56.

[83] CAGGIANO, Álvaro Theodor Herman Salem. *Tratamento das nulidades no processo administrativo.* Dissertação (Mestrado) apresentada perante a Faculdade de Direito da USP, São Paulo, 2013, p. 56.

[84] Talvez se não for o único, é um dos poucos a respeito do tema: CAGGIANO, Álvaro Theodor Herman Salem. *Tratamento das nulidades no processo administrativo.* Dissertação (Mestrado) apresentada perante a Faculdade de Direito da USP, São Paulo, 2013.

tem-se empreendido uma ampla e perigosa relativização das nulidades decorrentes de vícios gravíssimos.

Em regra, não se pronuncia nulidade processual sem que tenha havido prejuízo, o que não deixa de ser uma afirmação correta, o que também vale para a esfera do processo administrativo.[85]

Em estudo focado para o direito processual penal[86], constatamos que o prejuízo sempre foi lido, tradicionalmente, como ofensa à ordem pública e, mais recentemente, pela doutrina moderna, passou a ser focado pela ofensa aos direitos e às garantias fundamentais, de modo a comprometer os objetivos do processo, cujo fundamento reside na busca da verdade.[87]

Havendo ofensa aos direitos e garantias fundamentais, haveria uma nulidade de ordem absoluta, que implicaria possibilidade de reconhecimento de ofício da nulidade, sem provocação da parte, sendo o prejuízo considerado ínsito. Nas nulidades relativas, que não tenham causado alguma ofensa à ordem constitucional, o prejuízo deveria ser demonstrado, devendo haver alegação pela parte interessada.

Em geral, coloca-se que o critério da violação da ordem constitucional, para identificar quando estaríamos diante de um vício que dá azo à nulidade absoluta, seria um critério preferível ao da ofensa

---

[85] Nesse sentido: STJ, AgRg no REsp 1387734/RJ, Ministro Relator Og Fernandes, 2ª T., j. 21.11.2013, v.u; STJ, RMS 32.849/ES, Min. Rel. Herman Benjamin, 2ª T., J. 26.04.2011, v.u.

[86] PASCHOAL, Jorge Coutinho. *O prejuízo na teoria das nulidades processuais penais e sua análise jurisprudencial nos Tribunais Superiores*. (2014) Dissertação (Mestrado) apresentada perante a Faculdade de Direito da Universidade de São Paulo, São Paulo, 2014.

[87] Alguns discorrem ser atrasado identificar o fundamento do processo com a busca da verdade. Com todo o devido processo, mas se o processo não almeja a busca da verdade, ou uma correspondência (ainda que relativa, pois verdade absoluta é inatingível) em relação a como os fatos se deram na vida das pessoas de carne e osso, estaria ele em busca de quê? Tão ou mais perigoso que a busca da verdade a todo custo é o seu desprezo, ou mesmo o ceticismo com relação à sua busca e seu alcance no processo, que pode levar ao decisionismo (no âmbito judicial) e a decisões arbitrárias (no âmbito administrativo).

AS NULIDADES E O PROCESSO ADMINISTRATIVO: ALGUMAS BREVES...

à ordem pública, considerado muito mais genérico, sendo que, portanto, para evitar imprecisão, as nulidades passariam a ser divididas com base na ofensa à ordem constitucional.

Trata-se de classificação já célebre, difundida pela doutrina constitucional das últimas duas décadas. Cabe só fazer a observação que essa concepção das nulidades processuais já era cultuada há algum tempo pela doutrina, sendo difícil precisar o seu surgimento, podendo-se citar, em períodos mais recentes, a tentativa de implementá-la na alteração do Código de Processo Penal (Anteprojeto José Frederico Marques), que procurou alicerçar a nulidade à vulneração dos valores fundamentais, a exemplo do contraditório.[88]

Seja como for, o critério da vulneração dos direitos e garantias fundamentais, ou melhor, da atipicidade de ordem constitucional[89], apesar de ser correto, sofre do mesmo inconveniente que o anterior, alicerçado na violação da ordem pública: a rigor, também ele se mostra impreciso para diferenciar uma nulidade de outra, já que a violação de um valor fundamental sempre será um pressuposto para o reconhecimento de qualquer nulidade no curso do processo, seja jurisdicional ou administrativo.

Apesar de se vender a ideia de que o critério em comento melhor distinguiria as nulidades, o fato é que não ele não serve para diferenciá-las, já que, no processo (seja o penal, civil ou administrativo), não é

---

[88] Assim constava em uma das constantes reformulações do Projeto de Novo Código de Processo Penal (Projeto José Frederico Marques), conforme consta da portaria n. 320, de 26 de maio de 1981 (do PL 633/1975): Art. 203. "A nulidade dos atos do processo deve ser alegada na primeira oportunidade em que couber à parte falar nos autos, sob pena de preclusão, salvo: I – quando se tratar de nulidade insanável; II – quando a parte provar legítimo impedimento; III – *quando, por violação do contraditório, ou regra a ele inerente, houver prejuízo substancial à defesa do réu*".

[89] FERNANDES, Antonio Scarance; GOMES FILHO, Antonio Magalhães; GRINOVER, Ada Pellegrini. *As nulidades no processo penal*. 11ª ed. São Paulo: RT, 2009, p. 22. Também Juliana Garcia Belloque: "tratando-se de atipicidade constitucional, por violação a normas de garantia da Constituição da República, a nulidade será absoluta" (*Sigilo bancário*: análise crítica da LC 105/2001. São Paulo: RT, 2003, p. 171).

181

possível vislumbrar uma norma sequer que não tutele, ainda que por via indireta, ou reflexa, algum direito ou garantia fundamentais.

Ainda mais hoje, com a Constituição da República de 1988, a qual, conforme muito bem expõem Anna Cândida da Cunha Ferraz e Fernanda Dias Menezes de Almeida, notabiliza-se pela "marcante generosidade do constituinte na acolhida de tudo, e mais um pouco, do que a modernidade constitucional consagra a respeito".[90] Não é por outra razão que o Ministro Luis Roberto Barroso, do Supremo Tribunal Federal, disse, em sua sabatina, em tom irônico, que "a Constituição brasileira trata de tudo, só não traz a pessoa amada em três dias".[91]

A doutrina, talvez para aplacar essa ampla generalização, tem tomado dois caminhos: (1) ora tenta especificar as situações em que haveria nulidades processuais de ordem absoluta, focalizando a sua ocorrência na *vulneração da garantia do contraditório*, na qual sempre haveria prejuízo[92], (2) ora tenta enveredar pelo caminho da relativização das nulidades absolutas, tornando-as menos absolutas, mais relativas.

Os dois caminhos são, a nosso ver, equivocados.

A tentativa de reduzir as nulidades absolutas à ofensa do contraditório é inapropriada, pois há nulidades evidentes que não decorrem apenas da violação do contraditório.[93]

---

[90] "A comunicação social e a proteção da intimidade e da vida privada na Constituição de 1988". *In*: MORAES, Alexandre de (coord.). *Os 20 anos da Constituição da República Federativa do Brasil*. São Paulo: Atlas, 2009, p. 03.

[91] Consulte-se em g1.globo.com/politica/noticia/2013/06/constituicao-so-nao-traz-pessoa-amada-em-3-dias-diz-indicado-ao-stf.html.

[92] "A existência de prejuízo está correlacionada com o princípio do contraditório, no sentido de que, não ensejando o contraditório por ausência de comunicação, configura-se, *processualmente, prejuízo*" (WAMBIER, Teresa Arruda Alvim. *Nulidades do processo e da sentença*. 5ª ed. São Paulo: RT, 2004, pp. 178/179).

[93] A esse respeito: GLOECKNER, Ricardo Jacobsen. *Uma nova da teoria das nulidades:* processo penal e instrumentalidade constitucional. (2014) Tese (Doutorado) apresentada perante a Faculdade de Direito da Universidade Federal do Paraná (UFPR), Paraná, 2010, p. 242.

AS NULIDADES E O PROCESSO ADMINISTRATIVO: ALGUMAS BREVES...

Além do mais, não seria adequado hierarquizar nulidades com base nos direitos fundamentais violados (afinal, porque a ofensa ao contraditório seria mais grave que a ofensa a outros direitos fundamentais?), pois se estaria fazendo um balanceamento entre eles no plano abstrato, o que seria de todo incorreto, pois, bem se sabe, e é lição clássica do direito: não há hierarquia *a priori* entre direitos fundamentais.

Igualmente, o processo de relativização das nulidades absolutas não é o mais adequado, pois, apesar de nulidades evidentes, decorrentes de vícios graves, não se reconhece a invalidade sob a alegação de que se "comprovou" a falta do prejuízo.

Na verdade, a existência de um prejuízo é imprescindível para qualquer caso de nulidade. Excepcionalmente, há nulidades absolutas que podem não ter causado mesmo prejuízo. Contudo, repita-se, trata-se de *exceção*, não a regra, sendo que as autoridades judiciais[94] e, segundo pensamos – pois ainda não fizemos um estudo pormenorizado a respeito –, também as autoridades administrativas tendem a inverter tal ordem, para evitar reconhecer a nulidade.

A exemplo do exposto, há a Súmula – diga-se de passagem: muito mal redigida – n. 523[95], do Supremo Tribunal Federal, que foi a solução encontrada para nunca se reconhecer uma nulidade no processo penal.

No âmbito administrativo, temos a Súmula Vinculante n. 5[96], que dispõe que, no procedimento disciplinar, a ausência de advogado não

---

[94] Isso foi constatado, no estudo do capítulo 5, de nossa Dissertação, intitulado O prejuízo e as nulidades processuais penais: um estudo à luz da jurisprudência do Supremo Tribunal Federal e do Superior Tribunal de Justiça: PASCHOAL, Jorge Coutinho. *O prejuízo na teoria das nulidades processuais penais e sua análise jurisprudencial nos Tribunais Superiores.* Dissertação (Mestrado) apresentada perante a Faculdade de Direito da Universidade de São Paulo, São Paulo, 2014, pp. 420-528.

[95] Súmula do seguinte teor: "no processo penal, a falta de defesa constitui nulidade absoluta, mas a sua deficiência só o anulará se houver prova de prejuízo para o réu".

[96] Súmula Vinculante do seguinte teor: "A falta de defesa técnica por advogado no processo administrativo disciplinar não ofende a Constituição".

JORGE COUTINHO PASCHOAL

fere a ampla defesa, hipótese ainda mais aberrante, pois, evidentemente, a ausência do advogado no procedimento disciplinar fere diretamente o teor do art. 5º, inc. LV, da Constituição.[97]

A (correta) constatação ou a mera inscrição normativa de que a nulidade (frise-se: qualquer nulidade) decorreria da vulneração das garantias fundamentais, apesar de importante, não ajuda a resolver os problemas, pois sempre se pode interpretar que, apesar disso, não houve um prejuízo.

Conversando com alguns colegas, há no ideário geral das pessoas de que a mera inscrição, na norma, que a nulidade decorreria de uma violação aos preceitos fundamentais resolveria muitos dos nossos problemas.

Isso não é verdade, pois há algum tempo se tem essa consciência, sobretudo em âmbito do processo penal, e a situação em nada melhorou, havendo um verdadeiro caos no tratamento da matéria, sobretudo na jurisprudência.

Reitera-se aqui, para evitar mal entendidos: a conscientização quanto ao fato de a nulidade tutelar, sobretudo, direitos fundamentais e normas de garantia é importante e está correta, haja vista a inquestionável relevância dos direitos e garantias fundamentais, inclusive para o sistema de nulidades; ainda assim, o ponto que se quer ressaltar, destacar e pontuar é que de nada serve apenas sua inscrição (por exemplo: ao se colocar no texto legal que a nulidade tutela direitos e garantias fundamentais) se não houver efetividade e, o mais importante, a fixação de critérios legais claros e bem delimitados para precisar quando haverá, ou não, nulidade.

REFERÊNCIAS BIBLIOGRÁFICAS

ALMEIDA, Fernanda Dias Menezes; FERRAZ, Anna Cândida da Cunha. "A comunicação social e a proteção da intimidade e da vida privada na Constituição

---

[97] A esse respeito: BACELLAR FILHO, Romeu Felipe. *Processo administrativo disciplinar.* 4ª ed. São Paulo: Atlas, 2013, p. 320.

AS NULIDADES E O PROCESSO ADMINISTRATIVO: ALGUMAS BREVES...

de 1988". *In*: Alexandre de Moraes (coord.). *Os 20 anos da Constituição da República Federativa do Brasil*. São Paulo: Atlas, 2009.

ALMEIDA Jr., João Mendes de. *O processo criminal brasileiro.* 4ª ed. vol. I. São Paulo: Freitas Bastos, 1959.

ANDRADE, José Carlos Vieira de. *Os direitos fundamentais na constituição portuguesa de 1976.* Coimbra: Almedina, 1998.

ARAÚJO, Edmir Netto de. *Convalidação do ato administrativo.* São Paulo: LTr, 1999.

BACELLAR FILHO, Romeu Felipe. *Processo administrativo disciplinar.* 4ª ed. São Paulo: Atlas, 2013.

BECCARIA, Cesare. *Dos delitos e das penas.* Tradução de José Cretella Júnior e Agnes Cretella. 2ª ed. São Paulo: RT, 1999.

BEDAQUE, José Roberto dos Santos. *Efetividade do processo e técnica processual.* 2ª ed. São Paulo: Malheiros, 2007.

BELLOQUE, Juliana Garcia. *Sigilo bancário*: análise crítica da LC 105/2001. São Paulo: RT, 2003.

BEVILAQUA, Clóvis. *Código Civil dos Estados Unidos do Brazil.* vol. I. Rio de Janeiro: Francisco Alves, 1916.

BDINE Jr., Hamid Charaf. *Efeitos do negócio jurídico nulo.* São Paulo: Saraiva, 2010.

BINDER, Alberto M. *O descumprimento das formas processuais*: elementos para uma crítica da teoria unitária das nulidades no processo penal. Tradução de Angela Nogueira Pessôa. Rio de Janeiro: Lumen Juris, 2003.

BITENCOURT, Cezar Roberto. *Tratado de direito penal*: parte geral. vol. 1. 19ª ed. São Paulo: RT, 2013.

CAGGIANO, Alvaro Theodor Herman Salem. *Tratamento das nulidades no processo administrativo.* (2013) Dissertação (Mestrado) apresentada perante a Faculdade de Direito da Universidade de São Paulo (USP), São Paulo, 2013.

CALMON DE PASSOS, José Joaquim. *Esboço de uma teoria das nulidades aplicada à teoria das nulidades processuais.* Rio de Janeiro: Forense, 2002.

CANOTILHO, José Joaquim Gomes. *Direito constitucional*. 3ª ed. Coimbra: Almedina, 1999.

CARRAZZA, Roque Antonio. *Curso de direito constitucional tributário*. 21ª ed. São Paulo: Malheiros, 2005.

CABRAL, Antonio do Passo. *Nulidades no processo moderno*: contraditório, proteção da confiança e validade *prima facie* dos atos processuais. 2ª ed. Rio de Janeiro: Forense, 2010.

COMPARATO, Fábio Konder. *A afirmação histórica dos direitos humanos*. 2ª ed. São Paulo: Saraiva, 2001.

CORREIA, João Conde. *Contributo para a análise da inexistência e das nulidades processuais penais*. Coimbra: Coimbra, 1999.

COSTA, Paula Bajer Fernandes Martins da. *Igualdade no direito processual penal brasileiro*. São Paulo: RT, 2001.

COUTINHO, Aldacy Rachid. *Invalidade processual*: um estudo para o processo do trabalho. Rio de Janeiro: Renovar, 2000.

DALLEGRAVE NETTO, José Affonso. "Nulidade do contrato de trabalho e o novo Código Civil". *In*: DALLEGRAVE NETO, José Affonso; GUNTHER, Luiz Eduardo (coord.). *O impacto do novo Código Civil no direito do trabalho*. São Paulo: LTR, 2003.

DIMOULIS, Dimitri; MARTINS, Leonardo. *Teoria geral dos direitos fundamentais*. 2ª ed. São Paulo, RT, 2009.

FERNANDES, Antonio Scarance. *A reação defensiva à imputação*. São Paulo: RT, 2002.

FERNANDES, Antonio Scarance; GOMES FILHO, Antonio Magalhães; GRINOVER, Ada Pellegrini. *As nulidades no processo penal*. 11ª ed. São Paulo: RT, 2009.

FERNANDES, Antonio Scarance. *Teoria geral do procedimento e o procedimento no processo penal*. São Paulo: RT, 2005.

FERRAJOLI, Luigi. *Direito e razão*: teoria do garantismo penal. Tradução de Ana Paula Zomer; Fauzi Hassan Choukr; Juarez Tavares; Luiz Flávio Gomes. São Paulo: RT, 2002.

AS NULIDADES E O PROCESSO ADMINISTRATIVO: ALGUMAS BREVES...

FERRAZ Jr., Tércio Sampaio. *Estudos de filosofia do direito*: reflexões sobre o poder, a liberdade, a justiça e o direito. 3ª ed. São Paulo: Atlas, 2009.

FRAGOSO, Heleno Cláudio. *Lições de direito penal*: parte geral. Atualizado por Fernando Fragoso. 16ª ed. Rio de Janeiro: Forense, 2003.

GARCIA, Basileu. *Instituições de direito penal*. vol. 1. tomo 1. 7ª ed. São Paulo: Saraiva, 2008.

GLOECKNER, Ricardo Jacobsen. *Uma nova da teoria das nulidades:* processo penal e instrumentalidade constitucional. Tese (Doutorado) apresentada perante a Faculdade de Direito da Universidade Federal do Paraná (UFPR), Paraná, 2010.

GOMES, Mariângela Gama de Magalhães. *Direito penal e interpretação jurisprudencial*: do princípio da legalidade às súmulas vinculantes. São Paulo: Atlas, 2008.

GOMES, Orlando. *Introdução ao direito civil*. 2ª ed. Rio de Janeiro: Forense, 1965.

GOMES, Orlando. "Nulidades no direito contratual do trabalho". *Revista Forense*, n. 155, set./out. 1954.

GONZAGA, João Bernardino. *A inquisição em seu mundo*. 8ª ed. São Paulo: Saraiva, 1994.

GÖSSEL, Karl Heinz. *El Derecho Procesal Penal en El Estado de* Derecho: obras completas. DONNA, Edgardo Alberto (coord.). Santa Fé: Rubinzal-Culzoni, 2007.

GRECO FILHO, Vicente. *Manual de processo penal*. 7ª ed. São Paulo: Saraiva, 2009.

GRINOVER, Ada Pellegrini. *Liberdades públicas e processo penal*: as interceptações telefônicas. São Paulo: Saraiva, 1976.

GUALAZZI, Eduardo Lobo Botelho. *Ato administrativo inexistente*. São Paulo: RT, 1980.

HECK, Luís Afonso. *Jurisdição constitucional:* teoria da nulidade *versus* teoria da nulificabilidade das leis. São Paulo: Livraria do Advogado, 2008.

HORBACH, Carlos Bastide. *Teoria das nulidades do ato administrativo*. 2ª ed. São Paulo: RT, 2010.

JORGE COUTINHO PASCHOAL

IHERING, Rudolf Von. *A luta pelo direito*. Tradução de João Vasconcelos. São Paulo: Martin Claret, 2009.

KOMATSU, Roque. *Da invalidade no processo civil*. São Paulo: RT, 1991.

LACERDA, Galeno. *Despacho saneador*. 3ª ed. Porto Alegre: Sérgio Antonio Fabris, 1990.

LEONE, Giovanni. *Manuale di diritto processuale penale*. 8ª ed. Napoli: Eugenio Jovene, 1973.

LOPES Jr., Aury. *Introdução crítica ao processo penal*: fundamentos da instrumentalidade garantista. 3ª ed. Rio de Janeiro: Lumen Juris, 2005.

LORENZETTI, Ari Pedro. *As nulidades no direito do trabalho*. 2ª ed. São Paulo: LTr, 2010.

MAURINO, Alberto Luis. *Nulidades procesales*. 3ª ed. Buenos Aires: Astrea, 2009.

MEDEIROS, Luiz César. *O formalismo processual e a instrumentalidade*: um estudo à luz dos princípios constitucionais do processo e dos poderes jurisdicionais. 3ª ed. Florianópolis: Conceito Editorial, 2008.

BANDEIRA DE MELLO, Celso Antônio. *Curso de direito administrativo*. 23ª ed. São Paulo: Malheiros, 2007.

MENDES, Gilmar Ferreira. "A nulidade da lei inconstitucional e seus efeitos: considerações sobre a decisão do Supremo Tribunal Federal proferida no RE n. 122.202" *Revista da Fundação Escola Superior do Ministério Público do Distrito Federal e Territórios*, n. 3, vol. 2, 1994.

_____. *Direitos fundamentais e controle de constitucionalidade*: estudos de direito constitucional. 4ª ed. São Paulo: Saraiva, 2012.

MONTEIRO, Washington de Barros. *Curso de direito civil*: parte geral. vol. 1. 39ª ed. Atualização de Ana Cistina de Barros Monteiro França Pinto. São Paulo: Saraiva, 2003.

NOHARA, Patrícia Irene. *In*: COSTA, Susana Henriques da. *Comentários à Lei de Ação Civil Pública e de Lei de Ação Popular*. São Paulo: Quartier Latin, 2006.

NOVAES, André Santos. *Comentários e anotações sobre o processo penal de Jesus*: o Galileu – nulidades, ilegalidades, arbitrariedades e abusos praticados dois mil anos atrás. São Paulo: Ltr, 2001.

AS NULIDADES E O PROCESSO ADMINISTRATIVO: ALGUMAS BREVES...

OLIVEIRA, Carlos Alberto Álvaro de. *Do formalismo no processo civil.* Tese (Doutorado) apresentada perante a Faculdade de Direito da Universidade de São Paulo (USP), São Paulo, 1996.

PARIZ, Ângelo Aurélio Gonçalves. *O princípio do devido processo legal:* direito fundamental do cidadão. Coimbra: Almedina, 2009.

PASCHOAL, Jorge Coutinho. *O prejuízo na teoria das nulidades processuais penais e sua análise jurisprudencial nos Tribunais Superiores.* Dissertação (Mestrado) apresentada perante a Faculdade de Direito da Universidade de São Paulo, São Paulo.

PEREIRA, Caio Mário da Silva. *Instituções de direito civil.* vol. 1. 22ª ed. Rio de Janeiro: Forense, 2007.

PRADO, Geraldo. *Sistema acusatório:* a conformidade constitucional das leis penais. 4ª ed. Rio de Janeiro, Lumen Juris, 2006.

REALE, Miguel. *Revogação e anulamento dos atos administrativos.* 2ª ed. Rio de Janeiro: Forense, 1980.

ROXIN, Claus. *Derecho Procesal Penal.* Buenos Aires: Editores del Puerto, 2003.

SALGADO FILHO, Nilo Spinola. *Contrato administrativo:* efeitos da invalidação. Dissertação (Mestrado) apresentada perante a Faculdade de Direito da Universidade de São Paulo (USP), São Paulo, 2006.

SANTOS, Moacyr Amaral. *Primeiras linhas de direito processual civil.* vol 2. tradução de Aricê Moacyr Amaral Santos. 23ª ed. São Paulo: Saraiva, 2004.

SANTOS NETO, João Antunes dos. *Da anulação ex officio do ato administrativo.* Belo Horizonte: Fórum, 2004.

SILVA, Clarissa Sampaio. *Limites à invalidação dos atos administrativos.* São Paulo: Max Limonad, 2001.

SIQUEIRA, Galdino. *Curso de Processo Criminal.* 2ª ed. São Paulo: Magalhães, 1937.

STEINER, Sylvia Helena de Figueiredo. *A convenção americana sobre direitos humanos e sua integração ao processo penal brasileiro.* São Paulo: RT, 2000.

189

TROLLER, Alois. *Dos fundamentos do formalismo processual civil* (Von den Grundlagen des zivilprozessualen Formalismus). Tradução de Carlos Alberto Álvaro de Oliveira. Porto Alegre: Sérgio Antonio Fabris, 2009.

VICENTE, Fabrizzio Matteucci. *A actio nullitatis insanabilis*. Dissertação (Mestrado) apresentada perante a Faculdade de Direito da Universidade de São Paulo (USP), São Paulo, 2006.

VIEIRA NETO, Manoel Augusto. *Ineficácia e convalidação do ato jurídico*. Tese (Livre Docência) apresentada perante a Faculdade de Direito da Universidade de São Paulo (USP), São Paulo, s/d.

WAMBIER, Teresa Arruda Alvim. *Nulidades do processo e da sentença*. 5ª ed. São Paulo: RT, 2004.

ZANCANER, Weida. *Da convalidação e da invalidação dos atos administrativos*. 2ª ed. São Paulo: Malheiros, 2001.

ZANOIDE DE MORAES, Maurício. *Presunção de inocência no processo penal brasileiro*: análise de sua estrutura normativa para a elaboração legislativa e para a decisão judicial. Rio de Janeiro: Lumen Juris, 2010.

Informação bibliográfica deste texto, conforme a NBR 6023:2002 da Associação Brasileira de Normas Técnicas (ABNT):

PASCHOAL, Jorge Coutinho. "As nulidades e o processo administrativo: algumas breves considerações". *In*: SOUZA, Luciano Anderson de; TUCUNDUVA SOBRINHO, Ruy Cardozo de Mello (Coord.). *Temas de Processo Administrativo*. São Paulo: Editora Contracorrente, 2017, pp. 153-190. ISBN. 978-85-69220-32-9.

OS PROCEDIMENTOS ADMINISTRATIVOS NA LEI N. 12.529/11 (LEI DE DEFESA DA CONCORRÊNCIA): QUAL A LEI APLICÁVEL?

LEOPOLDO PAGOTTO

RAPHAELA SATIE NAWA VELLOSO

SUMÁRIO: 1. Das espécies de procedimento administrativo na Lei de Defesa da Concorrência (Lei n. 12.529/11); 1.1 Dos procedimentos administrativos relacionados à função repressiva. 1.2 Dos procedimentos administrativos relacionados à função preventiva. 1.3 Do procedimento administrativo relacionado às funções repressiva e preventiva. 2. Da análise sistemática do art. 115 da Lei de Defesa da Concorrência. 3. Da aplicação do art. 115 da Lei de Defesa da Concorrência pelo CADE. Conclusão; Referências Bibliográficas.

Em princípio, o título deste artigo nada parece ter de polêmico. O art. 115 da Lei n. 12.529/11 ("Lei de Defesa da Concorrência") responde de forma clara à dúvida expressa no título:

> Art. 115. Aplicam-se subsidiariamente aos processos administra-
> tivo e judicial previstos nesta Lei as disposições do Decreto-Lei

LEOPOLDO PAGOTTO; RAPHAELA SATIE NAWA VELLOSO

n. 5.869, de 11 de janeiro de 1973 – Código de Processo Civil e das Leis n. 7.347, de 24 de julho de 1985; 8.078, de 11 de setembro de 1990, e 9.784, de 29 de janeiro de 1999.

O dispositivo possui uma clareza que invoca o brocardo romano *in claris cessat interpretatio*.

Todavia, a aplicação desta regra pelo Conselho Administrativo de Defesa Econômica ("CADE") pode ser qualificada de errática e inconstante – desnecessário dizer que, conforme a escolha feita pelo aplicador do direito, as consequências para os administrados são substanciais: se aplicável o Direito Penal ou o processual penal as regras seriam diferentes daquelas vigentes no processo civil. Tal cenário gera incertezas e representa um abalo à segurança jurídica, particularmente desejável nos procedimentos administrativos que envolvem direitos e interesses dos administrados.

Para analisar a sistemática da aplicação da legislação aplicável nos procedimentos administrativos pelo CADE, este artigo se dividirá em 4 partes:

- Das espécies de procedimento administrativo na Lei de Defesa da Concorrência (Lei n. 12.529/11);
- Da análise sistemática do art. 115 da Lei de Defesa da Concorrência;
- Da aplicação do art. 115 da Lei de Defesa da Concorrência pelo CADE;
- Conclusões;

1. DAS ESPÉCIES DE PROCEDIMENTO ADMINISTRATIVO NA LEI DE DEFESA DA CONCORRÊNCIA (LEI N. 12.529/11)

Inegavelmente, a nova Lei de Defesa da Concorrência traz uma mais detalhada sistematização do procedimento administrativo. Os redatores do projeto de lei que resultou na nova Lei de Defesa da Concorrência se basearam na experiência pretérita da aplicação da Lei n. 8.884/94 (antiga Lei de Defesa da Concorrência): vários pontos

OS PROCEDIMENTOS ADMINISTRATIVOS NA LEI N. 12.529/11...

obscuros tiveram um detalhamento maior e mais detalhado, o que representa um avanço.

Do ponto de vista técnico, a Lei de Defesa da Concorrência adotou a diferenciação doutrinária entre processo e procedimento. O procedimento "consiste numa sequência predeterminada de atos, cada qual com finalidade específica, mas todos dotados de uma finalidade última comum, em que o exaurimento de cada etapa é pressuposto de validade da instauração da etapa posterior e cujo resultado final deve guardar compatibilidade lógica com o conjunto dos atos praticados".[1] Já o processo seria um procedimento qualificado pela controvérsia, o que exige que esta mesma sequência seja temperada pelo contraditório e pela ampla defesa.[2]

Não se deve identificar o processo administrativo com o processo judicial automaticamente. Neste, o juiz surge como figura imparcial, afastado dos interesses das partes, o que contrasta com o processo administrativo, em que uma das partes, diretamente ou indiretamente, se identifica com certos interesses do Estado.[3] Por conta disso, existe uma mitigação de certas garantias no processo administrativo, tal como ocorre com o princípio do juiz natural.[4] Burini explicita o raciocínio:

> A aproximação dos conceitos processuais – analisados usualmente no processo jurisdicional – do processo administrativo em questão tem então a finalidade clara de fortalecimento da atuação administrativa, exaltando sua importância no exercício do Poder Estatal no âmbito da defesa da concorrência.[5]

---

[1] JUSTEN FILHO, Marçal. *Curso de direito administrativo*. 8ª ed. Belo Horizonte: Fórum, 2012, p. 297.

[2] JUSTEN FILHO, Marçal. *Curso de direito administrativo*. 8ª ed. Belo Horizonte: Fórum, 2012, p. 301.

[3] JUSTEN FILHO, Marçal. *Curso de direito administrativo*. 8ª ed. Belo Horizonte: Fórum, 2012, p. 302.

[4] Ver STJ, RMS n. 24.585/SP, 6ª Turma, Rel. Min. Jane Silva, Julgado em 2.12.2008, DJe em 19.12.2008.

[5] *Processo administrativo de apuração de conduta anticoncorrencial:* perspectiva instrumentalista. (2010) São Paulo. Tese (doutorado) apresentada à Faculdade de Direito da Universidade de São Paulo – USP, 2010. p. 8.

Todavia, tal cenário não pode significar que exista um ambiente propenso à violação dos direitos dos administrados, especialmente no bojo do CADE. Tal alerta é importante, na medida em que a estrutura administrativa do CADE pode conduzir a situações peculiares. A Superintendência-Geral do CADE é responsável pela instrução processual, bem como pela formulação de acusações e impugnações: desnecessário afirmar que, quando dotada de ânimo prosecutorial, a combinação destes dois fatores pode dificultar em muito o exercício do direito à ampla defesa e ao contraditório. Os dados abaixo sugerem que tal tendência pode, efetivamente, estar ocorrendo.

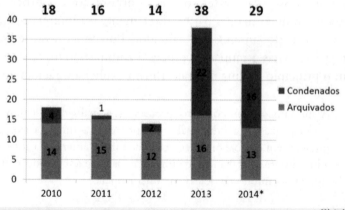

Fonte: Apresentação feita pelo Presidente do CADE Vinicius Marques de Carvalho no Seminário "Compliance e Defesa da Concorrência" em 28 e 29 de junho de 2014.

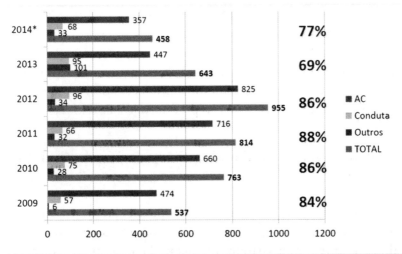

Fonte: Apresentação feita pelo Presidente do CADE Vinicius Marques de Carvalho no Seminário "*Compliance* e Defesa da Concorrência" em 28 e 29 de junho de 2014.

As garantias dos administrados baseiam-se fortemente na lei e, por isso, de acordo com as funções a serem desempenhadas pelo CADE, o art. 48 da nova Lei de Defesa da Concorrência arrola os tipos de procedimentos administrativos:

I – procedimento preparatório de inquérito administrativo para apuração de infrações à ordem econômica;

II – inquérito administrativo para apuração de infrações à ordem econômica;

III – processo administrativo para imposição de sanções administrativas por infrações à ordem econômica;

IV – processo administrativo para análise de ato de concentração econômica;

V – procedimento administrativo para apuração de ato de concentração econômica; e

VI – processo administrativo para imposição de sanções processuais incidentais.

Os seis tipos de procedimentos administrativos podem ser divididos conforme a finalidade a quem se destinam. Nos termos do art. 1º, a Lei de Defesa da Concorrência dispõe sobre "a prevenção e a repressão às infrações contra a ordem econômica", a partir do que se infere que haja duas funções principais a serem desempenhadas pelo Sistema Brasileiro de Defesa da Concorrência: a função preventiva e a função repressiva.

1.1 Dos procedimentos administrativos relacionados à função repressiva

A função repressiva é desempenhada após a ocorrência da infração à ordem econômica (*ex post*). De forma bastante ampla, o art. 36 estabelece que "constituem infração da ordem econômica, independentemente de culpa, os atos sob qualquer forma manifestados, que tenham por objeto ou possam produzir os seguintes efeitos, ainda que não sejam alcançados: I – limitar, falsear ou de qualquer forma prejudicar a livre concorrência ou a livre iniciativa; II – dominar mercado relevante de bens ou serviços; III – aumentar arbitrariamente os lucros; e IV – exercer de forma abusiva posição dominante". Em seguida, de modo não exaustivo, o parágrafo 3º lista 36 práticas que podem caracterizar infração à ordem econômica.

Para investigar a ocorrência ou não destas infrações à ordem econômica, três procedimentos administrativos listados no art. 48 se aplicam: I – procedimento preparatório de inquérito administrativo para apuração de infrações à ordem econômica; II – inquérito administrativo para apuração de infrações à ordem econômica; e III – processo administrativo para imposição de sanções administrativas por infrações à ordem econômica.

Pode-se afirmar que a passagem de um para outro depende, em grande parte, da convicção da Superintendência-Geral do CADE a respeito da quantidade de prova disponível, o que conduz a uma análise subjetiva – instaura-se um caso se houver interesse social ou impacto significativo. Enquanto certos casos são instaurados com pouco conjunto probatório, outros bem instruídos permanecem no limbo por meses e

OS PROCEDIMENTOS ADMINISTRATIVOS NA LEI N. 12.529/11...

anos, sem que haja qualquer demonstração clara do que seria interesse público a determinar essa escolha – tal cenário contradiz a sistemática doutrinária de que a autoridade deve sempre investigar diante do oferecimento de uma denúncia, sendo que isso caracteriza um de seus deveres de ofício.

Superada a questão do interesse público em torno do caso, diante de escassa prova, instaura-se um procedimento preparatório; quando a prova aumentar, converte-se em inquérito administrativo; diante de mais robusto conjunto probatório, instaura-se um processo administrativo para imposição de sanções.

A fase investigativa pode requerer sigilo, especialmente se se tratar de infração do tipo colusiva (cartel): afinal, os infratores podem ter interesse em dificultar a coleta de prova. Embora inexista regra expressa a respeito, a prática revela que os acordos de leniência e os pedidos de busca e apreensão nascem no bojo dos inquéritos administrativos. Que sentido teriam tais ferramentas se fossem amplamente publicizadas?

Por esse motivo, o inquérito administrativo é definido como "procedimento investigatório de natureza inquisitorial" (art. 66), o que também ocorreria com a fase antecedente do processo preparatório – como explica Taufick, "a expressa menção à natureza inquisitorial visa contrapor-se ao procedimento em contraditório do processo administrativo".[6] Sem dúvida, a intenção explícita por trás deste uso foi a de dificultar o exercício dos direitos da ampla defesa e do contraditório pelos administrados. Embora ainda sofram a influência do contraditório e da ampla defesa, as amplas garantias constitucionais são deferidas para a fase posterior do processo administrativo para imposição de sanções administrativas por infrações à ordem econômica. Remete-se à discussão em torno da Súmula Vinculante STF n. 14, a qual permitiu o acesso de advogados a inquéritos policiais sigilosos.[7]

---

[6] *Nova Lei Antitruste Brasileira:* a Lei 12.529/11 comentada e a análise prévia no direito da concorrência. Rio de Janeiro/São Paulo: Forense/Método, 2012, p. 344.

[7] Súmula Vinculante STF n. 14. "É direito do defensor, no interesse do representado, ter acesso amplo aos elementos de prova que, já documentados em procedimento

Pode ser que o grau de sigilo requerido seja menor. Nestas hipóteses, mais frequentes em investigações sobre abuso de posição dominante, pode haver uma publicidade maior e, consequentemente, uma maior abertura para a atuação mais ampla da defesa dos investigados.

No momento em que termina o inquérito administrativo, pode haver a conversão do mesmo em processo administrativo. Se isso ocorrer, os investigados são chamados a apresentar sua defesa, iniciando-se o uso mais intensivo do contraditório e da ampla defesa.

O fluxograma abaixo sintetiza a evolução dos procedimentos administrativos voltados para a repressão das infrações à ordem econômica.

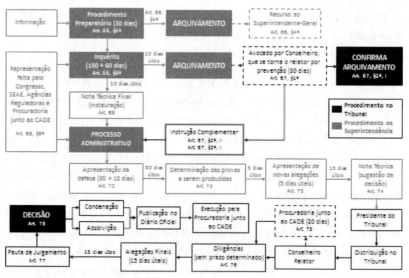

Fonte: Elaboração própria

investigatório realizado por órgão com competência de polícia judiciária, digam respeito ao exercício do direito de defesa".

OS PROCEDIMENTOS ADMINISTRATIVOS NA LEI N. 12.529/11...

1.2 Dos procedimentos administrativos relacionados à função preventiva

Além da função repressiva, a Lei de Defesa da Concorrência também possui complexa função preventiva. Em outras palavras, a ideia é prevenir que surjam condições para que um agente econômico abuse de seu poder econômico. Afastando-se do voluntarismo liberal do direito privado tradicional, que exige dolo ou culpa para a caracterização de uma conduta ilícita, a função preventiva visa evitar que surjam estruturas de mercado mais concentradas, em que os agentes econômicos racionalmente adotariam as condutas tendentes a maximizar seus lucros a despeito do bem estar social.

A função preventiva se dirige contra atos jurídicos legais em sua maioria. Por força do direito de propriedade e do princípio constitucional da livre iniciativa, existe liberdade de contratar para os particulares. Estes podem exercer suas atividades econômicas sem intervenção estatal. Contudo, a ciência econômica provou que, em determinadas condições mercadológicas, certos contratos podem levar às situações em que, independentemente da vontade dos agentes econômicos, a conduta racional de maximização dos lucros se apresenta como curso natural e deletério ao bem estar da maioria. A repressão ao abuso do poder econômico, mandamento constitucional, deve evitar que tais estruturas de mercado se formem, ainda que isso interfira com outros princípios constitucionais. Disso resulta que toda a sistemática de interferência do CADE sob os contratos, caracterizadores dos atos de concentração econômica, será mais rígida.

Nem todo ato de concentração econômica se submete à aprovação do CADE: para que o CADE tenha competência, é necessário que um dos grupos econômicos envolvidos tenha faturamento bruto anual no Brasil superior a R$ 75 milhões e o outro, superior a R$ 750 milhões (valores atualizados pela Portaria Interministerial MJ/MF n. 994/12). Além disso, o art. 90 da Lei de Defesa da Concorrência estabelece o que se deve entender por ato de concentração:

> I – 2 (duas) ou mais empresas anteriormente independentes se fundem;

199

LEOPOLDO PAGOTTO; RAPHAELA SATIE NAWA VELLOSO

II – 1 (uma) ou mais empresas adquirem, direta ou indiretamente, por compra ou permuta de ações, quotas, títulos ou valores mobiliários conversíveis em ações, ou ativos, tangíveis ou intangíveis, por via contratual ou por qualquer outro meio ou forma, o controle ou partes de uma ou outras empresas;

III – 1 (uma) ou mais empresas incorporam outra ou outras empresas; ou

IV – 2 (duas) ou mais empresas celebram contrato associativo, consórcio ou *joint venture*.

A Resolução CADE n. 02/12 e as modificações introduzidas pela Resolução CADE n. 09/14 possuem critérios adicionais para caracterizar um ato de concentração.

Tamanha intromissão na livre iniciativa e na propriedade deve cercar-se de cautelas, o que é feito pelo detalhamento dos procedimentos. Por essa razão, toda vez que as partes contratantes de um ato de concentração submetem o negócio jurídico ao CADE para aprovação, existe um detalhado processo administrativo para análise de ato de concentração econômica. Garante-se o contraditório e a ampla defesa para as partes contratantes e para os eventuais impugnantes. Neste sentido, veja-se julgado do Tribunal Regional Federal da 4ª Região:

> O direito de defesa não existe tão-somente em relação às medidas de caráter punitivo; mas em relação a quaisquer gravames que afetem o patrimônio do súdito do Estado, v.g. suspensão ou supressão de direitos. (Agravo n. 2003.04.01.042848-4, 3ª Turma, Rel. Des.Vânia Hack de Almeida, DJ 22.03.2006).

O fluxograma adiante mostra como a análise dos atos de concentração econômica é feita em sede de processo administrativo.

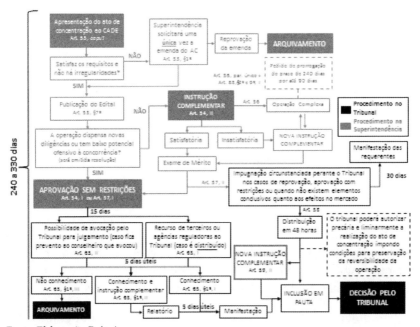

Fonte: Elaboração Própria

Pode ocorrer que, eventualmente, um ato de concentração econômica não tenha sido submetido à aprovação do CADE quando deveria ter sido. Nesta hipótese, a Lei de Defesa da Concorrência prevê que a sua Superintendência-Geral instaure procedimento administrativo para apuração de ato de concentração econômica. Se comprovada a não notificação de ato de concentração, as consequências são bastante sérias para o administrado, uma vez que, como resultado deste procedimento administrativo para apuração de ato de concentração, poderá resultar "processo administrativo para apurar danos causados pela conduta e processo administrativo para punir a intempestividade".[8]

Ora, diante de tais consequências, o legislador equivocou-se ao utilizar a expressão "procedimento administrativo" – mais apropriada seria a expressão "processo administrativo", uma vez que esta traz inerente a noção

---

[8] TAUFICK, Roberto Domingos. *Nova Lei Antitruste Brasileira:* a Lei n. 12.529/11 comentada e a análise prévia no direito da concorrência. Rio de Janeiro/São Paulo: Forense/Método, 2012, p. 302.

de contraditório. Afinal, muito provavelmente o administrado terá suas razões para não ter efetuado a notificação do ato de concentração, as quais deverão ser ouvidas e processadas com respeito ao contraditório e à ampla defesa.

1.3 Do procedimento administrativo relacionado às funções repressiva e preventiva

Quer seja no desempenho da função repressiva, quer seja no desempenho da função preventiva, podem surgir situações em que se cogite de eventual violação de regra procedimental. Boa parte do impulso processual nas funções preventiva e repressiva depende da cooperação e boa-fé dos administrados. Embora cada vez mais atuante, a estrutura do CADE – e nem a da maioria das autoridades de defesa da concorrência do mundo – ainda não dispõe de uma equipe capaz de verificar toda e qualquer informação prestada. Assim, a rapidez na prestação das informações é essencial para que os casos atinjam um desfecho célere.

Longe de depender apenas da boa-fé e da cooperação dos administrados, a Lei de Defesa da Concorrência contém sanções que podem ser impostas por descumprimento de pedidos formulados pelas autoridades. Por exemplo, "em caso de recusa, omissão, enganosidade, falsidade ou retardamento injustificado" (art. 66), será empregado o processo administrativo para imposição de sanções processuais incidentais.

2. DA ANÁLISE SISTEMÁTICA DO ART. 115 DA LEI DE DEFESA DA CONCORRÊNCIA

Tais considerações ajudam a entender o mecanismo de funcionamento da Lei de Defesa da Concorrência, a qual é organizada com base no racional que parte da existência de duas funções distintas, a repressiva e a preventiva: cada uma destas funções se sujeita a procedimentos administrativos específicos. Inexiste uma parte geral do procedimento administrativo – apesar de haver disposições gerais sobre o procedimento administrativo, a única regra de caráter "geral" é a relativa ao sigilo do art. 49.[9]

---

[9] BRASIL. Lei n. 12.529/11. "Art. 49. O Tribunal e a Superintendência-Geral assegurarão nos procedimentos previstos nos incisos II, III, IV e VI do *caput* do art. 48

OS PROCEDIMENTOS ADMINISTRATIVOS NA LEI N. 12.529/11...

Por melhor que tenha sido o cuidado do legislador, sempre surgirão lacunas, as quais deverão ser preenchidas de alguma forma pelo intérprete. Neste contexto, a pergunta sobre que regras se aplicam em caso de lacunas se torna relevante.

O art. 115 fornece a pista inicial, arrolando o CPC, a Lei da Ação Civil Pública, o Código de Defesa do Consumidor e a Lei do Processo Administrativo na Administração Pública Federal, nesta ordem.[10]

Há quem considere que o rol de diplomas legais é meramente exemplificativo, podendo haver o apelo ao Código de Processo Penal, quando a sua aplicação for "mais adequada".[11] Todavia, quando o legislador decidiu usar a técnica exemplificativa, ele o faz explicitamente, como ocorre expressamente em, pelo menos, nove regras da própria Lei de Defesa da Concorrência.[12] Quando o legislador não fez distinção, não cabe ao intérprete fazê-lo (*ubi lex non distinguit nec nos distinguere debemus*).

---

desta Lei o tratamento sigiloso de documentos, informações e atos processuais necessários à elucidação dos fatos ou exigidos pelo interesse da sociedade".

[10] BRASIL. Lei n. 12.529/11. "Art. 115. Aplicam-se subsidiariamente aos processos administrativo e judicial previstos nesta Lei as disposições do Decreto-Lei n. 5.869, de 11 de janeiro de 1973 – Código de Processo Civil e das Leis n. 7.347, de 24 de julho de 1985; 8.078, de 11 de setembro de 1990, e 9.784, de 29 de janeiro de 1999".

[11] TAUFICK, Roberto Domingos. *Nova Lei Antitruste Brasileira:* a Lei 12.529/11 comentada e a análise prévia no direito da concorrência. Rio de Janeiro/São Paulo: Forense/Método, 2012, p. 508. Em que pese o brilhantismo da obra, data vênia discorda-se desta opinião pelas razões expostas.

[12] BRASIL. Lei n. 12.529/11. 1) "Art. 2º Aplica-se esta Lei, sem prejuízo de convenções e tratados de que seja signatário o Brasil, às práticas cometidas no todo ou em parte no território nacional ou que nele produzam ou possam produzir efeitos". 2) "Art. 6. § 3º No caso de renúncia, morte, impedimento, falta ou perda de mandato do Presidente do Tribunal, assumirá o Conselheiro mais antigo no cargo ou o mais idoso, nessa ordem, até nova nomeação, sem prejuízo de suas atribuições". 3) "Art. 36. § 3º As seguintes condutas, além de outras, na medida em que configurem hipótese prevista no *caput* deste artigo e seus incisos, caracterizam infração da ordem econômica:" 4) "Art. 38. Sem prejuízo das penas cominadas no art. 37 desta Lei, quando assim exigir a gravidade dos fatos ou o interesse público geral, poderão ser impostas as seguintes penas, isolada ou cumulativamente:" 5) "Art. 43. A enganosidade ou a falsidade de informações, de documentos ou de declarações prestadas por qualquer pessoa ao CADE ou à Secretaria de Acompanhamento Econômico será punível com multa pecuniária no

LEOPOLDO PAGOTTO; RAPHAELA SATIE NAWA VELLOSO

A favor desta interpretação restritiva, ao tratar das fontes do Direito Administrativo, Gasparini explica que "não é fonte do Direito Administrativo toda e qualquer lei, mas tão só as que regem os órgãos, os agentes e as atividades públicas, ou, em outras palavras, as que dispõem sobre relações que interessam ao Direito Administrativo. As leis civis, por exemplo, não são fontes do Direito Administrativo, como não são fontes desse ramo do Direito Público as lei penais".[13]

A redação dada ao art. 115 da Lei de Defesa da Concorrência evidencia que inexiste qualquer outra opção de diploma legislativo que possa ser aplicável subsidiariamente – o legislador foi bastante taxativo no que se refere à sua escolha.

O art. 115 significa que somente as regras processuais são aplicáveis subsidiariamente aos processos administrativo e judicial da Lei de Defesa da Concorrência – em outras palavras, as abundantes regras de direito

---

valor de R$ 5.000,00 (cinco mil reais) a R$ 5.000.000,00 (cinco milhões de reais), de acordo com a gravidade dos fatos e a situação econômica do infrator, sem prejuízo das demais cominações legais cabíveis". 6) "Art. 44. Aquele que prestar serviços ao Cade ou a Seae, a qualquer título, e que der causa, mesmo que por mera culpa, à disseminação indevida de informação acerca de empresa, coberta por sigilo, será punível com multa pecuniária de R$ 1.000,00 (mil reais) a R$ 20.000,00 (vinte mil reais), sem prejuízo de abertura de outros procedimentos cabíveis". 7) "Art. 62. Em caso de recusa, omissão, enganosidade, falsidade ou retardamento injustificado, por parte dos requerentes, de informações ou documentos cuja apresentação for determinada pelo Cade, sem prejuízo das demais sanções cabíveis, poderá o pedido de aprovação do ato de concentração ser rejeitado por falta de provas, caso em que o requerente somente poderá realizar o ato mediante apresentação de novo pedido, nos termos do art. 53 desta Lei". 8) "Art. 86. § 8º Na hipótese do § 7º deste artigo, o infrator se beneficiará da redução de 1/3 (um terço) da pena que lhe for aplicável naquele processo, sem prejuízo da obtenção dos benefícios de que trata o inciso I do § 4º deste artigo em relação à nova infração denunciada" 9) "Art. 88. § 3º Os atos que se subsumirem ao disposto no *caput* deste artigo não podem ser consumados antes de apreciados, nos termos deste artigo e do procedimento previsto no Capítulo II do Título VI desta Lei, sob pena de nulidade, sendo ainda imposta multa pecuniária, de valor não inferior a R$ 60.000,00 (sessenta mil reais) nem superior a R$ 60.000.000,00 (sessenta milhões de reais), a ser aplicada nos termos da regulamentação, sem prejuízo da abertura de processo administrativo, nos termos do art. 69 desta Lei".

[13] *Direito administrativo.* 17ª ed. São Paulo: Saraiva, 2012, p. 82.

OS PROCEDIMENTOS ADMINISTRATIVOS NA LEI N. 12.529/11...

material existentes no Código de Defesa do Consumidor não devem ser consideradas pelo aplicador do direito antitruste.

Dois pontos merecem atenção: a) As regras se aplicam indistinta e integralmente a todos os procedimentos, especialmente aos administrativos, regulados pela Lei de Defesa da Concorrência? b) Existe uma ordem entre os quatro diplomas para a aplicação subsidiária? Em outras palavras, as dúvidas pairam em torno de como aplicar a legislação subsidiária, tema polêmico que já motivou longos debates no Plenário do CADE.

No que diz respeito à aplicação irrestrita, a dúvida se refere à existência de processos administrativos na Lei de Defesa da Concorrência que não estariam sujeitos a uma destas regras aplicáveis subsidiariamente. De fato, sob a vigência da antiga Lei de Defesa da Concorrência, já se argumentou que a Lei do Processo Administrativo na Administração Pública Federal somente se aplicaria a casos em que se investigasse condutas anticompetitivas previstas nos arts. 20 e 21 da antiga Lei de Defesa da Concorrência e não se aplicaria à análise de atos de concentração. A polêmica foi superada com a aplicação irrestrita da Lei do Processo Administrativo na Administração Pública Federal tanto para condutas, quanto para atos de concentração. Em realidade, tal dúvida somente existia sob da antiga Lei de Defesa da Concorrência, porque esta não denominava os atos de concentração como sendo procedimento administrativo, ao mesmo tempo em que se referia às investigações de condutas anticompetitivas como processo administrativo.

Sob a nova Lei de Defesa da Concorrência, inexiste espaço para a dúvida existente sob a antiga Lei de Defesa da Concorrência: o título VI, intitulado "Das diversas espécies de Processo Administrativo", regula seis tipos de "procedimentos administrativos instaurados para prevenção, apuração e repressão à ordem econômica" (art. 48). Neste sentido, o legislador suprimiu eventuais dúvidas sobre a amplitude à que se destinam as normas de aplicação subsidiária.

Quanto à existência ou não de uma ordem pré-determinada para aplicação, isso significaria dizer que o CPC prevaleceria sobre a Lei da

205

Ação Civil Pública, a qual prevaleceria sobre o Código de Defesa do Consumidor, o qual, por seu turno, prevaleceria sobre a Lei do Processo Administrativo na Administração Pública Federal. Isso faz sentido? Tome-se a coisa julgada: o CPC, a Lei da Ação Civil Pública, o Código de Defesa do Consumidor e a Lei do Processo Administrativo na Administração Pública Federal possuem regras distintas para tratar do tema – logo, decidir qual deve ser aplicado antes pode interferir com a decisão a ser tomada.

A solução é complexa. Por um lado, o CPC trata de grande parte das dúvidas que podem surgir durante os procedimentos da Lei de Defesa da Concorrência. Por outro lado, certas questões são de melhor modo tratadas pelos outros três diplomas. Assim, litígios entre particulares sobre a Lei de Defesa da Concorrência são de melhor maneira disciplinados na sistemática do CPC, ao passo que os conflitos de caráter coletivo e difuso recebem melhor tratamento pela Lei da Ação Civil Pública e pelo Código de Defesa do Consumidor. Igualmente, o CPC, concebido para regrar o litígio entre partes dotadas de igualdade formal, não parece ser adequado para tratar do antagonismo que se estabelece em qualquer processo administrativo regulado pela Lei de Defesa da Concorrência, de modo que a Lei do Processo Administrativo na Administração Pública Federal parece ser uma melhor alternativa. Portanto, não há uma ordem fixa e rígida na escolha dos diplomas legais a serem aplicados e o aplicador do direito deverá fazer a escolha utilizando-se dos métodos de interpretação mais adequados ao caso concreto.

3. DA APLICAÇÃO DO ART. 115 DA LEI DE DEFESA DA CONCORRÊNCIA PELO CADE

Já sob a égide da antiga Lei de Defesa da Concorrência, existia controvérsia sobre a aplicação da legislação subsidiária: havia e, de certa forma ainda existe, corrente doutrinária que sustenta a existência do Direito Penal econômico, o qual atrairia a incidência de regras de Direito Penal. Tais posições pareciam ter sido rechaçadas.

Como a fênix ressurge das cinzas, certos temas sempre voltam ao centro das discussões, especialmente quando o resultado de uma

OS PROCEDIMENTOS ADMINISTRATIVOS NA LEI N. 12.529/11...

controvérsia parece ser desfavorável ao CADE – existe a tendência de certos posicionamentos mudarem de acordo com o interesse do que é responsável pela instrução. Do ponto de vista teleológico, tais mudanças da interpretação da Superintendência-Geral do CADE colidem com os objetivos da Lei do Processo Administrativo na Administração Pública Federal:

> Art. 1º Esta Lei estabelece normas básicas sobre o processo administrativo no âmbito da Administração Federal direta e indireta, visando, em especial, à proteção dos direitos dos administrados e ao melhor cumprimento dos fins da Administração.

Com razão, o inciso XII da Lei de Processo Administrativo na Administração Pública Federal requer o uso da "interpretação da norma administrativa da forma que melhor garanta o atendimento do fim público a que se dirige, vedada aplicação retroativa de nova interpretação". Uma vez mais, coloca-se ênfase à segurança jurídica tantas vezes desrespeitada – veja-se o ocorrido no processo administrativo n. 08012.001600/2006-61.

Depois de oito anos da instauração de um processo administrativo para imposição de sanções, a Superintendência-Geral do CADE decidiu que a representação inicial deveria ser aditada. O problema é que, à primeira vista, após completo o ciclo de notificações, a aplicação subsidiária do CPC impediria este raciocínio. Afinal, o art. 294 do CPC determina que "antes da citação, o autor poderá aditar o pedido, correndo à sua conta as custas acrescidas em razão dessa iniciativa". *Contrario senso*, tal possibilidade inexiste.

O casuísmo é mais inusitado ao se analisar o histórico do processo administrativo. Instaurado em 2006, o processo foi reinstaurado em novos termos em 2007 após uma derrota judicial que impediu o uso de certas provas. Em 2011, o CADE logrou reverter a decisão judicial, mas a instrução do processo administrativo já tinha avançado – em vez de aguardar o desfecho da ação judicial, o CADE preferiu avançar com o processo administrativo. O que aconteceu?

Em 2013, a Superintendência-Geral do CADE não só trouxe novas provas aos autos, como também determinou o aditamento do processo administrativo, afirmando em Nota Técnica n. 335/2013 que "no aditamento devem constar os fatos novos e o reflexo no polo passivo, bem como as condutas imputadas aos Representados. É o caso de adequar o processo ao novo conjunto probatório, do qual não se podia fazer uso antes". Na Nota Técnica da Superintendência-Geral do CADE, afirma-se:

> 50. Tem sido comum que processos administrativos sancionadores no âmbito do CADE recorram a dispositivos do Direito Penal, tendo em vista a proximidade existente entre ilícitos administrativos e penais, largamente aceita na Doutrina Jurídica. Embora o direito administrativo sancionador se conecte com os mais diversos ramos do direito, sua maior aproximação se dá com o Direito Penal, enquanto ramos do direito público de caráter punitivo.

Mais adiante, após justificar o uso do Direito Penal, há um "pulo" para o direito processual penal, a fim de utilizar a faculdade de aditamento da petição inicial pelo Ministério Público, permitida pelo art. 569 do Código de Processo Penal, burlando a restrição do CPC:

> 52. O aditamento da denúncia não ocorre apenas quando determinado pelo juiz. A autoridade que conduz a instrução do caso também é dotada desta faculdade, que pode ser invocada a qualquer tempo, sempre que elementos probatórios trazidos aos autos assim justificarem.

As afirmações acima merecem reparo em dois pontos que demonstram claramente a impossibilidade de aditamento nos termos propugnados pela Superintendência-Geral do CADE.

Primeiro, há uma afirmação, bastante discutível, de que os princípios do Direito Penal se aplicam ao processo administrativo sancionador. Via de regra, o Direito Administrativo é um ramo bastante desenvolvido que prescinde de auxílio da sistemática do Direito Penal – somente quando expressamente afirmado, pode haver recurso ao

OS PROCEDIMENTOS ADMINISTRATIVOS NA LEI N. 12.529/11...

Direito Penal como ferramenta hermenêutica. Em que pese o esforço de parte da doutrina, sob a Lei n. 8.884/94, o CADE reiteradamente rechaçou argumentos para aplicação subsidiária da legislação penal, seja ela de caráter processual, seja ela de caráter material.[14]

Ad argumentandum, supondo-se que a assertiva sobre o Direito Penal seja correta, o raciocínio faz um segundo "pulo": parte do Direito Penal para o direito processual penal, ao sugerir que seria possível utilizar o instituto do aditamento da petição inicial, requerida pelo Ministério Público em sede de processo penal e sujeita ao deferimento pelo Juiz.

Neste ponto, ignora-se categoricamente a existência de regra explícita no art. 115 da Lei n. 12.529/11. Em momento algum do art. 115 da Lei n. 12.529/11 é mencionado o Código Penal ou o Código de Processo Penal. Pelo contrário, o que se menciona é o CPC. Em realidade, ao se interpretar corretamente o art. 115, conclui-se que o CPC (e não o Código de Processo Penal) deve ser utilizado.

Consequentemente, o aditamento feito pela Superintendência-Geral do CADE não poderia ser ocorrido em virtude do art. 264 do CPC:

> Art. 264. Feita a citação, é defeso ao autor modificar o pedido ou a causa de pedir, sem o consentimento do réu, mantendo-se as mesmas partes, salvo as substituições permitidas por lei.

Tal aditamento somente poderia ocorrer antes de completo o ciclo de notificação das Representadas no processo administrativo. O julgado abaixo do TRF da 1ª Região é claro a respeito:

> ADMINISTRATIVO. PROCESSUAL CIVIL. SERVIDORA PÚBLICA. CASSAÇÃO DE APOSENTADORIA. AGRAVO RETIDO. AÇÃO DISCIPLINAR. PRAZO PRESCRICIONAL.

---

[14] Neste sentido, ver processos administrativos n. 08012.005669/2002-31 e 08012.009088/99-18). Para uma síntese da doutrina que não foi acolhida pelo CADE, ver FRANCESCHINI, José Ignácio Gonzaga. "A prescrição da ação penal econômica perante o Conselho Administrativo de Defesa Econômica – CADE". *In: Revista de Informação Legislativa*. Brasília, n. 100, out./dez., 1988, pp. 269-286.

209

INTERRUPÇÃO. PRESCRIÇÃO INTERCORRENTE. COMPETÊNCIA FUNCIONAL. PODER HIERÁRQUICO. COMISSÃO PROCESSANTE. SINDICÂNCIA. PROCEDIMENTO INQUISITORIAL. PAD. PORTARIA. ADITAMENTO. POSSIBILIDADE. NULIDADE. INEXISTÊNCIA. ABANDONO DE CARGO PÚBLICO. PREJUÍZO AO ERÁRIO. COMPROVAÇÃO.

1. Estando presentes os pressupostos gerais e específicos de recorribilidade, conhece-se o agravo retido nos autos, conforme requerimento apresentado em sede de apelação.

(...)

8. O posterior aditamento à portaria que deu início ao processo administrativo disciplinar não acarretou qualquer prejuízo à servidora indiciada, que somente após foi citada para apresentar defesa administrativa.

(TRF da 1ª Região. 1ª Turma. Processo 0003901-83.2007.4.01.4100. AC 2007.41.00.003904-5 / RO; Apelação Cível, Desembargador Federal José Amilcar Machado. Data da decisão em 27/05/2009).

Ora, o aditamento da representação gera prejuízo evidente ao contraditório e à ampla defesa das Representadas. Além disso, constitui flagrante desrespeito ao princípio da segurança jurídica. Evidentemente, esta prática de aditamento não pode ocorrer sob pena de nulidade do processo administrativo: há um evidente prejuízo processual para os administrados sob investigação.

Logo, deve haver um balanço entre as finalidades distintas e, no bojo de um processo com o potencial de impor sanções, especialmente as de natureza tão grave como as da Lei de Defesa da Concorrência. De uma perspectiva teleológica, o art. 2º da Lei do Processo Administrativo na Administração Pública Federal traz o princípio da segurança jurídica como um de seus corolários e o inciso IX do mesmo dispositivo determina que haja a "adoção de formas simples, suficientes para propiciar adequado grau de certeza, segurança e respeito aos direitos dos administrados". Interpretação diversa constituiria verdadeiro desvio de finalidade.

CONCLUSÃO

O presente artigo demonstrou como deve ser feita a seleção das normas aplicáveis à Lei de Defesa da Concorrência, caso este diploma apresente alguma lacuna. O art. 115 fornece as respostas adequadas aos problemas trazidos e qualquer tentativa de expandir os diplomas legais aplicáveis está contaminada de ilegalidade.

A análise dos argumentos utilizados pela Superintendência-Geral do CADE em processo administrativo para justificar a aplicação do Código de Processo Penal e do Código Penal revela-se inconsistente e incoerente com a sistemática da legislação antitruste. Além disso, a existência de desvio de finalidade na interpretação adotada reforça o entendimento de que tal abordagem deve ser rechaçada.

REFERÊNCIAS BIBLIOGRÁFICAS

ANDERS, Eduardo Caminati; PAGOTTO, Leopoldo; BAGNOLI, Vicente (coord.). *Comentário à nova lei de defesa da concorrência*. São Paulo: Método, 2012.

BURINI, Bruno Correa. *Processo administrativo de apuração de conduta anticoncorrencial:* perspectiva instrumentalista. (2010) São Paulo. Tese (doutorado) apresentada à Faculdade de Direito da Universidade de São Paulo – USP, 2010.

FRANCESCHINI, José Ignácio Gonzaga. "A prescrição da ação penal econômica perante o Conselho Administrativo de Defesa Econômica – CADE". *In: Revista de Informação Legislativa*. Brasília, n. 100, out./dez. 1988, pp. 269-286.

GASPARINI, Diógenes. *Direito administrativo*. 17ª ed. São Paulo: Saraiva, 2012.

JUSTEN FILHO, Marçal. *Curso de direito administrativo*. 8ª ed. Belo Horizonte: Fórum, 2012.

TAUFICK, Roberto Domingos. *Nova lei antitruste brasileira:* a Lei 12.529/11 comentada e a análise prévia no direito da concorrência. Rio de Janeiro/São Paulo: Forense/Método, 2012.

Informação bibliográfica deste texto, conforme a NBR 6023:2002 da Associação Brasileira de Normas Técnicas (ABNT):

PAGOTTO, Leopoldo; NAWA VELLOSO, Raphaela Satie. "Os procedimentos administrativos na lei n. 12.529/12 (lei de defesa da concorrência): qual a lei aplicável?". *In*: SOUZA, Luciano Anderson de; TUCUNDUVA SOBRINHO, Ruy Cardozo de Mello (Coord.). *Temas de Processo Administrativo*. São Paulo: Editora Contracorrente, 2017, pp. 191-211. ISBN. 978-85-69220-32-9.

FALSO TESTEMUNHO OU FALSA PERÍCIA[1]

LUCIANO ANDERSON DE SOUZA

SUMÁRIO: Considerações iniciais. 1. Origem do delito. 2. Bem jurídico tutelado. 3. Tipo objetivo. As questões do compromisso e da falsidade. 4. Tipo objetivo. Consumação e tentativa. Participação. 5. Retratação e outras questões importantes. Considerações finais. Referências Bibliográficas.

CONSIDERAÇÕES INICIAIS

O crime de falso testemunho ou falsa perícia, previsto no artigo 342 do Código Penal brasileiro[2], cuida-se de um dos mais curiosos e

---

[1] Artigo publicado na *Revista da Faculdade de Direito*, da Universidade de São Paulo, fascículo n. 110, de 2015, pp. 387-405. Sua publicação na presente obra revela-se pertinente face à possibilidade de ocorrência do tipo em questão no bojo de um processo administrativo.

[2] *"Art. 342. Fazer afirmação falsa, ou negar ou calar a verdade como testemunha, perito, contador, tradutor ou intérprete em processo judicial, ou administrativo, inquérito policial, ou em juízo arbitral:*

Pena – reclusão, de 2 (dois) a 4 (quatro) anos, e multa.

§ 1º As penas aumentam-se de um sexto a um terço, se o crime é praticado mediante suborno ou se cometido com o fim de obter prova destinada a produzir efeito em processo penal, ou em processo civil em que for parte entidade da administração pública direta ou indireta.

desafiantes tipos penais de nosso ordenamento jurídico. São inúmeras as controvérsias envoltas no tema, mesmo após mais de 70 anos de vigência do *Codex* referido.

Inicialmente, para fins de dimensionamento do delito, já há dificuldades em se fixar até o que seria a *"verdade"*, um dos elementos componentes do tipo. Esta é discutida em termos religiosos, filosóficos e sociológicos desde a passagem bíblica quanto à ausência de resposta de JESUS ao questionamento de Pilatos (*"Que é a verdade?"* – JÓ 18: 37-38), passando pela interessante frase, no final do século XIX, do poeta irlandês Oscar Wilde, de que *"Raramente a verdade é pura, e nunca é simples"*, e até hoje, face aos mais modernos estudos da neurociência quanto à apreensão humana acerca dos fatos, envolta em subjetivismos, parcialidades e condicionamentos (*vide*, a respeito, dentre outros, os estudos de Gerhard Roth citados por Hassemer[3], ou ainda os inúmeros trabalhos compilados por Demetrio Crespo[4]). Desse modo, preliminarmente, notam-se as enormes problemáticas em se definir o verdadeiro ou o falso, quer sobre uma perspectiva subjetiva ou objetiva, ambas questionáveis.

No particular aspecto da ciência do Direito Penal, ademais, há significativas divergências, dentre outras questões, destacadamente, quanto ao exato bem jurídico penalmente tutelado na hipótese, quanto à necessidade ou não de prévia prestação de compromisso legal, quanto à natureza da falsidade (objetiva ou subjetiva), quanto à admissão ou não da tentativa, quanto à dimensão do concurso de pessoas e quanto aos contornos da retratação. Ainda, em termos práticos, questões fundamentais

---

§ 2º O fato deixa de ser punível se, antes da sentença no processo em que ocorreu o ilícito, o agente se retrata ou declara a verdade".

[3] HASSEMER, Winfried. "Neurociencias y culpabilidad em derecho penal". *InDret* 2/2011. Disponível em /www.indret.com/. Acesso realizado em 10.04.2015.

[4] DEMETRIO CRESPO, Eduardo (coord.). *Neurociencias y derecho penal*: nuevas perspectivas en el ámbito de la culpabilidad y tratamiento jurídico-penal de la peligrosidad. Madrid: Edisofer, 2013, *passim*. No Brasil, também trouxe uma série de estudos BUSATO, Paulo César (coord.). *Neurociência e direito penal*. São Paulo: Atlas, 2014, *passim*.

FALSO TESTEMUNHO OU FALSA PERÍCIA

como a possibilidade ou não de prisão em flagrante, a eventual participação de advogados no crime e a magnitude da prática criminosa de peritos desafiam comumente os operadores do Direito. Neste sentido, imperiosa uma precisa reflexão dogmática e político-criminal acerca deste tipo penal, não se olvidando de sua contextualização processual penal, bastante sensibilizada na hipótese.

1. ORIGEM DO DELITO

Na história geral, o crime de falso testemunho remonta à Antiguidade. Inicialmente, por força da religião, atrelava-se a uma noção de ofensa à autoridade divina (Índia Bramânica, Egito, etc.).[5] Houve previsão nos Códigos de Hamurabi (cerca de 1.900 a. C., na Mesopotâmia) e de Manu (cerca de 1.000 a.c., na Índia).[6] Aliás, como curiosidade histórica, de se notar que esta última legislação apresentava cinquenta dispositivos sobre testemunhas. O crime também foi previsto na Roma antiga (lei das XII Tábuas), sendo que houve um aumento de seu rigor punitivo após a maior organização do Estado.

No período medieval, o ponto de vista de compreensão desta infração penal vai se focar na questão da quebra de um juramento, ofendendo-se a moralidade cristã (utilizando-se do nome de Deus em vão, como recorda Muñoz Conde[7]). Ou seja, por conta desse ideário conformou-se mais claramente o crime de *"perjúrio"*.[8]

---

[5] MONTEIRO, João Pereira. *Do perjúrio*. (1882) Dissertação (livre docência) apresentada à Faculdade de Direito do Largo de São Francisco, São Paulo, 1882, p. 3 ss.

[6] Segundo Nelson Hungria: *"Mesmo entre os mais antigos povos, a reprovação do falso testemunho já era, senão um preceito penal, pelo menos um princípio ético. A lei mosaica dispunha:* 'non loqueris contra proximum tuum falsum testimonium' (...)". *Comentários ao código penal*. vol IX. Rio de Janeiro: Forense, 1958, p. 470. Sobre o crime em questão, minucioso estudo histórico é feito por PRADO, Luiz Regis. *Tratado de direito penal brasileiro*. vol. 7. São Paulo: RT, 2013, pp. 377-404.

[7] *Derecho penal:* parte especial. Valencia: Tirant Lo Blanch, 2010, p. 952. Sobre a influência da Inquisição na conformação do delito de perjúrio. *Cf.* AYARRAGARAY, Carlos A. *El perjúrio*. Buenos Aires: Valerio Abeledo, 1945, p. 89 e ss.

[8] Neste sentido, *v.g.*, CARRARA, Francesco. *Programa del curso de derecho criminal*: dictado en la real Universidad de Pisa. Parte especial. vol. V. Buenos Aires: DEPALMA,

215

LUCIANO ANDERSON DE SOUZA

A partir do Iluminismo, altera-se essa dimensão, colocando-se a tônica no interesse público em se consagrar depoimentos fidedignos. Aliás, até o período da Ilustração, sem a noção de uma investigação policial com os mínimos contornos com os quais a compreendemos hoje – isto é, com uma polícia investigativa com cunho científico – de se notar a enorme importância dada às confissões e às palavras das testemunhas, praticamente únicos meios de prova (emblemático exemplo disso se dá na obra *Observações sobre a tortura*, de Verri[9]).

Em terras brasileiras, as Ordenações Filipinas[10] e o Código Penal do Império (1830)[11] previam o delito em análise, com contornos de perjúrio. Todavia, com uma configuração mais aproximada do que hoje se encontra em vigor, foi apenas a previsão do Código Penal Republicano (1890), que disciplinava o falso testemunho[12] como crime contra a fé

1947, p. 206 e ss. Na doutrina nacional, *e.g.*, NORONHA, E. Magalhães. *Direito penal.* São Paulo: Saraiva, 1995, p. 366.

[9] *Observações sobre a tortura.* Tradução de Federico Carotti. São Paulo: Martins Fontes, 2000, *passim*.

[10] Título LIV do Livro V das citadas Ordenações.

[11] O Código Criminal do Império insculpia o crime chamado de *"perjúrio"*, inserido no título *"Dos Crimes contra a boa Ordem, e Administração Publica"*:

"Art. 169. Jurar falso em juízo.

Se a causa, em que se prestar o juramento fôr civil.

Penas – de prisão com trabalho por um mez a um anno, e de multa de cinco a vinte por cento do valor da causa.

Se a causa fôr criminal, e o juramento para absolvição do réo.

Penas – de prisão com trabalho por dous mezes a dous annos, e de multa correspondente á metade do tempo.

Se fôr para a condemnação do réo em causa capital.

Penas – de gales perpetuas no gráo maximo prisão com trabalho por quinze annos no médio; e por oito no minimo.

Se fôr para a condemnação em causa não capital.

Penas – de prisão com trabalho por tres a nove annos, e de multa correspondente á metade do tempo".

[12] *"Art. 261. Asseverar em juizo como testemunha, sob juramento ou affirmação, qualquer que seja o estado da causa e a natureza do processo, uma falsidade; ou negar a verdade, no todo ou em parte, sobre circumstancias essenciaes do facto a respeito do qual depuzer:*

§ 1º Si a causa em que se prestar o depoimento for civil:

FALSO TESTEMUNHO OU FALSA PERÍCIA

pública, equiparando à testemunha o perito, o intérprete ou o arbitrador[13], além de prever causa de aumento para o suborno e a retratação do agente como causa extintiva da punibilidade.[14]

O Código Penal de 1940 previu o crime em destaque como contra a administração da Justiça, tendo o artigo 342 sofrido duas modificações desde então: com a Lei n. 10.268/2001, para inclusão da figura do contador, e com a Lei n. 12.850/2013 (Lei de Organização Criminosa), para aumento da sanção penal (que passou a ser de 2 a 4 anos de reclusão, e multa).

2. BEM JURÍDICO TUTELADO

Como asseverado, durante o período medieval, o crime de falso testemunho era encarado como a quebra de um juramento. Foi apenas com o Iluminismo que se passou a compreendê-lo como atrelado à ideia de interesse público. Constatam-se na doutrina três teorias principais acerca de qual seria o bem jurídico penalmente tutelado na hipótese: a) a da fé pública; b) a dos meios de prova e c) a da administração da Justiça. Vejamos cada qual:

Com viés romano-germânico, já se entendeu que o crime em questão tutelava a *fé pública*. Esta teorização se bipartia em duas concepções. A primeira, de cunho *ético-naturalista*, entendia a fé pública

---

Pena – de prisão cellular por tres mezes a um anno.
§ 2º Si a causa for criminal e o depoimento para a absolvição do accusado:
Pena – de prisão cellular por seis mezes a dous annos.
§ 3º Si para a condemnação:
Pena – de prisão cellular por um a seis annos".

[13] *"Art. 262. Todo aquelle que, intervindo em causa civil ou criminal, no caracter de perito, interprete, ou arbitrador, fizer ou escrever, declarações ou informações falsas, será punido com as mesmas penas, guardadas as distincções do artigo anterior.*
Paragrapho unico. A pena será augmentada da terça parte si o accusado deixar-se peitar, recebendo dinheiro, lucro, ou utilidade para prestar depoimento falso, ou fizer declarações falsas verbaes ou por escripto.
Na mesma pena incorrerá o peitant".

[14] *"Art. 263. Não terá logar de pena si a pessoa que prestar depoimento falso, ou fizer falsas declarações em juizo, verbaes ou escriptas, retractar-se antes de ser proferida sentença na causa".*

217

LUCIANO ANDERSON DE SOUZA

como uma exigência da vida em sociedade (Mirto).[15] Já para autores como Filangieri, Rocco, Manzini[16] e Carrara[17], a fé pública atrelava-se a uma dimensão *jurídica*. Assim, vinculava-se à confiança depositada na atuação estatal.

A principal crítica a este pensamento inicia-se com Von Liszt[18], para quem, condizente com seu ideário positivista-naturalista, a fé pública seria um conceito ambíguo, comparável aos seres marinhos que, ao longe, encantam pela fosforescência, mas que, uma vez tomados às mãos, desmancham-se em massa gelatinosa. Antolisei[19], por sua vez, advertiu que o falso consubstancia-se em uma espécie de fraude. Neste diapasão, Binding cunhou que o delito de falso testemunho seria um *crime contra os meios de prova*. O falso testemunho seria então equiparável à falsidade documental.[20]

Mas a compreensão que foi se impondo gradativamente, graças principalmente à doutrina italiana (desde o Código Zanardelli, de 1889[21]) foi a de que a infração em foco possui como bem jurídico a *administração da Justiça*. Von Liszt[22] já advertira que se compromete com o delito a

---

[15] PRADO, Luiz Regis. *Tratado de direito penal brasileiro*. vol. 7. São Paulo: RT, 2013, p. 406.

[16] *Trattato di diritto penale italiano*. vol. V. Torino: Torinese, 1950, p. 768.

[17] *Programa del curso de derecho criminal*: dictado en la real Universidad de Pisa. Parte especial. vol. V. Buenos Aires: DEPALMA, 1947, p. 209 e ss. Por esta razão o autor clássico italiano definia falso testemunho como "*a afirmação falsa ou a negação do verdadeiro emitida intencionalmente em prejuízo – ainda que potencial – alheio, por quem depõe legitimamente em juízo como testemunha*". *Programa del curso de derecho criminal*: dictado en la real Universidad d e Pisa. Parte especial. vol. V. Buenos Aires: DEPALMA, 1947, p. 209 (tradução livre).

[18] *Die falsche Aussage von Gericht oder öffentlicher Behorde*. Graz: Leuschner & Lubensky, 1877, p. 10.

[19] *Manuale di diritto penale*: parte speciale. vol. 2. Milano: Giuffré, 1986, p. 709.

[20] PRADO, Luiz Regis. *Tratado de direito penal brasileiro*. vol. 7. São Paulo: RT, 2013, p. 408.

[21] O primeiro Código Penal da Itália unida.

[22] *Tratado de direito penal*. vol. II. Tradução de José Higino Duarte Pereira. Campinas: Russell, 2013, p. 393.

FALSO TESTEMUNHO OU FALSA PERÍCIA

exatidão material das decisões judiciais.[23] Ou, no dizer de Cuello Calón[24], atenta-se *"contra o normal funcionamento da prestação judicial e contra o respeito devido às decisões dos tribunais de justiça"*. Esta é a posição hoje majoritária, conforme observa Zipf, que ressalta que o bem jurídico tutelado é de fato a administração da Justiça, que se utiliza do testemunho como meio de prova (pessoal) e que, se falseado, põe em perigo essa fundamental função estatal.[25] Com muita propriedade, Castillo Gonzalez[26], por sua vez, nota que o bem tutelado não é a administração da Justiça enquanto instituição, senão como função estatal.[27] Cuida-se de um bem jurídico transindividual, portanto.

Sobre o tema em análise, Jakobs formula uma construção em que se pergunta se haveria um direito à verdade, concluindo que a mentira a ser tratada como ilícito penal somente pode ser aquela que produz efeitos jurídicos. Neste sentido, o autor diferencia testemunho de documento, entendendo que no caso do testemunho não se está diante de um meio de prova originário, mas derivativo, pois não contém o que há de ser provado, mas apenas a isso se refere. Por essa razão, o Professor de Bonn constrói uma teoria que assevera que em documentos se protege

---

[23] Na doutrina brasileira, obseva NORONHA: *"Compreende-se, pois, que a lei, reguardando os interesses da justiça, incrimine o testemunho falso e a falsa perícia, pois, tanto quanto ele, esta é igualmente nociva e nefasta à realização da justiça, por se oporem à verdade, que é o fim que ela busca"*. NORONHA, E. Magalhães. *Direito penal*. São Paulo: Saraiva, 1995, p. 367.

[24] *Derecho penal*: parte especial. vol. I. tomo II. Barcelona: Bosch, 1975, p. 313. A frase também é citada em: PRADO, Luiz Regis. *Tratado de direito penal brasileiro*. vol. 7. São Paulo: RT, 2013, p. 413.

[25] PRADO, Luiz Regis. *Tratado de direito penal brasileiro*. vol. 7. São Paulo: RT, 2013, pp. 414/415. No mesmo sentido, *e.g.*, atualmente, *cf.* BITENCOURT, Cezar Roberto. *Tratado de direito penal*: parte especial. vol. 5. São Paulo: Saraiva, 2008, p. 296.

[26] CASTILLO GONZALES, Francisco. *El delito de falso testimonio*. San José: Editorial Juricentro, 1982, p. 39. O autor também é citado em: PRADO, Luiz Regis. *Tratado de direito penal brasileiro*. vol. 7. São Paulo: RT, 2013, p. 417.

[27] Pois no fundo o que se deseja é *"(...) evitar as injustiças materiais que podem derivar de uma fixação inexata dos pressupostos histórico-fáticos das resoluções judiciais, como consequência das inverdades cometidas pelas testemunhas ou peritos"*. BENLLOCH PETIT, Guillermo. "Delitos contra la administración de justicia". *In*: SILVA SÁNCHEZ, Jesús-María (Dir.). *Lecciones de derecho penal*: parte especial. Barcelona: Atelier, 2011, p. 372 (tradução livre).

apenas a autenticidade, enquanto que nos testemunhos a autenticidade e a veracidade.[28] Assim, a falsidade documental e a testemunhal não poderiam se submeter ao mesmo tratamento jurídico, com o que, segundo nos parece, somente se pode concordar em parte, visto que se a falsidade documental possuir o mesmo escopo de vilipêndio à administração da Justiça, não há porque não ser equiparada ao falso testemunho.

3. TIPO OBJETIVO. AS QUESTÕES DO COMPROMISSO E DA FALSIDADE

O delito previsto no artigo 342 do Código Penal, assim como a figura correspondente prevista no artigo 346 do Código Penal Militar[29], apresenta duas condutas comissivas (afirmar o falso e negar a verdade) e uma omissiva (calar a verdade, isto é, a reticência). Carrara[30] entendia que a forma omissiva como um "*absurdo lógico*", pois seria impossível a alguém descrever algo sem alguma omissão. Muito embora seja verdadeira esta última assertiva do mestre da Escola Clássica, olvidava-se ele que o tipo objetivo é limitado pelo subjetivo, que, na hipótese, é o dolo. Neste sentido, não se vislumbra maiores dificuldades na construção referida. Aliás, quanto ao *calar a verdade*, insta notar que a testemunha que assim o faz não pode ser acusada de desobediência, pois com sua conduta ofende a administração da Justiça no particular aspecto aqui analisado e não simplesmente descumpre mandamento de autoridade.

---

[28] JAKOBS, Günther. *Falsedad documental*: revisión de um delito de engaño. Madrid: Marcial Pons, 2011, p. 204.

[29] "*Art. 346. Fazer afirmação falsa, ou negar ou calar a verdade, como testemunha, perito, tradutor ou intérprete, em inquérito policial, processo administrativo ou judicial, militar: Pena – reclusão, de dois a seis anos.*
Aumento de pena
§ 1º A pena aumenta-se de um terço, se o crime é praticado mediante suborno.
Retratação
§ 2º O fato deixa de ser punível, se, antes da sentença o agente se retrata ou declara a verdade".

[30] *Programa del curso de derecho criminal*: dictado en la real Universidade de Pisa. Parte especial. vol. V. Buenos Aires: DEPALMA, 1947, p. 254.

FALSO TESTEMUNHO OU FALSA PERÍCIA

Questão interessante, ainda, dá-se quando a testemunha recusa-se a depor. Para um posicionamento minoritário, isto configuraria o falso testemunho por ser equivalente ao calar a verdade (*e.g.*, Cunha[31] e Nucci[32]) ou ainda, tratar-se-ia de crime de desobediência (*v.g.*, Costa,[33]), porque, apesar de não corresponder ao calar a verdade, dar-se-ia o descumprimento de ordem emanada da autoridade.

A este respeito, em primeiro lugar, há que se concordar com Solér[34] e Muñoz Conde[35] quando advertem que se recusar a depor é diverso de falsear ou calar-se em um depoimento, pelo que se afasta a hipótese de incriminação por falso testemunho. De outra sorte, apesar do artigo 219 do Código de Processo Penal[36] efetuar a ressalva do crime de desobediência, uma vez que estabelece multa à testemunha faltosa, assim como o artigo precedente do mesmo diploma possibilitar a chamada "*condução coercitiva*", parece que ambas as previsões denotam pela carência de ofensividade ao bem jurídico tutelado, assim como pela desnecessidade da repressão jurídico-penal na hipótese. Neste sentido, entende-se pela atipicidade da conduta da testemunha desidiosa.[37] Além disso, ainda que

---

[31] CUNHA, Rogério Sanches. *Direito Penal:* parte especial. São Paulo: RT, 2009, p. 447.

[32] NUCCI, Guilherme de Souza. *Manual de processo penal e execução penal.* São Paulo: RT, 2001, p. 430.

[33] COSTA, Fernando José da. *O falso testemunho.* Rio de Janeiro: Forense Universitária, 2003, p. 73.

[34] SOLER, Sebastián. *Derecho penal argentino.* vol. 5. Buenos Aires: TEA, 1951, p. 234.

[35] *Derecho penal:* parte especial.Valencia:Tirant Lo Blanch, 2010, p. 954.

[36] "*Art. 219. O juiz poderá aplicar à testemunha faltosa a multa prevista no art. 453, sem prejuízo do processo penal por crime de desobediência, e condená-la ao pagamento das custas da diligência*".

[37] Neste sentido, primorosas as palavras de BITENCOURT: "*Precisa-se, porém, atentar que se* recusar a responder *(perguntas do magistrado) não se confunde com* recusar-se a prestar depoimento. *Na primeira hipótese – recusar a responder – pode (não significa que seja automático) configurar falso testemunho, na modalidade de* calar, *se efetivamente tiver conhecimento e com o silêncio ocultar o que sabe, ou seja, como sempre ocorre em direito penal, é necessário que haja uma* relação de causa e efeito; *na segunda – recusar-se a depor – não pode configurar falso testemunho, não passando de absurda* presunção, *proscrita pelo direito penal da culpabilidade; caracteriza, ao contrário, simples rebeldia, mera desobediência, que não configura, sequer, crime, pela ausência das elementares típicas, e tem como consequência a* condução sob vara, *nos*

221

LUCIANO ANDERSON DE SOUZA

se compreendesse pela tipicidade da conduta, de se notar que o delito de desobediência é doloso. Dessa maneira, político-criminalmente não se vê maiores razões para tal punibilidade.

O tipo penal em foco, ademais, enseja a obrigação por parte da testemunha em que diga a verdade. O primeiro problema dogmático a isto relativo diz respeito à questão do *compromisso*, ou seja, à necessidade ou não de tomada de compromisso prévio da testemunha para caracterização do delito.

O juramento de dizer a verdade, equivalente ao compromisso prévio, era uma elementar nos Códigos Penais do Império e da República. Ainda, no Direito francês também há necessidade de compromisso da testemunha. Certamente fruto destas influências, autores como Fragoso[38] entendiam pela necessidade do compromisso, mas esta não é a posição prevalente. Assim é que para Hungria[39], Bento de Faria[40], Noronha[41] e, mais recentemente, Prado[42], além da jurisprudência dominante (inclusive do Supremo Tribunal Federal), isso é desnecessário, pois o crime decorre da inobservância do dever de dizer a verdade. Desde o Projeto Zanardelli, aliás, adverte-se que não se faz precisa a verificação de um juramento a partir do momento em que o falso testemunho deixou de ser um crime contra a religião.[43] Neste sentido, com agudeza

---

termos do Código de Processo Penal (art. 218). Por isso, não constitui falso testemunho a negação ou recusa em prestar depoimento. Recusar-se a depor, enfim, não é o mesmo que cometer falso testemunho, *que exige, como* pressuposto, *um depoimento, como assevera Regis Prado, pois somente por meio deste se pode cometer aquele (...)". Tratado de direito penal:* parte especial. vol. 5. São Paulo: Saraiva, 2008, pp. 298/299.

[38] *Lições de direito penal:* parte especial. vol I. Rio de Janeiro: Forense, p. 513. Atualmente, *v.g.*, é o posicionamento de BITENCOURT, Cezar Roberto. *Tratado de direito penal:* parte especial. vol. 5. São Paulo: Saraiva, 2008, p. 305.

[39] *Comentários ao código penal.* vol IX. Rio de Janeiro: Forense, 1958, p. 482.

[40] *Código de processo penal.* Rio de Janeiro: Record, 1960, p. 309.

[41] *Direito penal.* São Paulo: Saraiva, 1995, p. 368.

[42] *Tratado de direito penal brasileiro.* vol. 7. São Paulo: RT, 2013, p. 427.

[43] PRADO, Luiz Regis. *Tratado de direito penal brasileiro.* vol. 7. São Paulo: RT, 2013, p. 428. O Código Penal alemão, peculiarmente, prevê inúmeras situações em tipos

FALSO TESTEMUNHO OU FALSA PERÍCIA

Bento de Faria[44] afirmava que *"não se ajustaria à moral nem à lógica jurídica que alguém pudesse impunemente fazer afirmações falsas somente porque não prometeu dizer a verdade"*.

Em razão da desnecessidade de juramento (não exigível de qualquer pessoa), contrariamente a Fragoso[45] e a Espínola Filho[46], entendiam Hungria[47], Noronha[48], Bento de Faria[49] e Tornaghi[50] que *informante* pode responder pelo crime de falso testemunho, justamente pela quebra do dever de dizer a verdade. Neste aspecto, todavia, não se concorda com estes grandes doutrinadores, pois não é a tomada ou não de compromisso que aponta para a condição material de testemunha (caso o juiz se olvide dessa formalidade nem por isso a verdadeira testemunha está autorizada a mentir). Há de se verificar, isto sim, o que é – materialmente – uma testemunha. Apesar de o Código de Processo Penal não a definir, afirmando genericamente que *"toda pessoa poderá ser testemunha"* (art. 202), e sinalizar pelo formal apego ao *"compromisso"* (arts. 203[51] e 208[52]), elementar abandonada pelo direito material penal, em realidade a *testemunha* é pessoa desinteressada na causa a qual, conforme a difundida

---

distintos: afirmação falsa independentemente de juramento (§153), falso juramento (§154), afirmações equivalentes ao juramento (§155), falsa afirmação sob compromisso (§156), *etc.*

[44] *Código penal brasileiro.* vol. III. Rio de Janeiro: Record, 1958, p. 178.

[45] *Lições de direito penal*: parte especial. vol I. Rio de Janeiro: Forense, p. 513.

[46] *Código de processo penal brasileiro anotado.* vol. 3. Campinas: Bookseller, 2000, pp. 138-140.

[47] *Comentários ao código penal.* vol IX. Rio de Janeiro: Forense, 1958, p. 482.

[48] *Direito penal.* São Paulo: Saraiva, 1995, p. 368.

[49] *Código de processo penal.* Rio de Janeiro: Record, 1960, p. 177.

[50] *Instituições de processo penal.* São Paulo: Saraiva, 1978, v. 4, pp. 90/91.

[51] *"Art. 203. A testemunha fará, sob palavra de honra, a promessa de dizer a verdade do que souber e lhe for perguntado, devendo declarar seu nome, sua idade, seu estado e sua residência, sua profissão, lugar onde exerce sua atividade, se é parente, e em que grau, de alguma das partes, ou quais suas relações com qualquer delas, e relatar o que souber, explicando sempre as razões de sua ciência ou as circunstâncias pelas quais possa avaliar-se de sua credibilidade".*

[52] *"Art. 208. Não se deferirá o compromisso a que alude o art. 203 aos doentes e deficientes mentais e aos menores de 14 (quatorze) anos, nem às pessoas a que se refere o art. 206".*

lição do Direito Processual Penal *"viu, ouviu, mas não participou"*. Em outras palavras, mais tecnicamente, *"a testemunha é o indivíduo que, não sendo parte nem sujeito interessado no processo, depõe perante um juiz, sobre fatos pretéritos relevantes para o processo e que tenham sido percebidos pelos seus sentidos"*.[53] Por isso é um meio de prova ao qual a lei confere credibilidade.

Assim, segundo aqui particularmente se entende, não é o compromisso que modifica o *status* da testemunha, devendo-se perquirir sua essência, qual seja, de pessoa desinteressada que presenciou o fato. Nesse sentido, veja-se que informante não ostenta essa condição material e por essa razão não pode ser sujeito ativo do delito de falso testemunho. O não *"deferimento do compromisso"* do Código de Processo Penal, por exemplo, ao doente mental ou à mãe do acusado (art. 208 c.c. art. 206[54]) deve ser lido, numa interpretação teleológica e sistemática, como carência da condição de testemunha dessas pessoas (por isso, *e.g.*, os informantes não são computados para se atingir o número legal de testemunhas). Sua mentira, assim, consoante posicionamento aqui ofertado, apesar de concepção dominante diversa da doutrina e jurisprudência pátrias, equivale à mentira do acusado, sendo, desta feita, impunível. Do contrário, de modo absurdo, entender-se-ia como típica a conduta de uma mãe que, desesperada, mente em juízo para livrar seu filho do cárcere.

A situação legal atual, de todo modo, demanda uma reforma legislativa para fins de segurança jurídica. O Código Penal italiano, por exemplo, em seu art. 384[55], prevê expressamente o falso testemunho para beneficiar parente entre os casos de impunibilidade.

---

[53] BADARÓ, Gustavo Henrique. *Direito processual penal*. tomo I. Rio de Janeiro: Elsevier, 2008, p. 245.

[54] *"Art. 206. A testemunha não poderá eximir-se da obrigação de depor. Poderão, entretanto, recusar-se a fazê-lo o ascendente ou descendente, o afim em linha reta, o cônjuge, ainda que desquitado, o irmão e o pai, a mãe, ou o filho adotivo do acusado, salvo quando não for possível, por outro modo, obter-se ou integrar-se a prova do fato e de suas circunstâncias"*.

[55] *"Art. 384. Casi di non punibilità – Nei casi previsti dagli articoli 361, 362, 363, 364, 365, 366, 369, 371 bis, 372, 373, 374 e 378, non è punibile chi ha commesso il fatto per esservi stato costretto dalla necessità di salvare sè medesimo o un prossimo congiunto da un grave e inevitabile nocumento nella libertà e nell'onore. Nei casi previsti dagli articoli 371 bis, 372 e 373, la punibilità è esclusa se il fatto è commesso da chi per legge non avrebbe dovuto essere*

FALSO TESTEMUNHO OU FALSA PERÍCIA

Já com relação à *natureza da falsidade*, a doutrina penal revela duas teorias. Para um primeiro posicionamento, *objetivo*, difundido na dogmática alemã, a declaração é falsa quando discrepa da realidade (*e.g.*, Mezger, Welzel e Maurach). Esta compreensão (contradição entre palavra e realidade) apega-se no ideário de que falso é simplesmente aquilo que é inexato, pouco importando a subjetividade do agente. A crítica oposta a este pensamento, com razão, centra-se no absurdo de se punir quem diz algo inexato em que acredita.

Desta feita, prevalece nos demais países de tradição jurídica europeia continental a teoria *subjetiva*, segundo a qual a declaração é falsa quando é discordante com o sabido pelo agente. Ou seja, há declaração falsa quando o relato não coincide com o recordado, segundo Stein[56] (contradição entre palavra e conhecimento). Cuida-se, ademais, do posicionamento de Carrara[57], Manzini[58], Antolisei[59], Binding, Bustos Ramírez[60] e, dentre nós, Hungria[61] e Fragoso.[62] Neste diapasão é irrepreensível o alerta de Carrara[63] no sentido de que *mentir* difere de *dizer mentira*, dando o exemplo dos filósofos antigos que diziam que o Sol girava em torno da Terra. Ora, diziam uma mentira, mas não mentiam. Aliás, em nossa doutrina completa este pensamento Prado[64],

---

richiesto di fornire informazioni ai fini delle indagini o assunto come testimonio, perito, consulente tecnico o interprete ovvero avrebbe dovuto essere avvertito della facoltà di astenersi dal rendere informazioni, testimonianza, perizia, consulenza o interpretazione".

[56] STEIN, Ulrich. "Acerca del concepto de declaración falsa". Tradução de Alejandro Kiss. *Revista Electrónica de Ciencia Penal e Criminologia* 10-15 (2008).

[57] *Programa del curso de derecho criminal*: dictado en la real Universidad de Pisa. Parte especial. vol. V. Buenos Aires: DEPALMA, 1947, p. 209 e ss.

[58] *Trattato di diritto penale italiano*. vol. V. Torino: Torinese, 1950, p. 781.

[59] *Manuale di diritto penale*: parte speciale. vol. 2. Milano: Giuffré, 1986, p. 710.

[60] *Manual de derecho penal*: parte especial. Barcelona: Ariel, 1986, p. 427.

[61] *Comentários ao código penal*. vol IX. Rio de Janeiro: Forense, 1958, p. 476 ss.

[62] *Lições de direito penal*: parte especial. vol I. Rio de Janeiro: Forense, p. 516.

[63] *Programa del curso de derecho criminal*: dictado en la real Universidad de Pisa. Parte especial. vol. V. Buenos Aires: DEPALMA, 1947, p. 257.

[64] *Tratado de direito penal brasileiro*. vol. 7. São Paulo: RT, 2013, p. 439.

ao observar que o *"calar a verdade"* só possui sentido no âmago subjetivo, pois só se pode calar sobre o sabido, não sobre o ignorado.

Quanto à falsidade, por fim, duas questões são ainda especialmente importantes. Primeiro, a relativa à mentira na qualificação. Para Noronha[65], a mentira no oferecimento da *qualificação por parte da testemunha* caracterizaria o crime em análise, o que, não obstante, acertadamente não prevalece na doutrina e jurisprudência pátrias, pois não diz respeito ao conteúdo do testemunhado, sendo tal conduta em verdade tipificada pelo artigo 68, parágrafo único, da Lei das Contravenções Penais[66], ou, possivelmente, pelo artigo 307 do Código Penal[67], a depender da situação concreta. Gomes[68], com acerto, observa que a distinção está na intenção de auferir vantagem ou causar dano no crime.

Em segundo lugar, forçoso concluir que, tal como advertira Hungria[69], a falsidade somente recai sobre fato juridicamente relevante à apuração (*"thema probandum"*), pouco importando, ou seja, sendo atípicas, mentiras acerca de fatos paralelos à causa. Conforme Bustos Ramírez[70], *"A declaração falsa há de afetar a substância do processo, ou seja, tem que estar relacionada à capacidade probatória do testemunho ou perícia"*.

---

[65] *Direito penal*. São Paulo: Saraiva, 1995, p. 369.

[66] *"Art. 68. Recusar à autoridade, quando por esta justificadamente solicitados ou exigidos, dados ou indicações concernentes à própria identidade, estado, profissão, domicílio e residência:*
Pena – multa.
Parágrafo único – Incorre na pena de prisão simples, de 1 (um) a 6 (seis) meses, e multa, se o fato não constitui infração penal mais grave, quem, nas mesmas circunstâncias, faz declarações inverídicas a respeito de sua identidade pessoal, estado, profissão, domicílio e residência".

[67] *"Art. 307. Atribuir-se ou atribuir a terceiro falsa identidade para obter vantagem, em proveito próprio ou alheio, ou para causar dano a outrem:*
Pena – detenção, de três meses a um ano, ou multa, se o fato não constitui elemento de crime mais grave".

[68] "Das contravenções referentes à administração pública". *In*: SALVADOR NETTO, Alamiro Velludo (coord.). *Comentários à lei das contravenções penais*. São Paulo: Quartier Latin, 2006, p. 315.

[69] *Comentários ao código penal*. vol IX. Rio de Janeiro: Forense, 1958, p. 475.

[70] *Manual de derecho penal*: parte especial. Barcelona: Ariel, 1986, p. 428.

FALSO TESTEMUNHO OU FALSA PERÍCIA

4. TIPO OBJETIVO. CONSUMAÇÃO E TENTATIVA. PARTICIPAÇÃO

A majoritária doutrina (*e.g.*, Manzini[71] e, no Brasil, Hungria[72], Noronha[73] e, mais recentemente, Bitencourt[74]) entende que o delito de falso testemunho ou falsa perícia se consuma ao término do depoimento falso ou, se escrito (como laudo pericial), com a sua efetiva entrega à autoridade (judicial, policial, processual administrativa ou arbitral). Efetivamente, cuida-se do posicionamento acertado, eis que, até estes momentos finais, pode haver retificação das informações dadas. Desta feita, somente findo o depoimento ou entregue o documento há vulneração do bem jurídico protegido na espécie, eis que somente a partir desse momento podem ser utilizados pela autoridade como meio de prova.

Diverge a doutrina acerca da possibilidade ou não do reconhecimento da tentativa. Autores como Von Liszt[75] e Mezger e, no Brasil, Hungria[76] e Fragoso, admitem a tentativa, eis que o delito denotaria um *iter criminis* que poderia ser interrompido, por exemplo, com a suspensão da audiência. Todavia, prevalece a compreensão, como em Antolisei[77], Carrara[78], João Monteiro[79] e Galdino Siqueira[80], de que não é possível

---

[71] *Trattato de diritto penale italiano*. vol. V. Torino: Torinese, 1950, pp. 778/779.

[72] *Comentários ao código penal*. vol IX. Rio de Janeiro: Forense, 1958, pp. 475/476 e 484.

[73] *Direito penal*. São Paulo: Saraiva, 1995, p. 371.

[74] *Tratado de direito penal*: parte especial. vol. 5. São Paulo: Saraiva, 2008, p. 308.

[75] LISZT, Franz von. *Tratado de direito penal*. vol. II. Tradução de José Higino Duarte Pereira. Campinas: Russell, 2013, p. 401.

[76] *Comentários ao código penal*. vol IX. Rio de Janeiro: Forense, 1958, p. 476.

[77] *Manuale di diritto penale*: parte speciale. vol. 2. Milano: Giuffré, 1986, p. 713.

[78] *Programa del curso de derecho criminal*: dictado en la real Universidad de Pisa. Parte especial. vol. V. Buenos Aires: DEPALMA, 1947, p. 244 e ss.

[79] *Do perjúrio*. (1882) Dissertação (livre docência) apresentada à Faculdade de Direito do Largo de São Francisco, São Paulo, 1882, p. 42 ss.

[80] *Direito penal brasileiro*: parte especial. Rio de Janeiro: Jacinto Ribeiro dos Santos, 1924, p. 374.

o reconhecimento da tentativa, pois se cuida de delito de perigo abstrato (especialmente, Soler[81]) e instantâneo (*v.g.*, Manzini[82], Galdino Siqueira[83]).

Muito embora objetivamente falando fosse até possível cindir as etapas desse crime, o fato é que assiste razão à Levene[84] quando nota que, se é permitida a retratação, não há razões lógicas para se admitir a tentativa. Se houver a retratação, não há vulneração do bem jurídico na hipótese. Do contrário, o delito está consumado. Ademais, o ato processual interrompido não está finalizado, podendo a testemunha se retificar ou se retratar. Destarte, a punição a título de tentativa seria uma injusta antecipação da tutela penal.

A infração penal de falso testemunho ou falsa perícia cuida-se, conforme entendimento predominante, de *crime próprio* e de *mão própria* (neste sentido, por exemplo, Jescheck[85], Muñoz Conde[86] e Quintero Olivares). Quanto ao primeiro aspecto, a lei estabelece uma capacidade especial do sujeito ativo: testemunha, perito, contador, tradutor ou intérprete. São típicos meios de prova, os quais podem ser definidos como *"os instrumentos, pessoais ou materiais, por meio dos quais se leva ao processo um elemento de prova apto a revelar ao juiz a verdade de um fato"*, conforme Badaró.[87] Por via de consequência, num sistema acusatório, o imputado não pode ser autor de falso testemunho se a mentira, negação ou silêncio se dão para evitar uma autoincriminação, incidindo nestes casos o princípio do *"Nemo tenetur se detegere"*. Neste exato sentido, *vide* HC 79.812/SP[88], do Supremo Tribunal Federal, de relatoria do ministro Celso de Mello.

---

[81] *Derecho penal argentino.* vol. 5. Buenos Aires: TEA, 1951, p. 236.

[82] *Trattato di diritto penale italiano.* vol. V. Torino: Torinese, 1950, pp. 778/779.

[83] *Direito penal brazileiro:* parte especial. Rio de Janeiro: Jacintho Ribeiro dos Santos, 1924, p. 374.

[84] *El delito de falso testimonio.* Buenos Aires: Abeledo-Perrot, 1962, p. 83.

[85] Sobre autoria e participação, *Cf.* JESCHECK, Hans-Heinrich; WEIGEND, Thomas. *Tratado de derecho penal:* parte general. Tradução de Miguel Olmedo Cardenete. Granada: Comares, 2002, p. 690 e ss.

[86] *Derecho penal:* parte especial. Valencia: Tirant Lo Blanch, 2010, p. 957.

[87] *Direito processual penal:* tomo I. Rio de Janeiro: Elsevier, 2008, p. 198.

[88] *DJ* de 16.2.2001.

FALSO TESTEMUNHO OU FALSA PERÍCIA

Ainda, o crime em análise é de mão própria, somente admitindo a prática pessoal e direta do autor.[89] Desse modo, não há que se falar em coautoria ou autoria mediata, admitindo o delito apenas a modalidade de participação, conforme doutrina predominante e entendimento pacífico no Supremo Tribunal Federal. O partícipe, como sabido, é o instigador ou cúmplice de fato alheio, ou seja, colabora sem domínio do fato. Neste sentido, são demasiado comuns nos Tribunais nacionais acusações de instigação ou auxílio ao falso testemunho, contra advogados que teriam orientado testemunhas a mentir nos mais diversos depoimentos, como em ações trabalhistas.

Na esteira do preconizado por Cernicchiaro e Soler, Reale Júnior[90], em trabalho específico sobre o tema, em coletânea jurisprudencial, questiona-se acerca da participação sem contrapartida em falso testemunho, uma vez que se cuida de crime autônomo a participação mediante suborno (artigo 343 do Código Penal[91]). Em outras palavras, se a participação só possuir relevância na oferta de vantagem, há de se apurar se sem essa elementar o fato seria atípico. Reale Júnior[92], assim, nota que o crime do artigo 343 do Código Penal independe da efetividade do falso testemunho, daí porque a figura autônoma daquele não invalida a possibilidade de participação neste. Finalmente, observa que de fato o delito de suborno à testemunha é mais grave que o próprio falso testemunho, razão pela qual há figuras autônomas com penas distintas.

---

[89] Neste sentido, *e.g.*, PRADO, Luiz Regis. *Tratado de direito penal brasileiro*. vol. 7. São Paulo: RT, 2013, p. 453.

[90] *Direito penal*: jurisprudência em debate. vol. 4. Rio de Janeiro: 2013, p. 192.

[91] *"Art. 343. Dar, oferecer ou prometer dinheiro ou qualquer outra vantagem a testemunha, perito, contador, tradutor ou intérprete, para fazer afirmação falsa, negar ou calar a verdade em depoimento, perícia, cálculos, tradução ou interpretação:*
Pena – reclusão, de três a quatro anos, e multa.
Parágrafo único. As penas aumentam-se de um sexto a um terço, se o crime é cometido com o fim de obter prova destinada a produzir efeito em processo penal ou em processo civil em que for parte entidade da administração pública direta ou indireta".

[92] *Direito penal*: jurisprudência em debate. vol. 4. Rio de Janeiro: 2013, p. 193.

LUCIANO ANDERSON DE SOUZA

Por fim, merece menção sobre o tema, atualmente, as observações de Jakobs acerca da cumplicidade em falso testemunho. Levando em conta que o Tribunal Superior Federal da Alemanha (BGH) já decidiu que quem induz a uma falsa declaração fora do processo deve ser considerado garantidor de evitar um falso testemunho realizado no processo, o autor, que parece a isto anuir, nota que, ademais, tal induzimento ensejaria a criação de um mundo mendaz.[93] Nota-se, assim, em Jakobs, uma tentativa de alargamento da responsabilização penal com base em expectativas sociais de condutas, a qual, ao melhor estilo de seu funcionalismo, abstrai da análise da teoria do bem jurídico.

5. RETRATAÇÃO E OUTRAS QUESTÕES IMPORTANTES

O artigo 342, § 2º, do Código Penal, na esteira do preconizado pelo artigo 107, inciso VI, do mesmo diploma, prevê a possibilidade de extinção da punibilidade se houver a *retratação* do agente até a sentença no processo em que ocorreu o ilícito. Previsão similar existe no Código Penal Militar (artigo 346, § 2º). Cuida-se de medida utilitarista de política criminal, comum nos países de tradição romano-germânica, que vê maior interesse em se consagrar a verdade em um procedimento judicial do que se punir o autor de um crime já aperfeiçoado.

O entendimento majoritário, porém não pacífico, entende que a retratação deverá se dar até a *sentença* de primeira instância no processo em que se deu a falsidade. Esse, todavia, não parece ser a posição mais acertada. Isto porque se o legislador penal transigiu com o autor do testemunho falso, oferecendo-lhe a não punição em troca da consagração da verdade em um processo judicial, por certo o termo *"sentença"* insculpido no tipo há de ser entendido de forma ampla, até o efetivo trânsito em julgado, pois neste momento é que se consagrará uma decisão justa ou injusta (por conta do falso testemunho). Até a decisão final, o processo ainda não findou, sendo ainda absolutamente pertinente a manutenção da mesma razão utilitária que fez com que a lei previsse o

---

[93] JAKOBS, Günther. *Teoria e prática da intervenção penal.* São Paulo: Manole, 2003, p. 22.

FALSO TESTEMUNHO OU FALSA PERÍCIA

instituto da retratação. O argumento de que a testemunha deve ser punida porque manteria a máquina judiciária injustamente em movimento é falacioso, eis que ela já pode ter mentido na fase inquisitorial, por exemplo, deflagrando injustamente um processo.

Assim é que por conta da possibilidade de retratação até o efetivo trânsito em julgado da ação, não há justa causa no oferecimento de denúncia até este momento, mesmo porque até decisão final não existe *"verdade"* alguma consagrada no processo capaz de desmentir inequivocamente a testemunha, perito e demais figuras do tipo. Demais disso, pela mesma razão, aqui se adota o posicionamento pela impossibilidade de *prisão em flagrante* por delito de falso testemunho ou falsa perícia, medida açodada que no mais das vezes se limita na prática à coação da testemunha a desdizer-se. Se na velha lição de Carnelutti o flagrante é a certeza visual do crime, no falso testemunho, até o cotejo final de todas as provas, em última palavra, não há qualquer certeza a justificar medida tão drástica. Apesar de posicionamento isolado nas Cortes brasileiras, parece mais acertado o posicionamento do Desembargador Feltrim Corrêa, do Tribunal Regional Federal da 2ª Região, no sentido de que seria mais prudente instaurar-se investigação policial do que levar a afeito a prisão em flagrante nestes casos.[94] Essa, ademais, parece ser a dicção do artigo 211, *caput*, do Código de Processo Penal.[95]

Por fim, acerca da retratação e seus consectários, pela teoria monista adotada ao concurso de pessoas, se o autor se retrata, *há extinção da punibilidade também para o partícipe* (neste sentido, por exemplo, *vide* HC 36.287/SP, do Superior Tribunal de Justiça, rel. min. Félix Fischer). Por este motivo, não assiste razão à Prado[96] quando assevera que a retratação somente diz respeito àquele que se retrata.

---

[94] *Cf. Revista Síntese* 8/146.

[95] *"Art. 211. Se o juiz, ao pronunciar sentença final, reconhecer que alguma testemunha fez afirmação falsa, calou ou negou a verdade, remeterá cópia do depoimento à autoridade policial para a instauração de inquérito (...)".*

[96] PRADO, Luiz Regis. *Tratado de direito penal brasileiro.* vol. 7. São Paulo: RT, 2013, p. 465.

LUCIANO ANDERSON DE SOUZA

Três últimas questões de imbricamento da dogmática penal com o Direito Processual Penal merecem menção. A primeira diz respeito à *natureza do procedimento* em que ocorre o falso testemunho ou falsa perícia. Consoante a dicção do *caput* do artigo 342, após a reforma trazida pela Lei n. 10.268/2001, o tipo penal em foco refere-se a processo judicial, processo administrativo, arbitragem (Lei n. 9.307/96) e inquérito policial.[97] Por via de consequência, sindicâncias administrativas e inquéritos civis estão fora das hipóteses (sobre esse último, tramita Projeto de Lei no Congresso Nacional que visa sua inclusão no elenco). Ainda, o legislador olvidou-se de mencionar inquérito parlamentar, administrativo e judicial.[98] Com relação à Comissão Parlamentar de Inquérito, todavia, há previsão de crime assemelhado no artigo 4º, inciso II, da Lei n. 1.579/1952.[99] Por sua vez, a Lei n. 4.319/1964, em seu artigo 8º, inciso II, previa tipo penal similar ao falso testemunho ou falsa perícia relativamente a procedimento perante o Conselho de Defesa dos Direitos da Pessoa Humana ou Comissão de Inquérito por ele instituída, mas referida lei foi revogada pela Lei n. 12.986/2014, que não trouxe qualquer infração penal.

Em segundo e terceiro lugares, debatem-se os doutos se subsiste o crime do artigo 342 do CP quando o depoimento ou laudo se dão perante *autoridade incompetente* ou se o *procedimento é declarado nulo* por qualquer outro motivo.

Quanto ao questionamento se subsistiria o delito quando a autoridade for incompetente, autores como Marsich[100], na Itália, e, em

---

[97] Antes da reforma trazida pela Lei n. 10.268/2001, o tipo insculpia impropriamente *"processo policial"*, algo que não existe no ordenamento brasileiro.

[98] Neste sentido, BITENCOURT, Cezar Roberto. *Tratado de direito penal*: parte especial. vol. 5. São Paulo: Saraiva, 2008, p. 296.

[99] *"Art. 4º Constitui crime: (...)*
II – fazer afirmação falsa, ou negar ou calar a verdade como testemunha, perito, tradutor ou intérprete, perante a Comissão Parlamentar de Inquérito:
Pena – A do art. 342 do Código Penal".

[100] *Il delito di falsa testemonianza*. Padova: CEDAM, 1929, p. 101.

FALSO TESTEMUNHO OU FALSA PERÍCIA

nosso país, Noronha[101], Bento de Faria[102] e, recentemente, Prado[103], entendem que sim, eis que o que se pune seria a falsidade. Todavia, Carrara[104] e Manzini[105] compreendem que não, vez que se a autoridade é incompetente, não haveria uma possibilidade real de vulneração do bem jurídico na hipótese. Esta parece ser a melhor posição. Exatamente por este mesmo motivo, aqui se adota a compreensão de que se o processo é nulo não há crime (*"quod nullum est nullum product effectum"*). Essa é, por exemplo, a posição dominante na jurisprudência alemã, que, com acerto, pondera que o ato inválido não é passível de valoração jurídica.

CONSIDERAÇÕES FINAIS

O presente texto procurou destacar que avulta em importância prática e teórica o delito de falso testemunho ou falsa perícia. Como principais meios de prova a justificar uma decisão judicial, o depoimento da testemunha ou o laudo oferecido pelo *expert*, na prática, terminam por, na maioria dos casos, escorar quase que exclusivamente as decisões judiciais, apesar do sistema da livre apreciação racional das provas.

Desta feita, há enorme interesse concreto em que tais meios de prova denotem absoluta lisura, o que encontra dificuldades ínsitas quer pelas próprias falibilidades humanas, quer por fatores contingenciais de cada caso. No preciso dizer de Badaró[106], por exemplo, *"No processo penal, a prova testemunhal é o meio de prova mais utilizado, embora se trate de prova sujeita a influências e sentimentos que podem afastá-la do caminho da verdade"*.

Aliás, face à falibilidade facilmente perceptível na prova testemunhal, normalmente na prática relativizada pelo julgador, e, ao

---

[101] *Direito penal.* São Paulo: Saraiva, 1995, p. 370.

[102] *Código de processo penal.* Rio de Janeiro: Record, 1960, p. 117.

[103] *Tratado de direito penal brasileiro.* vol. 7. São Paulo: RT, 2013, p. 431.

[104] *Programa del curso de derecho criminal:* dictado en la real Universidad de Pisa. Parte especial. vol. V. Buenos Aires: DEPALMA, 1947, p. 210.

[105] *Trattato di diritto penale italiano.* vol. V. Torino: Torinese, 1950, p. 770 e ss.

[106] *Direito processual penal:* tomo I. Rio de Janeiro: Elsevier, 2008, p. 253.

LUCIANO ANDERSON DE SOUZA

revés, enorme credulidade dada à prova pericial, de se notar a inadequação de equiparação da falsa perícia ao falso testemunho. Não por outra razão, isto é, por serem os peritos *"testemunhas qualificadas"*, nas palavras de Muñoz Conde[107], que o Código Penal espanhol oferece tratamento mais severo nesta hipótese. Conforme nota com agudeza Stein[108], por sua vez, em artigo sobre o tema, *"O perito não só é colaborador quanto às percepções senão também, e principalmente, quanto às conclusões do tribunal"*, pois detém conhecimentos especiais próprios que o julgador não possui. Em outras palavras, a falsa perícia possui maior gravidade que o falso testemunho, sendo inapropriado o nivelamento das hipóteses.

O referido ordenamento espanhol, insta observar ainda, trouxe com sua codificação de 1995 uma importante inovação, qual seja, a possibilidade de se cometer o crime em análise ante um Tribunal Internacional ou em cumprimento de uma carta rogatória remetida por Corte estrangeira, temas desconhecidos de nossa legislação.

Demais disso, a construção do tipo penal brasileiro em foco desvela a possibilidade de grandes divergências interpretativas, de consectários práticos essenciais, como as relativas à prestação de compromisso legal, à natureza da falsidade, à admissão ou não da tentativa, à dimensão do concurso de pessoas, aos contornos da retratação, à possibilidade de prisão em flagrante, etc. A se aprovar o criticado Projeto de Lei do Senado n. 236/2012 (Projeto de Novo Código Penal), nenhuma dessas questões será solucionada, pois a redação[109] é similar à atual, apenas se incluindo

---

[107] *Derecho penal:* parte especial. Valencia: Tirant Lo Blanch, 2010, p. 954.

[108] "Acerca del concepto de declaración falsa". Tradução de Alejandro Kiss. *Revista Electrónica de Ciencia Penal e Criminologia* 10-15 (2008).

[109] *"Art. 298. Fazer afirmação falsa, ou negar ou calar a verdade como vítima, testemunha, perito, contador, tradutor ou intérprete em processo judicial, ou administrativo, inquérito civil, ou em juízo arbitral:*

Pena – prisão, de um a três anos.

§ 1º As penas aumentam-se de um sexto a um terço se o crime é praticado mediante paga ou promessa de recompensa ou se cometido com o fim de obter prova destinada a produzir efeito em inquérito policial ou processo penal.

§ 2º O fato deixa de ser punível se, antes da sentença no processo em que ocorreu o ilícito, o agente se retrata ou declara a verdade".

FALSO TESTEMUNHO OU FALSA PERÍCIA

o inquérito civil no rol de procedimentos passíveis de falso testemunho ou falsa perícia, bem como uma causa de aumento de pena *"se o crime é praticado mediante paga ou promessa de recompensa ou se cometido com o fim de obter prova destinada a produzir efeito em inquérito policial ou processo penal"*, sendo que, curiosamente, o *disegnio di legge* esquece-se de incluir o *"inquérito policial"* no rol do *caput* do seu artigo 298. A perspectiva atual, portanto, é a de manutenção das inúmeras controvérsias em torno do delito em análise.

REFERÊNCIAS BIBLIOGRÁFICAS

ANTOLISEI, Francesco. *Manuale di diritto penale*: parte speciale. vol. 2. Milano: Giuffré, 1986.

AYARRAGARAY, Carlos A. *El perjúrio*. Buenos Aires:Valerio Abeledo, 1945.

BADARÓ, Gustavo Henrique. *Direito processual penal*. tomo I. Rio de Janeiro: Elsevier, 2008.

BENLLOCH PETIT, Guillermo. "Delitos contra la administración de justicia". *In*: SILVA SÁNCHEZ, Jesús-María (coord.). *Lecciones de derecho penal*: parte especial. Barcelona: Atelier, 2011, pp. 359-383.

BITENCOURT, Cezar Roberto. *Tratado de direito penal*: parte especial. vol. 5. São Paulo: Saraiva, 2008.

BUSATO, Paulo César (coord.). *Neurociência e direito penal*. São Paulo: Atlas, 2014.

BUSTOS RAMÍREZ, Juan. *Manual de derecho penal*: parte especial. Barcelona: Ariel, 1986.

CARRARA, Francesco. *Programa del curso de derecho criminal*: dictado en la real Universidad de Pisa. Parte especial. vol.V. Buenos Aires: DEPALMA, 1947.

CASTILLO GONZALES, Francisco. *El delito de falso testimonio*. San José: Editorial Juricentro, 1982.

COSTA, Fernando José da. *O falso testemunho*. Rio de Janeiro: Forense Universitária, 2003.

CUELLO CALÓN, Eugenio. *Derecho penal*: parte especial. vol. I. tomo II. Barcelona: Bosch, 1975.

CUNHA, Rogério Sanches. *Direito Penal:* parte especial. São Paulo: RT, 2009.

DEMETRIO CRESPO, Eduardo (coord.). *Neurociencias y derecho penal:* nuevas perspectivas en el ámbito de la culpabilidad y tratamiento jurídico-penal de la peligrosidad. Madrid: Edisofer, 2013.

ESPÍNOLA FILHO, Eduardo. *Código de processo penal brasileiro anotado.* vol. 3. Campinas: Bookseller, 2000.

FARIA, Bento de. *Código de processo penal.* Rio de Janeiro: Record, 1960.

_____. *Código penal brasileiro.* vol. III. Rio de Janeiro: Record, 1958.

FRAGOSO, Heleno Cláudio. *Lições de direito penal:* parte especial. vol I. Rio de Janeiro: Forense.

GOMES, Mariângela Magalhães. "Das contravenções referentes à administração pública". *In:* SALVADOR NETTO, Alamiro Velludo (coord.). *Comentários à lei das contravenções penais.* São Paulo: Quartier Latin, 2006, pp. 297-319.

HASSEMER, Winfried. "Neurociencias y culpabilidade em derecho penal". *InDret* 2/2011. Disponível em www.indret.com/. Acesso realizado em 10.04.2015.

HUNGRIA, Nélson. *Comentários ao código penal.* vol IX. Rio de Janeiro: Forense, 1958.

JAKOBS, Günther. *Falsedad documental:* revisión de um delito de engaño. Madrid: Marcial Pons, 2011.

_____. *Teoria e prática da intervenção penal.* São Paulo: Manole, 2003.

JESCHECK, Hans-Heinrich; WEIGEND, Thomas. *Tratado de derecho penal:* parte general. Tradução de Miguel Olmedo Cardenete. Granada: Comares, 2002.

LEVENE, Ricardo. *El delito de falso testimonio.* Buenos Aires: Abeledo-Perrot, 1962.

LISZT, Franz von. *Die falsche Aussage von Gericht oder öffentlicher Behorde.* Graz: Leuschner & Lubensky, 1877.

_____. *Tratado de direito penal.* vol. II. Tradução de José Higino Duarte Pereira. Campinas: Russell, 2013.

MANZINI, Vicenzo. *Trattato de diritto penale italiano.* vol. V. Torino: Torinese, 1950.

MARSICH, Piero. *Il delito di falsa testemonianza.* Padova: CEDAM, 1929.

FALSO TESTEMUNHO OU FALSA PERÍCIA

MONTEIRO, João Pereira. *Do perjúrio*. (1882) Dissertação (livre docência) apresentada à Faculdade de Direito do Largo de São Francisco, São Paulo, 1882.

MUÑOZ CONDE, Francisco. *Derecho penal:* parte especial. Valencia: Tirant Lo Blanch, 2010.

NORONHA, E. Magalhães. *Direito penal.* São Paulo: Saraiva, 1995.

NUCCI, Guilherme de Souza. *Manual de processo penal e execução penal.* São Paulo: RT, 2001.

PRADO, Luiz Regis. *Tratado de direito penal brasileiro.* vol. VII. São Paulo: RT, 2013.

REALE Jr., Miguel (coord.). *Direito penal:* jurisprudência em debate. vol. 4. Rio de Janeiro: 2013.

SIQUEIRA, Galdino. *Direito penal brazileiro:* parte especial. Rio de Janeiro: Jacintho Ribeiro dos Santos, 1924.

SOLER, Sebastián. *Derecho penal argentino.* vol. 5. Buenos Aires: TEA, 1951.

STEIN, Ulrich. "Acerca del concepto de declaración falsa". Tradução de Alejandro Kiss. *Revista Electrónica de Ciencia Penal e Criminologia* 10-15 (2008).

TORNAGUI, Hélio. *Instituições de processo penal.* vol. 4. São Paulo: Saraiva, 1978.

VERRI, Pietro. *Observações sobre a tortura.* Tradução de Federico Carotti. São Paulo: Martins Fontes, 2000.

Informação bibliográfica deste texto, conforme a NBR 6023:2002 da Associação Brasileira de Normas Técnicas (ABNT):

SOUZA, Luciano Anderson de. "Falso testemunho ou falsa perícia". *In*: SOUZA, Luciano Anderson de; TUCUNDUVA SOBRINHO, Ruy Cardozo de Mello (Coord.). *Temas de Processo Administrativo.* São Paulo: Editora Contracorrente, 2017, pp. 213-237. ISBN. 978-85-69220-32-9.

BREVES NOTAS A RESPEITO DO CONSELHO DE JUSTIFICAÇÃO NO ÂMBITO DAS FORÇAS ARMADAS

NELSON LACAVA FILHO

De todas as carreiras existentes em nossa sociedade é a carreira militar a que mais depende e sofre influência de regras de índole administrativa. Os militares, sejam das Forças Armadas, sejam as polícias militares ou dos corpos de bombeiros dos Estados, são as categorias de servidores públicos que, por excelência, mais necessitam de preceitos a fim de nortear sua atividade.

No âmbito das Forças Armadas, observa-se a necessidade de controle ainda mais exacerbado da atividade militar que com relação às polícias militares, mesmo porque estas são forças auxiliares em relação àquelas, que têm como funções precípuas a defesa da Pátria, a garantia dos poderes constitucionais e, por iniciativa de qualquer destes, da lei e da ordem.[1] Essa diferenciação com relação a outras classes de trabalhadores e outras categorias de servidores do Estado justifica-se na medida em que a atividade dos militares, por ter como função maior a defesa da Pátria, está fundada na própria soberania do Estado Democrático de Direito (art. 1º, inc. I, CF).[2]

---

[1] CF art. 142.

[2] Nesse sentido, é a lição de Flavio Flores da Cunha Bierrenbach: *"Consoante a Constituição da República, as Forças Armadas são as únicas instituições que tem por finalidade a defesa da*

NELSON LACAVA FILHO

A fim de elucidar a diferença entre a carreira militar e as demais carreiras do serviço público, Flávio Flores da Cunha Bierrenbach acentua que:

> *O fato é que os integrantes das instituições militares são os únicos seres humanos de quem a lei brasileira exige o sacrifício da vida. A nenhum funcionário público, na verdade, nenhum cidadão, exceto aos militares, lei alguma impõe deveres tão radicais, deveres que podem implicar a contingência de morrer ou de matar.*
>
> *Ocorre que desde a célebre 'Declaração da Virgínia', de 1776, o consagrado Bill of Rights, estabeleceu-se que todo ser humano é titular de quatro direitos fundamentais: o direito à vida, o direito à liberdade, o direito à busca da felicidade e o direito de resistência. A vida, portanto, é o bem supremo do indivíduo, o maior valor sustentado pelo sistema jurídico. É por isso que os crimes contra a vida são considerados os mais graves na legislação de todos os países civilizados.*
>
> *Entretanto, para os integrantes das Forças Armadas, para os marinheiros, soldados e aviadores, que prestam juramento solene perante a Bandeira, e que, em determinados momentos e diante de condições extremas, são obrigados a matar e a morrer, há outro valor mais alto que a vida. Em nome desse valor, muitas vezes, impõe-se o sacrifício do valor mais alto da vida. Esse valor é a Pátria, cuja soberania compete aos militares, defender, como está na Constituição. E essa circunstância é absolutamente única, singular, especial, incontornável.*[3]

Pátria, a manutenção da sua soberania, primeiro fundamento da República Federativa do Brasil, condição resolutiva expressa para todos os demais, pois sem soberania não haverá Estado, nem República, tampouco democracia. Aliás, como já tive ocasião de sublinhar, é exatamente por isso que a palavra soberania aparece como fundamento inaugural, no artigo primeiro da Constituição do Brasil. A soberania, portanto, sendo a principal matriz da República, é indispensável para a consecução dos objetivos que o artigo terceiro elenca, para os princípios que o artigo quarto define e para os direitos que o artigo quinto consagra. Sem soberania, ficam todos irrelevantes: objetivos, princípios e direitos (...).

*Para defender a soberania do Brasil, a Constituição elege as Forças Armadas, que detém o monopólio do emprego ordenado da violência e, por isso, submetem-se aos princípios de hierarquia e disciplina, postos na Constituição exatamente para assegurar o coeficiente máximo de civilidade no desempenho de sua missão". ("*A justiça militar e o Estado de Direito Democrático". *In:* RAMOS, Dircêo Torrecillas; ROTH, Ronaldo João; COSTA, Ilton Garcia da (coord.). *Direito Militar:* doutrina e aplicações. Rio de Janeiro: Elselvier, 2011, p. 360*).*

[3] "A justiça militar e o Estado de Direito Democrático". *In:* RAMOS, Dircêo Torrecillas; ROTH, Ronaldo João; COSTA, Ilton Garcia da (coord.). *Direito Militar:* doutrina e aplicações. Rio de Janeiro: Elselvier, 2011, pp. 360/361.

BREVES NOTAS A RESPEITO DO CONSELHO DE JUSTIFICAÇÃO...

De acordo com o artigo 142 da Constituição da República são dois os vetores valorativos que norteiam a atividade das Forças Militares e, por conseguinte, vão trazer reflexos a vida dos militares, quais sejam: a hierarquia e a disciplina.[4]

Estabelece o Estatuto dos Militares que a hierarquia militar é a ordenação da autoridade, em níveis diferentes, dentro da estrutura das Forças Armadas. A ordenação se faz por postos ou graduações; dentro de um mesmo posto ou graduação. O respeito à hierarquia é consubstanciado no espírito de acatamento à sequência de autoridade.[5]

A disciplina, por outro lado, é a rigorosa observância e o acatamento integral das leis, regulamentos, normas e disposições que fundamentam o organismo militar e coordenam seu funcionamento regular e harmônico, traduzindo-se pelo perfeito cumprimento do dever por parte de todos e de cada um dos componentes desse organismo.[6]

Preceitua o mesmo estatuto que a disciplina e o respeito à hierarquia devem ser mantidos em todas as circunstâncias da vida entre militares da ativa, da reserva remunerada e reformados.[7] Tal fato se justifica tendo em vista que dos militares é exigido, por vezes, dar a própria vida em defesa da Pátria e que estes, na melhor das hipóteses, não deixam de ser militares mesmo quando passam à inatividade.

Por não desconhecer essas peculiaridades da vida castrense foi que o Poder Constituinte estabeleceu uma série de regras mínimas a serem observadas quanto à carreira, estabelecendo restrições e prerrogativas que fazem do militar um cidadão diferente do cidadão comum.

Ocorre que, em que pese já haver decorrido mais de vinte anos da promulgação da atual Constituição, a maior parte dos diplomas

---

[4] O art. 14, *caput*, do Estatuto dos Militares esclarece que "a hierarquia e a disciplina são a base institucional das Forças Armadas" e que "a autoridade e a responsabilidade crescem com o grau hierárquico".

[5] Art. 14, § 1º, da Lei n. 6.880/1980.

[6] Art. 14, § 2º, da Lei n. 6.880/1980.

[7] Art. 14, § 3º, da Lei n. 6.880/1980.

NELSON LACAVA FILHO

referentes à matéria militar não foram alterados pelo Congresso Nacional, sendo ainda oriundos do modelo de Estado anterior.

É justamente esse o principal fator gerador de incertezas e polêmicas no que tange ao processo administrativo disciplinar no âmbito militar.

O segundo fator é o raro conhecimento que a comunidade jurídica brasileira tem do ordenamento jurídico no que diz respeito ao tema, além do desconhecimento que estes têm das peculiaridades da vida da caserna.

Jorge César de Assis classifica as punições disciplinares em dois grandes grupos, quais sejam, *"o das penalidades ordinárias ou reeducativas, que não ensejam a instauração de processo regular, e o das extraordinárias ou exclusórias, que, por implicarem perda patrimonial (financeira, da função) devem ser apuradas sempre mediante processo administrativo disciplinar".*[8]

Estabelece, assim, em função da classificação das sanções disciplinares no âmbito militar, que os *"processos administrativos disciplinares militares serão sempre o Conselho de Justificação, o Conselho de Disciplina e, em ampliada interpretação, a Sindicância".*[9]

Os militares, genericamente, se subdividem em três categorias, quais sejam: os oficiais, as praças graduadas e as praças não graduadas.

De forma simplista, é possível diferenciar essas três categorias, além do grau hierárquico superior dos oficiais com relação às demais, pelo grau de estabilidade que cada uma tem no "serviço público militar".

Assim, as praças não graduadas são excluídas a bem da disciplina *ad nutum*, conforme a discricionariedade da Administração Militar.

Já as praças graduadas são aquelas que já prestaram serviço por certo período de tempo, em geral 10 (dez) anos, e, portanto, adquirindo

---

[8] ASSIS, Jorge César de. *Curso de Direito Disciplinar Militar:* simples transgressão ao processo administrativo. 3ª ed. Curitiba: Juruá, 2012, p. 251.

[9] ASSIS, Jorge César de. *Curso de Direito Disciplinar Militar:* simples transgressão ao processo administrativo. 3ª ed. Curitiba: Juruá, 2012, p. 251.

estabilidade, somente podem ser excluídas, em razão de problemas disciplinares, após um processo administrativo denominado Conselho de disciplina.

Aos Oficiais, a partir do seu ingresso nas Forças Armadas por concurso público, é concedida pelo Presidente da República a Carta Patente e designado um posto, que lhe conferem vitaliciedade tal qual a dos magistrados.[10]

O processo do Conselho de Justificação é o meio administrativo pelo qual é aplicada a penalidade de exclusão do Oficial das Forças Armadas.[11]

De gênese européia, seus contornos já se delineavam no Império, sendo a peculiaridade que o diferencia dos demais processos administrativos disciplinares o fato de apresentar uma fase judicial, sem

---

[10] Nesse sentido o inciso I do art. 142 da CF é expresso: "(...) as patentes, com prerrogativas, direitos e deveres a elas inerentes, são conferidas pelo Presidente da República e asseguradas em plenitude aos oficiais da ativa, da reserva ou reformados, sendo-lhes privativos os títulos e postos militares e, juntamente com os demais membros, o uso dos uniformes das Forças Armadas". O Ministro Almirante de Esquadra José Julio Pedrosa é de clareza solar quando, com auxílio do Estatuto dos Militares, define *"POSTO como sendo o grau hierárquico do Oficial, conferido por ato do Presidente da República ou do Ministro da Força Singular – hoje do Comandante da Força – e confirmado em carta patente"*. E carta patente, ou Patente, como sendo *"o documento individual onde consta, para cada Oficial, o porto e o copo ou quadro a que pertence, a fim de se fazer prova dos direitos e deveres que lhe são assegurados por lei"*(PEDROSA, José Julio. "A perda do posto e patente dos oficiais das Forças Armadas". *In:* CÔRREA, Getulio. *Direito militar:* história e doutrina. Artigos inéditos. Florianópolis: Associação dos Magistrados das Justiças Militares Estaduais, 2002, p. 88).

[11]O processo do Conselho de Justificação do oficial das Forças Armadas é regido pela Lei n. 5.386, de 5 de dezembro de 1972. Por sua volta, o processo do Conselho de justificação dos oficiais das policias militares e corpos de bombeiros dos estados são regidos por legislação específica. É importante ressaltar que com a Emenda Constitucional 45 passou a ser necessário o Conselho de Justificação para a exclusão das praças estáveis das polícias militares. Essa é a interpretação que se extrai do §4º do art. 125 da CF que assim versa: *"Compete à Justiça Militar estadual processar e julgar os militares dos Estados, nos crimes militares definidos em lei e as ações judiciais contra atos disciplinares militares, ressalvada a competência do júri quando a vítima for civil, cabendo ao tribunal competente decidir sobre a perda do posto e da patente dos oficiais e da graduação das praças"*.

NELSON LACAVA FILHO

a qual sempre foi vedado, desde a constituição imperial, decretar a perda do posto e da patente do militar oficial.[12]

No entender de João Batista da Silva Fagundes[13] a Carta Patente, que confere vitaliciedade ao oficial, é uma honraria a ele concedida pelo Presidente da República. Em virtude de ser uma honraria, que denota confiança da Pátria ao militar, as sanções penais ou simplesmente disciplinares não são suficientes para determinar a sua perda, e consequente exclusão das fileiras das Forças Armadas, devendo a conduta ser analisada pelo Tribunal Militar competente, que fará um julgamento moral do militar. Nessa ocasião, o STM faz o papel de um tribunal administrativo, haja vista não havermos adotado o sistema do contencioso administrativo francês.

Com efeito, são duas as fases do processo do Conselho de Justificação. Na primeira, em que ocorre o Conselho de Justificação, propriamente dito, ocorre a instrução probatória, perante um Conselho de Oficiais de posto superior ao oficial acusado, denominado justificante, onde lhe é dada a oportunidade de exercer sua ampla defesa diante de fatos delineados no libelo acusatório.

Relatado o processo, três soluções pode sugerir o Conselho ao Comandante da Força. A primeira, que o arquive, sendo o justificante declarado justificado. A segunda, que seja determinada uma sanção que não a de perda do posto e da patente, haja vista que a conduta do justificante não teria afetado a ética, o decoro e o pundonor militares.[14]

---

[12] *Cf.* QUEIRÓZ, Péricles Aurélio Lima de. "O Conselho de Justificação no Direito Militar Brasileiro". *In:* CÔRREA, Getulio. *Direito militar:* história e doutrina. Artigos inéditos. Florianópolis: Associação dos Magistrados das Justiças Militares Estaduais, 2002, pp. 129/139.

[13] *O posto e a patente perante o Conselho de Justificação.* Brasília: STM, 1974.

[14] *"Conduta irregular é o desregramento, a frequência habitual a locais não compatíveis com a situação de militar, principalmente de oficial. É o apresentar-se comumente embriagado, não ter postura perante seus iguais, superiores ou subordinados; ser reincidente em faltas disciplinares de natureza grave, mostrando-se refratário à disciplina. Já o decoro é a decência, respeito de si mesmo e dos outros. Pundonor é o zelo, brio, altivez, denodo, cavalheirismo. A honra pessoal, sendo bem subjetivo de altíssimo valor, não é demarcada milimetricamente. Sendo pessoal a honra não*

BREVES NOTAS A RESPEITO DO CONSELHO DE JUSTIFICAÇÃO...

A terceira, é considerar o justificante culpado e merecedor da perda do posto e da patente, devendo necessariamente o processo ser remetido ao Superior Tribunal Militar.

O julgamento perante o Superior Tribunal Militar é um Tribunal de Honra, nele não se discute mais se o Oficial cometeu ou não a conduta prevista no libelo. Isto é, não se abre instrução probatória a fim de se perquirir a respeito dos fatos. O julgamento se dará a fim de perquirir se a conduta do militar feriu ou não a ética, o pundonor e o decoro da classe a ponto de tornar o militar indigno ou incompatível para com o oficialato.

Ou seja, a fase judicial é necessária para o fim de se tornar efetiva a garantia prevista no inc. VI, do art. 142 da CF, que assim dispõe: *"o oficial só perderá o posto e a patente se for julgado indigno do oficialato ou com ele incompatível, por decisão de tribunal militar de caráter permanente, em tempo de paz, ou de tribunal especial, em tempo de guerra"*.

Além do fato de ser destinada a tutelar a carta patente, essa garantia deflui do fato de serem os oficiais, de forma diferente das praças, ao longo da carreira, preparados para o exercício de funções de comando[15], de chefia e de direção.[16-17]

---

se transfere para os outros e só quem pode defende-la é o seu titular" (ASSIS, Jorge César de. *Curso de Direito Disciplinar Militar:* simples transgressão ao processo administrativo. 3ª ed. Curitiba: Juruá, 2012, p. 265).

[15] Dispõe o *caput* do art. 34 do Estatuto dos Militares que *"Comando é a soma de autoridade, deveres e responsabilidades de que o militar é investido legalmente quando conduz homens ou dirige uma organização militar. O comando é vinculado ao grau hierárquico e constitui uma prerrogativa impessoal, em cujo exercício o militar se define e se caracteriza como chefe".*

[16] Art. 36 da Lei n. 6.880/1980.

[17]Nesse diapasão, bastante esclarecedora a lição de Carlos Frederico de Oliveira Pereira a respeito da importância da garantia de um julgamento por tribunal militar permanente para que o oficial perca o posto e a patente: *"Os oficiais conduzem a tropa, são líderes naturais por força da profissão, cabendo a eles o comando de homens armados, que se não seguirem rigidamente os preceitos de hierarquia e disciplina facilmente se transmudam em bandos de criminosos fardados, colocando em grave risco a coletividade. Para evitar-se essa catástrofe o oficial deve ter obediência restrita ao ordenamento jurídico e aos rígidos preceitos de hierarquia e disciplina, não podendo estar sujeito aos humores de comandantes, que extrapolem as regras da atividade militar*

O processo do Conselho de Justificação é regido pela Lei n. 5836/72, pelo Regimento Interno do Superior Tribunal Militar e, subsidiariamente, pelo Código de Processo Penal militar.

Além de poder ser instaurado pelo Comandante da Força a qual pertence o oficial, o processo tem a peculiaridade de poder ser instaurado pelo próprio justificante a fim de que este justifique conduta que possa ser tachada de contrária à ética, pundonor e decoro da classe. Isso se dá em razão de ser inconcebível que um oficial exerça as funções de comando sem ter o respeito devido dos seus comandados, o que impossibilita, inclusive, a promoção para grau hierárquico superior.

Por essa razão, é dever do oficial afastar qualquer dúvida quanto à lisura de sua conduta, mesmo porque dele se exige comportamento eticamente superior aos seus comandados uma vez que a *"autoridade e a responsabilidade crescem como o grau hierárquico"*.[18]

Assim, conforme dispõe o art. 2º da Lei do Conselho de Justificação, é submetido a Conselho de Justificação, a pedido ou *ex officio,* o oficial das Forças Armadas[19] acusado oficialmente ou por qualquer meio lícito de comunicação social de ter procedido

---

e queiram fazer uso da tropa para objetivos mesquinhos ou então, o que é pior, dos interesses políticos momentâneos de maus governantes, que da mesma forma queiram se utilizar das corporações militares para alcançar finalidade sórdida. É por isso que se deve garantir a patente do oficial para que em situações como as acima narradas diga não ao déspota e, encontre reparo com uma decisão de órgão judiciário, de quem sempre se espera independência e justiça". (CAUDURO DA SILVA, Marisa Terezinha. "A perda do posto e da patente dos oficiais das Forças Armadas do Brasil". *Revista Direito Militar,* Florianópolis: AMAJME, n. 44, Nov./Dez., 2003).

[18] Art. 14, Lei n. 6.880/1980, parte final.

[19] É importante ressaltar que somente os oficiais da ativa e os da reserva remunerada são legitimados passivos do Conselho de Justificação e da Representação de Indignidade para o oficialato. Conforme salienta Eliezer Pereira Martins (MARTINS, Eliezer Pereira. "Da impossibilidade jurídica de instauração de Conselho de Justificação para apuração de conduta de oficial da reserva não remunerada". *Revista de Direito Militar,* Florianópolis: AMAJME, n. 32, Nov./Dez., 2001, p. 7), *"a reserva não remunerada é status civil de tantos quantos sejam detentores de posto ou de patente militar"* ou seja *"reserva não remunerada é status civil de caráter honorífico, visto que as únicas prerrogativas de que gozam os civis detentores de tal status são aquelas atinentes às honras e sinais de respeito".* Dessa forma, os oficiais da reserva não remunerada, visto que civis, não perdem o posto e a patente.

BREVES NOTAS A RESPEITO DO CONSELHO DE JUSTIFICAÇÃO...

incorretamente no desempenho do cargo, tido conduta irregular, ou praticado ato que afete a honra pessoal, o pundonor militar ou o decoro da classe; aquele considerado não habilitado para o acesso em caráter provisório, no momento em que venha a ser objeto de apreciação para ingresso em Quadros de Acesso ou Lista de Escolha; o oficial afastado do cargo, na forma do Estatuto dos Militares, por se tornar incompatível com o mesmo ou por demonstrar incapacidade no exercício de funções militares a ele inerentes, salvo se o seu afastamento é decorrente de fatos que motivem sua submissão ao processo; o oficial condenado por crime de natureza dolosa, não previsto na legislação especial concernente a segurança do Estado, em Tribunal Civil ou Militar, a pena restritiva de liberdade individual até 2 (dois) anos, tão logo transite em julgado a sentença; ou o oficial pertencente a partido político ou associação, suspensos ou dissolvidos por força de disposição legal ou decisão judicial, ou que exerçam atividades prejudiciais ou perigosas à segurança nacional.[20]

Sobre as hipóteses a seguir, duas considerações hão de ser feitas. A primeira é no sentido de que o dispositivo referido, diante da Constituição de 1988, merece uma alteração a fim de tornar a última hipótese mais abrangente haja vista que aos militares é vedada a filiação a partido político e a sindicalização.

---

[20] Na lição de José Julio Pedrosa: *"A acusação oficial a que se refere o art. 2º da Lei n. 5.836/72 é o documento onde a autoridade que formula a acusação descreve a conduta incorreta, irregular ou antiética do Oficial e propõe ao Comandante da Força a nomeação do Conselho de Justificação. A acusação deve ser clara e precisa o bastante para permitir à autoridade nomeante o enquadramento em uma das situações previstas no referido dispositivo. Corresponde à acusação formal a comunicação sobre a não habilitação para o acesso, em caráter provisório, ou sobre a condenação por crime de natureza dolosa a pena privativa de liberdade inferior a dois anos. No caso da não habilitação para o acesso, em caráter provisório, a Comissão de Promoções de Oficiais deve juntar à comunicação elementos informativos que possibilitem ao Conselho de Justificação proceder à instrução e ao julgamento do Justificante. O mesmo é de se dizer nos casos de condenação a pena inferior a dois anos.*

Note-se que, nomeado o Conselho com base na comunicação da Comissão de Promoções sobre a não habilitação para o acesso, a decisão do Comandante da Força só poderá ir até a transferência do justificante para a reserva. O processo não chega ao Superior Tribunal Militar" (PEDROSA, José Julio. "A perda do posto e patente dos oficiais das Forças Armadas". *In:* CÔRREA, Getulio. *Direito militar:* história e doutrina. Artigos inéditos. Florianópolis: Associação dos Magistrados das Justiças Militares Estaduais, 2002, p. 95).

A segunda é que somente os casos em que houver condenação criminal com trânsito em julgado do oficial à pena privativa de liberdade inferior a 2 (dois) anos é que a via correta para a exclusão do militar será o Conselho de Justificação.

No caso de condenações criminais superiores a 2 anos, a exclusão do oficial se dará pela Representação de Indignidade ou incompatibilidade para o oficialato, que é prevista no inciso VII do art. 142 da Constituição da República e disciplinada pelo Regimento Interno do Superior Tribunal Militar.

Enquanto no Conselho de Justificação há uma fase que se desenvolve no seio da administração militar, sendo que o Superior Tribunal Militar somente conhecerá da matéria no caso de ser o oficial considerado culpado pelo Conselho e pelo Comandante da Força a que pertence, a representação de indignidade é uma ação, a nosso entendimento, de natureza declaratória, promovida pelo Procurador Geral da Justiça Militar perante o STM, que tem como consequência, caso seja declarada a indignidade ou incompatibilidade, a decretação da perda do posto e da patente.

Enquanto a natureza judicial da sentença (no caso Acórdão) na ação de indignidade para o oficialato é pacífica na doutrina e jurisprudência, a questão sobre a natureza jurídica do Acórdão proferido no Conselho de Justificação é tormentosa.

Observa-se que ao passo que a jurisprudência do Supremo Tribunal Federal e do Superior Tribunal Militar são firmes no sentido da natureza administrativa do Acórdão proferido no Conselho de Justificação, não cabendo, portanto, embargos infringentes do julgado nem o Recurso Extraordinário, doutrinadores de peso entendem que a natureza da referida decisão seria judicial.[21]

---

[21] Esse é o entendimento de José Julio Pedrosa, Ronaldo João Roth, Fernando Capez e de Jorge Cesar de Assis, entre outros. Em sentido contrário Augusto Fragoso, Péricles Aurélio Lima de Queiroz e João Batista Fagundes. Este último sugere que em que pese a natureza do julgamento realizado pelo Tribunal militar permanente seja de natureza moral (ou seja, não teria nem natureza criminal, nem disciplinar), por ser o Conselho

Em que pese concorde com o entendimento da melhor doutrina no sentido de que a natureza jurídica da decisão proferida pelo Superior Tribunal Militar, tanto em sede de Representação de indignidade como no Conselho de Justificação, seja judicial, entendo não serem recorríveis, pelo menos quanto ao mérito. Isso, porque a Constituição da República, nos incisos VI e VII do art. 142, impõe como condição *sine qua non* para a que se decrete a perda do posto e da patente, que o julgamento seja realizado por Tribunal Militar, no tempo de paz, ou por Tribunal Especial em caso de Guerra declarada.

Assim, a declaração de indignidade ou incompatibilidade para com o oficialato é de competência exclusiva do Superior Tribunal Militar, sendo este a última instância para se pronunciar sobre a matéria. Ocorreria, quanto ao mérito da decisão, o mesmo que ocorre quanto à discricionariedade da Administração Pública para realizar o ato administrativo diante dos critérios de conveniência e oportunidade ou quanto à soberania dos veredictos para o Tribunal do Júri. Isso, porque somente o escabinato, formado por juízes militares e civis, teria condições para dizer o que fere ou não a ética, o pundonor e o decoro da classe.

Entretanto, no caso de se observar um vício de forma ou procedimental, a impugnação, se não for possível recurso ou impugnação no próprio Superior Tribunal Militar[22], ao nosso sentir, a forma de sanar

---

de Justificação um instituto de gênese francesa cuja natureza administrativa decorreria do fato de existir em França o contencioso administrativo (*A justiça do comandante.* Brasília: STM, 1988, pp. 205-219).

[22] Aqui vale a pena tecer um comentário a respeito de recente alteração no Regimento Interno do Superior Tribunal Militar. Inicialmente, em razão ser a jurisprudência tanto do STM como do STF pacificada no sentido da natureza administrativa do Acórdão proferido no Conselho de Justificação, não era previsto o recurso de embargos infringentes e de nulidade a fim de impugnar a referida decisão. Diante de relevantes protestos da doutrina, o Regimento Interno do STM foi alterado para que fosse possível o referido recurso. Na última reforma do regimento, ocorrida em 2012, este foi novamente alterado para que não contivesse a previsão do referido recurso, haja vista que prevalece remansosa a natureza administrativa da decisão. Para além da discussão sobre a natureza jurídica do julgamento do Conselho de Justificação perante o Superior Tribunal Militar, a criação de um recurso pelo Regimento Interno do Superior Tribunal Militar contraria a própria Lei do Conselho de Justificação, haja vista que prevê o seu

NELSON LACAVA FILHO

o referido vício, caso este ocorra durante o seu trâmite na Corte Superior Castrense, deverá ser o mandado de segurança a ser impetrado perante o Supremo Tribunal Federal, ou mesmo seu recurso ordinário[23], mesmo porque soa estranho um Juiz Federal de 1ª instância dizer de ato, mesmo que administrativo, de Tribunal Superior.

A nomeação do Conselho compete ao Comandante da Força, em tempo de paz, e ao Comandante do Teatro de Operações ou ao mais alto comandante da Força Singular quando o fato ocorrer em área sob sua responsabilidade quando em campanha no Brasil ou exterior, tendo esse a discricionariedade de considerar, desde logo, improcedente e indeferir a instauração do Conselho de Justificação, com base nos antecedentes do oficial a ser julgado e na natureza ou falta de consistência

---

artigo 14, que o referido julgamento será realizado em instância única pelo Tribunal Militar respectivo. Nesse diapasão, discordamos do entendimento de Ronaldo João Roth e de Fernando Capez ("O processo de indignidade ou incompatibilidade com o oficialato e o processo do conselho de justificação: tratamento isonômico e recursal". *In*: RAMOS, Dirceo Torrecillas; ROTH, Ronaldo João; COSTA, Ilton Garcia da (coord.). *Direito Militar*: doutrina e aplicações. Rio de Janeiro: Elselvier, 2011, p. 143) no sentido de que seria incidente o disposto no art. 17 da lei do Conselho de Justificação que permite a aplicação subsidiária do Código de Processo Penal militar a fim de possibilitar a interposição de recurso extraordinário da referida decisão, haja vista que a própria lei veda tal possibilidade. Não cabe também argumentar que haveria ausência de isonomia no tratamento entre os processos do Conselho de Justificação e a representação de indignidade, pois o que na verdade ocorre é que além das disposições regimentais e da Constituição sobre a representação de indignidade não há qualquer diploma normativo a respeito do tema havendo a jurisprudência construído a possibilidade de interposição do recurso extraordinário em relação ao acórdão da representação de indignidade.

[23] Mesmo porque o regimento interno do Superior Tribunal Militar prevê, no seu art. 94 que "Conceder-se-á mandado de segurança para proteger direito líquido e certo, não amparado por Habeas Corpus ou Habeas Data, contra ato do Tribunal, do Presidente e de autoridade judiciária ou administrativa vinculada à Justiça Militar, sempre que, ilegalmente ou com abuso de poder, qualquer pessoa física ou jurídica sofre violação ou houver justo receio de sofrê-la". Tendo em vista tal dispositivo e a jurisprudência do STM e do STF, que entende ser administrativa a natureza do Conselho de Justificação, à defesa do justificante que se veja tolhido em direito líquido e certo durante a fase judicial do Conselho de Justificação restaria impetrar Mandado de Segurança ao próprio STM e, caso denegada a segurança, recorrer ao STF, com o recurso ordinário apropriado ao *writ*.

dos fatos arguidos.[24] Trata-se de discricionariedade do Comandante que, fundamentadamente, deverá determinar que seja publicado oficialmente o indeferimento do pedido de nomeação e transcrito nos assentamentos do oficial, se este for da ativa.[25] Dessa forma, antes que se instaure o Conselho, pela Justiça do Comandante, declara-se por via transversa que este não é indigno ou incompatível para o oficialato.

Ressalte-se, também, que a Lei do Conselho de Justificação não impõe que o Brasil esteja em guerra declarada para que a competência para nomear o conselho se subtraia do Comandante da Força a que pertença ao oficial para o comandante da Força Singular a que este é subordinado no caso de campanha no exterior. Dessa forma, a fim de tornar mais célere o processo e colaborar com a colheita da prova, tornando mais eficaz a Administração Militar, a Lei faculta ao Comandante da Força em campanha a iniciativa de instaurar e nomear os membros do Conselho. Tal sistema é salutar, sobretudo na realidade internacional em que vivemos, onde, por se entender que a guerra é um ilícito internacional, os atores internacionais cada vez menos se utilizam desse recurso, mudando-se inclusive a nomenclatura de um dos sub-ramos do Direito Internacional Público de *"Direito Internacional da Guerra"* para *"Direito Internacional dos Conflitos Armados"*.

Nesse mundo em que os conflitos armados são cada vez mais difusos e a guerra é cada vez mais assimétrica, o Brasil vem ganhando destaque como protagonista nas Operações de Paz da ONU, se a Lei do Conselho de Justificação é mais flexível, possibilitando mecanismo para maior eficácia do sistema de punições disciplinares, ao nosso entender, o ordenamento jurídico penal e processual penal castrense se recente de normas mais consentâneas com essa realidade, haja vista que não apresenta um meio termo entre o que seria o sistema repressivo criminal em tempo de guerra e o sistema repressivo criminal em tempo de paz.

O Conselho de Justificação é composto de três oficiais, da ativa, da Força Armada do justificante, de posto superior ao seu (art. 5º).

---

[24] Cf. art. 4º e seu § 1º da Lei n. 5.836/1972.

[25] Art. 4º, § 2º, da Lei n. 5.836/1972.

O presidente do Conselho, mais antigo dos seus membros, deve ser no mínimo Major ou Capitão-de-Fragata; o que lhe segue em antiguidade será o interrogante e relator, e o mais moderno o escrivão.

O § 2º do artigo 5º da Lei n. 5.836/1972 versa sobre as hipóteses de impedimento dos membros do Conselho. Assim, não podem fazer parte do Conselho o oficial que formulou a acusação; os oficiais que tenham entre si, com o acusador ou com o acusado, parentesco consanguíneo ou afim, na linha reta ou até quarto grau de consanguinidade colateral ou de natureza civil; e os oficiais subalternos.

A primeira vedação é óbvia. É evidente que a imparcialidade do julgamento estaria afetada se fosse atribuída ao oficial que postulou a acusação e a atribuição de compor o Conselho. Também não gera qualquer dúvida o impedimento quanto a familiares. Já o impedimento referente aos oficiais subalternos, ou seja, aos tenentes, se justifica pela pouca experiência enquanto oficiais e em posições de comando.

Em que pese haja previsão expressa na lei a respeito das hipóteses de impedimento, entendemos que nada impede seja a lei aqui suprida pela disciplina quanto ao impedimento e suspeição estabelecida na legislação processual militar e civil. O valor que se pretende tutelar é o do julgamento justo e imparcial, impedindo vez por outra as perseguições a determinado oficial ou os conchavos de "compadres" a fim de encobrir as transgressões dos amigos dos poderosos.

A lei apresenta duas exceções à regra de que somente oficiais da ativa de posto superior ao justificante devam compor o Conselho. A primeira ocorre na hipótese de ser o justificante Oficial General.

Prevê a norma que, quando o justificante é oficial-general, cujo posto não permita a nomeação de membros do Conselho de Justificação com posto superior, estes serão nomeados dentre os oficiais daquele posto, da ativa ou na inatividade, mais antigos que o justificante (art. 5º, § 3º, da Lei n. 5.836/1972). É a hipótese em que o justificante é Almirante de Esquadra, General de Exército ou Tenente Brigadeiro do Ar. Nessa situação, por evidente, desde que o Brasil não esteja em Guerra, quando os postos mais elevados serão os de Almirante, Marechal e Marechal do

BREVES NOTAS A RESPEITO DO CONSELHO DE JUSTIFICAÇÃO...

Ar, não há posto mais elevado. Sendo assim, buscar-se-á entre os de mesmo posto, mais antigos que o general justificante aqueles que podem compor o Conselho, valendo-se, inclusive, de oficial general da reserva, desde que mais antigo.

Nessa hipótese, somente o Comandante da Força estaria impedido de figurar como integrante do Conselho ou como justificante, sendo a Lei do Conselho de Justificação aplicável a todos os oficiais das Forças Armadas, quer estejam na ativa quer estejam na reserva ou reformados, inclusive aos Ministros do Superior Tribunal Militar que continuam como militares da ativa enquanto exercem a função de ministros de tribunal superior.

Quando o justificante é oficial da reserva remunerada ou reformado, um dos membros do Conselho de Justificação pode ser da reserva remunerada (art. 5, § 4º). Esta regra decorre justamente da vitaliciedade dos militares. Mesmo na inatividade, seja na reserva, seja reformado, o fato de possuir carta patente ainda confere ao indivíduo alguns deveres e prerrogativas de forma a ainda ser considerado militar.

Determina o art. 6º da lei que o Conselho deverá funcionar sempre com a totalidade de seus membros, em local onde a autoridade nomeante entenda ser o melhor indicado para a apuração da conduta do justificante.

Após convocação prévia do Presidente o Conselho se reunirá em local, dia e hora designados com antecedência e, na presença do justificante, será procedida a leitura e a autuação dos documentos que constituíram o ato de nomeação do Conselho e, em seguida, será procedido o interrogatório, bem como a juntada de todos os documentos que o justificante oferecer.

No ato do interrogatório será fornecido ao justificante "libelo acusatório", no qual se contenham com minúcias o relato dos fatos e a descrição dos atos a ele imputados, podendo este, no prazo de 5 (cinco) dias, oferecer suas razões por escrito, requerer todas as provas permitidas no Código de Processo Penal Militar.

José Julio Pedrosa, acertadamente, critica a expressão "libelo acusatório" contida no dispositivo legal asseverando que esta induz à

253

relação com a denúncia do Processo Penal, mas que o que equivale à denúncia é o *"ato de nomeação acompanhado do documento formal de acusação"*. Assevera o antigo Presidente do Superior Tribunal Militar que *"o libelo acusatório nada mais é do que uma síntese das acusações admitidas pelo Conselho, que as transcreve com a finalidade de permitir ao Justificante saber com precisão do que é acusado e do que deve se defender"*. Corresponderia, no seu entender, ao *"despacho de instrução e indiciação do processo administrativo disciplinar (art. 161 da Lei n. 8.112/90) que, como leciona José Armando Da Costa*[26] *bem se aproxima da sentença de pronúncia no processo criminal do Júri. É, assim, peça de natureza declaratória que faz um acertamento provisório sobre os fatos imputados ao Justificante"*.[27]

A todos os membros do Conselho é lícito reperguntar ao justificante e às testemunhas sobre o objeto da acusação e propor diligências para o esclarecimento dos fatos.

Quanto à necessidade da presença do justificante durante os atos do Conselho, determina o legislador que o oficial da ativa esteja presente a todos os atos, exceto à sessão secreta de deliberação, enquanto que aos justificantes da reserva e aos reformados é facultado ser processados e julgados à revelia, caso não atendam à intimação publicada em órgão de divulgação da área do domicilio de seu domicílio.

Recentemente, o Superior Tribunal Militar analisou a possibilidade, diante da Constituição da República, de o justificante estar presente à sessão secreta de deliberação do relatório do Conselho de Justificação. Decidiu, por maioria, o STM que a sessão secreta destina-se a deliberar sobre o relatório opinativo a ser redigido e que tem como função subsidiar o Comandante da Força em sua decisão, não se podendo cogitar em revogação dos dispositivos legais que a disciplinam pela nova ordem constitucional.[28]

---

[26] *Processo Administrativo Disciplinar.* 3ª ed. Brasília Jurídica: Brasília, 1999, p. 134.

[27] "A perda do posto e patente dos oficiais das Forças Armadas". *In:* CÔRREA, Getulio. *Direito militar:* história e doutrina. Artigos inéditos. Florianópolis: Associação dos Magistrados das Justiças Militares Estaduais, 2002, p. 95.

[28] Nesse sentido: *"CONSELHO DE JUSTIFICAÇÃO. OFICIAL DO EXÉRCITO BRASILEIRO. LEI N. 5.836/72. PRELIMINAR DE NULIDADE POR*

BREVES NOTAS A RESPEITO DO CONSELHO DE JUSTIFICAÇÃO...

REVOGAÇÃO DOS ARTIGOS 9º, § 1º, E 12, DA LEI N. 5.836/72, SUSCITADA DE OFÍCIO, REJEITADA POR MAIORIA. PRELIMINAR DE PERDA DO OBJETO, SUSCITADA PELA DEFESA, REJEITADA POR UNANIMIDADE. PRELIMINAR DE PRESCRIÇÃO DO CONSELHO DE JUSTIFICAÇÃO, SUSCITADA PELA DEFESA, REJEITADA POR MAIORIA. PRELIMINAR DE SUPRESSÃO DO ITEM "G" DO LIBELO ACUSATÓRIO, SUSCITADA DE OFÍCIO, ACOLHIDA POR UNANIMIDADE. MÉRITO. APRECIAÇÃO DA CONDUTA DO OFICIAL SOB O PONTO DE VISTA ÉTICO E MORAL. ESTATUTO DOS MILITARES. NATUREZA DISTINTA DAS TRANSGRESSÕES DISCIPLINARES. NON BIS IN IDEM. JUSTIFICANTE JULGADO CULPADO E INCAPAZ DE PERMANECER NA SITUAÇÃO DE REFORMADO. INCOMPATIBILIDADE PARA COM O OFICIALATO. PERDA DO POSTO E DA PATENTE. ARTIGO 16, INCISO I, DA LEI N. 5.836/72. ARTIGO 142, § 3º, INCISO VI, DA CONSTITUIÇÃO FEDERAL. A "sessão secreta" de que trata o art. 12 da Lei n. 5.836/72, realizada no âmbito do Conselho de Justificação, destina-se a deliberar sobre o Relatório a ser redigido, sendo meramente opinativo, tendo em vista que objetiva subsidiar o Comandante da Força Armada em sua decisão. Portanto, não há que se falar em revogação dos artigos 9º, § 1º, e 12, da Lei n. 5.836/72. Ademais, os autos demonstram que o advogado do Justificante esteve presente na chamada "sessão secreta", o que revela a publicidade do referido ato procedimental. A perda do objeto de uma ação acontece em razão da superveniência da falta de interesse processual, seja porque o seu autor já obteve a satisfação de sua pretensão, não necessitando mais da intervenção do Estado-Juiz, seja porque a prestação jurisdicional já não lhe será mais útil, ante a modificação das condições de fato e de direito que motivaram o pedido. Em obediência ao previsto no art. 1º da Lei n. 5.836/72 e em seu parágrafo único, o Superior Tribunal Militar, consoante a dicção do inciso VI do § 3º do artigo 142 da Constituição Federal, c/c o art. 161 do RISTM, pode decidir tanto sobre a reforma quanto sobre a perda do posto e da patente do Oficial, razão pela qual a condição de militar reformado não obsta o prosseguimento do feito em que o Superior Tribunal Militar aprecia a capacidade de o Justificante permanecer na situação de inatividade, na qual hoje se encontra. A análise dos dispositivos da Lei n. 5.836/72 revela que a mens legis atribuiu ao Estado/Administração Militar o prazo de seis anos para a instauração do Conselho de Justificação, contados da data em que ocorreram os fatos que deram origem à sua abertura, sob pena de ver fluir o lapso prescricional. Consoante a dicção do § 2º do artigo 160 do RISTM, procede-se o julgamento do Conselho de Justificação pelos fatos que não são objeto de apreciação no foro criminal. Se a imputação descrita no Libelo Acusatório é objeto de apreciação pela Justiça Criminal e ainda carece de trânsito em julgado, a sua apreciação pelo Plenário do Superior Tribunal Militar em sede de Conselho de Justificação deve ser suprimida. O procedimento submetido à apreciação do Plenário do Superior Tribunal Militar em sede de Conselho de Justificação difere, quanto à natureza, daquele que foi objeto de apreciação pela Administração Militar no campo da transgressão disciplinar, razão pela qual, sendo distintos e autônomos, não se verifica a alegada violação do princípio non bis in idem. Os fatos narrados no Libelo Acusatório, em cotejamento com o robusto conjunto probatório, aí incluídos os inúmeros documentos e depoimentos carreados aos autos, evidenciaram um grave comprometimento dos preceitos da ética e moral descritos no Estatuto dos Militares, revelando uma conduta incompatível

O Conselho terá o prazo de 30 (trinta) dias, a contar da sua nomeação, para concluir os seus trabalhos. Esse prazo pode ser prorrogado por mais 20 (dias), por motivos excepcionais, pela Autoridade nomeante.

Encerrada a instrução, passará a deliberar o Conselho, em sessão secreta, sobre o relatório a ser redigido.

O relatório é a expressão do julgamento do Conselho quanto a conduta do justificante.

Após a deliberação em sessão secreta, que pode ser tomada por maioria de votos, facultado ao membro vencido motivar seu voto por escrito, deverá o escrivão redigi-lo, apontando necessariamente se o justificante é, ou não, culpado da acusação que lhe foi feita; se, considerado não habilitado para o acesso, em caráter provisório, se o é em caráter definitivo; e, se condenado a pena inferior a dois anos por crime doloso, que não seja contra a segurança do Estado, é, ou não, incapaz de permanecer na ativa ou na situação em que se encontra na inatividade.

Elaborado o Relatório com o termo de encerramento, este será remetido ao Comandante da Força respectiva que, no prazo de 20 (vinte) dias, aceitará ou não o julgamento do Conselho, devendo, nesse último caso, motivar as razões de sua discordância.

Assim, ao Comandante da Força a que pertence o justificante caberá: o arquivamento do processo se considera procedente a justificação, nesse caso, determinando a publicação oficial e transcrição do despacho nos assentamentos do oficial, este for da ativa; a aplicação de pena disciplinar, se considera contravenção ou transgressão disciplinar a razão pela qual o oficial foi julgado culpado; determinar, na forma do Estatuto dos Militares, e conforme o caso, a transferência do acusado para a reserva remunerada ou os atos necessários à sua efetivação à sua efetivação pelo Presidente da República, se o oficial foi considerado não habilitado para o acesso em caráter definitivo; e a remessa do processo ao Superior

---

com aquela exigida de um Oficial das Forças Armadas, na ativa ou na inatividade"(STM CJ: 0000193-42.2011.7.00.0000 UF: DF Rel. Min. Cleonilson Nicácio Silva, Rev. Min. José Coêlho Ferreira, j. 08/10/2013, DJE. 04/11/2013).

Tribunal Militar, nas hipóteses de haver sido considerado culpado consoante o que dispõe o art. 2º, incisos I, III, e V, da lei e incapaz de permanecer na atividade ou inatividade no caso de ser condenado a pena inferior a 2 (dois) anos por crime que não seja contra a segurança do Estado.

Dispõe o art. 14 da Lei que *"é da competência do Superior Tribunal Militar julgar, em instância única, os processos oriundos de Conselhos de Justificação, a ele remetidos por Ministro Militar"*.

Recebido, autuado e distribuído o processo oriundo de Conselho de Justificação, o Relator abrirá vista ao Justificante para, no prazo de cinco dias, manifestar-se, por escrito, sobre os fatos que lhe são imputados.

Decorrido esse prazo, sem manifestação do justificante, deverá o Relator solicitar a designação de Defensor Público para que a apresente, no prazo de dez dias.

A defesa no julgamento do Processo oriundo do Conselho de Justificação perante o STM tem algumas peculiaridades que entendemos devem ser ressaltadas.

A primeira, como já explicitado, é que não terá a possibilidade de discutir a existência da conduta imputada ao Justificante. Quanto à conduta, restringir-se-á a rebater o relatório e a decisão do Comandante da Força no sentido de que o justificante é indigno ou incompatível para o oficialato demonstrando que sua atuação não denegriu a sua honra de oficial não o impossibilitando de exercer as funções de comando.

Assim, além da matéria apontada, apenas restará à defesa, perante o STM, discutir eventuais nulidades do processo, como a inépcia do libelo acusatório, cerceamento de defesa, falta de motivação no relatório, a falta de acusação oficial a justificar a nomeação do Conselho de Justificação *ex officio* e a prescrição do Conselho.[29]

---

[29] cf. José Julio Pedrosa, "A perda do posto e patente dos oficiais das Forças Armadas". *In:* CÔRREA, Getulio. *Direito militar:* história e doutrina. Artigos inéditos. Florianópolis: Associação dos Magistrados das Justiças Militares Estaduais, 2002, p. 94. Durante a fase administrativa do Conselho, o referido autor explicita como consectários do principio

Em seguida, deverá ser aberta vista para o Procurador Geral da Justiça Militar para, na qualidade de *Custos Legis*, oferecer parecer, devendo os autos, após a sua restituição, serem encaminhados ao Ministro-Revisor, este necessariamente um "togado".

Restituídos os autos do Ministro-Revisor estes serão colocados em mesa para julgamento.

Anunciado o julgamento pelo Presidente do STM, ou pelo Ministro que estiver presidindo a Sessão, passará o Ministro-Relator a proferir o seu relatório.

Em seguida, será oportunizada a faculdade de a Defesa usar da palavra por vinte minutos e assegurado ao representante do Ministério Público Militar a faculdade de sustentar oralmente o seu parecer. Após as sustentações orais, caso ocorram, ou o relatório, se estas não ocorrerem, passará o Plenário do STM a discutir a matéria. Após essa discussão, em que cada ministro poderá tomar a palavra por duas oportunidades, no máximo, passarão os ministros a votar, em ordem crescente de antiguidade. Encerrada a votação, o Presidente proclamará o resultado.

Importante consignar que, em que pese não se exija *quorum* qualificado para o julgamento do processo oriundo do Conselho de Justificação, ou mesmo para a determinar a perda do posto e da patente do justificante, dispõe o RISTM que, este, assim como a Representação para Declaração de Indignidade ou de Incompatibilidade para o Oficialato seja de, no mínimo, dois terços do Tribunal.[30] Ou seja, 10 ministros.

Dispõe o § 1º do art. 160 do RISTM que, caso exista ação penal pendente de julgamento, no foro militar ou comum, em que a imputação

---

constitucional da ampla defesa (art. 5º, inc. LV, da CR) a possibilidade de ser acompanhado por advogado em todas as sessões; a oportunidade para prestar esclarecimentos sobre a imputação e seus fatos geradores; a faculdade de requerer todas as provas permitidas no Código de Processo Penal Militar, inclusive arrolar testemunhas e requerer diligências; a oportunidade de formular quesitos para os exames periciais; vista dos autos; o ensejo de arguir prescrição; e a apresentação de razões de defesa (p. 95).

[30] Art. 65, § 4º, do RISTM.

BREVES NOTAS A RESPEITO DO CONSELHO DE JUSTIFICAÇÃO...

corresponda inteiramente às irregularidades atribuídas ao militar no Conselho de Justificação, será este sobrestado até o trânsito em Julgado da decisão do foro criminal.

Em que pese a apuração da responsabilidade administrativa seja independente da apuração da responsabilidade na esfera criminal, o referido dispositivo tem por objetivo resguardar a decisão de exclusão do oficial da possibilidade de esta vir a ser anulada caso o justificante seja absolvido com base no disposto na alínea a) do art. 439 do CPPM, ou no inciso I, do art. 386 do CPP, o que determinaria o seu retorno à Força.

Por outro lado, se o objeto de apreciação no foro criminal corresponder apenas em parte aos itens do libelo no Conselho de Justificação, o Plenário poderá, preliminarmente, decidir pelo sobrestamento ou pelo julgamento do justificante pelos fatos não pendentes de apreciação judicial.[31]

No caso de julgamento do mérito do Processo oriundo do Conselho de Justificação, o STM, necessariamente, poderá decidir de três formas: ou julgará o justificante justificado; ou o declarará indigno ou incompatível para o oficialato, determinando a perda do seu posto e patente; ou determinará a sua reforma.

Perceba-se que a Lei do Conselho de Justificação possibilita a reforma como uma alternativa à drástica medida que é a exclusão da Força. Tal alternativa não é facultada ao Superior Tribunal Militar em razão da Representação para Declaração de Indignidade ou de incompatibilidade para o Oficialato, na qual o Plenário da corte superior castrense deverá se ater somente a julgar o oficial justificado ou declará-lo indigno ou incompatível para com o oficialato.[32]

A reforma do oficial ou sua demissão *ex officio* em razão da perda do posto e da patente será efetivada pelo Comandante da Força, ou pelo Presidente da República, conforme o caso, tão logo publicado o Acórdão do STM.

---

[31] Art. 160, § 2º, do RISTM.
[32] Art. 112 do RISTM.

No caso de reforma, o oficial irá para a inatividade no mesmo posto que possui na ativa, com proventos proporcionais ao tempo de serviço.

No caso de perda do posto e da patente, o oficial declarado indigno ou incompatível, será considerado como se estivesse morto, para fins previdenciários, recebendo proventos os seus dependentes, se houver.[33]

Questão polêmica envolve a prescrição dos casos do Conselho de Justificação.

Versam o art. 18 e seu parágrafo único da Lei n. 5.836/1972 que "prescrevem em 6 (seis) anos, computados na data em que foram praticados, os casos previstos nesta Lei" e que "os casos também previstos no Código Penal Militar como crime prescrevem nos prazos nele estabelecidos".

Sobre o *caput* do art. 18, o Superior Tribunal Militar há duas correntes, sendo que a jurisprudência, até o momento, não se encontra pacificada.

Há um primeiro entendimento no sentido de que o cômputo do lapso prescricional se daria da data do fato até a instauração do Conselho de Justificação no âmbito administrativo. Para os defensores dessa corrente, a prescrição se daria da mesma forma que se dá no âmbito do Direito Civil, no qual basta o oferecimento da ação e a posterior citação válida do réu para que o lapso se interrompa, não voltando a correr.

Para a segunda corrente, o lapso prescricional contar-se-ia da data do fato até a data do julgamento não havendo qualquer interrupção, havendo prescrição se decorridos mais de 6 (seis) anos entre um termo e o outro.[34]

---

[33] No mesmo sentido: CAUDURO DA SILVA, Marisa Terezinha. "A perda do posto e da patente dos oficiais das Forças Armadas do Brasil". *Revista Direito Militar,* Florianópolis: AMAJME, n. 44, Nov./Dez., 2003, p. 29.

[34] Nessa esteira, o Tribunal de Justiça Militar do Estado de São Paulo firmou entendimento no sentido de não haver qualquer causa de interrupção da prescrição entre a data do fato e o julgamento do processo pelo Tribunal competente. Além disso, a Corte castrense bandeirante interpreta o parágrafo único do art. 18 da Lei n. 5.836/72,

BREVES NOTAS A RESPEITO DO CONSELHO DE JUSTIFICAÇÃO...

Acompanhamos o segundo entendimento. A prescrição é uma sanção pela inatividade do Estado no decorrer do tempo. Tal fenômeno decorre da razão de a relevância social de um fato passar a ir ao esquecimento com o decorrer do tempo. Em qualquer sistema jurídico, a prescrição é a regra e a imprescritibilidade a exceção.

Trata-se de matéria de ordem pública. Por ser matéria de ordem pública, a interpretação das normas a ela referentes é restritiva e não ampliativa. Assim, não é lícito ao intérprete quanto a elas inovar, ampliando seu alcance.

Assim, não há que se criar causas interruptivas quando a lei não as criou, sobretudo quando essas causas favorecem o Estado em detrimento do administrado.[35]

Quanto ao parágrafo único, a questão é ainda mais polêmica, não havendo o Superior Tribunal Militar se debruçado, ainda, sobre a matéria.

Ao nosso entender, em que pese haja entendimento bastante abalizado em sentido diverso, pelos mesmos motivos, a interpretação

---

aplicável a Polícia Militar do Estado de São Paulo por força do disposto na Lei Estadual n 186/73, no sentido de que, nos casos em que o fato em tese seja o de crime, aplica-se o lapso prescricional da pena aplicada em concreto, na hipótese. Nesse sentido, excerto do Acórdão na Representação de indignidade para o oficialato n. 004/00 do TJM/SP: *"Nas situações em que o Conselho de Justificação apure fatos também previstos na legislação como crime, aplicar-se-á a prescrição considerando a pena em concreto estabelecida para o caso, de acordo com o disposto no parágrafo único do artigo 18 da Lei Federal n 5.836/72, aplicável a Polícia Militar do Estado de São Paulo por força do efetuada pelo Tribunal de Justiça Militar antes de se adentrar ao mérito dos fatos, por se tratar de questão prejudicial, incidindo nesses casos as causas de interrupção igualmente previstas na legislação".*

[35] Nesse sentido é também o entendimento de Jorge Luiz Nogueira de Abreu, que assevera que *"nos casos em que a infração administrativa que gerou a instauração do Conselho de Justificação não é capitulada também como crime militar, ou seja, na chamada infração administrativa pura, o prazo prescricional será de seis anos, computado da data em que os fatos forem praticados (art. 18 da Lei n. 5.836/1972), ainda que só tenham se tornado público em data posterior. Não se aplica, aqui, o art. 142, § 1º, da Lei n. 8.112/1990, o art. 142, § 1º, da Lei n. 8.112/1990, nem mesmo por analogia, por inexistir lacuna na lei que rege o Conselho. É de se registrar, ainda, que a Lei n. 5.836/1972 não contempla hipóteses de suspensão e interrupção da prescrição para infrações administrativas puras. Logo, uma vez praticado o ato que enseje a instauração do Conselho, o lapso prescricional fluirá sem pausas. Findo o prazo legal, incidirá a prescrição"* (Direito Administrativo Militar. São Paulo: Elsevier/Método, 2010, p. 367).

261

NELSON LACAVA FILHO

deve ser também restritiva. Entendemos que onde o legislador disse "Os casos também previstos no Código Penal Militar como crime" este se referiu apenas aos crimes militares e não aos crimes comuns que teriam igual previsão no Código Penal Militar.

O âmbito de incidência da norma estaria sobre aquelas condutas consideradas crimes militares haja vista subsumir-se ao disposto no art. 9º do CPM.

Sendo assim, se o oficial estivesse sendo processado no juízo criminal comum pelo crime de homicídio (art. 121, CP), não obstante esta hipótese típica também esteja prevista na Parte Geral do CPM, no art. 205, será aplicada a norma do *caput* do art. 18, e não o seu paragrafo único.

Além disso, em nosso entendimento, não se pode extrair interpretação do parágrafo único desse artigo, no sentido de que esteja autorizada a aplicação dos mesmos marcos de interrupção da prescrição previstos no CPM ou CP comum ao Conselho de Justificação, mas sim que nos casos de crimes militares o lapso para a prescrição do Conselho de Justificação passa a ser regulado segundo os prazos do art. 125 do CPM, em abstrato.[36]

São as principais questões atinentes ao processo do Conselho de Justificação às quais devem os juristas estar atentos a fim de melhor elucidar os casos de perda de posto e patente de oficiais das Forças Armadas.

REFERÊNCIAS BIBLIOGRÁFICAS:

ASSIS, Jorge César de. *Curso de Direito Disciplinar Militar:* simples transgressão ao processo administrativo. 3ª ed. Curitiba: Juruá, 2012.

---

[36] Dessa forma nos colocamos inteiramente em desacordo com os entendimentos Jorge Luiz Nogueira de Abreu (*op. cit.,* p. 368) Ronaldo João Roth (ROTH, Ronaldo João. "A prescrição, os recursos e a atuação do Ministério público no Conselho de Justificação". *Revista Direito Militar,* Florianópolis: AMAJME, n. 42, Julho/agosto, 2003, p. 15), que entendem que as causas de interrupção previstas no CPM também se aplicariam ao Conselho de Justificação na hipótese.

BREVES NOTAS A RESPEITO DO CONSELHO DE JUSTIFICAÇÃO...

BIERRENBACH, Flavio Flores da Cunha. "A justiça militar e o Estado de Direito Democrático". *In:* RAMOS, Dircêo Torrecillas; ROTH, Ronaldo João; COSTA, Ilton Garcia da (coord.). *Direito Militar:* doutrina e aplicações. Rio de Janeiro: Elselvier, 2011.

CAUDURO DA SILVA, Marisa Terezinha. "A perda do posto e da patente dos oficiais das Forças Armadas do Brasil". *Revista Direito Militar,* Florianópolis: AMAJME, n. 44, Nov./Dez., 2003.

FAGUNDES, João Batista. *A justiça do comandante.* Brasília: STM, 1988.

_____.*O posto e a patente perante o Conselho de Justificação.* Brasília: STM, 1974.

MARTINS, Eliezer Pereira. "Da impossibilidade jurídica de instauração de Conselho de Justificação para apuração de conduta de oficial da reserva não remunerada". *Revista de Direito Militar,* Florianópolis, n. 32, Nov./Dez., 2001.

QUEIRÓZ, Péricles Aurélio Lima de. "O Conselho de Justificação no Direito Militar Brasileiro". *In:* CÔRREA, Getulio. *Direito militar:* história e doutrina. Artigos inéditos. Florianópolis: Associação dos Magistrados das Justiças Militares Estaduais, 2002, p. 129/139.

PEDROSA, José Julio. "A perda do posto e patente dos oficiais das Forças Armadas". *In:* CÔRREA, Getulio. *Direito militar:* história e doutrina. Artigos inéditos. Florianópolis: Associação dos Magistrados das Justiças Militares Estaduais, 2002.

ROTH, Ronaldo João. "A prescrição, os recursos e a atuação do Ministério público no Conselho de Justificação". *Revista Direito Militar,* Florianópolis: AMAJME, n. 42, Julho/agosto, 2003.

_____; CAPEZ, Fernando. "O processo de indignidade ou incompatibilidade com o oficialato e o processo do conselho de justificação: tratamento isonômico e recursal". *In:* RAMOS, Dircêo Torrecillas; ROTH, Ronaldo João; COSTA, Ilton Garcia da (coord.). *Direito Militar:* doutrina e aplicações. Rio de Janeiro: Elselvier, 2011.

Informação bibliográfica deste texto, conforme a NBR 6023:2002 da Associação Brasileira de Normas Técnicas (ABNT):

LACAVA FILHO, Nelson. "Breves notas a respeito do Conselho de Justificação no âmbito das forças armadas". *In:* SOUZA, Luciano Anderson de; TUCUNDUVA SOBRINHO, Ruy Cardozo de Mello (Coord.). *Temas de Processo Administrativo.* São Paulo: Editora Contracorrente, 2017, pp. 239-263. ISBN. 978-85-69220-32-9.

INSTAURAÇÃO DE PROCESSO ADMINISTRATIVO DISCIPLINAR POR SIGILO PROFISSIONAL: O CASO DO ADVOGADO

REGINA CIRINO ALVES FERREIRA DE SOUZA

SUMÁRIO: Considerações iniciais. 1. O sigilo profissional: do direito ao dever. 2. Pareceres paradigmáticos do Tribunal de Ética da OAB. Conclusões. Bibliografia.

CONSIDERAÇÕES INICIAIS

As manobras empreitadas por criminosos e organizações criminosas no intuito de escamotear atos e proveito ilícito do delito, sem dúvidas, dificultaram a atividade de órgãos investigativos e acusatórios, os quais ainda contam com instrumentos pensados em um contexto de uma criminalidade clássica em que era possível identificar com clareza seus responsáveis. Tais mecanismos, que muito serviram ao sistema persecutório brasileiro, atualmente mostram-se rudimentares ante um contexto da denominada criminalidade econômica, cujos rastros, no mais das vezes, são encobertos por estruturas bem orquestradas que obstam a localização de responsáveis.

No intuito de driblar essas adversidades, o uso de expedientes desenvolvidos para circunstâncias excepcionais estão sendo convertidos em via primeira para a perquirição penal. Assim é que, nos últimos anos, *v.g.*, a quebra de sigilo telefônico e bancário, os mandados de busca e apreensões e as prisões cautelares vêm sendo aclamados como uma das primeiras providências investigativas, em nome de um chamado *"combate"* à criminalidade. Isto é, muitas vezes, sem maiores elementos substanciais, viola-se a privacidade do indivíduo e de pessoas que o circundam, para então verificar a necessidade investigativa. A lógica atual é inversa, primeiro a invasão da privacidade e, se o caso, a investigação formalizada.

No mesmo sentido, incomensurável valor tem sido conferido à *"delação premiada"*, bem como aos *"acordos de leniência"*, os quais, por vezes, buscam fornecer elementos que o Estado falhou em conseguir, por meio de promessas de vantagens, que farão o delator servo do verdugo e prisioneiro de suas palavras. Em outros dizeres, é o reconhecimento da falência estatal no seu escopo persecutório, o qual só tem a mão técnicas não recomendáveis e, vale dizer, de tempos como o de Tiradentes.[1]

Em verdade, o Estado não soube se reinventar ante os novos desafios impostos por essa nova criminalidade, envolta na complexidade ínsita da pós-modernidade. Nesse sentido, observe-se que, incrivelmente, em termos tecnológicos, pouco se desenvolveu e ainda não se logrou criar, *v.g.*, um sistema informatizado entre as polícias estaduais e federais no Brasil.

Vale dizer que, ainda nessa esteira de premente necessidade de mudanças, os procedimentos investigativos até o momento não foram convertidos em eletrônicos, o que gera absurdos, tal como, por vezes, os autos de inquérito policial permanecem mais tempo em *"trânsito"* entre fórum e delegacia do que nas mãos da autoridade policial presidente do feito. Do mesmo modo, pouco se investiu na formação dos agentes estatais, os quais ficam encurralados ante a expertise e artimanhas dos novos criminosos.

---

[1] FERREIRA, Regina Cirino Alves. "Caso Tiradentes e repressão penal: passado e presente". *Revista Liberdades*, n. 1, maio/agosto, 2009, pp. 79-90.

INSTAURAÇÃO DE PROCESSO ADMINISTRATIVO DISCIPLINAR...

Como reflexo dessa ausência de investimento em informatização, de comunicação entre os mais diversos órgãos estatais e da melhor capacitação dos profissionais envolvidos na persecução, verifica-se que, ao invés de pleitear por uma remodelação dos moldes antigos, os esforços centram-se em expedientes aparentemente mais simples e que desacreditam o próprio potencial dos atores da Justiça. Ao se tentar fugir do problema de base, qual seja, reconhecer que os mecanismos atuais não servem, ou auxiliam muito pouco, para coibir a criminalidade econômica e reivindicar mudanças instrumentais, utilizam como válvula de escape e atribuem a suposta impunidade à também suposta condescendência da legislação penal e à *"demonização"* dos advogados, os quais seriam os verdadeiros responsáveis pela morosidade processual.

Além de recorrentes ideários antidemocráticos como supressão de recursos e impossibilidade de impugnação por *habeas corpus*, em nome dessa falácia, nos últimos anos, a relação cliente e advogado passou também a ser questionada. Dessa maneira, pleiteia-se que os advogados abram mão do seu sigilo profissional em nome de uma hipotética concretização da Justiça.

Busca-se, assim, na figura do causídico, a posição, a um só tempo, de advogado, sem a qual não teria a informação confidenciada, e de acusador, visto que ante a autoria e a materialidade deve comunicar ao Estado a ocorrência de um crime. Ademais, também se intenta que assuma o papel de testemunha, eis que teria que se apresentar diante do juiz para confirmar o delatado.

1. O SIGILO PROFISSIONAL: DO DIREITO AO DEVER

A confiança, sem dúvidas, é o que melhor representa o relacionamento entre cliente e advogado.[2] O primeiro procura suporte jurídico ante uma delicada situação em que se encontra e que, só assim

---

[2] De acordo com o artigo 10 do Código de Ética, "As relações entre advogado e cliente baseiam-se na confiança recíproca. Sentindo o advogado que essa confiança lhe falta, é recomendável que externe ao cliente sua impressão e, não se dissipando as dúvidas existentes, promova, em seguida, o substabelecimento do mandato ou a ele renuncie".

267

REGINA CIRINO ALVES FERREIRA DE SOUZA

o faz, porque deposita no segundo suas expectativas de que sua confidência permanecerá resguardada.[3] Ou seja, a confidencialidade é da essência da relação estabelecida entre o constituinte e o seu representante legal.

Não por outra razão, dada a importância da reserva de confidências em determinados ofícios, diversos diplomas discorrem sobre o direito ao sigilo profissional e, do mesmo modo, acerca do dever de resguardá-lo. Consoante o citado dicionário de língua portuguesa *HOUAISS*, compreende-se como sigilo profissional, às vezes, também denominado como segredo profissional, *"o dever ético de não revelar fato ou assunto cuja ciência se teve em razão de profissão ou em pleno exercício da atividade profissional"*. Irretocável a definição.

Ressalte-se, ainda que, em face da relevância da confidencialidade nessa relação o Estatuto de Ética e Disciplina, no artigo 7º, inciso II, descreve como direitos do advogado *"A inviolabilidade de seu escritório ou local de trabalho, bem como de seus instrumentos de trabalho, de sua correspondência escrita, eletrônica, telefônica e telemática, desde que relativas ao exercício da advocacia"*[4].

Neste influxo, cite-se que o novo Código de Processo Civil (com redação dada pela Lei n. 13.105 de 16 de março de 2015), mantendo

---

[3] Sobre isso, descreve Couture: *"O advogado recebe a confidência profissional como um caso de angústia humana, e o transforma em uma exposição tão lúcida quanto seu pensamento o permite"*. COUTURE, Eduardo. *Os mandamentos do advogado*. Porto Alegre: Sergio Antonio Fabris Editor, 1999, p. 27.

[4] Sobre o temário, *vide*: GONZAGA, Alvaro de Azevedo; NEVES, Karina Penna; BEIJATO Jr., Roberto. *Estatuto da Advocacia e Novo Código de Ética e Disciplina da OAB comentados*. Rio de Janeiro: Forense; São Paulo: Método, 2016, p. 301. Vale dizer que, como bem pontua Mamede: "Se numa apreensão de documentos ou de computadores do constituinte são levados documentos ou máquinas nas quais se encontrem arquivos ou dados do advogado, são eles invioláveis, em respeito à garantia constitucional e legal, cabendo ao judiciário veracidade e adequabilidade do argumento para, reconhecida sua procedência, impedir a utilização dos dados como prova, face à ilicitude de sua obtenção, bem como determinar a indenização pelos danos econômicos e/ou morais que tenham se verificado". MAMEDE, Gladston. *A advocacia e a ordem dos advogados do Brasil*: comentários ao Estatuto da Advocacia e da OAB (Lei n. 8.906/94), ao regulamento Geral da Advocacia e ao Código de Ética e Disciplina da OAB. São Paulo: Atlas, 2011, p. 53.

disposição anterior, preserva o direito da parte e da testemunha em não serem obrigadas a depor sobre fatos que tenham conhecimento por estado ou profissão, disposição constante no artigo 388, inciso II e artigo 448, inciso II, ambos do Código de Processo Civil. Na mesma esteira, também é o insculpido no artigo 299, inciso I, do Código Civil.

Em termos jurídico-penais, o Código Criminal do Império, de 1830, já previa a criminalização da violação de sigilo no exercício da atividade pública. No entanto, somente com a legislação posterior foi incluída a previsão do sigilo de particular. Isto é, com o advento do Código Penal de 1890, por meio do artigo 192, estabeleceu-se a reprimenda ao particular que *"revele segredo de que tiver noticia ou conhecimento, em razão do officio, emprego ou profissão"*, com sanção de *"prisão cellular por um a tres meses, e a suspensão do officio, emprego ou profissão, por seis meses a um anno"*.[5]

O Código Penal vigente, por sua vez, manteve, em parte, esta redação e, no artigo 154, estabeleceu pena de detenção para a violação do segredo profissional, nos seguintes termos: *"Revelar alguém, sem justa causa, segredo, de que tem ciência em razão de função, ministério, oficio ou profissão, e cuja revelação possa produzir dano a outrem"*. Note-se que, não obstante esses diplomas não declinem quais seriam as profissões que fariam *jus* a essa preservação, resta pacificado em nossa jurisprudência que estas se aplicam também aos causídicos.

Ademais, em termos distintivos, a redação atual, conferida em 1940, dispõe sobre a indispensabilidade de dano para o sujeito, o que não era previsto no texto de 1890. Outra observação relevante é que o texto em vigor não faz qualquer menção a consequências não penais em razão da violação da norma, isto é, sanções de caráter administrativo, tal como a suspensão do oficio, emprego ou profissão, as quais não podem ser estabelecidas pelo juiz penal.

Em verdade, as reprimendas de caráter disciplinar, em sua maioria, estão incorporadas em códigos de conduta que regulamentam e

---

[5] PIERANGELLI, José Henrique. *Códigos penais no Brasil*: evolução histórica. São Paulo: Jalovi, 1980, p. 289.

apresentam as diretrizes para algumas profissões, *v.g.*, o Código de Ética Médica, o Código de Ética e Disciplina da Ordem dos Advogados do Brasil e o Estatuto da Advocacia e da Ordem dos Advogados do Brasil.

Quanto aos advogados, observa-se que o Código de Ética e Disciplina, em seu Título I, ao estabelecer o conjunto de regras e princípios que norteiam a digna classe dos advogados, – dentre os quais, as regras deontológicas fundamentais, as relações com o cliente, a publicidade, os honorários profissionais e o dever de urbanidade –, também incluiu capítulo específico para abordar o sigilo profissional.

O Estatuto da Ordem dos Advogados do Brasil, Lei Federal n. 8.906/1994, por sua vez, apresenta diretrizes e reprimendas para o descumprimento do sigilo profissional. Isto é, muito mais do que uma prerrogativa profissional, trata-se de regrame a ser seguido. Em outros dizeres, tais diplomas, que comportam pouquíssimas exceções, claramente apontam que na atividade advocatícia não há espaço para a fragilização do sigilo profissional.

Assim é que o Tribunal de Ética da Ordem dos Advogados do Brasil sempre lidou com rigor ante a ruptura de sigilo profissional e, não obstante sejam procedimentos sigilosos, basta observar as manifestações em sede de consulta deontológica para se verificar que a flexibilização do segredo profissional está restrita a situações bem definidas e que revele sua imprescindibilidade, o que, senão demonstrado, pode conduzir a uma sanção disciplinar.

Nesse influxo, já se manifestou o Tribunal deontológico paulista que se entende por segredo aquilo que não pode ser revelado. Daí decorre o dever de não revelar o segredo que lhe foi confiado, ainda que autorizado pelo próprio cliente, salvo no caso de necessidade para a sua defesa da dignidade ou dos direitos legítimos do próprio advogado, perigo para si ou outrem, ou quando houver acusação do próprio cliente.[6]

---

[6] E. 3838/2009. Parecer e ementa do Rel. Dr. Luiz Antonio GAMBELLI – Rev. Dr. Luiz Francisco Torquato AVOLIO – Presidente Dr. Carlos Roberto Fornes MATEUCCI.

INSTAURAÇÃO DE PROCESSO ADMINISTRATIVO DISCIPLINAR...

O Estatuto da Ordem dos Advogados, por meio do seu artigo 34, inciso VII, expressamente prevê ser infração ética disciplinar a violação de sigilo sem justa causa, descumprimento que pode levar à instauração de procedimento disciplinar cuja sanção, nessa hipótese, é a censura. Não obstante o Estatuto não revelar o que se entende por *"justa causa"*, o Código de Ética e Disciplina destina um capítulo especial para o sigilo profissional, podendo se depreender que justa causa seria, de acordo com o seu artigo 25, a *"grave ameaça ao direito à vida, à honra, ou quando o advogado se veja afrontado pelo próprio cliente"*. Assim, dada a gravidade do dever, essas hipóteses foram taxativamente formuladas, sem as quais a quebra do sigilo não está justificada e pode redundar na instauração de processo disciplinar, nos termos do artigo 70 e seguintes do Estatuto do Advogado.[7]

Note-se que Lôbo, quando da elaboração de sua obra *Comentários ao Estatuto da Advocacia e da OAB*, chegou a apontar, em seu entender, uma situação em que o sigilo profissional poderia ser flexibilizado, isto é, quando *"(...) o cliente comunica ao advogado sua intenção de cometer crime"*. Não há no posicionamento adotado pelo autor a especificação de qual *"crime"* poderia ensejar essa ruptura, no entanto, ao que tudo indica, este referia-se a algum crime cujo bem jurídico protegido seria a *"vida"*, já que adiante diz estar em jogo *"(...) a garantia fundamental e indisponível à vida, prevista na Constituição Federal"*. Segundo sua interpretação, *"(...) deve o advogado promover os meios para evitar que o crime seja cometido"*.[8]

Em nosso sentir, nem mesmo a suposta circunstância aventada pelo autor, ou seja, ainda que, *v.g.*, o segredo revelado fosse o desejo de seu cliente em matar alguém, poderia dar ensejo a flexibilização do sigilo

---

[7] Nesse sentido, tergiversa Paulo Luiz Netto Lôbo: *"O dever de sigilo, imposto ética e legalmente ao advogado, não pode ser violado por sua livre vontade. É dever perpetuo, do qual nunca se libera, nem mesmo quando autorizado pelo cliente, salvo no caso de estado de necessidade para a defesa da dignidade ou dos direitos legítimos do próprio advogado, ou para conjugar perigo atual e iminente contra si ou contra outrem, ou, ainda, quando for acusado pelo próprio cliente"*. Comentários ao estatuto da advocacia e da OAB. São Paulo: Saraiva, 2002, p. 59.

[8] *Comentários ao estatuto da advocacia e da OAB*. São Paulo: Saraiva, 2002, p. 59.

profissional. Isto pois, nessa hipotética situação, sequer os atos preparatórios foram iniciados e, como sabemos, a mera conjectura é ato impunível. Ademais, vale lembrar que o Estado não exige de nenhum cidadão essa obrigação, o que seria ainda menos razoável que, para esse escopo, o advogado tenha que violar o seu dever de sigilo, o que lhe sujeitaria a uma posição de delator de fato que poderia jamais existir e, ainda, ter contra si procedimento disciplinar se suas suspeitas não forem verdadeiras. Aliás, pouco crível que uma autoridade policial promoveria a elaboração de um boletim de ocorrência ou a instauração de inquérito pautado em mera prevenção. De qualquer forma, estar-se-ia tratando de crime a ser cometido, e não de crime cometido.

Tal cenário começou a se turvar quando, com escopo de elaborar um novo Código de Ética e Disciplina, foi apresentado anteprojeto pela Comissão Especial para Estatuto da Atualização do Código de Ética e Disciplina, o qual, dentre outras providências, expressamente, incluiu uma nova hipótese de flexibilização do segredo profissional, qual seja,

> *Na hipótese em que terceiro seja acusado da pratica de crime cuja autoria lhe haja sido confessada pelo cliente, o advogado deverá renunciar ao mandato, ficando livre, em seguida, da preservação do segredo profissional, para agir segundo os ditames de sua consciência e conforme as circunstancias recomendarem.*

De acordo com essa redação, parece claro o intuito de tornar o advogado uma espécie de *"justiceiro"*. Sejamos razoáveis, qual seria o cliente que, sabendo dessa obrigação do advogado de renunciar ao caso e possivelmente delatá-lo, lhe confessaria algum crime? Ou, ainda pior, que advogado forçaria o cliente a uma confissão, violando seu direito de autodefesa, para que então tivesse direito a uma defesa? Não parece que esse dispositivo concretizaria uma justiça, apenas fragilizaria o relacionamento entre cliente e advogado, agora pautado na desconfiança.

Mais que isso, indaga-se como deveria proceder o Tribunal de Ética diante da hipótese de um causídico, contrariando essa redação que lhe obriga a renunciar, não abdicar o patrocínio da causa? Ou, ainda, se os *"ditames de sua consciência"* não lhe conduzirem a uma delação, estaria praticando alguma infração ética por preservar o sigilo? Tais questões são insolúveis, pois exigem do advogado uma suposta *"ética"* que, para que cumpra, deve atuar antiteticamente. Cuida-se, de fato, do ruir da essência da profissão do advogado litigante, que deverá converter-se em mero parecerista de situações hipotéticas.

Complementando o descalabro de tal dispositivo, a redação utiliza a expressão *"ficando livre"* da preservação do segredo profissional, como se esse sigilo fosse uma espécie de carga negativa a que tem que suportar o advogado. Ora, uma das maiores retribuições no exercício da advocacia é justamente o prestígio e o reconhecimento, os quais jamais chegam desacompanhados da lealdade e da confiança. Assim, não nos parece que esses profissionais guardem para si as confidencias obtidas em sigilo somente por serem obrigados a fazê-lo. Nesse sentido, seria o mesmo que a Igreja católica permitir ao padre que *"fique livre"* para agir de acordo com sua consciência na hipótese de um terceiro estar sendo lesado pelo cometimento de um crime que lhe é confessado. Alguns ofícios são pautados em princípios, sem os quais está descaracterizada a própria função.

Vale observar que o antigo Código de Ética Médica (Lei n. 3.268 de 30 de setembro de 1957), nos termos do artigo 38, letra *c*, estabelecia como exceção ao segredo profissional *"Quando se tratar de fato delituoso previsto em lei e a gravidade de suas consequências sobre terceiros crie para o médico o imperativo de consciência de denuncia-lo à autoridade competente"*. Esse dispositivo, ao que se nota, guarda algumas semelhanças com aquele adicionado ao Projeto de Código de Ética e Disciplina da Ordem dos Advogados do Brasil, eis que, para além de ser hipótese de flexibilização de segredo menciona *"consequências a terceiros"* e o *"imperativo de consciência"*. No entanto, maior atraso não há, já que o texto de 1957 resta superado e a atual redação vigorante, dentre outros, estabelece a proibição do médico revelar segredo que possa expor o paciente a processo penal.[9] No mesmo sentido, aliás, é o comando estabelecido pelo artigo 66, inciso II, da Lei das Contravenções Penais.[10]

---

[9] Consoante o novo Código de Ética Médica, em vigor desde 13 de abril de 2010.

[10] *"Art. 66. Deixar de comunicar à autoridade competente: (...) II – crime de ação pública, de que teve conhecimento no exercício da medicina ou de outra profissão sanitária, desde que a ação*

Em meados de maio de 2014, a comunidade jurídica foi instada opinar acerca deste citado novo anteprojeto[11], oportunidade em que diversos Institutos puderam se manifestar acerca de seu conteúdo e, sem dúvidas, um dos pontos mais aclamados ao rechaçamento foi a disposição a que se refere a flexibilização do sigilo profissional. Do mesmo modo, a Ordem dos Advogados do Brasil intensificou os debates em suas Seccionais e foi tema da Conferência Nacional realizada naquele ano.

Ao final, restou reconhecido que tal dispositivo, ademais de manifestamente inconstitucional, representava um descalabro e um retrocesso à própria essência da advocacia e não restou incorporado à nova redação do Código de Ética e Disciplina da Ordem dos Advogados do Brasil.[12] No entanto, por si só, a ideia, ainda que fruto de um desatino, representou um forte sinal do preocupante cenário que estamos diante. Isto, pois, não se discute que a criminalidade há de ser reprimida, o que se questiona é o modo como se quer proceder, por meio de soluções simplistas e que, no mais das vezes, violam os mais diversos direitos consagrados e pouco concretizam a punibilidade esperada.

Como resultado dos aprofundados debates, o novo Código de Ética, promulgado em 2015, tratou de ressaltar a necessidade de

---

penal não dependa de representação e a comunicação não exponha o cliente a procedimento criminal: Pena – multa".

[11] O sítio eletrônico da Ordem dos Advogados do Brasil disponibilizou a consulta pública até 31 de maio de 2014.

[12] O novo Código de Ética e Disciplina da Ordem dos Advogados do Brasil, aprovado em 2015, disciplina o tema no capítulo VII: "Art. 35. O advogado tem o dever de guardar sigilo dos fatos de que tome conhecimento no exercício da profissão. Parágrafo único. O sigilo profissional abrange os fatos de que o advogado tenha tido conhecimento em virtude de funções desempenhadas na Ordem dos Advogados do Brasil. Art. 36. O sigilo profissional é de ordem pública, independendo de solicitação de reserva que lhe seja feita pelo cliente. § 1º Presumem-se confidenciais as comunicações de qualquer natureza entre advogado e cliente. § 2º O advogado, quando no exercício das funções de mediador, conciliador e árbitro, se submete às regras de sigilo profissional. Art. 37. O sigilo profissional cederá em face de circunstâncias excepcionais que configurem justa causa, como nos casos de grave ameaça ao direito à vida e à honra ou que envolvam defesa própria. Art. 38. O advogado não é obrigado a depor, em processo ou procedimento judicial, administrativo ou arbitral, sobre fatos a cujo respeito deva guardar sigilo profissional".

observância do dever do sigilo profissional. Assim, no artigo 21 disciplinou que: "*O advogado, ao postular em nome de terceiros, contra ex-cliente ou ex-empregador, judicial e extrajudicialmente, deve resguardar o sigilo profissional*". Do mesmo modo, reservou ao Capítulo VII especificamente a abordagem dessa matéria, estabelecendo, dentre outros, que o sigilo profissional é considerado de ordem pública, o que independe de reserva que seja feita pelo cliente.[13]

Nesse sentido, há que se pensar na reformulação dos modelos clássicos de cerceamento à criminalidade, adaptando-se às novas demandas impostas, o que não se dará por meio do engessamento dos advogados, os quais, necessário lembrar, também desempenham função essencial à Justiça.

2. PARECERES PARADIGMÁTICOS DO TRIBUNAL DE ÉTICA DA OAB/SP

Sobre o tema tratado, algumas manifestações emblemáticas do Tribunal de Ética da OAB/SP merecem referência:

> E-2.345/01 – EMENTA – SIGILO PROFISSIONAL – TESTEMUNHO JUDICIAL – DIREITO/DEVER DO ADVOGADO EM ABSTER-SE SE PRESTÁ-LO – PRINCÍPIO DE ORDEM PÚBLICA DE CARATER NÃO ABSOLUTO – ADVOGADO ARROLADO COMO TESTEMUNHA DE DEFESA EM AÇÃO INDENIZATÓRIA FRENTE AO OUTRO CLIENTE, A FAVOR DE QUEM AINDA ESTA PATROCINANDO AÇÃO DIVERSA, DEVE ABSTER-SE DE DEPOR EM FACE DO DIREITO/DEVER DO SIGILO PROFISSIONAL, EM OBSERVÂNCIA AO DISPOSTO

---

[13] Neste influxo, compreende Ramos, cuja interpretação compartilhamos que o dever de sigilo está "(...) acima da relação contratual estabelecida entre advogado e cliente, porquanto, embora tenha neste a sua nascente, não foi como seu resultado instituído, na medida em que se caracteriza como preceito de ordem pública, estabelecido no interesse geral da sociedade para fins de assegurar a plenitude do direito de defesa do cidadão". RAMOS, Gisela Gondin. *Estatuto da advocacia*: comentários e jurisprudência selecionada. Belo Horizonte: Editora Fórum, 2017, pp. 506/507.

NOS ARTS. 25 A 27 DO CÓDIGO DE ÉTICA E DISCIPLI-
NA, BEM COMO NOS ARTS. 7º, II E XIX E 34, VII DA
EAOAB, E RESOLUÇÃO N. 17/2000 DESTE SODALÍCIO.
V.U. do parecer e emenda do Relator Dr. FÁBIO KALIL VI-
LELA LEITE – Revisor Dr. CARLOS AURÉLIO MOTA DE
SOUZA – Presidente Dr. ROBSON BARONI – 21/6/2001.

E-2.361/01 – EMENTA – SIGILO PROFISSIONAL –
PROTEÇÃO E INVIOLABILIDADE DE PRINCIPIO DE
ORDEM PÚBLICA – ADVOGADO QUE ATUOU NA
DEFESA DE INTERESSES DE VÁRIOS CLIENTES, ANTE
O ROMPIMENTO DA RELAÇÃO COM ALGUNS DELES,
DEVE ABSTER-SE DE ATUAR CONTRA ESTES, SOB
PENA DE CARACTERIZAR INFRAÇÃO DISCIPLINAR,
PREVISTA NO ART. 31, VII, DO EAOAB E NA
RESOLUÇÃO N. 17/2000 DESTE SODALICIO. A
ABSTENÇÃO SE IMPÕE, EM PRINCIPIO, PELO PRAZO
DE 2 (DOIS) ANOS, NOS PARÂMETROS TRAZIDOS POR
DECISÕES UNÂNIMES DESTA CORTE. O FUNDAMENTO
DA ABSTENÇÃO ESTÁ NA CONFIANÇA EM QUE SE
EMBASA O MINISTÉRIO DA ADVOCACIA, SEM O QUE
O DIREITO DE DEFESA ESTARIA ANIQUILANDO,
PORTANTO, O SEGREDO É PEDRA ANGULAR. V.U.
do parecer e ementa da Relatora Drª MARIA CRISTINA
ZUCCHI – Revisor Dr. CLODOALDO RIBEIRO MACHADO
– Presidente Dr. ROBSON BARONI – 21/6/2001.

E-2.511/01 – EMENTA– SIGILO PROFISSIONAL – OBSER-
VÂNCIA NA ESFERA ADMINISTRATIVA OU JUDICIAL
AINDA QUE FALECIDO O CONFIDENTE – INTELIGÊN-
CIA DOS ARTIGOS 25 E SEGUINTES DO CED – RESOLU-
ÇÃO 17/2000 DO TED I – SEJA EM SEDE ADMINISTRATI-
VA, SEJA EM SEDE JUDICIAL, O ADVOGADO DEVE
GUARDAR SIGILO PROFISSIONAL DE CONFIDÊNCIAS
A ELE FEITAS POR CLIENTE, MESMO DEPOIS DE SUA
MORTE, SOBRETUDO QUANDO NÃO OCORRE A EX-
CEÇÃO PREVISTA NO FINAL DO ART. 25 DO CED, QUAL
SEJA, A OCORRÊNCIA DE GRAVE AMEAÇA AO DIREITO
DE VIDA, À HONRA OU A AFRONTA DO PRÓPRIO
CLIENTE, CASOS DE DEFESA PRÓPRIA DO ADVOGADO.
O SIGILO PROFISSIONAL É PRINCÍPIO ESENCIAL E DE

INSTAURAÇÃO DE PROCESSO ADMINISTRATIVO DISCIPLINAR...

ORDEM PÚBLICA E ESTÁ ACIMA DOS CONFIDENTES E DO ADVOGADO. V.U. do parecer e ementa do Rel. Dr. CLÁUDIO FELIPPE ZALAF – Rev. Dr. RICARDO GARRIDO JÚNIOR – Presidente Dr. ROBSON BARONI – 21/02/2002. E-2.054/99 –EMENTA– SIGILO PROFISSIONAL. TÍTULOS DA DÍVIDA AGRÁRIA. APREENSÃO. INQUÉRITO POLICIAL INSTAURADO – CLIENTE QUE NÃO AUTORIZA O ADVOGADO A FORNECER SUA IDENTIDADE – NÃO PODE O ADVOGADO FORNECER O NOME DO CLIENTE QUE CONSULTOU SOBRE A AUTENTICIDADE DE TÍTULOS DA DÍVIDA AGRÁRIA, MESMO QUANDO ESTES VENHAM A SER APREENDIDOS E OBJETO DE INQUÉRITO POLICIAL INSTAURADO PARA APURAR SUA EVENTUAL FALSIDADE, AINDA MAIS PORQUE O CLIENTE NÃO AUTORIZA A REVELAÇÃO DA SUA IDENTIDADE. SE O ADVOGADO FOR INTIMADO A DEPOR, DEVE ATENDER A INTIMAÇÃO, MAS NÃO DEVERÁ RESPONDER ÀS PERGUNTAS SOBRE OS FATOS OBJETO DA CONSULTA E A IDENTIDADE DE SEU CLIENTE. INTELIGÊNCIA DO ARTIGO 114 DO CÓDIGO CIVIL COMBINADO COM OS ARTIGOS 207 DO CÓDIGO DE PROCESSO PENAL, 7ª, XIX, DA LEI 8.906/94 E 25 E 26 DO CÓDIGO DE ÉTICA E DISCIPLINA. V.U. do parecer e ementado Rel. Dr. JOSÉ ROBERTO BOTTINO – Drª MARIA CRISTINA AZUCCI – Presidente Dr. ROBSON BARONI – 17/02/2000.

Perceba-se que, em todos os casos citados, escolhidos qualitativamente eis que reveladores de diversos aspectos da atuação advocatícia, a sinalização do órgão de diretivas ético-profissionais foi no sentido da preservação de informações obtidas na relação cliente-advogado. Noutras palavras, a confidencialidade há de ser mantida, uma vez que é da essência da profissão em questão.

CONCLUSÕES

Há, atualmente, um movimento político legislativo que clama pela vulneração da confidencialidade entre advogado e seu constituinte, consistente no erigimento de uma obrigação legal de delação por parte de citados profissionais, os quais passariam a deter o dever de comunicar às autoridades atividades ilícitas de seus clientes.

Não bastassem as já consagradas providências de quebras de sigilos telefônicos, informáticos e bancários, de concessões de mandados de busca e apreensões e decretações de prisões cautelares, todas muitas e muitas vezes sem maiores critérios, exsurgem posicionamentos que se voltam à defesa dos *"alvos"* de investigações. Ideários como o de *"know your client"* relativamente à origem de honorários advocatícios e de obrigatoriedade de delação de informes colhidos na atuação profissional por parte do advogado assombram pela sem-cerimônia de renúncia a um dos pilares de um sistema democrático de Direito, qual seja, o direito de defesa, sem o qual não se pode falar em sistema acusatório e sua ínsita paridade de armas.

O moralismo por detrás desse clamor esconde a arbitrariedade de tais propostas. Um *"combate"* ao crime a qualquer preço significa renunciar aos freios ao arbítrio estatal, dando azo ao aniquilamento da cidadania, já que é da essência da advocacia o sigilo profissional.

A conhecida frase de Miguel Reale Júnior de que o *"preço da liberdade é o eterno delito"*[14] significa simplesmente que a busca pela completa supressão da criminalidade em um contexto social leva a que se substitua a violência social pela violência do Estado. A cidadania não pode arcar com o ônus da incompetência investigativa da Administração Pública. O aperfeiçoamento desta é o árduo, mas único, caminho válido para a tolerável contenção da criminalidade.

BIBLIOGRAFIA

COUTURE, Eduardo. *Os mandamentos do advogado*. Porto Alegre: Sergio Antonio Fabris Editor, 1999.

FERREIRA, Regina Cirino Alves. "Caso Tiradentes e repressão penal: passado e presente". *Revista Liberdades*, n. 1, maio/agosto, 2009.

---

[14] REALE Jr., Miguel. *Instituições de direito penal*: parte geral. Rio de Janeiro: Forense, 2013, p. 11.

GONZAGA, Alvaro de Azevedo; NEVES, Karina Penna; BEIJATO JUNIOR, Roberto. Estatuto da Advocacia e Novo Código de Ética e Disciplina da OAB comentados. Rio de Janeiro: Forense; São Paulo: Método, 2016.

LÔBO, Paulo Luiz Netto. *Comentários ao estatuto da advocacia e da OAB*. São Paulo: Saraiva, 2002.

MAMEDE, Gladston. *A advocacia e a ordem dos advogados do Brasil*: comentários ao Estatuto da Advocacia e da OAB (Lei n. 8.906/94), ao regulamento Geral da Advocacia e ao Código de Ética e Disciplina da OAB. São Paulo: Atlas, 2011

PIERANGELLI, José Henrique. *Códigos penais no Brasil*: evolução histórica. São Paulo: Jalovi, 1980.

RAMOS, Gisela Gondin. *Estatuto da advocacia*: comentários e jurisprudência selecionada. Belo Horizonte: Editora Fórum, 2017.

REALE Jr., Miguel. *Instituições de direito penal*: parte geral. Rio de Janeiro: Forense, 2013.

Informação bibliográfica deste texto, conforme a NBR 6023:2002 da Associação Brasileira de Normas Técnicas (ABNT):

FERREIRA DE SOUZA, Regina Cirino Alves. "Instauração de processo administrativo disciplinar por sigilo profissional: o caso do advogado". *In*: SOUZA, Luciano Anderson de; TUCUNDUVA SOBRINHO, Ruy Cardozo de Mello (Coord.). *Temas de Processo Administrativo*. São Paulo: Editora Contracorrente, 2017, pp. 265-279. ISBN. 978-85-69220-32-9.

REFLEXÃO CONSTITUCIONAL SOBRE A VINCULAÇÃO DO CARF ÀS DECISÕES DOS TRIBUNAIS JUDICIAIS SUPERIORES EM SEDE DE RECURSOS REPRESENTATIVOS DE CONTROVÉRSIAS

RENAN CIRINO ALVES FERREIRA

SUMÁRIO: Introdução. 1. Da fiscalidade e dos Princípios Fundamentais da Administração Pública. 2. Do tributo e do lançamento tributário. 3. Processo Administrativo Tributário. 4. Da organização e da competência do CARF. 5. Das sistemáticas dos recursos representativos de controvérsia (Repercussão Geral e Recursos Repetitivos). 6. Reflexão Constitucional sobre o §2º do Artigo 62-A do RICARF. Conclusões. Referências Bibliográficas.

INTRODUÇÃO

A Portaria n. 343 de 9 de junho de 2015 do Ministério da Fazenda, que aprova o Regimento Interno do Conselho Administrativo de Recursos Fiscais (CARF), em seu artigo 62, §2º do Anexo II, com a redação conferida pela Portaria MF n. 152 de 2016, estabelece o comando normativo para que os seus conselheiros, no julgamento dos recursos, reproduzam o teor das decisões definitivas de mérito proferidas pelo Supremo Tribunal Federal (STF) ou pelo Superior Tribunal de Justiça (STJ), nas sistemáticas dos recursos representativos de controvérsia, repercussão geral e recursos repetitivos.

Desta feita, o presente trabalho tem por missão explorar o arquétipo constitucional que reveste o processo administrativo tributário e avaliar o enquadramento do referido dispositivo às determinações imutáveis da Constituição Federal da República Federativa do Brasil de 1988 (CF), sobretudo à luz dos princípios da tripartição dos Poderes e do devido processo legal.

1. DA FISCALIDADE E DOS PRINCÍPIOS FUNDAMENTAIS DA ADMINISTRAÇÃO PÚBLICA

Como o seu próprio título denomina, o presente trabalho terá enfoque nitidamente constitucional, de maneira que as premissas de análises derivarão inexoravelmente da interpretação sistemática da CF, notadamente a partir das suas vigas mestras, quais sejam: os princípios por ela incorporados, de forma explícita ou implícita.

Preliminarmente, é de rigor ressaltar os princípios fundamentais elencados pelos artigos 1º a 4º da Carta Magna, que definem o modelo e os objetivos do Estado Democrático de Direito brasileiro, qualificando-o como republicano, federativo e estruturado sobre a tripartição dos Poderes (Executivo, Legislativo e Judiciário).

Nesse sentido, a fim de promover a consolidação da *res publica* de forma harmoniosa, cabe a cada indivíduo privar-se de parte do seu patrimônio, conforme a sua capacidade contributiva, em prol do interesse público. Como ensinam Luiz Alberto David Araujo e Vidal Serrano Nunes Junior: *o princípio republicano é um dado essencial da nossa Constituição Federal, pontuando não só a forma de governo, como também a própria organização do Estado e o relacionamento deste com os cidadãos.*[1]

---

[1] *Curso de Direito Constitucional.* São Paulo: Saraiva, 2009, p. 102.

REFLEXÃO CONSTITUCIONAL SOBRE A VINCULAÇÃO DO CARF...

A referência ao princípio republicano é mandatória na análise das questões tributárias, tendo em vista que a tributação se apóia na fiscalidade, caracterizada pela atividade coativa arrecadatória do Estado para abastecimento dos cofres públicos com os recursos necessários para alcançar os objetivos fundamentais traçados pela Lei Maior.

Acerca da fiscalidade, Julcira M. M. Vianna e Paulo de Barros Carvalho verberam da seguinte forma:

> *A fiscalidade é o emprego da tributação para fins eminentemente fiscais, ou seja, o tributo é arrecadado e levado para abastecer os cofres públicos, a fim de que os entes federados possam desempenhar suas atividades (políticas, administrativas, econômicas etc.), em tutela do interesse público.[2]*
>
> *Fala-se, assim, em fiscalidade sempre que a organização jurídica do tributo denuncie que os que presidiram sua instituição, ou que governam certos aspectos da sua estrutura, estejam voltados ao fim exclusivo de abastecer os cofres públicos, sem que outros interesses – sociais, políticos ou econômicos – interfiram no direcionamento da atividade impositiva.[3]*

Ato contínuo, destacamos também que a CF elegeu o princípio federativo como um dos seus pilares, outorgando independência e autonomia a cada uma das pessoas políticas (União, Estados, Distrito Federal e Municípios) e, em matéria tributária, esse princípio ganha maior relevância à medida que determinou a repartição da competência tributária, outorgando a cada pessoa política a aptidão singular para instituir tributos específicos.

Nesta esteira, ao manto do princípio da estrita legalidade esculpido nos artigos 5º, II e 150, I da Carta Magna, cabe ao Poder Legislativo de cada Ente Federado a atividade de criar tributos e exigir o cumprimento da obrigação tributária.

---

[2] *O Direito Tributário como Instrumento para a Preservação do Meio Ambiente.* (2008) Tese (Doutorado) apresentada à Faculdade de Direito, Pontifícia Universidade Católica de São Paulo, São Paulo, 2008, p. 69.

[3] *Curso de Direito Tributário.* 18ª ed. São Paulo: Saraiva, 2007, pp. 245-247.

Embora a instituição dos tributos esteja a cargo da atividade legislativa, com base na rigorosa separação entre os Poderes, compete ao Poder Executivo de cada ente federado a administração dos seus tributos, compreendendo as atividades regulamentares, de fiscalização, de cobrança e de imposição de penalidades.

Sendo assim, a Administração Pública, representando o Poder Executivo, em qualquer esfera política ou seara de competência, deve praticar todos os seus atos emprestando as premissas fixadas pela Carta Magna, notadamente no *caput* do artigo 37, que explicitamente lista cinco princípios indissociáveis da atividade da Administração Pública, direta ou indireta: legalidade, impessoalidade, moralidade, publicidade e eficiência.

Embora esses princípios, claramente, alcancem também a atividade administrativa dos Poderes Legislativo e Judiciário, neste trabalho, daremos ênfase exclusivamente à atividade administrativa do Poder Executivo, principalmente no que tange à arrecadação dos tributos e à fiscalização do cumprimento das obrigações tributárias.

Ademais, a partir da interpretação sistemática da Lei Maior, é possível identificar inúmeros outros princípios implícitos também de basilar importância, que ouso identificar sem exaurir: supremacia do interesse público sobre o interesse privado; finalidade; razoabilidade; proporcionalidade; motivação; devido processo legal e da ampla defesa; moralidade administrativa; controle judicial dos atos administrativos; responsabilidade do Estado por atos administrativos; e segurança jurídica.

2. DO TRIBUTO E DO LANÇAMENTO TRIBUTÁRIO

O arquétipo constitucional do Sistema Tributário Brasileiro encontra-se delineado no Capítulo I do Título VI da CF, que com astúcia e riqueza de detalhes especificou seus princípios norteadores explícitos, as competências tributárias de cada Ente Federado, as limitações ao poder de tributar, as espécies tributárias e ainda os critérios para repartições das receitas decorrentes dos tributos.

REFLEXÃO CONSTITUCIONAL SOBRE A VINCULAÇÃO DO CARF...

Deste modo, o conceito jurídico do tributo também ficou consagrado nas linhas e entrelinhas da Carta Magna e o seu conteúdo jurídico pode ser identificado por interpretação sistemática que, consoante as sempre lúcidas lições de Geraldo Ataliba, compreende os seguintes elementos: obrigação, pecuniária, *ex lege,* que não se constitui em sanção de ato ilícito, cujo sujeito ativo é em princípio uma pessoa pública e cujo sujeito passivo é uma pessoa posta nesta condição pela lei.[4]

Nada obstante, a Lei n. 5.172/66, denominada Código Tributário Nacional (CTN), anterior à vigência da CF mas por ela recepcionada

---

[4] "OBRIGAÇÃO – Vínculo jurídico transitório, de conteúdo econômico, que atribui ao sujeito ativo o direito de exigir do passivo determinado comportamento e que a este põe na contingência de praticá-lo, em benefício do sujeito ativo. PECUNIÁRIA – circunscreve-se, por adjetivo, o objeto da obrigação tributária: para que esta se caracterize, no direito constitucional brasileiro, há necessidade de que seu objeto seja: o comportamento do sujeito passivo consistente em levar dinheiro ao sujeito ativo. 'EX LEGE' – A obrigação tributária nasce da vontade da lei, mediante a ocorrência de um fato (fato imponível) nela descrito. Não nasce, como as obrigações voluntárias ('ex voluntate'), da vontade das partes. Esta é irrelevante para determinar o nascimento deste vínculo obrigacional. QUE NÃO SE CONSTITUI EM SANÇÃO DE ATO ILÍCITO – O dever de levar dinheiro aos cofres (tesouro = fisco) do sujeito ativo decorre do fato imponível. Este, por definição, é fato jurídico constitucionalmente qualificado e legalmente definido, com conteúdo econômico, por imperativo da isonomia (art. 5º, *caput* e inciso I da CF), não qualificado como ilícito. Dos fatos ilícitos nascem multas e outras consequências punitivas, que não configuram tributo, por isso não integrando seu conceito, nem submetendo-se a seu regime jurídico. CUJO SUJEITO ATIVO É EM PRINCÍPIO UMA PESSOA PÚBLICA – regra geral o sujeito ativo é uma pessoa pública política ou 'meramente administrativa' – como bem designa às autarquias Ruy Cirne Lima. Nada obsta, porém, a que a lei atribua capacidade de ser sujeito ativo de tributos a pessoas privadas – o que, embora excepcional, não é impossível – desde que estas tenham finalidades de interesse público. Configura-se, assim, a parafiscalidade (v. CARRAZA, Roque. *O sujeito ativo da obrigação tributária*. Imprenta: São Paulo, Resenha Tributária, 1977, pp. 25 – 33)". CUJO SUJEITO PASSIVO É UMA PESSOA POSTA NESTA SITUAÇÃO PELA LEI – A lei designa o sujeito passivo. A lei que qualifica o sujeito passivo explícito, o 'destinatário constitucional tributário'. Geralmente são pessoas privadas as colocadas na posição de sujeito passivo, sempre de pleno acordo com os desígnios constitucionais. Em se tratando de impostos, as pessoas públicas não podem ser sujeito passivo, devido ao princípio constitucional da imunidade tributária (art. 150, VI). Já no que se refere a tributos vinculados, nada impede que, também, pessoas públicas deles sejam contribuintes." *In*: ATALIBA, Geraldo. *Hipótese de Incidência Tributária*. 6ª ed. São Paulo: Malheiros, 2008, p. 35.

com força de Lei Complementar por estabelecer normas gerais em matéria de legislação tributária[5], estipulou em seu artigo 3º uma definição legal para o tributo que corrobora o delineamento traçado pela Lei Maior, a saber:

> *Art. 3º Tributo é toda prestação pecuniária compulsória, em moeda ou cujo valor nela se possa exprimir, que não constitua sanção de ato ilícito, instituída em lei e cobrada mediante atividade administrativa plenamente vinculada.*

Em termos gerais, a obrigação tributária principal decorre da realização, pelo sujeito passivo, do fato gerador *in abstrato* definido em lei, fazendo nascer em favor do sujeito ativo o direito subjetivo de exigir o seu cumprimento, que será caracterizado pelo pagamento do tributo.

Sem avançar nas discussões doutrinárias acerca do momento da gênese da obrigação tributária, importa destacar que a constituição do crédito tributário depende do lançamento, que conforme dispõe o artigo 142 do CTN é o procedimento, privativo da autoridade administrativa, tendente a verificar a ocorrência do fato gerador da obrigação correspondente, determinar a matéria tributável, calcular o montante do tributo devido, identificar o sujeito passivo e, ainda, se o caso, aplicar as penalidades cabíveis.

Ademais, determina o parágrafo único do mesmo dispositivo que a atividade do lançamento é vinculada e obrigatória, inclusive, sob pena de responsabilidade funcional, eliminando-se, portanto, qualquer discricionariedade por parte da autoridade administrativa.

Neste diapasão, destaca-se a definição do conceito exposto por Paulo de Barros Carvalho de que

> *lançamento tributário é o ato jurídico administrativo, da categoria dos simples, constituídos e vinculados, mediante o qual se insere na ordem jurídica brasileira uma norma individual e concreta, que tem como*

---

[5] Constituição Federal, artigo 146, III.

REFLEXÃO CONSTITUCIONAL SOBRE A VINCULAÇÃO DO CARF...

antecedente o fato jurídico tributário e, como consequente, a formalização do vínculo obrigacional, pela individualização dos sujeitos ativo e passivo, a determinação do objeto da prestação, formado pela base de cálculo e correspondente alíquota, bem como pelo estabelecimento dos termos espaço-temporais em que o crédito há de ser exigido.[6]

Ives Gandra da Silva Martins dando voz a boa parte da doutrina afirma que o lançamento tributário retrata o ato final de um procedimento administrativo fiscal destinado a reconhecer a existência da obrigação tributária e constituir o respectivo crédito.[7]

Portanto, o procedimento fiscal preparatório do lançamento tem caráter fiscalizatório ou apuratório e deve obedecer a princípios próprios, tais como: inquisitoriedade; cientificação; formalismo moderado; fundamentação; acessibilidade; celeridade; e gratuidade.[8]

Ainda seguindo a dicção de Paulo de Barros Carvalho na mesma obra, que ao incorporar os ensinamentos do Direito Administrativo de Celso Antonio Bandeira de Mello[9] estipula alguns pressupostos atinentes ao ato administrativo do lançamento tributário, que se não estiverem completamente preenchidos determinará a sua irregularidade, pois o maculará por vício que impedirá sua subsistência, quais sejam:

a) Pressuposto objetivo: a ocorrência do evento, a ser descrito no suposto da regra matriz;

b) Pressuposto subjetivo: a autoridade lançadora cuja competência está claramente definida em lei;

c) Pressuposto teleológico: tornar possível ao Estado exercitar seu direito subjetivo à percepção do tributo, mediante a formalização da obrigação tributária;

---

[6] *Direito Tributário:* linguagem e método. 3ª ed. São Paulo: Noeses, 2009, p. 504.

[7] MARTINS, Ives Gandra da Silva. "Lançamento Tributário: Procedimento Administrativo". *In:* ROCHA, Valdir de Oliveira (coord.). *Processo administrativo fiscal.* Volume 2. São Paulo: Dialética, 1997, p. 41.

[8] MARINS, James. *Direito Processual Tributário Brasileiro (Administrativo e Judicial).* 2ª ed. São Paulo: Dialética, 2002, p. 173.

[9] *In: Elementos de direito administrativo.* São Paulo: Revista dos Tribunais, 1980, p. 42.

RENAN CIRINO ALVES FERREIRA

d) Pressuposto procedimental: são os chamados "atos preparatórios" cometidos ao Poder Público e tidos como necessários à lavratura do lançamento;

e) Pressuposto casual: nexo lógico entre o suceder do evento tributário (motivo), a atribuição desse evento a certa pessoa, bem como a mensuração do acontecimento típico (conteúdo), tudo em função da finalidade, qual seja, o exercício possível do direito de o Estado exigir a prestação pecuniária que lhe é devida;

f) Pressuposto formalístico: está devidamente esclarecido nas legislações dos diversos tributos, cada uma com suas particularidades, variáveis de acordo com a espécie da exação.

Com efeito, caso seja identificado que qualquer dos pressupostos supramencionados não foi plenamente preenchido, o ato administrativo do lançamento tributário deverá ser anulado, como ensina José Souto Maior Borges:

Os defeitos dos atos jurídicos consistem na falta de elementos ou na presença de fatos que tornam deficientes os suportes fáticos e que, por isso, ingressam no mundo jurídico como atos jurídicos defeituosos. (...) A imperfeição ou incorreção do lançamento pode ser descrita como um vício que enferma sua elaboração. O lançamento vicioso é, nesses termos considerado, aquele que apresenta deficiências jurídicas.[10]

Reconhecendo a possibilidade de ocorrer algum vício no lançamento tributário, o próprio CTN verifica no artigo 145 a possibilidade de alteração nas hipóteses de: i. impugnação do sujeito passivo; ii. recurso de ofício; e, iii. Iniciativa de ofício da autoridade administrativa, nos casos previstos no artigo 149.[11]

---

[10] *Lançamento Tributário.* 2ª ed. São Paulo: Malheiros, 1999, pp. 245/246.

[11] Art. 149. O lançamento é efetuado e revisto de ofício pela autoridade administrativa nos seguintes casos: I – quando a lei assim o determine; II – quando a declaração não seja prestada, por quem de direito, no prazo e na forma da legislação tributária; III – quando a pessoa legalmente obrigada, embora tenha prestado declaração nos termos do inciso anterior, deixe de atender, no prazo e na forma da legislação tributária, a pedido

Na mesma linha, a Lei n. 9.784/99, que dispõe sobre o processo administrativo no âmbito da Administração Pública Federal, determina em seu artigo 53 que a Administração deve anular seus próprios atos, quando eivados de vício de legalidade, e pode revogá-los por motivo de conveniência ou oportunidade, respeitados os direitos adquiridos.

Aqui, portanto, fica desde já destacado que a Administração Pública tem o dever-poder de reformar ou anular os seus próprios atos sempre que identificar qualquer vício.

Ocorre que, nem sempre a Administração reconhece, de ofício, os vícios dos atos administrativos, sobretudo em relação ao lançamento tributário, haja vista a complexidade do sistema tributário nacional e as divergências interpretativas sobre diversos assuntos, de maneira a dar origem aos procedimentos contenciosos administrativos ou judiciais, por meio dos quais os administrados vislumbram anular ou reformar os atos da Administração.

Desta feita, a Administração realiza o controle dos seus próprios atos na seara tributária por meio do chamado processo administrativo tributário que se refere ao conjunto de normas que disciplina o regime jurídico processual-administrativo aplicável às lides tributárias em face dos administrados, este revestido por princípios próprios e regulação infraconstitucional específica.

Sobre o processo administrativo tributário, passamos a considerar.

---

de esclarecimento formulado pela autoridade administrativa, recuse-se a prestá-lo ou não o preste satisfatoriamente, a juízo daquela autoridade; IV – quando se comprove falsidade, erro ou omissão quanto a qualquer elemento definido na legislação tributária como sendo de declaração obrigatória; V – quando se comprove omissão ou inexatidão, por parte da pessoa legalmente obrigada, no exercício da atividade a que se refere o artigo seguinte; VI – quando se comprove ação ou omissão do sujeito passivo, ou de terceiro legalmente obrigado, que dê lugar à aplicação de penalidade pecuniária; VII – quando se comprove que o sujeito passivo, ou terceiro em benefício daquele, agiu com dolo, fraude ou simulação; VIII – quando deva ser apreciado fato não conhecido ou não provado por ocasião do lançamento anterior; IX – quando se comprove que, no lançamento anterior, ocorreu fraude ou falta funcional da autoridade que o efetuou, ou omissão, pela mesma autoridade, de ato ou formalidade especial. Parágrafo único. A revisão do lançamento só pode ser iniciada enquanto não extinto o direito da Fazenda Pública.

3. PROCESSO ADMINISTRATIVO TRIBUTÁRIO

O objetivo central do processo administrativo tributário compreende o resguardo dos contribuintes frente à Administração, garantindo-lhe voz ativa para questionar os atos das autoridades tributárias antes da constrição de seu patrimônio pelas vias executivas fiscais.

Além disso, como frisa Celso Antonio Bandeira de Mello, o processo administrativo, em geral, também tem a função de concorrer *para uma decisão mais bem informada, mais consequente, mais responsável, auxiliando, assim, a eleição da melhor solução para os interesses públicos em causa, pois a Administração não se faz de costas para os interessados, mas, pelo contrário, toma em conta aspectos relevantes por ele salientados e que, de outro modo, não seriam, talvez, sequer vislumbrados.*[12]

Inúmeros doutrinadores, em primorosos trabalhos, já se debruçaram sobre as mais diversas nuances do processo administrativo, inclusive sobre o processo administrativo na seara tributária, de maneira que não compreenderá o escopo deste trabalho ousar neste sentido, mas tão somente importar algumas ideias centrais a fim de introduzir o tema proposto.

A CF enraizou o processo administrativo entre os direitos e garantias fundamentais, outorgando aos administrados a faculdade de impugnar os atos administrativos com a garantia do pleno exercício do seu direito de petição, por intermédio do devido processo legal e ao amparo dos princípios do contraditório e de sua ampla defesa, como versam os incisos XXXIV e LV do artigo 5º:

> *Art. 5º Todos são iguais perante a lei, sem distinção de qualquer nature-za, garantindo-se aos brasileiros e aos estrangeiros residentes no País a inviolabilidade do direito à vida, à liberdade, à igualdade, à segurança e à propriedade, nos termos seguintes:*
>
> *XXXIV – são a todos assegurados, independentemente do pagamento de taxas:*

---

[12] *Curso de Direito Administrativo*. 17ª ed. São Paulo: Malheiros, p. 457.

REFLEXÃO CONSTITUCIONAL SOBRE A VINCULAÇÃO DO CARF...

a) o direito de petição aos Poderes Públicos em defesa de direitos ou contra ilegalidade ou abuso de poder;

LV – aos litigantes, em processo judicial ou administrativo, e aos acusados em geral são assegurados o contraditório e ampla defesa, com os meios e recursos a ela inerentes;

Além destes, outros princípios explícitos e implícitos no Texto Constitucional são inerentes ao processo administrativo tributário, tais como: da busca da verdade material, da ampla instrução probatória, do duplo grau de cognição, do julgador competente, da ampla competência decisória e da economia processual.

Nada obstante, importa destacar que os princípios que orientam toda a atividade da Administração Pública também devem ser levados em consideração pelas instâncias julgadoras de caráter administrativo.

Com efeito, o presente trabalho tem como objeto a análise específica de um dispositivo da Portaria MF n. 343/15, Regimento Interno do CARF (RICARF), de maneira que nos limitaremos a avaliar a competência e a organização dos órgãos administrativos nomeados para processar e julgar os processos administrativos na esfera Federal, na alçada do CARF. Senão vejamos.

4. DA ORGANIZAÇÃO E DA COMPETÊNCIA DO CARF

Como dito, a essência do processo administrativo tributário está registrada na Constituição Federal, porém, coube à legislação infralegal lapidar o seu conteúdo. A Lei n. 9.784/99 regula o processo administrativo no âmbito da Administração Pública Federal e traz nos artigos 56 a 65 os fundamentos do recurso administrativo, notadamente em relação à sua interposição, às suas regras de tramitação e aos efeitos da decisão em sede recursal.

Neste diapasão, em vigor desde 1972 e recepcionado pela Carta Magna de 1988, o Decreto n. 70.235/72 dispõe especificamente sobre o Processo Administrativo Fiscal, tendo sofrido profundas modificações desde a sua publicação, das quais, se destacam aquelas inseridas pela Medida Provisória n. 449/08, convertida na Lei n. 11.491/09.

O referido Decreto trata especificamente do processo administrativo de determinação e exigência dos créditos tributários da União, certificando, nos artigos 24 a 26-A, que a competência para julgar os processos de exigência dos tributos ou contribuições administrados pela Secretaria da Receita Federal do Brasil é das Delegacias da Receita Federal de Julgamento, em primeira instância, e do CARF em segunda instância.

O CARF é o órgão colegiado, paritário, integrante da estrutura do Ministério da Fazenda e tem como atribuição julgar recursos de ofício e voluntários de decisão de primeira instância, bem como os recursos de natureza especial, observadas as disposições de seu Regimento Interno.

É de elementar importância ressaltar que a composição do CARF é formada por conselheiros, designados pelo Ministro de Estado da Fazenda, dos quais a metade representa a Fazenda Nacional e a outra metade representa os contribuintes, sendo os últimos indicados pelas confederações representativas de categorias econômicas de nível nacional e pelas centrais sindicais.[13]

Esse ponto merece especial destaque, pois, em linha com os dizeres de Celso Antonio Bandeira de Mello transcritos acima, a composição híbrida do Conselho estimula a essência do exercício dialético, aprofundando as discussões técnicas e proporcionando decisões mais assertivas, sobretudo em matéria tributária que invariavelmente guarda complexidade ímpar.

Coube ao Anexo II do RICARF abordar com detalhes a competência material, a estrutura e o funcionamento dos órgãos colegiados, de maneira que o Capítulo II do Título II tratou especificamente do julgamento dos recursos pelo Conselho.

Com efeito, o artigo 62 do Anexo II do RICARF impõe algumas limitações ao exercício de sua competência dos conselheiros, principalmente para vedar o afastamento de qualquer norma jurídica sob o fundamento de inconstitucionalidade, exceto se esta já tiver sido

---

[13] Decreto n. 6.764/09, Anexo I, Artigo 32, parágrafo único.

REFLEXÃO CONSTITUCIONAL SOBRE A VINCULAÇÃO DO CARF...

declarada por decisão plenária definitiva do STF ou, ainda, em outros casos específicos que relaciona.

Ocorre que o §2º do mesmo artigo, ao alargar ainda mais as limitações da competência dos conselheiros, determinou, expressamente, que os Conselheiros reproduzam as decisões definitivas de mérito proferidas pelos Tribunais Superiores (STJ e STF) em julgamentos pelas sistemáticas dos recursos representativos de controvérsias, recursos repetitivos ou de repercussão geral.

Previamente à análise do conteúdo jurídico do artigo 62, §2º do Anexo II do RICARF, abordaremos de forma breve a estrutura delineada pela CF e regulada pela legislação ordinária acerca dos recursos representativos de controvérsias e, principalmente, os seus efeitos.

5. DAS SISTEMÁTICAS DOS RECUROS REPRESENTATIVOS DE CONTROVÉRSIA (REPERCUSSÃO GERAL E RECURSOS REPETITIVOS)

A Emenda Constitucional n. 45/2004 introduziu severas alterações no sistema judiciário brasileiro a fim de dinamizar e desafogar a atividade dos Tribunais em todas as suas instâncias, criando ferramentas que além de reduzir o volume dos processos admissíveis à análise e decisão dos Ministros do STF, determinam que as decisões do Pretório Excelso, proferidas em casos excepcionais, tenham efeito vinculante.

Neste contexto, o inciso III do artigo 102 da Carta Magna foi alterado para incluir o §2º, determinando que as decisões definitivas de mérito, proferidas pelo STF nas Ações Diretas de Inconstitucionalidade (ADI) e nas Ações Declaratórias de Constitucionalidade (ADC) produzirão eficácia *erga omnes* e efeito vinculante, relativamente aos demais órgãos do Poder Judiciário e à Administração Pública, direta e indireta, nas esferas Federal, Estadual e Municipal.

Ademais, também foi inserido o §3º do mesmo dispositivo que limitou o conhecimento do recurso extraordinário, aos casos em que o recorrente demonstrar a repercussão geral das questões constitucionais discutidas no caso, nos termos da lei.

293

Como se não bastasse, a Emenda Constitucional n. 45, ao incluir o artigo 103-A, criou a figura da Súmula Vinculante, a qual poderá ser aprovada pelo STF, de ofício ou por provocação, mediante decisão de dois terços dos seus membros, após reiteradas decisões sobre matéria constitucional, e que possui efeito vinculante em relação aos demais órgãos do Poder Judiciário e à administração pública direta e indireta, nas esferas federal, estadual e municipal, bem como proceder à sua revisão ou cancelamento, na forma estabelecida em lei.

Conforme dispõe o §1º do mesmo artigo, o objetivo da Súmula Vinculante é a validade, a interpretação e a eficácia de normas determinadas, acerca das quais haja controvérsia atual entre órgãos judiciários ou entre esses e a administração pública que acarrete grave insegurança jurídica e relevante multiplicação de processos sobre questão idêntica.

Inclusive, para a hipótese de superveniência de ato administrativo ou decisão judicial contrariando a Súmula Vinculante, criou-se o instituto da reclamação diretamente ao STF, que poderá anular o ato administrativo ou cassar a decisão judicial reclamada.

Ante as profundas alterações descritas acima, o legislador ordinário, por meio da Lei n. 11.418/06, tratou de regulamentar o §3º do artigo 102 do Texto Constitucional, acrescentando os artigos 543-A e 543-B à Lei n. 5.849/73, antigo Código de Processo Civil (Antigo CPC). Neste diapasão, para se entender pela existência de repercussão geral da questão constitucional suscitada no recurso extraordinário, tornou-se mandatória a existência de questões relevantes do ponto de vista econômico, político, social ou jurídico que ultrapassem os interesses subjetivos da causa atinente ao recorrente.

Reconhecida a repercussão geral da matéria suscitada no recurso extraordinário, cabe aos Tribunais de origem sobrestar os demais recursos representativos de controvérsia até que o STF se pronuncie definitivamente sobre o assunto.

Assim, após a decisão com julgamento do mérito no recurso extraordinário com repercussão geral reconhecida, os demais recursos

REFLEXÃO CONSTITUCIONAL SOBRE A VINCULAÇÃO DO CARF...

sobrestados serão apreciados pelos Tribunais de origem a fim de declará-los prejudicados, se a tese recursal for contrária à decisão do STF ou retratar-se, caso a decisão do STF seja favorável à tese recursal.

Note-se que tanto os dispositivos inseridos pela Emenda Constitucional quanto os dos CPCs, antigo ou novo, acerca da repercussão geral tratam exclusivamente da tramitação dos processos perante o Poder Judiciário, sem a qualquer tempo determinar a vinculação dos entes da Administração Pública, direta ou indireta.

Por sua vez, a Lei n. 11.672/08 acrescentou o artigo 543-C ao Antigo CPC instituindo a sistemática de julgamento coletivo dos recursos especiais fundamentados em idêntica matéria de direito na seara do STJ, conhecida como recursos repetitivos, cujo conteúdo, similarmente ao que ocorre na repercussão geral, até o julgamento dos recursos representativos da controvérsia, os demais recursos especiais ficam suspensos até o pronunciamento definitivo do STJ. E, após, sobrevindo a aguardada decisão, os recursos especiais sobrestados na origem terão seguimento denegado na hipótese de o acórdão recorrido coincidir com a orientação do STJ ou serão novamente examinados pelo tribunal de origem se dela divergir.

Também nesta hipótese, a Lei ordinária, como deveria ser, se absteve de fazer qualquer menção sobre a vinculação das decisões no âmbito da Administração Pública em obediência à decisão do STJ em recurso representativo de controvérsia.

Atualmente, a matéria encontra-se regulamentada pelos artigos 1.036 a 1.041 da Lei n. 13.105 de 2015 o Novo Código de Processo Civil (Novo CPC) em vigor, que consolidou a matéria sobre o julgamento coletivo dos recursos extraordinário ou especial singularmente chamados de repetitivos, no âmbito do STF e do STJ, respectivamente.

Sendo assim, nos causa espécie o teor do §2° do artigo 62 do Anexo II do RICARF que não faculta, mas obriga, os seus conselheiros do CARF a seguir as decisões do STF e do STJ proferidas nas sistemáticas dos recursos representativos de controvérsias, artigos 1.036 a 1.041 do Novo CPC, de maneira a tornar essencial uma profunda reflexão acerca

295

daquele dispositivo à luz da Constituição Federal e dos princípios que orientam o processo administrativo tributário, sobretudo ante o princípio da tripartição dos Poderes e a garantia constitucional dos contribuintes ao devido processo legal.

6. REFLEXÃO CONSTITUCIONAL SOBRE O §2º DO ARTIGO 62 DO ANEXO II DO RICARF

Conforme mencionado, o §2º do artigo 62 do Anexo II do RICARF estabeleceu uma severa limitação ao livre exercício da competência dos conselheiros do CARF, obrigando-os a reproduzir as decisões definitivas de mérito proferidas pelo STJ e pelo STF pelas sistemáticas dos recursos repetitivos.

De plano, cumpre reproduzir o aludido dispositivo que motivou este trabalho:

> *Art. 62. Fica vedado aos membros das turmas de julgamento do CARF afastar a aplicação ou deixar de observar tratado, acordo internacional, lei ou decreto, sob fundamento de inconstitucionalidade.*
>
> *§ 1º O disposto no caput não se aplica aos casos de tratado, acordo internacional, lei ou ato normativo:*
>
> *I – que já tenha sido declarado inconstitucional por decisão definitiva plenária do Supremo Tribunal Federal; (Redação dada pela Portaria MF n. 39, de 2016).*
>
> *II – que fundamente crédito tributário objeto de:*
>
> *a) Súmula Vinculante do Supremo Tribunal Federal, nos termos do art. 103-A da Constituição Federal;*
>
> *b) Decisão definitiva do Supremo Tribunal Federal ou do Superior Tribunal de Justiça, em sede de julgamento realizado nos termos dos arts. 543-B e 543-C da Lei n. 5.869, de 1973, ou dos arts. 1.036 a 1.041 da Lei n. 13.105, de 2015 – Código de Processo Civil, na forma disciplinada pela Administração Tributária; (Redação dada pela Portaria MF n. 152, de 2016);*
>
> *c) Dispensa legal de constituição ou Ato Declaratório da Procuradoria-Geral da Fazenda Nacional (PGFN) aprovado pelo Ministro de Esta-*

REFLEXÃO CONSTITUCIONAL SOBRE A VINCULAÇÃO DO CARF...

do da Fazenda, nos termos dos arts. 18 e 19 da Lei n. 10.522, de 19 de julho de 2002;

d) Parecer do Advogado-Geral da União aprovado pelo Presidente da República, nos termos dos arts. 40 e 41 da Lei Complementar n. 73, de 10 de fevereiro de 1993; e

e) Súmula da Advocacia-Geral da União, nos termos do art. 43 da Lei Complementar n. 73, de 1993. (Redação dada pela Portaria MF n. 39, de 2016)

§ 2º As decisões definitivas de mérito, proferidas pelo Supremo Tribunal Federal e pelo Superior Tribunal de Justiça em matéria infraconstitucional, na sistemática dos arts. 543-B e 543-C da Lei n. 5.869, de 1973, ou dos arts. 1.036 a 1.041 da Lei n. 13.105, de 2015 – Código de Processo Civil, deverão ser reproduzidas pelos conselheiros no julgamento dos recursos no âmbito do CARF. (Redação dada pela Portaria MF n. 152, de 2016) (destacado)

Primeiramente, é da mais significativa importância observar que esta auto vinculação obrigatória estabelecida pelo RICARF em relação aos entendimentos das altas Cortes do Poder Judiciário contraria a essência da separação dos Poderes preconizada como Princípio Fundamental da República Federativa do Brasil, consoante artigo 2º da Constituição Federal:

Art. 2º São Poderes da União, independentes e harmônicos entre si, o Legislativo, o Executivo e o Judiciário.

Embora a Carta Magna tenha estipulado harmonia entre os Poderes, a relação de independência é basilar. Consideramos muito importante que os julgadores administrativos considerem o conteúdo jurídico das decisões judiciais, e vice-versa, a fim de formar os seus convencimentos, contudo, na medida em que a incorporação do entendimento judicial passa a ser mandatória no âmbito administrativo, a relação de independência e autonomia decisória está completamente mitigada.

Sobre a separação constitucional dos Poderes, nos valemos novamente dos ensinamentos de Luiz Alberto David Araujo e Vidal Serrano Nunes Junior, que verberam nos seguintes termos:

297

A independência e a harmonia entre os Poderes do Estado indicam, como princípio, que cada um deles projeta uma esfera própria de atuação, cuja demarcação tem por fonte a própria norma constitucional.[14]

O CARF, como demonstrado, é um órgão pertencente à organização da Administração Pública do Poder Executivo, de maneira que não há qualquer vinculação obrigatória dos seus entendimentos às decisões judiciais à exceção das hipóteses, limitadas e excepcionais, que a Constituição Federal estabelece, quais sejam: as decisões em ADI ou ADC e as Súmulas Vinculantes.

Não caberia nem à Lei ordinária e muito menos ao ato administrativo infralegal estabelecer uma hipótese de vinculação obrigatória e imediata. De tal modo, cabe à Portaria do Ministério da Fazenda somente delinear a estrutura organizacional e procedimental do CARF, sem se atrever a alargar ou restringir a competência decisória dos seus membros.

Portanto, por força do princípio constitucional fundamental da separação entre os Poderes e considerando que o RICARF, obviamente, não se enquadra entre as ferramentas eleitas pela Constituição Federal a fim de criar qualquer espécie de vinculação mandatória entre as decisões do Poder Judiciário em face do Poder Executivo, podemos decretar a inconstitucionalidade do artigo 62, §2º do Anexo II do RICARF.

Como se não bastassem as violações aos princípios da separação dos Poderes e a inconstitucionalidade da forma utilizada a fim de instituir uma vinculação entre os Poderes, em homenagem ao exercício acadêmico, avançaremos na análise do referido dispositivo para demonstrar que também a garantia constitucional do contribuinte ao devido processo legal administrativo poderá ser violada com a adoção desta sistemática de forma automática.

Admitimos que, em uma análise preliminar e absolutamente superficial, é possível encontrar elementos positivos nesta normativa,

---

[14] *Curso de Direito Constitucional.* São Paulo: Saraiva, 2009, p. 103.

REFLEXÃO CONSTITUCIONAL SOBRE A VINCULAÇÃO DO CARF...

tendo em vista que a reprodução das decisões de mérito proferidas pelo STJ e STF pelos conselheiros do CARF proporcionaria eficiência e economia processual, podendo reduzir significativamente o volume de processos submetidos à análise do Conselho.

Ademais, tal ideia poderia, em tese, conferir segurança jurídica aos contribuintes nos casos em que a matéria de direito apreciada pelas decisões judiciais seja favorável às suas pretensões.

Nesse sentido, exemplificativamente, com fundamento no artigo 62, §2º do Anexo II do RICARF, o Conselho já vem reproduzindo em diversos julgados o entendimento manifestado pelo STF e pelo STJ no julgamento sobre a contagem do prazo para o contribuinte pleitear restituição ou compensação de tributos sujeitos a lançamento por homologação, adotando a tese dos contribuintes de antes da vigência da Lei Complementar n. 118 o prazo é de 5 (cinco) anos, previsto no artigo 150, §4º do CTN, somado ao de 5 (cinco) anos previsto no artigo 168, I do mesmo Código.[15]

Com efeito, entendemos que a aplicação imediata e irrestrita desta medida pode ser válida exclusivamente nos casos em que as decisões do STF e do STJ sejam favoráveis às questões de direito defendidas pelos contribuintes, tendo em vista que, por economia processual, não há razão para o litígio perdurar até a última instância administrativa sendo que numa eventual provocação ao Poder Judiciário a tese já pacificada seria confirmada e a eventual decisão administrativa contrária seria prontamente invalidada.

Entretanto, merece muito maior cautela os casos em que a matéria de direito das decisões do STF ou do STJ, em repercussão geral ou recursos repetitivos, forem contrárias às teses recursais defendidas pelos contribuintes, pois a aplicação imediata e do artigo 62, §2º do Anexo II do RICARF poderá mitigar a sua garantia constitucional ao processo administrativo.

---

[15] Acórdão 9900-000.508, Pleno da Câmara Superior de Recursos Fiscais, 21/03/2013, com fundamento nos julgamentos do Recurso Extraordinário 566.621 pelo STF e do Recurso Especial 1.002.932 pelo STJ.

Senão, vejamos.

Atualmente os Tribunais Superiores, na maioria dos casos, restringem suas análises e formam seus julgamentos somente com base em razões de direito propriamente ditas, sob os prismas da constitucionalidade e da legalidade. Inclusive, reiterando o entendimento já consolidado de que não lhes compete o reexame das provas do caso concreto, a exemplo da Súmula 7 do STJ.[16]

Em direção diametralmente oposta, os julgamentos administrativos, baseados na busca da verdade material, devem se ater severamente aos detalhes das provas colacionadas aos autos do processo, de modo que os conselheiros devem aplicar as normas jurídicas com base no sólido contexto fático-probatório.

Adicionalmente, considerando que a composição do colegiado do CARF conta com representantes fazendários e dos contribuintes, com competência especializada por matéria e que o processo administrativo recebe um exercício dialético jurídico muito mais intenso até a sua decisão final, é absolutamente natural que as Turmas e as Câmaras do CARF mantenham entendimento diverso daquele manifestado pelo Poder Judiciário em diversas situações.

Nestes casos, tendo em vista que o processo administrativo tributário tem o condão de provocar a reanálise dos atos administrativos pela própria Administração, sobrevindo uma decisão favorável ao contribuinte, o lançamento tributário lavrado pela Autoridade Tributária poderá ser anulado, sem que o caso concreto sequer possa chegar a ser examinado pelos Tribunais Judiciais.

Isto posto, considerando que uma decisão de mérito definitiva do CARF anule ou reforme o lançamento tributário lavrado pela representação fazendária, consideramos que a tentativa de uma eventual provocação ao Poder Judiciário, pela própria representação fazendária, para rever a decisão administrativa careceria de interesse processual, condição essencial da ação.

---

[16] STJ, Súmula 7. A pretensão de simples reexame de prova não enseja recurso especial.

REFLEXÃO CONSTITUCIONAL SOBRE A VINCULAÇÃO DO CARF...

Novamente destacamos que o julgador administrativo deve, sim, levar em consideração os entendimentos dos Tribunais Superiores sobre a aplicação das normas, porém em caráter indicativo, não obrigatório.

Ante o exposto, consideramos que a aplicação obrigatória, imediata e irrestrita, do disposto no artigo 62, §2º do Anexo II do RICARF poderá violar também a garantia fundamental do contribuinte ao devido processo legal administrativo, posto que a oportunidade do contribuinte apresentar suas razões de direito a fim de demonstrar que o entendimento adotado pela fiscalização naquele caso concreto é equivocado será mitigada, o que implicaria em evidente violação ao princípio do devido processo legal.

Como destaque final, é cediço que para a aplicação das normas jurídicas pelos órgãos julgadores o exercício interpretativo necessário à formação de seu convencimento motivado deve passar por um verdadeiro balanceamento sobre os princípios constitucionais.

Desta forma, não se questiona a importância dos princípios da eficiência e da segurança jurídica, com a ressalva de desde que o preço de sua aplicação não seja a subversão da própria organização do Estado Democrático de Direito, representada pela tripartição dos Poderes, bem como da violação de direitos e garantias fundamentais, em especial, o devido processo legal administrativo.

CONCLUSÕES

Em conclusão, com fulcro nos argumentos aqui apresentados, entendemos ser mandatória a reflexão do conteúdo do artigo 62, §2º do Anexo II do RICARF à luz da Constituição Federal, vez que a submissão obrigatória, imediata e irrestrita, das decisões do CARF às decisões do STF ou do STJ nas sistemáticas dos artigos 1.036 a 1.041 do Novo CPC afronta diretamente o princípio fundamental da tripartição e independência dos Poderes, bem como poderá mitigar a garantia do contribuinte ao devido processo legal administrativo.

RENAN CIRINO ALVES FERREIRA

REFERÊNCIAS BIBLIOGRÁFICAS

ARAUJO, Guilherme Peloso. *Contribuições*: análise constitucional à luz do princípio federativo. (2014) Tese (Mestrado) apresentada à Faculdade de Direito, Pontifícia Universidade Católica de São Paulo, São Paulo, 2014.

ARAUJO, Luiz Alberto David; NUNES Jr., Vidal Serrano. *Curso de Direito Constitucional*. São Paulo: Saraiva, 2009.

ATALIBA, Geraldo. *Hipótese de Incidência Tributária*. 6ª ed. São Paulo: Malheiros, 2008.

ÁVILA, Humberto. *Teoria dos princípios*: da definição à aplicação dos princípios jurídicos. 4ª ed. São Paulo: Malheiros, 2005.

BANDEIRA DE MELLO, Celso Antonio. *Curso de Direito Administrativo*. 26ª ed. São Paulo: Malheiros, 2009.

_____. *Conteúdo Jurídico do Princípio da Igualdade*. 3ª ed. 17ª tiragem. São Paulo: Malheiros, 2009.

_____. *Elementos de direito administrativo*. São Paulo: Revista dos Tribunais, 1980. BARRETO, Aires Fernandino; BARRETO, Paulo Ayres. *Imunidades Tributárias*: limitações Constitucionais ao Poder de Tributar. 2ª ed. São Paulo: Dialética, 2001.

BECKER, Alfredo Augusto. *Teoria Geral do Direito Tributário*. 3ª ed. São Paulo: Lejus, 2002.

BOTALLO, Eduardo Domingos. *Capacidade Contributiva*. Cadernos de Direito Tributário. RDT 47/234.

_____. *Processo Administrativo Tributário*. São Paulo: Dialética, 2012.

BORGES, José Souto Maior. *Lançamento Tributário*. 2ª ed. São Paulo: Malheiros, 1999.

CARRAZZA, Roque Antonio. *Curso de Direito Constitucional Tributário*. 24ª ed. São Paulo: Malheiros, 2008.

_____. *O sujeito ativo da obrigação tributária*. Imprenta: São Paulo, Resenha Tributária, 1977.

CARVALHO, Paulo de Barros. *Curso de Direito Tributário*. 19ª ed. São Paulo: Saraiva, 2007.

_____. *Direito Tributário*: linguagem e método. 3ª ed. São Paulo: Noeses, 2009.

302

REFLEXÃO CONSTITUCIONAL SOBRE A VINCULAÇÃO DO CARF...

CINTRA, Antonio Carlos de Araújo; GRINOVER, Ada Pellegrini; DINAMARCO, Cândido Rangel. *Teoria Geral do Processo*. 12ª ed. São Paulo: Malheiros, 1996.

COELHO, Sacha Calmon Navarro. *Comentários à Constituição de 1988:* sistema tributário. 2ª ed. Rio de Janeiro: Forense.

COSTA, Alcides Jorge. "Capacidade Contributiva". *Revista de Direito Tributário:* Cadernos de Direito Tributário. São Paulo, ano 15, n. 55, pp. 297-302, jan./mar, 1991.

COSTA, Regina Helena. *Princípio da Capacidade Contributiva*. 3ª ed. São Paulo: Malheiros, 2003.

_____. *Curso de Direito Tributário:* constituição e Código Tributário Nacional. São Paulo: Saraiva, 2009.

DI PIETRO, Maria Sylvia Zanella. *Direito Administrativo*. 22ª ed. São Paulo: Atlas, 2009.

FAGUNDES, Seabra. *O Controle dos Atos Administrativos pelo Poder Judiciário*. São Paulo: Saraiva, 1984.

MARTINS, Ives Gandra da Silva. "Lançamento Tributário: Procedimento Administrativo". *In*: ROCHA, Valdir de Oliveira (coord.). *Processo administrativo fiscal*. Volume 2. São Paulo: Dialética, 1997.

MACHADO, Hugo de Brito. *Curso de Direito Tributário*. 30ª ed. São Paulo: Malheiros, 2009.

MARINS, James. *Direito Processual Tributário Brasileiro (Administrativo e Judicial)*. 2ª ed. São Paulo: Dialética, 2002.

MEIRELLES, Hely Lopes. *Direito Administrativo Brasileiro*. 35ª ed. São Paulo: Malheiros, 2009.

MELO, Fabio Soares de. *Processo Administrativo Tributário:* princípios, vícios e efeitos jurídicos. São Paulo: Dialética, 2012.

NEDER, Marcos Vinícius. *Processo Administrativo Fiscal Federal Comentado*. 3ª ed. São Paulo: Dialética, 2010.

ROCHA, Valdir de Oliveira. (coord.). *Processo Administrativo Fiscal*. vol. 2. São Paulo: Dialética, 1997.

SILVA, José Afonso da. *Curso de Direito Constitucional Positivo*. 32ª ed. São Paulo: Malheiros, 2009.

TORRES, Ricardo Lobo. *Curso de Direito Financeiro e Tributário*. 16ª ed. São Paulo: Renovar, 2009.

VIANNA, Julcira M. M. *O Direito Tributário como Instrumento para a Preservação do Meio Ambiente*. (2008) Tese (Doutorado) apresentada à Faculdade de Direito, Pontifícia Universidade Católica de São Paulo, São Paulo, 2008.

WAMBIER, Luiz Rodrigues; TALAMINI, Eduardo. *Curso Avançado de Processo Civil*. 10ª ed. vol.1. São Paulo: Revista dos Tribunais, 2008.

XAVIER, Alberto. *Do lançamento*: teoria geral do ato, do procedimento e do processo tributário. 2ª ed. Rio de Janeiro: Editora Forense, 1998.

Informação bibliográfica deste texto, conforme a NBR 6023:2002 da Associação Brasileira de Normas Técnicas (ABNT):

ALVES FERREIRA, Renan Cirino. "Reflexão constitucional sobre a vinculação do CARF às decisões dos tribunais judiciais superiores em sede de recursos representativos de controvérsias". *In*: SOUZA, Luciano Anderson de; TUCUNDUVA SOBRINHO, Ruy Cardozo de Mello (Coord.). *Temas de Processo Administrativo*. São Paulo: Editora Contracorrente, 2017, pp. 281-304. ISBN. 978-85-69220-32-9.

ACORDOS DE LENIÊNCIA NO PROCESSO ADMINISTRATIVO BRASILEIRO: MODALIDADES, REGIME JURÍDICO E PROBLEMAS EMERGENTES

THIAGO MARRARA

SUMÁRIO: Introdução: a consensualização no processo sancionador. 1. Acordo de leniência: definição, conteúdo e características essenciais. 2. Comparativo das modalidades de leniência existentes no Brasil. 3. Leniência para infrações contra a ordem econômica. 4. Leniência para infrações de corrupção. 5. Leniência para infrações licitatórias. Conclusão. Referências bibliográficas.

INTRODUÇÃO: A CONSENSUALIZAÇÃO NO PROCESSO SANCIONADOR

Com elevada frequência, confunde-se consensualização com consenso ou com consensualidade. Misturam-se meios com fins, processos com resultados. A consensualização propriamente dita representa um fenômeno de construção teórico-normativa de canais jurídico-operacionais aptos a viabilizarem consenso no planejamento e na execução das funções administrativas. Esses canais assumem caráter orgânico (como a previsão de direito de voz e voto para alunos em colegiados de universidades públicas ou de representantes do povo em conselhos nacionais de políticas públicas), procedimental (como audiências realizadas no licenciamento ambiental) ou contratual (como os compromissos de cessação de prática infrativa e a própria leniência). Todos eles constituem meios para a busca do consenso nas relações entre Estado e Administração, nas relações entre entes públicos ou em relações entre órgãos de um mesmo ente. Como meios, sua existência por si só não garante consenso. É perfeitamente possível que eles estimulem até dissensos em certos casos. Por isso, consensualização, consenso e consensualidade jamais poderiam ser tomados como sinônimos. Consenso significa consentimento recíproco; consensualidade indica o grau, maior ou menor, de consenso na construção ou execução das políticas públicas. Os dois termos apontam para resultados. Consensualização, por sua vez, é movimento de transformação da Administração Pública e de seus processos administrativos em favor da edificação de consensos.[1]

Essa diferenciação se mostra relevante para compreender o tema em debate. A leniência nada mais é que um exemplar dos vários instrumentos da administração consensual na modalidade contratual. Mas não é só isso. Sua maior peculiaridade – e talvez fragilidade – reside em sua relação essencial com os processos repressivos de polícia administrativa. Juntamente com os acordos de cessação de prática infrativa, os acordos de leniência representam o ponto mais delicado do movimento de consensualização e de horizontalização da Administração Pública, na medida em que se inserem em uma atividade tradicionalmente verticalizada, em que o Estado costuma agir de modo unilateral, monológico e pouco cooperativo diante do cidadão.

Há certas décadas seria impensável imaginar que uma autoridade pública dialogaria com um infrator confesso, responsável por desvios bilionários de recursos financeiros ou infrações econômicas com altíssimo

---

[1] Em mais detalhes sobre o movimento de consensualização e também de processualização e contratualização, *Cf.* MARRARA, Thiago (coord.). *Direito administrativo: transformações e tendências*. São Paulo: Almedina, 2014, em geral.

ACORDOS DE LENIÊNCIA NO PROCESSO ADMINISTRATIVO...

impacto lesivo a interesses públicos primários. Perante o suspeito, à Administração tradicional se abria um único caminho: inaugurar os devidos processos acusatórios e esforçar-se para levantar provas a fim de punir os reais infratores.

Ocorre que as infrações ficaram complexas, grandiosas, enormemente reticularizadas, virtualizadas e elaboradas. Além disso, como lembra Fábio Medina Osório, as atividades instrutórias se tornaram mais difíceis por força do respeito obrigatório ao princípio da presunção de inocência e da vedação de se obrigar alguém a produzir provas contra si mesmo.[2] Tanto pela complexidade das infrações em si, quanto pelas essenciais garantias processuais que foram asseguradas ao cidadão ao longo das décadas, os custos operacionais das tarefas processuais do Estado aumentaram e, por reflexo, a improbabilidade de sucesso nos processos administrativos acusatórios se elevou tremendamente.

Em face da nova realidade, muitos Estados se viram jogados frente a um dilema: negociar e punir com base em processos administrativos fortemente instruídos ou não negociar e aceitar um crescimento da impunidade resultante da fraqueza probatória de processos acusatórios baseados em técnicas tradicionais de instrução. Vários desses Estados,[3] inclusive o Brasil, optaram pela via utilitarista: aceitaram negociar com um infrator com o objetivo de enriquecer o processo e lograr punir outros infratores! Diga-se bem: negociar não para beneficiar gratuitamente, não para dispor dos interesses públicos que lhe cabe zelar, não para se omitir na execução das funções públicas. Negociar sim, mas com o intuito de obter suporte à execução bem sucedida de processos acusatórios e atingir um grau satisfatório de repressão de práticas ilícitas altamente nocivas que sequer se descobririam pelos meios persecutórios e fiscalizatórios clássicos.

---

[2] *Direito administrativo sancionador.* 2ª ed. São Paulo: Revista dos Tribunais, 2005, pp. 502/503.

[3] Um panorama do direito estrangeiro é traçado por ALBRECHT, Stephan. *Die Anwendung von Kronzeugenregelungen bei der Bekämpfung internationaler Kartelle.* Baden-Baden: Nomos, 2008, p. 257 e seguintes.

THIAGO MARRARA

Está aí o fundamento tanto do acordo de leniência, quanto da popular delação premiada empregada no direito penal. Ambos os institutos não são senão medidas de um (aparentemente paradoxal) acordo entre infrator e acusador no processo administrativo! Por meio dele, ao infrator se concedem benefícios sancionatórios e, em certos casos, até imunidade em relação a determinadas sanções. Não por outra razão, esses acordos levantam dúvidas teóricas à luz do princípio da indisponibilidade dos interesses públicos primários, da isonomia e até mesmo da legitimidade.

Seria por demasia pretensioso, em um mero artigo, visar examinar os acordos sob o arcabouço valorativo que guia a Administração Pública e o Estado brasileiro. Por conseguinte, parte-se aqui da premissa geral de que a consensualização do poder sancionatório em si não viola qualquer princípio constitucional, sobretudo o da indisponibilidade dos interesses públicos primários. Com base nesse entendimento, buscar-se-á nas linhas seguintes tão somente apresentar o instituto do acordo de leniência e suas funções em mais detalhes, construir um comparativo das três modalidades identificadas no direito positivo brasileiro até o momento, apontando-se seus principais elementos processuais e materiais e, enfim, tecer alguns comentários pontuais sobre cada um deles. Ao longo desse exame, pretende-se destacar os problemas e as deficiências da legislação brasileira e demonstrar como a legislação mais recente, em vez de aprimorar os modelos de leniência, acabou por piorá-los.

1. ACORDO DE LENIÊNCIA: DEFINIÇÃO, CONTEÚDO E CARACTERÍSTICAS ESSENCIAIS

Leniência indica brandura ou suavidade.[4] No processo administrativo sancionador, o chamado "acordo de leniência" designa um ajuste entre certo ente estatal e um infrator confesso pelo qual o primeiro recebe a colaboração probatória do segundo em troca da suavização da punição

---

[4] SOBRAL, Ibrahim Acácio Espírito. "O acordo de leniência: avanço ou precipitação?". *R-IBRAC*, vol. 8, n. 2, 2001, p. 133.

ACORDOS DE LENIÊNCIA NO PROCESSO ADMINISTRATIVO...

ou mesmo da sua extinção. Trata-se de instrumento negocial com obrigações recíprocas entre uma entidade pública e um particular, o qual assume os riscos e as contas de confessar uma infração e colaborar com o Estado no exercício de suas funções repressivas. Para Gesner de Oliveira e João Grandino Rodas, a leniência envolve uma efetiva transação entre "o Estado e o delator, que em troca de informações viabilizadoras da instauração, da celeridade e da melhor fundamentação do processo, possibilita um abrandamento ou extinção da sanção em que este incorreria, em virtude de haver também participado na conduta ilegal denunciada".[5]

Em algumas áreas, como no direito concorrencial, costuma-se apontar o particular que celebra o acordo como "leniente". A terminologia em questão mostra-se claramente inadequada. Na prática, o papel de leniente é exercido pela entidade pública. É ela que age com brandura no exercício de seu poder punitivo perante o infrator colaborador. Leniente é o Estado e apenas ele. O particular deve ser chamado de colaborador ou de beneficiário da leniência.

Em outros sistemas jurídicos, acordos ou programas análogos são também designados como sistema de bônus, de anistia ou da "testemunha da coroa".[6] Esta última expressão, empregada no direito alemão, "simboliza a cena do infrator que confessava a prática, delatava os coautores e permanecia ao lado do trono em contraposição aos demais acusados pelo monarca. Seja qual for a terminologia preferida, a ideia central é única e consiste na colaboração que o infrator oferece ao Estado no desejo de obter o benefício da exclusão da punibilidade ou a redução da sanção".[7]

---

[5] OLIVEIRA, Gesner; RODAS, João Grandino. *Direito e economia da concorrência*. Rio de Janeiro: Renovar, 2004, p. 253. Na mesma linha, DI PIETRO, Maria Sylvia Zanella. *Direito administrativo*. 28ª ed. São Paulo: Atlas, 2015.

6 ZIMMERLI, Daniel. *Zur Dogmatik des Sanktionssystems und der "Bonusregelung" im Kartelrecht*. Berna: Stämpli, 2007, p. 443 e seguintes e ALBRECHT, Stephan. *Die Anwendung von Kronzeugenregelungen bei der Bekämpfung internationaler Kartelle*. Baden-Baden: Nomos, 2008, p. 237.

[7] MARRARA, Thiago. *Sistema Brasileiro de Defesa da Concorrência*. São Paulo: Atlas, 2015, capítulo 06.

THIAGO MARRARA

A despeito dos problemas terminológicos verificados no Brasil, das nuances dos sistemas estrangeiros e das peculiaridades das diversas espécies de acordo que serão apresentadas neste artigo, a leniência apresenta algumas características essenciais, quais sejam:

1) Trata-se de *acordo administrativo integrativo*,[8] ou seja, de ajuste que se acopla a processo administrativo com a finalidade de facilitar sua instrução. É verdade que a leniência pode ser firmada antes da abertura do processo. Daí ser possível diferenciar a leniência concomitante da prévia, cujos efeitos podem ou não ser distintos conforme a legislação aplicável. Sem prejuízo, a natureza integrativa persiste, pois decorre da relação essencial do ajuste com o processo. Sem o processo sancionador, não há sentido ou fundamento para cooperação.

2) A leniência *não exclui a ação unilateral* do Estado. Como o acordo serve para que a autoridade pública obtenha provas que facilitem a instrução e a punição, é normal que o acordo conviva com o processo e com um ato administrativo final de natureza punitiva ou absolutória. Essa observação é relevante para evitar qualquer impressão de que os modelos de administração consensual e contratual venham a sepultar o estilo de administração unilateral. Qualquer impressão nesse sentido é falsa. Técnicas de administração consensual e unilateral podem conviver e a leniência comprova essa afirmação, na medida em que o acordo subsidia a formação de um ato administrativo final no processo punitivo.

3) Para o beneficiário ou colaborador, a leniência *gera a obrigação de cooperar* com a investigação e com a instrução do processo acusatório por sua conta e risco. O colaborador assume o risco de ser acusado por terceiro e até por outras entidades públicas com base em tipos de responsabilização não cobertos pela

---

[8] Sobre a diferença, proveniente do direito processual administrativa italiano, entre acordos integrativos e acordos substitutivos, *Cf.* MENEZES DE ALMEIDA, Fernando. *Contrato administrativo*. São Paulo: Quartier Latin, 2012, p. 300.

ACORDOS DE LENIÊNCIA NO PROCESSO ADMINISTRATIVO...

leniência. Ademais, arca com os custos financeiros de praticar os atos de cooperação com o Estado. A depender da lei, é preciso que o particular ainda se obrigue a suspender a prática infrativa de imediato. Todas essas obrigações se compensam por benefícios na redução das sanções ou mesmo na sua extinção. Os benefícios ora se restringem às sanções do processo administrativo, ora se estendem, por força de lei, para outras esferas, como a penal – efeito que gera inúmeros questionamentos, sobretudo pelo fato de que a decisão da autoridade administrativa ocasionará efeitos limitativos para o Ministério Público e o Judiciário. A despeito da abrangência, é importante que a lei defina o benefício mínimo e máximo pelo cumprimento do acordo, mas nem sempre isso ocorre no direito brasileiro, o que gera alta imprevisibilidade para os colaboradores.

4) Para o Estado, a leniência implica *a obrigação de reduzir as sanções* que seriam aplicadas ao infrator confesso caso houvesse cooperação. No processo acusatório, o Estado tem o dever de mensurar as sanções para então conceder os benefícios de redução ou extinção esperados em razão do cumprimento do acordo. Em certos casos, a legislação prevê a regra da menor pena, pela qual a sanção final do leniente em nenhuma hipótese poderá superar a sanção imposta a outros infratores não beneficiados pelo acordo. O cumprimento dessas obrigações pelo Estado supõe que se julgue positivamente a cooperação prestada pelo particular. Sem que veja satisfeito seu direito à obtenção de provas e à cooperação necessária para que o processo acusatório atinja um resultado útil, o Estado não deve conceder qualquer benefício. É discutível, todavia, se o resultado útil necessariamente terá que representar uma decisão administrativa condenatória. Defendo que a obrigação do colaborador é de meio e não de resultado. Isso significa que não importa o resultado do processo administrativo para que obtenha os benefícios da leniência. Importa, sim, seu comprometimento efetivo com a colaboração processual. Embora pareça desimportante, essa discussão é fundamental, porque os

documentos obtidos pela leniência em um processo administrativo frustrado podem ser empregados em outros processos e também pelo fato de que algumas leniências não deflagram efeitos apenas no campo administrativo.[9]

2. COMPARATIVO DAS MODALIDADES DE LENIÊNCIA EXISTENTES NO BRASIL

O reconhecimento das características teóricas gerais dos acordos de leniência se mostra insuficiente para revelar toda a complexidade prática desses ajustes que se acoplam aos processos administrativos sancionatórios. No Brasil, a primeira modalidade de leniência foi criada em 2000 (Lei n. 10.149) e até o momento existem três modalidades, cujos regimes jurídicos diferem de modo significativo, sobretudo no tocante aos efeitos para o infrator colaborador. Antes de se comentar cada uma delas, apresentam-se dois quadros comparativos e sintéticos dos principais elementos processuais e materiais de cada acordo, o que permite visualizar como e em que medida os regimes de cooperação entre Estado e infrator variam no ordenamento jurídico pátrio.

O quadro I resume aspectos referentes: 1) à entidade administrativa competente para a celebração do acordo; 2) à existência de vedação de leniência múltipla que, de modo geral, é indicada pela presença da regra "first come, first serve" em certas leis, ou seja, pela determinação de que a Administração Pública somente celebre a leniência com o primeiro infrator a se qualificar para colaborar no processo sancionatório, restando proibidas leniências com outros coautores da conduta ilícita; 3) à necessidade ou não de obrigatoriedade de confissão da prática ilícita pelo infrator interessado em colaborar; 4) à previsão legal de sigilo na negociação e execução do acordo; 5) à existência de leniência oral, técnica utilizada em alguns países para evitar o risco de que documentos entregues na negociação do acordo venham a ser empregados pelo Estado

---

[9] Para mais detalhes sobre os efeitos administrativos, penais, civis e internacionais do acordo de leniência, MARRARA, Thiago. *Sistema Brasileiro de Defesa da Concorrência.* São Paulo: Atlas, 2015, capítulo 06.

ACORDOS DE LENIÊNCIA NO PROCESSO ADMINISTRATIVO...

ou por terceiros para iniciar processos administrativos, civis ou penais na hipótese de frustração da negociação da leniência; 6) à necessidade de suspensão da prática infrativa pelo colaborador na leniência, técnica que gera questionamentos pelo fato de poder suscitar desconfianças dentro da rede de infratores, ocasionando a destruição ou a ocultação de provas; 7) aos efeitos da negociação frustrada, aspecto relevante na medida em que algumas leniências não se concretizam, mas os documentos e informações gerados na negociação podem cair na mão de terceiros ou serem empregados pelo próprio Estado para iniciar outras medidas punitivas ou reparatórias; e 8) às consequências do inadimplemento do acordo, sobretudo para o colaborador.

Em relação a todos esses aspectos, o quadro I considera exclusivamente as informações e previsões normativas contidas na Lei de criação de cada acordo, deixando de lado normas estabelecidas em Decretos regulamentadores e em outros atos normativos internos. Observe-se, ainda, que muitas células do quadro contém um ponto de interrogação, o qual designa a lacuna da lei em relação ao tópico tratado. Isso se dá particularmente quanto ao acordo de leniência para infrações licitatórias, modalidade consagrada na Lei Anticorrupção, mas sem a designação de um regime jurídico minimamente estruturado, lacuna essa que necessita ser oportunamente discutida para que o acordo se torne viável.

THIAGO MARRARA

QUADRO I. Comparação das leniências

	Lei n. 12.846 (16) ANTICORRUPÇÃO	Lei n. 12.529 CONCORRÊNCIA	Lei n. 12.846 (17) LICITAÇÕES
Entidade competente	Entidade administrativa lesada / CGU / MP	CADE	?
First come, first serve	SIM, APENAS PARA PESSOAS JURÍDICAS	SIM, APENAS PARA PESSOAS JURÍDICAS	?
Obrigatoriedade da confissão	SIM	SIM	SIM
Uso do sigilo	SIM	SIM	?
Leniência oral	NÃO PREVÊ	NÃO PREVÊ	NÃO PREVÊ
Necessidade de suspensão da prática	SIM	SIM	?
Efeitos da negociação frustrada	AFASTAMENTO DA CONFISSÃO	AFASTAMENTO DA CONFISSÃO	NÃO PREVÊ
Consequências do inadimplemento	VEDAÇÃO DE 3 ANOS	VEDAÇÃO DE 3 ANOS	?

Fonte: Elaboração própria.

No tocante aos aspectos apontados até o momento, o quadro I demonstra muito claramente que o acordo de leniência para infrações por atos de corrupção empresarial se baseou no acordo de leniência previsto na legislação de defesa da concorrência. Todos os aspectos são idênticos, com a diferença de que, na Lei Anticorrupção, o Ministério Público pode atuar de maneira subsidiária em relação à autoridade

ACORDOS DE LENIÊNCIA NO PROCESSO ADMINISTRATIVO...

administrativa, quando esta deixa de tomar as medidas de instauração do processo sancionador. Por conta dessa competência subsidiária, a legitimidade para celebração da leniência pode ser eventualmente transferida para o *parquet,* situação impossível de ocorrer no programa de leniência de defesa da concorrência. Ainda no que diz respeito à legitimidade ativa para celebração do acordo, a Lei Anticorrupção é mais abrangente, pois qualquer ente público está autorizado a aplicar suas sanções administrativas, diferentemente do que ocorre no sistema concorrencial, em que o CADE monopoliza o poder sancionatório na esfera administrativa. Fora isso, na Lei Anticorrupção se vislumbra a competência exclusiva de atuação da Controladoria Geral da União para celebrar leniências a respeito de práticas nacionais contra o Poder Executivo federal e práticas contra a Administração Pública estrangeira (art. 16, § 10).

Esses aspectos procedimentais não esgotam os elementos essenciais deste relevante acordo integrativo a processos administrativos sancionatórios. O quadro II traz elementos adicionais que mostram diferenças significativas entre as modalidades de leniência previstas no direito positivo brasileiro. Nesta segunda sistematização, são sumarizados: 1) as subespécies de leniência previstas em cada lei, separando-se a leniência prévia ao processo administrativo sancionador da leniência que lhe é concomitante, o que pode ter certos impactos em relação aos efeitos do ajuste para o colaborador; 2) a existência ou não de leniência *plus,* consistente em uma segunda leniência no mesmo processo administrativo acusatório, mas com base em uma infração diversa e desconhecida do Estado, o que gera para o infrator colaborador benefícios em dois processos administrativos com apenas um único acordo e mitiga a regra do "first come, first serve" aplicável às pessoas jurídicas; 3) os efeitos administrativos internos da leniência, isto é, os benefícios gerados no processo sancionatório no qual ela se integra; 4) a existência do benefício da menor multa, pela qual não se permite punir o colaborador de maneira mais gravosa que outros coautores da infração; 5) os efeitos administrativos externos, isto é, em relação a esferas de responsabilidade administrativa adicionais à do processo em que a leniência é celebrada; 6) os efeitos penais; 7) os efeitos civis e 8) os efeitos internacionais. Novamente, a comparação foi baseada no exame da lei formal, sem considerações sobre decretos regulamentares e normas administrativas internas.

315

QUADRO II. Comparação das leniências (continuação)

	Lei n. 12.846 (16) ANTICORRUPÇÃO	Lei n. 12.529 CONCORRÊNCIA	Lei n. 12.846 (17) LICITAÇÕES
Leniência prévia e concomitante	NÃO DIFERENCIA	SIM	?
Leniência *plus*	NÃO PREVÊ	SIM	?
Efeitos administrativos internos	MULTA: ATÉ 2/3 DE REDUÇÃO. MINIMO NÃO PREVISTO	MULTA: PODE SER ZERADA. MÍNIMO DE 1/3 DE REDUÇÃO.	ISENÇÃO OU REDUÇÃO. SEM PERCENTUAL
Benefício da menor multa	NÃO PREVÊ	SIM	?
Efeitos administrativos externos	NÃO PREVÊ	NÃO PREVÊ	?
Efeitos penais	NÃO PREVÊ	SIM. AMPLO PARA CARTEL.	?
Efeitos civis	PARCIAL. APENAS PARA SANÇÃO DO ART. 19, IV. NÃO AFETA DEVER DE REPARAÇÃO (ART. 16, § 3º)	NÃO	?
Efeitos internacionais	NÃO PREVÊ	NÃO PREVÊ	?

ACORDOS DE LENIÊNCIA NO PROCESSO ADMINISTRATIVO...

Fonte: Elaboração própria.

Em contraste com o primeiro, o quadro II revela mais intensa diferenciação dos modelos de leniência no tocante aos efeitos do ajuste celebrado pelo infrator com a entidade pública responsável pelo processo administrativo sancionador. É essa variação de efeitos que torna um programa mais ou menos atrativo para os infratores. Note-se, porém, que nenhum dos acordos gera efeitos protetivos para o colaborador em outros processos administrativos sancionadores. Para uma prática exemplificativa de cartel licitatório, a realização da leniência com o CADE não protege o infrator contra processos administrativos conduzidos pela entidade lesada com base na Lei Anticorrupção ou nas disposições da lei de licitações. Da mesma forma, pelo acordo assinado com base na Lei Anticorrupção, o colaborador não se imunizará contra sanções aplicadas pelo CADE. Daí a necessidade de que, para certas práticas, o infrator interessado em cooperar com o Estado busque inúmeros acordos de leniência para adquirir uma blindagem minimamente segura. Nada garante, porém, que o mesmo infrator logrará cumprir todos os requisitos de cada lei para celebrar os vários acordos previstos no direito positivo – e é esta imprevisibilidade que torna a negociação de um acordo extremamente arriscada na prática.

3. LENIÊNCIA PARA INFRAÇÕES CONTRA A ORDEM ECONÔMICA

Inserido no ordenamento jurídico em 2000, o acordo de leniência previsto na legislação brasileira de defesa da concorrência não configura apenas o mais tradicional dos ajustes cooperativos do processo administrativo sancionador, mas também o mais bem disciplinado do ponto de vista normativo. Afirma-se isso com base nos dois quadros comparativos da legislação atual apresentados no item anterior.

A Lei n. 12.529/2011, Lei de Defesa da Concorrência, separa de maneira relativamente clara três subespécies de leniência, a prévia ao processo, a concomitante e a leniência *plus*. Em relação a cada uma delas, são definidos os efeitos ou benefícios do acordo. Apontam-se os

THIAGO MARRARA

benefícios mínimos e máximos, garante-se ao colaborador o benefício da menor sanção em relação a todos os condenados e preveem-se ainda efeitos penais bastante alargados. A despeito das diferenças, a competência de celebração é unificada, ou melhor, concentrada no CADE, o que também facilita o funcionamento do programa de cooperação.

No âmbito administrativo, os efeitos da leniência concorrencial limitam-se ao âmbito do poder sancionatório da entidade leniente. Eles valem apenas para beneficiar o colaborador diante das sanções administrativas previstas na lei de defesa da concorrência e, por consequência, não afastam a incidência de sanções constantes da lei de licitações, da Lei Anticorrupção ou de qualquer outro diploma administrativo cabível – daí porque, para se proteger contra tais sanções, o colaborador terá que buscar leniências simultâneas e múltiplas. Apesar dessas limitações, como as sanções concorrenciais demonstram grande severidade, os efeitos da leniência não são desprezíveis.

Quanto à multa administrativa, a redução mínima é de um 1/3 e a máxima, de 2/3 no caso de leniência concomitante ao processo. Para a leniência prévia ao processo, o benefício consiste na inaplicabilidade da multa. Não há dúvidas de que essa diferenciação de benefícios é proposital e criada exatamente para estimular as leniências prévias ou anteriores ao processo administrativo, momento em que o Estado ainda não tem conhecimento da infração. Já para a leniência *plus* (ou de duplo efeito), o benefício no primeiro processo consiste na redução da multa em 1/3 e, no segundo processo, aplicam-se os efeitos de leniência prévia. Nessa sistemática, resta evidente que a autoridade pública, diante do reconhecimento de cumprimento do acordo, detém discricionariedade para mensurar o benefício apenas na modalidade da leniência concomitante. Para a leniência prévia e a *plus,* a oferta do benefício é vinculada.

Todos esses benefícios valem no mesmo percentual para a pessoa física e para a pessoa jurídica, a depender de quem celebrou a leniência. A pessoa física, porém, não sofre a limitação do *first come, first serve*, de modo que está autorizada a celebrar leniência ainda que exista um ou mais acordos do gênero acoplados ao processo sancionador. A despeito

318

dos percentuais idênticos para pessoas físicas e jurídicas, os efeitos práticos do benefício variam na prática, pois o direito concorrencial diferencia as sanções das pessoas jurídicas com finalidade econômica, das pessoas jurídicas não executoras de atividade empresarial, das pessoas físicas como infratoras e das pessoas físicas como administradoras de entidades empresariais ou não. Essas variações estão explicitadas no quadro a seguir:

QUADRO III. Sanções de multa administrativa na lei de defesa da concorrência.

PESSOAS JURÍDICAS	LDC/2011	PESSOAS FÍSICAS	LDC/2011
Multa à empresa condenada	0,1% a 20% do faturamento	Multa ao administrador	1% a 20% da multa aplicada à pessoa jurídica
Multa à pessoa jurídica fora de atividade empresarial (e.g. associações)	R$ 50 mil a R$ 2 bilhões	Multa à pessoa física que não se enquadre na qualidade de administrador	R$ 50 mil a R$ 2 bilhões

Fonte: Elaboração própria.

Comentário especial merece a previsão dos benefícios penais no programa de leniência concorrencial utilizado por pessoas físicas. A celebração do acordo e seu cumprimento, num caso ilustrativo de cartel licitatório, tornam o colaborador imune a ações penais das mais variadas ordens. Nesse aspecto, a Lei de 2011 evoluiu significativamente em comparação à Lei n. 8.884/1994, já que, no sistema anterior, o benefício penal se limitava aos crimes contra a ordem econômica. O infrator que confessava a prática ganhava imunidade penal apenas relativa e, não raro, via-se apontado como réu de ação penal fundamentada no crime de quadrilha.[10]

Para solucionar o problema e afastar interferências do Ministério

---

[10] Sobre a problemática, *Cf.*, entre outros, REALE Jr., Miguel. "Cartel e quadrilha ou bando: *bis in idem*". *Revista de Ciências Penais*, São Paulo: RT, vol. 5, 2006, p 31 e seguintes.

THIAGO MARRARA

Público nos acordos de colaboração celebrados pelo CADE, a legislação atual expandiu os benefícios para todo e qualquer crime, modificação que recebeu expressivo apoio doutrinário.[11] Com isso, o benefício passou a atingir a esfera penal como um todo, mas apenas para infrações de cartel. Isso tornou, de um lado, o acordo de leniência muito mais atrativo para pessoas físicas. De outro, contudo, suscitou fortes críticas pelo fato de seu cumprimento obstar a ação de autoridades do Judiciário e do Ministério Público na esfera criminal.

4. LENIÊNCIA PARA INFRAÇÕES DE CORRUPÇÃO

A consagração definitiva do acordo de leniência como ajuste de consensualização nos processos administrativos sancionatórios ocorreu com a edição da Lei Anticorrupção (Lei n. 12.846/2013). Até então, o acordo se restringia à esfera de defesa administrativa da concorrência. Com a nova lei, surgem duas modalidades adicionais de leniência: a relativa às infrações de corrupção e a relativa às infrações licitatórias.

Para se compreender o papel da leniência contra práticas de corrupção, há que se resgatar o conteúdo da Lei que a alberga. *Grosso modo*, trata-se de diploma que cria uma esfera de responsabilidade civil e administrativa de natureza objetiva contra pessoas jurídicas (art. 2º), permitindo inclusive a solidariedade do grupo econômico em relação à multa (art. 4º, § 2º) e a assunção da mesma pelo sucessor em caso de concentração econômica (art. 4º, § 1º). As infrações podem ser igualmente cometidas por pessoas físicas (dirigentes ou administradores), mas nesta hipótese a punição se dá de acordo com um modelo de responsabilização subjetiva, dependente de avaliação e prova de culpabilidade individualizada.

No âmbito da Administração Pública, as sanções dependem da

---

[11] BURINI, Bruno Correa. *Processo administrativo de apuração de conduta anticoncorrencial: uma perspectiva instrumentalista.* (2010) Tese (Doutorado) apresentada à Universidade de São Paulo, São Paulo, 2010, p. 248 e CHINAGLIA, Olavo Zago. "Prefácio". *In: Comentários à nova lei de defesa da concorrência.* São Paulo: Método, 2012, p. XIII.

ACORDOS DE LENIÊNCIA NO PROCESSO ADMINISTRATIVO...

realização prévia de processo administrativo da entidade lesada pela prática de corrupção empresarial. Deve correr, naturalmente, em conformidade com o devido processo legal e não impede outros processos acusatórios com base na Lei de Defesa da Concorrência, da Lei de Improbidade e da Lei de Licitações (art. 29 e 30). Do processo administrativo acusatório por corrupção, derivam no máximo duas sanções: 1) multa sancionatória que varia de 0,1 a 20% do faturamento (percentual idêntico ao da legislação concorrencial), descontados tributos e que jamais poderá ser inferior à vantagem auferida pelo infrator quando possível mensurá-la e não excludente de reparação civil e 2) publicação de decisão condenatória, aplicada isoladamente ou em conjunto com a multa, nos meios de comunicação, na entidade e na internet, com o intuito de expor o infrator e submetê-lo a eventuais sanções sociais por parte de investidores, consumidores, concorrentes e outros agentes sociais e econômicos.

Na esfera administrativa, como visto, existem apenas duas sanções. Contudo, a lei prevê uma série de medidas de natureza civil, cuja aplicação depende da condução de processo judicial e de prolação de sentença condenatória. Essas medidas abrangem a reparação do dano, o perdimento de bens e valores, a suspensão de atividades econômicas, a dissolução da pessoa jurídica, a proibição de incentivos, doações, empréstimos públicos etc. Muitas delas também existem no âmbito da defesa da concorrência, mas são lá consideradas como sanções acessórias de natureza administrativa, razão pela qual podem ser impostas pelo próprio CADE ao final do processo administrativo sancionador. Na Lei Anticorrupção, a incidência das mesmas medidas pressupõe o processo judicial, o que mitiga os poderes punitivos da Administração.

É nesse contexto sancionatório que surge o programa de leniência da Lei Anticorrupção. Trata-se de um acordo de cooperação com o infrator confessor que venha a se qualificar em primeiro lugar perante o ente público competente. Isso mostra que a Lei Anticorrupção também adotou a sistemática do "first come, first serve" e a limitou às pessoas jurídicas, de modo que as físicas podem celebrar leniências mesmo que outras já existam no processo. No tocante aos benefícios, porém, as diferenças entre a lei concorrencial e a lei de combate à corrupção

THIAGO MARRARA

empresarial são gritantes. Muitas dessas diferenças, em verdade, representam falhas graves da legislação e que podem sepultar a atratividade da leniência nessa esfera.

Conforme a Lei Anticorrupção, no âmbito administrativo a celebração do acordo de leniência isentará a pessoa jurídica das sanções de publicação extraordinária da decisão administrativa condenatória e reduzirá em até 2/3 o valor da multa aplicável (art. 16, § 2º). Note-se bem: a lei não define o benefício mínimo em relação à multa, resumindo-se a prever o desconto máximo de 2/3. Nesse particular, fica a seguintes dúvida: a autoridade pública, diante da leniência cumprida, está autorizada a conferir um benefício insignificante? Parece que não, sob pena de se frustrar a boa-fé em relação ao processo e ao acordo administrativo[12] e o princípio maior da segunda jurídica. Na oportuna lição de Bandeira de Mello,

> a essência do Direito é firmar previamente os efeitos que associará aos comportamentos tais ou quais (...) a ordem jurídica constitui uma prévia rede de segurança para a conduta dos indivíduos, afastando liminarmente qualquer imprevisto ou surpresa que poderia lhes advir se não existisse essa preliminar notícia sobre o alcance de sua atuação futura". E arremata: "a própria possibilidade de o Direito se realizar depende, às completas, de que exista a certeza, a segurança de que um prévio comportamento ocorrerá na hipótese de uma conduta ser tal ou qual.[13]

---

[12] Como ensina Romeu Felipe Bacellar Filho, "o cidadão, ao dar início às solenidades que antecedem o exercício de uma atividade lícita e ao empenhar-se moral e financeiramente com o projeto dela decorrente, tem, de acordo com o princípio da juridicidade, a certeza de um direito. A certeza do direito representa, pois, para o cidadão, uma visão confiante e antecipada do acolhimento de seu desejo ou de sua pretensão, uma vez cumpridos os requisitos exigidos...". BACELLAR FILHO, Romeu Felipe; MARTINS, Ricardo Marcondes. "Ato administrativo e procedimento administrativo". *In:* DI PIETRO, Maria Zanella. *Tratado de Direito Administrativo.* vol. 5. São Paulo: Revista dos Tribunais, 2014, p. 537.

[13] BANDEIRA DE MELLO, Celso Antônio. "Estado de Direito e segurança jurídica". *In:* VALIM, Rafael; OLIVEIRA, José Roberto Pimenta; DAL POZZO, Augusto Neves (coord.). *Tratado sobre o princípio da segurança jurídica no direito administrativo.* Belo Horizonte: Fórum, 2013, p. 41.

ACORDOS DE LENIÊNCIA NO PROCESSO ADMINISTRATIVO...

Não bastasse isso, a Lei Anticorrupção não prevê qualquer tipo de isenção de multa e, em nenhum momento, faz a importante diferenciação entre a leniência prévia e a leniência concomitante. Como foi dito, na defesa da concorrência, a leniência prévia é estimulada com benefícios maiores (isenção de multa), mas, no combate à corrupção, não há qualquer variação. Certamente, essa lacuna apenas servirá para desestimular acordos anteriores ao processo administrativo.

Outro ponto interessante da leniência no combate à corrupção diz respeito aos efeitos penais e civis. Em regra, não existe nenhum efeito penal. Com isso, a legislação deixou de aproveitar todas as discussões teóricas travadas no direito administrativo concorrencial e acabou tornando o acordo de cooperação pouco atrativo. Que pessoa física se motivará a propor o ajuste sob o risco de ser processada criminalmente? Na medida em que as pessoas jurídicas são movidas por pessoas físicas, será que a falta de benefícios penais a administradores e dirigentes não brecará acordos buscados pelas próprias pessoas jurídicas?

Já na esfera civil, a celebração da leniência não afasta qualquer pretensão de reparação, tal como consta de modo expresso da Lei Anticorrupção (art. 16, § 2º). Tampouco se evita, com o acordo, a possibilidade de determinação judicial de extinção da pessoa jurídica ou de suspensão das suas atividades. A leniência gera benefício no tocante apenas a um tipo determinado de medida civil que o Judiciário pode aplicar contra o infrator. Trata-se da sanção de "proibição de receber incentivos, subsídios, subvenções, doações ou empréstimos de órgãos ou entidades públicas e de instituições financeiras públicas ou controladas pelo poder público, pelo prazo mínimo de 1 (um) e máximo de 5 (cinco) anos" (art. 19, IV).

Ora, a legislação padece aqui de um grave vício lógico. De que adianta conceder esse benefício ao infrator colaborador, se a leniência não impede que o juiz determine a sua extinção como pessoa jurídica? Para que os benefícios sejam reais e efetivos, portanto, é preciso reinterpretar a Lei Anticorrupção. Embora o art. 16 não o diga, a leniência impõe uma imunidade também contra a medida prevista no art. 19, inciso III. Se não for assim, de nada adiantará o benefício quanto ao inciso IV.

Em síntese, por força desse tímido e mal construído pacote de benefícios e do fato de que a leniência por ato de corrupção não produz efeitos em processos do CADE ou processos conduzidos com base na

THIAGO MARRARA

Lei de Licitações por outras entidades públicas, paira uma dúvida cruel: o instrumento de cooperação criado para o processo administrativo sancionador em debate é atrativo?[14]

5. LENIÊNCIA PARA INFRAÇÕES LICITATÓRIAS

De modo discreto e estranho, o legislador inseriu um segundo acordo de leniência dentro da Lei Anticorrupção, mas o qual não guarda qualquer relação com as práticas infrativas ali previstas, mas sim com as infrações licitatórias da Lei n. 8.666/1993. Vejamos o que diz o art. 17: "A administração pública poderá *também* celebrar acordo de leniência com a *pessoa jurídica* responsável pela prática de *ilícitos previstos na Lei n. 8.666*, de 21 de junho de 1993, com vistas à *isenção* ou *atenuação* das *sanções administrativas* estabelecidas em seus arts. 86 a 88" (grifos nossos).

A curiosa redação suscita uma série de dúvidas e perplexidades que merecem amplo debate. Comecemos pela interpretação literal do dispositivo legal transcrito.

Em primeiro lugar, afirma-se que a Administração, sem qualquer qualificativo, *também* poderá celebrar o acordo de leniência para infração licitatória. O "também" indica que o ente público competente para conduzir o processo anticorrupção e que negocia, dentro dele, um acordo para atos de corrupção empresarial poderá, caso a mesma conduta seja ilícita pela lei de licitações, fazer um segundo acordo com o mesmo leniente, mas para beneficiá-lo quanto às sanções dessa lei. Ora, em vez de possibilitar a celebração de um segundo acordo, seria mais fácil o legislador estender os benefícios da leniência anterior para o campo licitatório. Dizendo de outro modo: seria mais simples estender os benefícios administrativos externos da leniência por prática de corrupção que prever um segundo acordo. Diante da redação do artigo, surge inclusive a dúvida se a pessoa jurídica que celebrou o acordo

---

[14] Na mesma linha de ceticismo se posiciona CAMPOS, Patrícia Toledo. "Comentários à Lei n. 12.846/2013 – Lei Anticorrupção". *Revista Digital de Direito Administrativo*, vol. 2, n. 1, 2014. Disponível em www.revistas.usp.br/rdda, p. 179.

inicial por ato de corrupção deterá prioridade para o segundo acordo, para ilícito licitatório, ou, em vez disso, se os dois acordos serão autônomos, de modo que a Administração estará livre para firmar a leniência por corrupção com uma pessoa jurídica e a leniência para infração licitatória com outra, embora ambas tenham participado da mesma prática ilícita.

Em segundo lugar, pela sua redação, a lei cria um acordo de leniência que está restrito a pessoas jurídicas. Na prática, contudo, as infrações administrativas licitatórias podem ser cometidas tanto por pessoas físicas quanto por jurídicas. Não bastasse isso, nas duas modalidades anteriormente apresentadas, tanto a pessoa jurídica quanto a pessoa física são contempladas pela possibilidade de colaboração premiada. Por que então o legislador desejou excluir aparentemente as pessoas físicas da leniência para infrações licitatórias? Não há qualquer motivo compreensível para a restrição legal. O artigo 17 deveria ter mencionado pessoas físicas e jurídicas sem qualquer distinção.

Em terceiro lugar, a leniência é prevista para ilícitos da Lei de Licitações, mas sem qualquer adjetivação. Ocorre que a referida lei contém ilícitos administrativos e ilícitos criminais. Isso poderia levar a confusões sobre a abrangência do acordo em debate. No entanto, como a legislação excluiu as pessoas físicas dessa modalidade de leniência, naturalmente não há que se falar de sua aplicabilidade para crimes licitatórios (incabíveis a pessoas jurídicas). Essa interpretação se reforça ainda pela parte final do art. 17 da Lei Anticorrupção, o qual deixa claro que os benefícios se restringem às sanções dos art. 86 a 88 da Lei de Licitações, que correspondem a sanções administrativas. Daí resulta que a leniência em questão não deflagra qualquer tipo de efeito penal.

Em quarto lugar, da restrição da leniência licitatória a pessoas jurídicas que cometam infrações administrativas pela Lei n. 8.666 decorre um outro e maior problema. Quando se examinam os art. 86 a 88, nota-se que as infrações administrativas em matéria de licitações em regra se confundem com ilícitos contratuais, como a omissão do vencedor da licitação quanto à assinatura do contrato, o atraso indevido no cumprimento das obrigações contratuais ou o inadimplemento culposo. Reitere-se: as infrações administrativas licitatórias guardam forte relação com o contrato. Já as condutas mais gravosas, como os cartéis, configuram crimes licitatórios (art. 90 da Lei n. 8.666). Ora, se um cartel ou outra prática grave é crime e a leniência licitatória não vale para crimes, qual utilidade terá o novo acordo? Fará sentido utilizá-lo para atrasos e inadimplementos contratuais? Parece que não! Sendo assim, uma forma de contornar o problema consistiria em interpretar a leniência do art. 17 da Lei Anticorrupção como um instrumento de cooperação para infrações previstas no art. 88 da Lei de Licitações.[15] Isso significa que o acordo serviria tão somente para proteger uma pessoa jurídica acusada de prática de comportamento punível com base na Lei Anticorrupção e, ao mesmo tempo, punível com as sanções administrativas de suspensão para licitar ou declaração de inidoneidade por força do art. 88. Usar o acordo em questão para meros descumprimentos ou moras contratuais não faria qualquer sentido, mesmo porque aí não haveria, a princípio, relação com práticas de corrupção.

Em quinto lugar, o pequeno, mas infinitamente polêmico art. 17 ainda menciona as palavras "isenção" e "atenuação" de sanções administrativas. Mais algumas perplexidades. De uma parte, é preciso indagar o seguinte: por que, no acordo de leniência para prática de corrupção, o legislador ofereceu apenas redução de multa e, na leniência licitatória, oferece benefícios muitos maiores como a isenção? De outra, no tocante a atenuação, a dúvida que fica é: atenuação de que e como? Mesmo que fosse possível aplicar a tal leniência para sanção de multa licitatória, qual seria o benefício mínimo e máximo de redução? Não há nenhum parâmetro na lei, lacuna essa que nos leva a sugerir a importação do benefício máximo de 2/3 de redução previsto na Lei Anticorrupção (art. 16) e o benefício mínimo de redução de 1/3 da multa, por analogia

---

[15] Art. 88. As sanções previstas nos incisos III e IV do artigo anterior poderão também ser aplicadas às empresas ou aos profissionais que, em razão dos contratos regidos por esta Lei: I – tenham sofrido condenação definitiva por praticarem, por meios dolosos, fraude fiscal no recolhimento de quaisquer tributos; II – tenham praticado atos ilícitos visando a frustrar os objetivos da licitação; III – demonstrem não possuir idoneidade para contratar com a Administração em virtude de atos ilícitos praticados.

ACORDOS DE LENIÊNCIA NO PROCESSO ADMINISTRATIVO...

com o regime da leniência concorrencial.

Essas poucas reflexões bastam para evidenciar que a criação de uma leniência licitatória na Lei Anticorrupção (fora da própria Lei de Licitações) e com base em um dispositivo legal cuja redação se revela confusa, questionável e incompleta parece ter levado a mais problemas do que soluções. Isso a torna um instrumento de cooperação obscuro, perigoso e desinteressante. Que infrator desejará celebrar uma leniência cujo regime jurídico não tem qualquer sustentação firme na lei, cujos benefícios se mostram duvidosos e que não se estende a pessoas físicas? E mais: um acordo que não gera benefícios civis e nem vantagens em processos administrativos conduzidos com supedâneo na Lei de Anticorrupção e na Lei de Defesa da Concorrência. Muitas são as dúvidas e as indagações que precisarão ser respondidas para que o mecanismo de consensualização constante do art. 17 efetivamente saia do papel.

CONCLUSÃO

Baseado no reconhecimento da complexidade das infrações na sociedade da informação e em rede e seguindo as tendências do processo civil e do processo penal e as experiências da Administração Pública estrangeira, o processo administrativo punitivo no Brasil abriu-se a um movimento de intensa consensualização nos últimos 15 anos. Compromissos de cessação de prática infrativa, medidas cautelares negociadas e acordos de leniência são a prova inegável desse fenômeno. O Estado que agia de modo isolado, monológico, verticalizado, passou a dialogar com a sociedade e, mais que isso, a negociar com infratores confessos antes ou durante processos administrativos acusatórios.

Até hoje, porém, o movimento de consensualização do processo punitivo não ganhou uma disciplina geral na Lei de Processo Administrativo, cujo texto ainda trata da temática sancionatória de maneira extremamente tímida e pouco efetiva, sequer mencionando formas de negociação, diálogo e consenso.[16] Na verdade, os acordos de

---

[16] Criticamente sobre o tratamento das sanções na LPA federal, *Cf.* NOHARA, Irene;

THIAGO MARRARA

leniência foram ganhando espaço de modo lento e por aparições pontuais. Nasceram em 2000 no campo do controle repressivo de infrações administrativas contra a ordem econômica. Mais de uma década depois, expandiram-se por força da Lei Anticorrupção, a qual criou uma modalidade de leniência para infrações de corrupção e outra, bastante questionável e obscura, para infrações licitatórias da Lei n. 8.666/1993. Com isso, em 2015, o direito administrativo positivo conta com ao menos três possibilidades de cooperação do Estado com infratores confessos no processo administrativo punitivo.

Embora historicamente compreensível – afinal, a leniência está em "fase de testes" e seria extremamente arriscado consagrá-la na Lei de Processo Administrativo como norma geral –, a fragmentação e dispersão normativa que marca a disciplina deste acordo deflagra inúmeros problemas. De todas as suas modalidades existentes, a previsto na Lei de Defesa da Concorrência se mostra a mais completa, previsível e segura. Já as duas versões trazidas pela Lei Anticorrupção se caracterizam por inúmeras lacunas e enigmas, sobretudo no tocante aos benefícios a que o infrator terá direito por cooperar de modo pleno e efetivo com o Estado ao longo do processo administrativo. Dentre essas duas modalidades, é inegável que a mais problemática reside no art. 17 da Lei Anticorrupção, que constrói uma leniência licitatória restrita a pessoas jurídicas e que dificilmente se acopla à lógica da Lei de Licitações.

Quem dera o desafio posto à ciência do direito administrativo brasileiro se restringisse tão somente a esclarecer, por técnicas interpretativas várias, o regime jurídico de cada uma dessas modalidades. De que a superação desse desafio seja imprescindível, não se discorda. No entanto, mais relevante e difícil que isso será transformar esses interessantes mecanismos de cooperação do processo sancionador em instrumentos aptos a auxiliar o Estado na proteção e promoção dos interesses públicos primários sob sua guarda. Para isso, em uma pers-

---

MARRARA, Thiago. *Processo administrativo:* Lei 9.784/1999 comentada. São Paulo: Atlas, 2009, comentários aos art. 56 e seguintes.

pectiva macroscópica e de longo prazo, um dos debates mais estratégicos consistirá em esclarecer a inter-relação dos processos administrativos punitivos e, por conseguinte, os impactos inter-administrativos dos programas de leniência. Isso, porque a falta de uma vinculação das esferas de punição administrativa torna a celebração de uma leniência, por força da confissão obrigatória, altamente arriscada para o infrator colaborador. Enquanto não resolvido esse problema, os graus de atratividade do acordo permanecerão aquém do desejável e a grande modificação de concepção de gestão do processo administrativo certamente perderá seus efeitos reais.

REFERÊNCIAS BIBLIOGRÁFICAS

ALBRECHT, Stephan. *Die Anwendung von Kronzeugenregelungen bei der Bekämpfung internationaler Kartelle.* Baden-Baden: Nomos, 2008.

BACELLAR FILHO, Romeu Felipe; MARTINS, Ricardo Marcondes. "Ato administrativo e procedimento administrativo". *In:* DI PIETRO, Maria Zanella. *Tratado de Direito Administrativo.* vol. 5. São Paulo: Revista dos Tribunais, 2014.

BANDEIRA DE MELLO, Celso Antônio. "Estado de Direito e segurança jurídica". *In:* VALIM, Rafael; OLIVEIRA, José Roberto Pimenta; DAL POZZO, Augusto Neves (coord.). *Tratado sobre o princípio da segurança jurídica no direito administrativo.* Belo Horizonte: Fórum, 2013.

BURINI, Bruno Correa. *Processo administrativo de apuração de conduta anticoncorrencial:* uma perspectiva instrumentalista. (2010) Tese (Doutorado) apresentada à Universidade de São Paulo, São Paulo, 2010.

CAMPOS, Patrícia Toledo. "Comentários à Lei n. 12.846/2013 – Lei Anticorrupção". *Revista Digital de Direito Administrativo*, vol. 2, n. 1, 2014. Disponível em www.revistas.usp.br/rdda.

DI PIETRO, Maria Sylvia Zanella; MARRARA, Thiago (coord.). Lei Anticorrupção comentada. Belo Horizonte: Fórum, 2017.

CHINAGLIA, Olavo Zago. "Prefácio". *In:* Comentários à nova lei de defesa da concorrência. São Paulo: Método, 2012.

DI PIETRO, Maria Sylvia Zanella. *Direito administrativo.* 28ª ed. São Paulo: Atlas, 2015.

MARRARA, Thiago. *Sistema Brasileiro de Defesa da Concorrência*. São Paulo: Atlas, 2015.

MARRARA, Thiago (coord.). *Direito administrativo*: transformações e tendências. São Paulo: Almedina, 2014.

MENEZES DE ALMEIDA, Fernando. *Contrato administrativo*. São Paulo: Quartier Latin, 2012.

NOHARA, Irene; MARRARA, Thiago. *Processo administrativo*: Lei 9.784/1999 comentada. São Paulo: Atlas, 2009.

OLIVEIRA, Gesner; RODAS, João Grandino. *Direito e economia da concorrência*. Rio de Janeiro: Renovar, 2004.

OSÓRIO, Fábio Medina. *Direito administrativo sancionador*. 2ª ed. São Paulo: Revista dos Tribunais, 2005.

REALE Jr., Miguel. "Cartel e quadrilha ou bando: *bis in idem*". *Revista de Ciências Penais*, São Paulo: RT, vol. 5, 2006.

SOBRAL, Ibrahim Acácio Espírito. "O acordo de leniência: avanço ou precipitação?". *R-IBRAC*, vol. 8, n. 2, 2001.

VALIM, Rafael; OLIVEIRA, José Roberto Pimenta; DAL POZZO, Augusto Neves (coord.). *Tratado sobre o princípio da segurança jurídica no direito administrativo*. Belo Horizonte: Fórum, 2013.

ZIMMERLI, Daniel. *Zur Dogmatik des Sanktionssystems und der "Bonusregelung" im Kartelrecht*. Berna: Stämpli, 2007.

Informação bibliográfica deste texto, conforme a NBR 6023:2002 da Associação Brasileira de Normas Técnicas (ABNT):

MARRARA, Thiago. "Acordos de leniência no processo administrativo brasileiro: modalidades, regime jurídico e problemas emergentes". *In*: SOUZA, Luciano Anderson de; TUCUNDUVA SOBRINHO, Ruy Cardozo de Mello (Coord.). *Temas de Processo Administrativo*. São Paulo: Editora Contracorrente, 2017, pp. 305-330. ISBN. 978-85-69220-32-9.

PROCESSO ADMINISTRATIVO DISCIPLINAR E O SISTEMA ACUSATÓRIO

TIAGO CINTRA ESSADO

SUMÁRIO: Considerações preliminares. 1. Processo administrativo: considerações terminológicas. 2. Processo administrativo e Constituição Federal. 3. Processo administrativo disciplinar e princípios constitucionais. 3.1 Princípios constitucionais gerais. 3.2 Princípios constitucionais processuais. 3.2.1 Princípio do contraditório e da ampla defesa. 3.2.2 Princípio do juiz natural. 4. Processo administrativo disciplinar e sistemas processuais. 4.1 Sistema inquisitório. 4.2 Sistema acusatório. 5. Processo administrativo disciplinar e sistema acusatório. 5.1 Análise do modelo da Lei n. 8.112/90. 5.2 Análise do modelo do Ministério Público de São Paulo. Conclusão. Referências Bibliográficas.

CONSIDERAÇÕES PRELIMINARES

O estudo e a análise dos diversos ramos do Direito devem ter como ponto de partida a adequada compreensão do sistema jurídico construído a partir da Constituição Federal, norma que rege todo o ordenamento jurídico, com as peculiaridades que lhe são próprias.

TIAGO CINTRA ESSADO

Com o Direito Administrativo e o Direito Processual isso não é diferente. Cabe ao intérprete e ao aplicador do direito analisar o sistema constitucional posto para deduzir as consequências específicas para esse ou para aquele ramo do Direito.

Esse artigo, com enfoque próprio para o estudo do processo administrativo disciplinar, após análise terminológica sobre o tema, buscou remontar às raízes constitucionais de princípios reitores da atividade administrativa e também do processo, visto numa perspectiva ampla, extensiva a todas as esferas da administração pública.

Isso foi importante para enfrentar o tema de qual é o modelo mais adequado ao sistema constitucional para o processo administrativo disciplinar: o inquisitivo ou o acusatório.

Duas legislações que tratam do assunto – a Lei n. 8.112/90 e a Lei Orgânica do Ministério Público do Estado de São Paulo (Lei Estadual n. 734/93) – foram analisadas como meio de melhor exemplificar os acertos e os desacertos em relação ao modelo adotado para o processo administrativo disciplinar com o fim de se projetar o modelo ideal.

1. PROCESSO ADMINISTRATIVO: CONSIDERAÇÕES TERMINOLÓGICAS

É conhecida a controvérsia que existiu por muito tempo entre processo e procedimento, numa perspectiva ampla. Isso resultou, naturalmente, de um entrave científico entre processualistas e administrativistas.

A evolução do assunto culminou no alcance de uma valorização procedimental, de uma precisa concepção de processo e "da ideia da processualidade no exercício de todos os poderes estatais".[1]

A preferência pelo uso da expressão *procedimento* no âmbito do Direito Administrativo deve-se pelo receio em se usar a expressão *processo* e com isso confundir com o processo jurisdicional.

---

[1] MEDAUAR, Odete. *A processualidade no direito administrativo*. 2ª ed. São Paulo: Revista dos Tribunais, 2008, p. 43.

PROCESSO ADMINISTRATIVO DISCIPLINAR E O SISTEMA ACUSATÓRIO

Celso Antônio Bandeira de Mello adverte que *procedimento* é a nomenclatura mais comum no Direito Administrativo, permanecendo a expressão *processo* para os casos contenciosos, que se resolvem num "julgamento administrativo", por exemplo, o processo tributário e o processo disciplinar. Mas o autor defende que a terminologia mais adequada é *processo*, sendo *procedimento* "a modalidade ritual de cada processo".[2]

O avanço do estudo da matéria ao atingir a noção de processualidade, numa compreensão abrangente, permite considerar esta categoria jurídica, conforme ensina Odete Medauar, como decorrente do exercício de qualquer poder estatal.[3]

Em linhas gerais, a ideia de processo, que advém do vocábulo latino *procedere*, traduz-se no sentido de "seguimento, decurso, de algo que tenha sentido dinâmico, com direção para a frente e para o futuro".[4] Essa compreensão da noção de processo possibilita vinculá-lo à atividade estatal como um todo, na medida em que o processo se torna um meio para a realização de um fim.

Verifica-se, assim, a existência de diversos *processos*, que se qualificam a depender de sua natureza, por exemplo: processo legislativo, processo administrativo, processo jurisdicional.

A expressão *processo* vincula-se, pois, a um método de concretização de um fim estatal, enquanto o termo *procedimento* significa a exteriorização desse método, seu aspecto dinâmico e o modo como se desenvolve os atos e as atividades processuais.[5]

A ideia que permeia a noção de processo é a de que o ato resultante dele não esteja apenas consoante com a norma que o fundamenta, mas também com os meios de produzi-lo. Ou seja, no Estado de Direito é

---

[2] *Curso de direito administrativo*. 29ª ed. São Paulo: Malheiros, 2012, p. 496.

[3] *A processualidade no direito administrativo*. 2ª ed. São Paulo: Revista dos Tribunais, 2008, p. 44. Sobre o assunto, ver ainda Celso Antônio Bandeira de Mello: *Curso de direito administrativo*. 29ª ed. São Paulo: Malheiros, 2012, pp. 497/498.

[4] CARVALHO FILHO, José dos Santos. *Processo administrativo federal*. 5ª ed. São Paulo: Atlas, 2013, p. 3.

[5] Ver CARVALHO FILHO, José dos Santos. *Processo administrativo federal*. 5ª ed. São Paulo: Atlas, 2013, pp. 4/5.

preciso buscar os fins estabelecidos na lei e também os modos estabelecidos para tanto, conforme ensina Celso Antônio Bandeira de Mello.[6]

O ponto importante é verificar características comuns em todos os processos, o que torna possível afirmar a existência da processualidade ampla na atividade estatal. Extrai-se, pois, da processualidade o seguinte núcleo: a) sucessão encadeada de atos tendentes à realização de um ato final; b) vinculação do ato final com o que foi desenvolvido no processo; c) atuação dos sujeitos envolvidos em situação de equivalência de poderes, faculdades, deveres e ônus.[7]

Especialmente quanto ao processo administrativo, José dos Santos Carvalho Filho destaca três elementos que configuram o instituto: a) existência de uma relação jurídica formal, que vincula os sujeitos que dela participam; b) existência de um objetivo a ser perseguido; c) procedimento a ser adotado, com o modo e a forma de desenvolvimento dos atos e atividades processuais.[8]

Além disso, a Constituição Federal adotou o termo *processo administrativo* em diversas situações.

Em dispositivo importante sobre o assunto, considerou-se que "aos litigantes, em processo judicial ou administrativo, e aos acusados em geral são assegurados o contraditório e ampla defesa, com os meios e recursos a ela inerentes" (art. 5º, LV).

Vê-se que o contraditório e a ampla defesa estão inseridos tanto no processo judicial, quanto no administrativo, o que permite deduzir a existência da processualidade ampla, conforme acima esclarecido.

---

[6] *Curso de direito administrativo*. 29ª ed. São Paulo: Malheiros, 2012, p. 498. O autor acrescenta importante observação sobre o assunto: "Em face do Estado contemporâneo – que ampliou seus objetivos e muniu-se de poderes colossais –, a garantia dos cidadãos não mais reside sobretudo na prévia delimitação das finalidades por ele perseguíveis, *mas descansa especialmente na prefixação dos meios, condições e formas a que se tem de cingir para alcança-los* (*Curso de direito administrativo*. 29ª ed. São Paulo: Malheiros, 2012, p. 498).

[7] MEDAUAR, Odete. *A processualidade no direito administrativo*. 2ª ed. São Paulo: Revista dos Tribunais, 2008, p. 45.

[8] *Processo administrativo federal*. 5ª ed. São Paulo: Atlas, 2013, pp. 20/21.

PROCESSO ADMINISTRATIVO DISCIPLINAR E O SISTEMA ACUSATÓRIO

Em outro momento, o texto constitucional dispôs sobre a concessão de *habeas data* "para a retificação de dados, quando não se prefira fazê-lo por processo sigiloso, judicial ou administrativo" (art. 5º, LXXII, b). Percebe-se que a expressão *processo* é usada como termo comum, distinguindo-se apenas sua natureza.

Nota-se, com isso, que não mais faz sentido usar *processo* para o processo judicial e usar *procedimento* para o processo administrativo, pretendendo, assim, distingui-los. A expressão *processo* decorre da manifestação da atividade estatal numa acepção ampla.

3. PROCESSO ADMINISTRATIVO E CONSTITUIÇÃO FEDERAL

Como premissa metodológica para o desenvolvimento do estudo, cumpre situar o processo administrativo a partir do sistema constitucional. A Constituição brasileira de 1988 dispôs sobre diversos temas atinentes à Administração Pública, o que faz com que o estudo do Direito Administrativo deva partir dos princípios e fundamentos constitucionais.

É preciso ter de modo claro que duas previsões constitucionais são essenciais para um delineamento constitucional em matéria de processo administrativo.[9]

A primeira reside na cláusula que institui o devido processo legal: "ninguém será privado da liberdade ou de seus bens sem o devido processo legal" (CF, art. 5º, LIV).

Com remota origem na Carta Magna de 1215, o devido processo legal evoluiu da exigência de um processo regular e ordenado para a

---

[9] Celso Antônio Bandeira de Mello esclarece que no ordenamento jurídico brasileiro há 12 princípios obrigatórios, com fundamento explícito ou implícito na Constituição. Desses, afirma que nove são aplicáveis a todo e qualquer tipo de procedimento: "i) princípio da audiência do interessado; ii) princípio da acessibilidade aos elementos do expediente; iii) princípio da ampla instrução probatória; iv) princípio da motivação; v) princípio da revisibilidade; vi) princípio da representação e assessoramento; vii) princípio da lealdade e boa-fé; viii) princípio da verdade material e ix) princípio da celeridade processual". (*Curso de direito administrativo.* 29ª ed. São Paulo: Malheiros, 2012, pp. 509/510)

335

observância de um processo justo e razoável, que assegura os direitos e garantias fundamentais.[10]

A outra consta da garantia do contraditório e da ampla defesa: "aos litigantes, em processo judicial ou administrativo, e aos acusados em geral são assegurados o contraditório e ampla defesa, com os meios e recursos a ela inerentes" (art. 5º, LV).

Antes de abordar o conteúdo, cumpre notar que essa norma foi inserida no rol dos direitos e garantias fundamentais. Logo, foi assegurado ao cidadão e à sociedade como um todo que o processo administrativo deve vir acompanhado de contraditório e ampla defesa, como garantia essencial para um processo válido e legítimo.

Essa previsão vai ao encontro da estrutura instituída pela Constituição de 1988, que considerou a república brasileira como um Estado democrático de Direito. A noção de democracia invoca a soberania popular como princípio fundante do Estado brasileiro. Trata-se de um valor que lhe é imanente e deve, pois, vincular o legislativo, o judiciário, o executivo e a sociedade em geral para a concretização desse Estado.[11]

Assim, a participação popular – inerente ao instituído pela Constituição – deve ser efetiva no Estado democrático brasileiro, cujo fim passa a ser o cidadão, em sua plenitude e em todas as relações público-privadas, na perspectiva de lhe possibilitar uma vida digna.[12]

---

[10] MEDAUAR, Odete. *A processualidade no direito administrativo*. 2ª ed. São Paulo: Revista dos Tribunais, 2008, pp. 83/84.

[11] Sobre o assunto, Antonio Scarance Fernandes afirma: "A forma como o direito é regulado representa o reflexo dos valores dominantes em determinado momento histórico. As alterações políticas no tempo e a diversidade de ideologias em uma mesma época ocasionam diferentes tratamentos aos institutos processuais na evolução histórica e nos vários países, e fazem com que não possam ser objeto de uma disciplina definitiva e uniforme. A maneira como são cuidados depende, essencialmente, da predominância que se dê ao indivíduo em confronto com o Estado, ou, ao contrário, ao Estado em face do indivíduo." *Processo penal constitucional*. 6ª ed. São Paulo: Revista dos Tribunais, 2010, p. 21.

[12] DA SILVA, José Afonso. *Curso de direito constitucional positivo*. 33ª ed. São Paulo: Malheiros, 2010. p. 117.

PROCESSO ADMINISTRATIVO DISCIPLINAR E O SISTEMA ACUSATÓRIO

Essa perspectiva remete à previsão constitucional da garantia do contraditório e da ampla defesa estar presente no processo administrativo. É uma garantia do cidadão que figura como investigado ou acusado; e da sociedade que almeja um processo justo, fundado nos parâmetros de um Estado democrático.

Percebe-se, com isso, que não é possível analisar o processo administrativo sem ter como premissa o regime constitucional a incidir sobre a matéria.

Aliás, isso também se verifica no processo penal, que não se configura apenas como "um instrumento técnico, refletindo em si valores políticos e ideológicos de uma nação. Espelha, em determinado momento histórico, as diretrizes básicas do sistema político do país, na eterna busca de equilíbrio na concretização de dois interesses fundamentais: o de assegurar ao Estado mecanismos para atuar o seu poder punitivo e o de garantir ao indivíduo instrumentos para defender os seus direitos e garantias fundamentais e para preservar a sua liberdade".[13]

Esse método de estudo será, pois, fundamental para a análise do processo administrativo disciplinar, que guarda, conforme se verá, algumas simetrias com o processo penal. Nessa linha, afirma Fábio Medina Osório que "a processualidade das relações punitivas, estejam elas no campo administrativista, estejam no campo penal, é uma das características marcantes do Estado Democrático de Direito".[14] E, a partir disso, ressalta o autor, que o processo sancionador deve submeter-se ao "Estado de Direito, à legalidade, à segurança jurídica e a todas as cláusulas constitucionais que abrigam direitos fundamentais relevantes nas relações punitivas submetidas à dimensão processual".[15]

---

[13] FERNANDES, Antonio Scarance. *Processo penal constitucional.* 6ª ed. São Paulo: Revista dos Tribunais, 2010, p. 22.

[14] OSÓRIO, Fábio Medina. *Direito administrativo sancionador.* 2ª ed. São Paulo: Revista dos Tribunais, 2005, p. 475.

[15] *Direito administrativo sancionador.* 2ª ed. São Paulo: Revista dos Tribunais, 2005, p. 476.

3. PROCESSO ADMINISTRATIVO DISCIPLINAR E PRINCÍPIOS CONSTITUCIONAIS

3.1 Princípios constitucionais gerais

Os princípios constitucionais gerais da administração pública aplicam-se ao processo administrativo disciplinar.

O princípio da legalidade (CF, art. 37, *caput*) aplicado à administração pública recebe duas correntes de entendimento. Uma considera a legalidade em sentido restritivo, compreendendo que o ato administrativo deve guardar vinculação com a lei em sentido formal. Outra, com um caráter amplo, admite que a legalidade significa submissão ao direito e ao sistema jurídico como um todo.

A posição que adotamos é a restritiva, pois a submissão ao sistema jurídico numa perspectiva ampla é corolário natural da ordem jurídica vigente. No entanto, a necessidade de se submeter à lei formal é característica imanente aos atos administrativos e à atividade estatal em geral.[16] Celso Antônio Bandeira de Mello adverte que "a função do ato administrativo só poderá ser a de agregar à lei nível de concreção; nunca lhe assistirá instaurar originariamente qualquer cerceio a direitos de terceiros".[17] Acrescenta ainda o autor que a atividade administrativa "está completamente atrelada à lei; que sua função é tão só a de fazer cumprir lei preexistente, e, pois, que regulamentos independentes, autônomos ou autorizados são visceralmente incompatíveis com o Direito brasileiro".[18]

No campo do processo administrativo disciplinar, o princípio da legalidade exerce fundamental importância. Limita a ação estatal, ao exigir a prévia tipificação legal das condutas proibidas e respectivas sanções. Também impõe a prévia tipificação do procedimento

---

[16] BACELLAR FILHO, Romeu Felipe. *Processo administrativo disciplinar.* 4ª ed. São Paulo: Saraiva, 2013, pp.168/169.

[17] *Curso de direito administrativo.* 29ª ed. São Paulo: Malheiros, 2012, p. 106.

[18] *Curso de direito administrativo.* 29ª ed. São Paulo: Malheiros, 2012, p. 106.

PROCESSO ADMINISTRATIVO DISCIPLINAR E O SISTEMA ACUSATÓRIO

administrativo disciplinar. Não pode o administrador, a seu critério, estabelecer para cada processo administrativo o procedimento – rito – que bem entender.[19]

O princípio da impessoalidade, também de origem constitucional (CF, art. 37, *caput*), traz a marca do repúdio ao personalismo na atividade estatal. O bem comum, que condiciona a finalidade pública do ato administrativo, deve ser despido de tentativas de promoção pessoal. Numa outra perspectiva, a impessoalidade veda perseguições a pessoas ou a instituições, revestidas de sentimentos pessoais, contrários ao interesse público. "O princípio em causa não é senão o próprio princípio da igualdade ou isonomia".[20]

Esse princípio gera importante reflexo no processo administrativo disciplinar, que deve ser conduzido com objetividade, observando-se as regras do jogo, independentemente da pessoa que assume a condição de acusado. Ou seja, não é possível criar regras processuais próprias a depender de quem esteja sendo processado. O tratamento igualitário das partes e a decisão imparcial devem ser inerentes ao processo administrativo disciplinar em homenagem ao princípio da impessoalidade. Daí a impossibilidade de o julgador travestir-se de acusador, defensor e juiz ao mesmo tempo.

O princípio da moralidade administrativa, previsto na Constituição (art. 37, *caput*), traz para a atividade estatal a necessidade de respeito a valores éticos universais. Ressalta, com isso, a finalidade pública a ser buscada pelo agente público, que deve agir em nome da sociedade e não em nome próprio.

---

[19] Afirma, sobre isso, Gustavo Badaró, em estudo apropriado ao processo penal, mas de relevo para o processo administrativo disciplinar: "O procedimento não se confunde com o processo. Segundo a posição tradicional, processo é procedimento mais relação jurídica processual ou, como prefere a doutrina mais moderna, procedimento em contraditório. O procedimento é o aspecto exterior, visível, do processo. Procedimento é uma sequência de atos unidos teleologicamente, visando a um fim comum, no caso, a sentença." *Processo penal*. 2ª ed. Rio de Janeiro: Elsevier, 2014. p. 418.

[20] BANDEIRA DE MELLO, Celso Antônio. *Curso de direito administrativo*. 29ª ed. São Paulo: Malheiros, 2012 , p. 117.

339

Esse princípio também repercute na processualidade administrativa, especialmente na esfera do processo administrativo disciplinar. Impõe tanto ao servidor, na condição de acusado, quanto à administração pública, que acusa, instrui e decide, o dever de boa-fé e lealdade processual.[21] É preciso que haja a probidade processual. As normas do Estado de Direito aplicam-se tanto ao exercício do poder disciplinar pelo poder público quanto ao exercício dos direitos de defesa. Esse é o equilíbrio que se almeja para a concretização de um processo justo.

O princípio da publicidade (CF, art. 37, *caput*) exige que, como regra, a administração pública seja transparente, o que decorre do Estado democrático de Direito. É direito do povo ter acesso ao que se passa no âmbito da atividade administrativa.[22] A publicidade, pois, é a regra; enquanto o sigilo a exceção.

Com efeito, o processo administrativo disciplinar deve assumir a forma pública. Isso significa que o servidor acusado tem o direito de obter certidões, vista dos autos e intimação dos atos processuais.[23] No entanto, vez ou outra, o sigilo imposto a alguns processos administrativos disciplinares tem o fim de assegurar ao acusado respeito a sua privacidade, especialmente em razão do conteúdo existente nos autos, que pode estar acobertado por reservas constitucionais. No entanto, eventual sigilo não poderá limitar qualquer garantia processual ao acusado.

O princípio da eficiência foi instituído na Constituição Federal com a Emenda n. 19, de 1998, tendo como objetivo tornar a administração pública apta a fornecer um serviço de melhor qualidade ao cidadão. Daí advém uma série de medidas que reforçam a responsabilidade do servidor na condução da coisa pública.

---

[21] BACELLAR FILHO, Romeu Felipe. *Processo administrativo disciplinar*. 4ª ed. São Paulo: Saraiva, 2013, pp. 200/201.

[22] Disso é que resultou a Lei 12.527/2011, que regula o acesso a informações, previsto no art. 5º, XXXIII; no art. 37, § 3º, II; art. 216, § 2º da Constituição Federal.

[23] BACELLAR FILHO, Romeu Felipe. *Processo administrativo disciplinar*. 4ª ed. São Paulo: Saraiva, 2013, p. 212.

PROCESSO ADMINISTRATIVO DISCIPLINAR E O SISTEMA ACUSATÓRIO

No plano do processo administrativo disciplinar, a eficiência implica a adequada distribuição de competências na administração pública e o desenvolvimento de um processo que conjugue eficiência e garantismo. Isso permitirá um processo célere, dotado de meios eficazes para seu andamento, porém com todas as garantias constitucionais necessárias dentro de um Estado democrático de Direito. O binômio eficiência e garantismo representa uma visão moderna do processo, em especial do processo penal, mas que também se aplica ao processo administrativo disciplinar.

3.2 Princípios constitucionais processuais

O estudo dos princípios constitucionais específicos à processualidade assume fundamental importância no presente trabalho. No entanto, apenas dois deles são suficientes para a análise.

De um lado, o contraditório e a ampla defesa como princípio essencial a permitir a efetiva concretização do servidor acusado como sujeito processual; de outro, o juiz natural como princípio inafastável para a realização de um processo justo, eivado de imparcialidade, como condição para que o material probatório produzido pelas partes seja valorado com a isenção que lhe é exigida.

3.2.1 Princípio do contraditório e da ampla defesa

O princípio do contraditório e da ampla defesa (CF, art. 5º, LV) impõe à processualidade um requisito importante para a construção de um processo válido. Trata-se da imprescindível necessidade de se permitir a participação de todos, com igualdade de direitos, no desenvolvimento processual. É garantia inerente ao Estado democrático de Direito, que deve estar presente também no processo administrativo disciplinar.

Vê-se, pois, que esse princípio dá relevância à relação jurídica processual, estabelecendo entre os sujeitos processuais direitos e deveres. Fortalece-se, assim, a possibilidade de o servidor acusado exercer seus direitos processuais ante a administração pública, o que possibilitará uma decisão mais consentânea com a realidade e com o direito.[24]

3.2.2 Princípio do juiz natural

O princípio do juiz natural, com origem na Carta Magna de 1215, tem origem constitucional: "não haverá juízo ou tribunal de exceção" (art. 5º, XXXVII); "ninguém será processado nem sentenciado senão pela autoridade competente" (art. 5º, LIII).

Esse princípio tem como finalidade viabilizar um julgamento imparcial, fundado em critérios objetivos. Ele é aplicado ao processo administrativo disciplinar por força de todo o estudo da processualidade em sentido amplo já feito acima.

Não teria lógica alguma atribuir ao processo administrativo disciplinar a garantia do contraditório e da ampla defesa sem dotá-lo também da garantia do juiz natural. Se às partes é facultada a participação igualitária no processo, também deve ser previsto, com critérios objetivos, um órgão para a função de julgar.

O estudo do princípio do juiz natural assume relevância fundamental no tema a ser enfrentado, qual seja, a pertinência do processo administrativo disciplinar em relação ao sistema acusatório.

A essência do princípio do juiz natural é a garantia de um processo e de um julgamento justo, com prévia definição dos órgãos competentes para tais funções processuais. Daí a ideia da proibição do tribunal de exceção, ou seja, de órgãos criados após o fato, com ampla margem para atuação discricionária e ao arrepio da lei.

Assim, esse princípio não incide apenas e tão-somente ao órgão julgador, mas aplica-se também ao órgão acusador e ao órgão que instrui. Sobre isso, cabe lembrar que o processo administrativo

---

[24] BACELLAR FILHO, Romeu Felipe. *Processo administrativo disciplinar*. 4ª ed. São Paulo: Saraiva, 2013, p. 246.

PROCESSO ADMINISTRATIVO DISCIPLINAR E O SISTEMA ACUSATÓRIO

disciplinar é dividido em três fases: a da instauração; a da instrução e a do julgamento.[25]

Com muita razão, afirma Romeu Felipe Bacellar Filho que "imparcialidade é condição de capacidade subjetiva da autoridade que emite juízo na relação processual".[26]

A Lei n. 8.112/90, que dispõe sobre o regime jurídico dos servidores públicos civis da União, das autarquias e das fundações públicas federais, prevê que o processo disciplinar será conduzido por comissão composta de três servidores estáveis, designados pela autoridade competente (art. 149, *caput*).

Logo, a autoridade competente para instaurar o ofício acusatório precisa estar previamente definida em relação à ocorrência do fato punível, sob pena de ofensa ao princípio do juiz natural.

A comissão processante, isto é, aquela nomeada pela autoridade competente para deflagrar o processo administrativo disciplinar, precisa também estar composta previamente ao fato e com as garantias mínimas de que atuará num determinado espaço de tempo, vedando-se interrupções de trabalho de natureza arbitrárias.

Nota-se que tais previsões devem estar fundadas na lei em sentido formal, o que "não exclui o espaço do poder regulamentar que deve, nada obstante, atuar de modo derivado, limitado e subordinado".[27]

4. PROCESSO ADMINISTRATIVO DISCIPLINAR E SISTEMAS PROCESSUAIS

O processo administrativo disciplinar guarda simetria com o processo penal. Ambos visam à apuração de um fato punível e à eventual

---

[25] Ver art. 151, I a III, da Lei n. 8.112/90.

[26] *Processo administrativo disciplinar.* 4ª ed. São Paulo: Saraiva, 2013, p. 426.

[27] BACELLAR FILHO, Romeu Felipe. *Processo administrativo disciplinar.* 4ª ed. São Paulo: Saraiva, 2013, p. 421.

343

aplicação de sanções. O que os distingue é justamente a natureza das sanções: no processo administrativo disciplinar as sanções são administrativas; no processo penal as sanções são penais.

Dois sistemas processuais incidiram ao longo da história sobre o processo penal: o sistema inquisitivo e o sistema acusatório. Ambos são frutos de uma concepção de Estado vigente num determinado contexto histórico.

O importante, nesse estudo, é verificar as características de cada qual e aferir qual é o sistema conforme a Constituição.

4.1 Sistema inquisitório

A principal característica do sistema inquisitório é a concentração das funções de acusar, de defender e de julgar num só órgão. Nesse modelo o processo principia-se por iniciativa do juiz, que ao mesmo tempo acusa, instrui e decide.

O acusado não é considerado sujeito de direitos, mas objeto processual. Não há que se falar, pois, em contraditório e ampla defesa. A investigação é conduzida pelo próprio juiz, a seu modo, sem ofertar ao acusado qualquer oportunidade de se defender. Via de regra nesse sistema vige o segredo.

4.2 Sistema acusatório

O sistema acusatório configura-se por um processo de partes. Acusação e defesa estão em pé de igualdade. De outro lado, há nítida distinção entre as funções de acusar, de defender e de julgar. Não mais é dado ao juiz o poder de iniciar e presidir a investigação, de acusar, de instruir e de julgar.

Agora há incidência do contraditório e da ampla defesa, como condição para o desenvolvimento válido e regular do processo. De objeto do processo, o acusado passa para a condição de sujeito processual, com direitos e deveres na relação processual estabelecida.

PROCESSO ADMINISTRATIVO DISCIPLINAR E O SISTEMA ACUSATÓRIO

Há evidente limitação ao poder estatal, permitindo maior participação do acusado no processo, desde o seu início até a decisão final.

5. PROCESSO ADMINISTRATIVO DISCIPLINAR E SISTEMA ACUSATÓRIO

O processo administrativo disciplinar precisa conformar-se aos princípios e ao sistema constitucionais. Fora disso ele não será válido e legítimo. Viu-se que a Constituição de 1988 é permeada de princípios administrativos e processuais que devem ser observados pelo legislador, administrador, aplicador da lei e sociedade em geral.

Nesse sentido, o sistema acusatório é o que melhor se amolda à estrutura do Estado democrático de Direito instituído pela Constituição Federal.

O modelo acusatório limita a ação estatal, inviabilizando o arbítrio, pois valoriza o papel das partes na obtenção da verdade processual e reduz a múltipla concentração de funções processuais em um só órgão. O separar das funções de acusar, instruir e julgar é um avanço democrático. A pluralidade de partícipes é condição para um resultado processual mais justo.

Disso, resulta a necessidade de se revisitar, com juízo crítico, a legislação referente ao processo administrativo disciplinar – no plano federal, estadual e municipal – para aferir se há ou não prevalência do modelo acusatório. Na sequência, se o caso, deverá proceder-se às alterações necessárias.

5.1 Análise do modelo da Lei n. 8.112/90

No plano federal, a Lei n. 8.112/90 houve por bem em não observar o modelo acusatório.

Após dividir em três fases o processo administrativo disciplinar, ao passar para a divisão de competências entre as três funções – a de acusar, de instruir e de decidir – a lei andou mal.

345

A comissão encarregada de apurar e instruir o fato imputado, designada pela autoridade competente, deverá, após o regular procedimento, elaborar relatório, no qual deverá constar de forma minuciosa o resumo das principais peças dos autos, bem como as provas em que se baseou para formar sua convicção (art. 165, *caput*).

Como se não bastasse a exaustiva indicação do conteúdo do relatório, a lei foi ainda mais incisiva, ao dispor que "o relatório será sempre conclusivo quanto à inocência ou à responsabilidade do servidor" (art. 165, § 1º).

Portanto, vê-se que a comissão processante assume, pelos ditames legais, não apenas a função de instruir, mas também a de emitir uma posição conclusiva a respeito do apurado.

Aqui começa a surgir o problema, com direta violação ao sistema acusatório.

A comissão processante, criada para instruir o processo disciplinar, passa, com essa previsão legal, a assumir também uma função julgadora. Isso ficará ainda mais nítido com a previsão de que uma vez reconhecida a responsabilidade do servidor, a comissão deverá indicar o dispositivo legal ou regulamentar transgredido, bem como as circunstâncias agravantes ou atenuantes (art. 165, § 2º).

O relatório, com isso, não se limita a resumir a instrução, mas assume também uma função valorativa – decisória, portanto – com o dever de apontar eventuais circunstâncias agravantes ou atenuantes.

No entanto, o poder de decidir dado pela lei à comissão processante se agiganta ainda mais.

Se a comissão reconhecer a inocência do servidor, a "autoridade instauradora do processo determinará o seu arquivamento, salvo se flagrantemente contrária à prova dos autos" (art. 165, § 4º). Ainda com sentido muito próxima, a lei prevê que "o julgamento acatará o relatório da comissão, salvo quando contrário às provas dos autos" (art. 168, *caput*).

Denota-se, desse modo, que passa a haver confusão entre a função de instruir e a de julgar. A crítica, pois, dirige-se à natureza da função da comissão processante.

PROCESSO ADMINISTRATIVO DISCIPLINAR E O SISTEMA ACUSATÓRIO

Jamais o relatório produzido ao final da instrução, que servirá de base para a autoridade julgadora, deve assumir contornos conclusivos, senão uma posição opinativa e, portanto, não vinculante.

À autoridade julgadora deve ser conferida a liberdade plena de decidir, fundamentando suas razões em critérios racionais, com base no material probatório colhido à luz do contraditório e da ampla defesa. Essa é a essência do princípio da motivação racional das decisões, que bem se aplica ao processo administrativo disciplinar.

A expressão "acatará" não é a que melhor se coaduna com o sistema constitucional, dando a entender que a função de julgar está limitada à posição da comissão processante.

Outro ponto a merecer consideração crítica diz respeito à possibilidade de o órgão acusador confundir-se com o órgão julgador pelo que se depreende da Lei n. 8.112/90.

O art. 166 consigna que com o relatório da comissão processante, o processo disciplinar será remetido à autoridade que determinou a sua instauração, para ser julgado. Vê-se que há confusão entre o órgão acusador com o órgão julgador, o que é vedado pelo sistema acusatório.

Romeu Felipe Bacellar Filho também faz crítica a essa previsão legal, sob o argumento de que "mesmo se tratando de uma sindicância-procedimento, com cunho investigatório, a decisão de instaurar o processo administrativo, como dito, corresponde a uma acusação. E, por esse ângulo, a mesma pessoa a quem cabia formular ou orientar o juízo de acusação (instaurar ou não o processo disciplinar) estaria decidindo ao final sobre a culpabilidade ou a inocência do servidor".[28]

Conclui-se, assim, que deve ser interpretada a Lei n. 8.112/90, nesses pontos, conforme a Constituição, permitindo uma adequação ao modelo acusatório, que é o consentâneo ao sistema constitucional, especialmente por conta da instituição do Estado democrático de Direito.

---

[28] *Processo administrativo disciplinar.* 4ª ed. São Paulo: Saraiva, 2013, p. 435.

Isso deverá repercutir em todas as legislações a respeito de processo administrativo disciplinar. É preciso existir nítida divisão entre a função de acusar, de instruir e de julgar, sob pena de nulidade do conteúdo decisório.

5.2 Análise do modelo do Ministério Público de São Paulo

No âmbito do Ministério Público do Estado de São Paulo ocorreram importantes modificações no processo administrativo disciplinar de membros da instituição, por meio da Lei Complementar Estadual n. 1.147, de 6 de setembro de 2011, que alterou a Lei Orgânica do Ministério Público do Estado de São Paulo (Lei Complementar n. 734, de 26 de novembro de 1993).

Essas alterações corrigiram distorções existentes até então e fundamentalmente culminaram no estabelecimento do modelo acusatório no processo administrativo disciplinar, com as garantias que lhe são inerentes.

Introduziu-se na Lei Orgânica do Ministério Público do Estado de São Paulo a comissão processante permanente, como "órgão auxiliar do Ministério Público, encarregado da instrução dos processos administrativos disciplinares e dos processos destinados à remoção compulsória ou à disponibilidade por interesse público, instaurados em face de membro do Ministério Público" (art. 96-A, da Lei Complementar n. 734, de 26 de novembro de 1993).

A referida alteração legislativa deixou claro que ao Corregedor-Geral caberá a instauração do processo administrativo disciplinar, devendo, na sequência, encaminhar os autos à comissão processante permanente para instrução, da qual participará como órgão acusatório (art. 42, VI, da Lei Complementar n. 734, de 26 de novembro de 1993).

Na condição de órgão acusatório, o Corregedor-Geral poderá requerer a produção de provas, a condenação ou a absolvição e recorrer da decisão (art. 42, VI).

PROCESSO ADMINISTRATIVO DISCIPLINAR E O SISTEMA ACUSATÓRIO

Com isso, há nítida distinção entre o órgão que acusa e o órgão que instrui.

A comissão processante permanente durante a instrução dos processos administrativos disciplinares deverá observar os princípios do contraditório e da ampla defesa, exercer atos procedimentais inerentes à instrução, entre eles, requisitar informações, certidões e documentos, expedir notificações para comparecimento de pessoas e zelar pela regularidade procedimental (art. 96-C, I, da Lei Complementar n. 734, de 26 de novembro de 1993).

Ao final da instrução, caberá à comissão processante permanente elaborar relatório conclusivo e propor ao Procurador-Geral de Justiça a extinção do processo administrativo disciplinar, a absolvição ou a condenação do acusado, indicando a sanção disciplinar a ser aplicada e o respectivo fundamento legal (art. 96-C, II, *a*, da Lei Complementar n. 734, de 26 de novembro de 1993).

Nota-se que a comissão processante permanente tem a finalidade principal de instruir o processo administrativo disciplinar, propondo, ao final, o desfecho que entender adequado, sem, contudo, vincular a decisão final do Procurador-Geral de Justiça.

Por esse modelo, o Corregedor-Geral fica como órgão acusatório, apresentando a peça que instaura o processo administrativo disciplinar; a comissão processante permanente é a encarregada de instruir o feito; enquanto o Procurador-Geral exerce a função julgadora.

Essa divisão de tarefas permite que o chefe do Ministério Público, que terá o papel de decidir, mantenha-se distante da acusação e também do momento da produção probatória, o que, em tese, possibilita um julgamento mais equânime. Conforme já esclarecido, a essência do modelo acusatório consiste em atender aos ditames de um processo democrático, no qual as partes participam de forma igualitária e o órgão decisório desempenha sua função imparcialmente.

Ao Corregedor-Geral e ao acusado é possível ampla participação no processo administrativo disciplinar, requerendo provas, inquirindo testemunhas, pleiteando documentos. As partes ganham direitos nesse modelo. Se uma instaura o processo e pleiteia o necessário para comprovar a sua tese, a outra reage à acusação e propõe o que entender cabível visando à absolvição.

E à comissão processante permanente, dentro da função de instrução processual, ficará o encargo de conduzir o processo, deferindo ou não o que entender pertinente, adequado e legítimo para a verdade processual e consoante os princípios constitucionais que incidem sobre o assunto. Trata-se de dar o impulso oficial para que o processo caminhe e chegue ao seu destino, proporcionando uma decisão justa.

A adoção desse modelo veio em boa hora e corrigiu distorção até então existente, que dava ao Corregedor-Geral o papel de deflagrar o procedimento e de também recolher provas, concentrando em si as funções de acusar e de instruir, em completa afronta ao modelo acusatório e, com isso, ao regime democrático.

Percebe-se, conforme já dito, que o sistema acusatório permite a prevalência do princípio da imparcialidade, inerente ao devido processo legal e, em especial, ao princípio do juiz natural.

Romeu Felipe Bacellar Filho ensina que "a exigência de um juiz natural – imparcial e predeterminado pela lei antes da ocorrência do fato – confirma mais uma vez a impossibilidade de pensar o processo administrativo disciplinar como processo de estrutura inquisitória, convergindo em um só órgão ou agente as qualidades de acusador, instrutor e julgador. Afinal, o preço da estrutura inquisitória é o comprometimento da imparcialidade".[29]

CONCLUSÃO

O presente estudo tem a finalidade de contribuir para as reflexões em torno de um tema pouco explorado, porém de fundamental importância.

---

[29] *Processo administrativo disciplinar*. 4ª ed. São Paulo: Saraiva, 2013, p. 439.

PROCESSO ADMINISTRATIVO DISCIPLINAR E O SISTEMA ACUSATÓRIO

A prevalência do modelo acusatório é um assunto mais estudado no processo penal brasileiro, mas de pouca análise no âmbito do processo administrativo disciplinar.

É chegado o momento de se atentar para esse fato, para que as legislações possam adaptar-se à estrutura processual mais consentânea com os princípios e fundamentos constitucionais.

Para que o processo administrativo disciplinar obedeça ao regime democrático instituído pela Constituição Federal de 1988, faz-se necessário que se amolde ao modelo acusatório, com divisão clara dos órgãos que irão exercer as funções de acusar, instruir e decidir, possibilitando ampla e igualitária participação da defesa.

Não é possível que o mesmo órgão que acuse também exerça função instrutória ou decisória. A distinção dos órgãos é condição para a realização de um processo justo, objetivo essencial no Estado democrático de Direito.

Por fim, a supremacia do interesse público sobre o privado – princípio reitor do Direito Público – não deve servir de escusa para a redução do papel da defesa no bojo do processo administrativo disciplinar. Nesse caso, as garantias e os direitos fundamentais específicos à processualidade devem prevalecer sobre quaisquer outras normas.

REFERÊNCIAS BIBLIOGRÁFICAS

BACELLAR FILHO, Romeu Felipe. *Processo administrativo disciplinar*. 4ª ed. São Paulo: Saraiva, 2013.

BADARÓ, Gustavo Henrique Righi I. *Processo penal*. 2ª ed. Rio de Janeiro: Elsevier, 2014.

CARVALHO FILHO, José dos Santos. *Processo administrativo federal*. 5ª ed. São Paulo: Atlas, 2013.

FERNANDES, Antonio Scarance. *Processo penal constitucional*. 6ª ed. São Paulo: Revista dos Tribunais, 2010.

MEDAUAR, Odete. *A processualidade no direito administrativo*. 2ª ed. São Paulo: Revista dos Tribunais, 2008.

BANDEIRA DE. MELLO, Celso Antônio. *Curso de direito administrativo.* 29ª ed. São Paulo: Malheiros, 2012.

OSÓRIO, Fábio Medina. *Direito administrativo sancionador.* 2ª ed. São Paulo: Revista dos Tribunais, 2005.

SILVA, José Afonso da. *Curso de direito constitucional positivo.* 33ª ed.São Paulo: Malheiros, 2010.

Informação bibliográfica deste texto, conforme a NBR 6023:2002 da Associação Brasileira de Normas Técnicas (ABNT):

ESSADO, Tiago Cintra. "Processo administrativo disciplinar e o sistema acusatório". *In*: SOUZA, Luciano Anderson de; TUCUNDUVA SOBRINHO, Ruy Cardozo de Mello (Coord.). *Temas de Processo Administrativo.* São Paulo: Editora Contracorrente, 2017, pp. 331-352. ISBN. 978-85-69220-32-9.

O CONCEITO DE FUNCIONÁRIO PÚBLICO E A ADMINISTRAÇÃO PÚBLICA NACIONAL OU ESTRANGEIRA NA LEI ANTICORRUPÇÃO

VICENTE GRECO FILHO

JOÃO DANIEL RASSI

SUMÁRIO: Considerações iniciais. 1. Conceito de administração pública. 2. O conceito legal de funcionário público para efeitos penais previstos no art. 327 do Código Penal. 2.1 O *caput* do art. 327. 2.2 Extensão da interpretação do §1º. 2.3 O conceito de funcionário público na legislação penal especial. 3. O funcionário público estrangeiro.

CONSIDERAÇÕES INICIAIS

Com a promulgação da Lei n. 12.846, de 1º de agosto de 2013, posicionou-se o legislador pela opção de prever sanção administrativa para as pessoas jurídicas pela prática do que chamou de atos lesivos.

Previstos no art. 5º da Lei, optou o legislador por uma fórmula genérica no *caput,* a respeito do conceito de ato lesivo como aquele praticado pelas pessoas jurídicas que atentem contra o patrimônio público nacional ou estrangeiro, contra princípios da administração pública ou compromissos internacionais assumidos pelo Brasil, que acabou sendo delimitada pelas definições dos incisos I a V.

Digno de nota que estes atos encontram inúmeros paralelos com tipos penais e permite (senão exige) uma interpretação integrada a respeito dos sujeitos passivos da Lei Anticorrupção e dos tipos penais relacionados à corrupção.

Por outro lado, na relação fática em que se consubstancia o ato lesivo, certo é que há um ou mais membros das pessoas jurídicas mencionadas no art. 1º (que não necessariamente serão dirigentes ou administradores nos termos do § 2º, do art. 3º), com funcionário público, pertencente à administração pública nacional ou estrangeira.

A este respeito, a Lei Anticorrupção se limitou tão somente a conceituar a administração pública e o agente público estrangeiro (§§ 1º, 2º e 3º, art. 5º), em termos próximos ao que tratou a lei penal, nada mencionando, contudo, sobre o conceito de funcionário público e administração pública nacional para seus fins.

Assim, ponto que merece destaque é saber se é possível aplicar o conceito penal de administração pública e funcionário público não estrangeiro também no âmbito da Lei diante dos novos ilícitos administrativos.

1. CONCEITO DE ADMINISTRAÇÃO PÚBLICA

É a administração pública o bem jurídico tutelado pela Lei Anticorrupção e, sendo assim, é necessário aqui delimitar a extensão do conceito de administração pública, para melhor definir os limites da atuação das empresas por atos de corrupção.

Afirma a doutrina de direito penal que o termo "administração pública" não possui o mesmo significado do que aquele atribuído pelo

O CONCEITO DE FUNCIONÁRIO PÚBLICO E A ADMINISTRAÇÃO...

direito constitucional e pelo direito administrativo.[1] Para o direito penal o conceito de administração pública é bem mais amplo, "de modo a compreender, no plano objetivo, toda atividade funcional do Estado e dos demais entes públicos".[2]

Sem dúvida definir o sentido da expressão *administração pública* é ponto de partida não só para delimitar o bem jurídico tutelado nos crimes contra a Administração Pública (Título XI)[3], como também para estabelecer o sentido do termo funcionário público, para efeitos penais, previsto no art. 327 do CP, assim como para efeitos da presente lei.

É do direito administrativo a classificação da administração pública em sentido estrito (entendida esta como conjunto de órgãos que desempenha, na prática, as funções administrativas)[4], sob o aspecto funcional e orgânico.

Segundo Maria Sylvia Zanella Di Pietro, a *concepção funcional* (também chamada de objetiva ou material) da Administração Pública abrange "as atividades exercidas pelas pessoas jurídicas, órgãos e agentes incumbidos de atender concretamente às necessidades coletivas; corresponde à função administrativa, atribuída preferencialmente aos órgãos do Poder Executivo".[5] Entre essas atividades que correspondem

---

[1] *V.* por todos, COSTA Jr., Paulo José. *Dos crimes contra a administração pública*. São Paulo: Malheiros, 1997, p. 15.

[2] COSTA Jr., Paulo José. *Dos crimes contra a administração pública*. São Paulo: Malheiros, 1997, p. 16.

[3] Certo é que a adoção de um conceito amplo permite a conclusão de que a objetividade jurídica nos crimes previstos contra a administração pública é a tutela de sua normalidade funcional, probidade, prestígio e decoro (COSTA Jr., Paulo José. *Dos crimes contra a administração pública*. São Paulo: Malheiros, 1997, p. 21).

[4] Em sentido amplo, a administração pública compreende todos os órgãos governamentais (governo) quanto os órgãos administrativos responsáveis pela execução dos planos governamentais (DI PIETRO, Maria Sylvia Zanella. *Direito administrativo*. 13ª ed. São Paulo: Atlas, 2001, p. 54).

[5] *Direito administrativo*. 13ª ed. São Paulo: Atlas, 2001, p. 59. Para Odete Medauar, no aspecto funcional, *"Administração pública* significa um conjunto de atividades do Estado que auxiliam as instituições políticas de cúpula no exercício de funções de governo, que organizam a relação das finalidades públicas postas por tais instituições e que

VICENTE GRECO FILHO; JOÃO DANIEL RASSI

à função administrativa estão o fomento, a polícia administrativa, o serviço público e a intervenção, segundo alguns autores.[6]

Por outro lado, em *sentido orgânico* (também chamado de subjetivo ou formal) a administração pública pode ser definida como o "conjunto de órgãos e de pessoas jurídicas aos quais a lei atribui o exercício da função administrativa do Estado", segundo a definição de Maria Sylvia Zanella Di Pietro.[7]

Para Odete Medauar, na concepção orgânica o que predomina é o enfoque da administração pública em uma visão de "estrutura ou aparelhamento articulado, destinado à realização de tais atividades; pensa-se, por exemplo, em ministérios, secretaria, departamentos, coordenadorias etc".[8]

Em sentido orgânico, a Administração Pública integra todos os órgãos das pessoas jurídicas políticas (União, Estados, Municípios e Distrito Federal): órgãos da Administração Direta e da Administração Indireta, e também pessoas jurídicas com personalidade de direito público ou privado responsáveis pelo exercício das funções administrativas do Estado, conferidas por lei.[9]

---

produzem serviços, bens e utilidades para a população, com, por exemplo, ensino público, calçamento de ruas, coleta de lixo" (*Direito administrativo moderno*. 10ª ed. São Paulo: Revista dos Tribunais, 2006, p. 44).

[6] O fomento é a atividade administrativa que diz respeito ao incentivo à iniciativa privada de utilidade pública. A polícia administrativa compreende toda atividade de execução das chamadas limitações administrativas, que são restrições impostas por lei ao exercício de direitos individuais em benefício do interesse coletivo (são as ordens, notificações, licenças, autorizações, fiscalização e sanções). O serviço público consiste em uma atividade da Administração para satisfazer a necessidades de relevância para a coletividade, que foram assumidas pelo Estado com ou sem exclusividade (algumas dessas atividades estão previstas no art. 21 da CF, com p.ex., correio, telecomunicações, energia elétrica, transporte em fronteiras nacionais ou transnacionais, serviços de estatísticas, nucleares etc.). Por fim, a intervenção compreende a atividade de regulamentação e fiscalização da atividade econômica privada (art. 173 da CF). DI PIETRO, Maria Sylvia Zanella. *Direito administrativo*. 13ª ed. São Paulo: Atlas, 2001, p. 60.

[7] DI PIETRO, Maria Sylvia Zanella. *Direito administrativo*. 13ª ed. São Paulo: Atlas, 2001, p. 62.

[8] *Direito administrativo moderno*. 10ª ed. São Paulo: Revista dos Tribunais, 2006, p. 44.

[9] O Decreto-lei n. 200/67, com a redação dada pela Lei n. 7.596/87, dá enumeração legal dos entes que compõe a Administração Pública, organicamente considerada, *in verbis*:

O CONCEITO DE FUNCIONÁRIO PÚBLICO E A ADMINISTRAÇÃO...

Mas qual das duas acepções está adequada à concepção penal de administração pública e ao conceito de funcionário público tendo em vista a já dita ampliação das funções outorgadas à administração pública na Constituição de 1988 e a visível delegação de serviços públicos à iniciativa privada?

Cremos que a resposta a esta pergunta surge a partir da leitura do art. 327 do Código Penal, integrando os conceitos dos dois ramos do direito, sempre orientado pelos princípios da legalidade e seus corolários aplicáveis também na tipicidade administrativa.

2. O CONCEITO LEGAL DE FUNCIONÁRIO PÚBLICO PARA EFEITOS PENAIS PREVISTOS NO ART. 327 DO CÓDIGO PENAL

A interpretação do artigo 327 do Código Penal tem instigado controvérsias doutrinárias que se estendem desde as primeiras alterações no seu texto, em 1980, com a Lei n. 6.799/80, e intensificaram-se com as alterações trazidas pela Lei n. 9.983/00.[10]

"A administração federal compreende: I – a administração direta, que se constitui dos serviços integrados na estrutura administrativa da Presidência da República e dos Ministérios; II – a administração indireta, que compreende as seguintes categorias de entidades, dotadas de personalidade jurídica própria: a) autarquias; b) empresas públicas; c) sociedades de economia mista; d) fundações públicas". Tudo conforme DI PIETRO, Maria Sylvia Zanella. *Direito Administrativo*. 13ª ed. São Paulo: Atlas, pp. 61/62.

[10] No que diz respeito aos antecedentes históricos, digno de nota que o tratamento dado ao sujeito ativo dos crimes praticados contra a Administração Pública na legislação penal brasileira, tradicionalmente, sempre precedeu de uma equiparação. A equiparação, entretanto, não foi uniforme durante as sucessivas leis penais e reflete o estágio da evolução do direito administrativo de cada época, daí uma sucinta abordagem histórica sobre o tema. O Código Penal de 1830, no título V da 2ª parte, sob a rubrica *Dos crimes contra a bôa ordem e administração publica,* cuidou dos chamados *crimes funcionais,* assim denominados por Galdino Siqueira, com exceção do peculato que estava incluído no título VI, chamado *Dos crimes contra o thesouro publico e propriedade publica* (art. 170). A opção terminológica empregada para designar o sujeito ativo dessas condutas foi *empregado público* (p.ex., art. 129, prevaricação), havendo caso em que o legislador utilizou-se, além emprego público, também a expressão *função pública,* para punir aquele que "arrogar-se, e effectivamete exercer, sem direito ou motivo legitimo" (art. 137) uma

VICENTE GRECO FILHO; JOÃO DANIEL RASSI

Apesar de tais alterações incidirem sobre os parágrafos, seus acréscimos não impediram de que fosse feita uma nova interpretação do *caput* do art. 327, especialmente no real conteúdo da terminologia *função pública*.

2.1 O *caput* do art. 327.

Segundo a disposição do art. 327, *caput*, considera-se *funcionário público, para efeitos penais, quem, embora transitoriamente ou sem remuneração, exerce cargo, emprego ou função pública*.

---

função pública. Observe que o particular também poderia ser punido por esses crimes, tendo em vista a equiparação em dispositivos previstos para cada conduta delituosa em específico. Era o caso, p.ex., do art. 136, que equiparava o particular a empregado público sujeito ativo do crime de concussão (art. 135), desde que "encarregadas por arrendamento, ou por outro qualquer título, de cobrar e administrar rendas ou direitos, que commetterem algum dos crimes referidos no artigo antecedente". Mesma terminologia utilizou-se o legislador no Código Penal de 1890 que, inclusive, manteve a mesma rubrica no Titulo V, *Dos crimes contra a boa ordem e administração publica*. Apesar de sua pretensão de manter sob esse título todos os crimes funcionais propriamente ditos, em outros títulos qualificou crimes com a mesma natureza (arts. 131, 194 e 201), revelando uma falta de método, segundo crítica de Galdino Siqueira (SIQUEIRA, Galdino. *Direito penal brasileiro*. vol. II. Rio de Janeiro: Livraria Jacyntho, 1932, pp. 263/264). Também foi prevista equiparação, nos seguintes termos: "*As pessoas particulares, encarregadas, por arrendamento, arrematação, ou outro qualquer titulo, de cobrar ou administrar rendas ou direitos e que commetterem algum, ou alguns dos crimes referidos nos artigos antecedentes, incorrerão nas mesmas penas*". E no caso do crime de prevaricação, poderia ser considerado sujeito ativo o advogado ou procurador judicial que, p.ex., *conluiar-se com a parte adversa e, por qualquer meio doloso, prejudicar a causa confiada ao seu patrocinio* (MOTTA FILHO, Candido. *Preleções de direito penal*. 3º ano do Curso de Bacharelado. São Paulo: Faculdade de Direito da Universidade de São Paulo, 1937, p. 160 (40ª foletim). As mesmas disposições do Código Penal de 1890 são mantidas nas Consolidações das Leis Penais de Piragibe. Para a doutrina, porém, as expressões *empregado público* e *funcionário público* eram considerados sinônimas e poderiam ser entendidas como sendo "todo aquelle que, em virtude de nomeação, exerce funcção publica" (SIQUEIRA, Galdino. *Direito penal brasileiro*. vol. II. Rio de Janeiro: Livraria Jacyntho, 1932, p. 281. No mesmo sentido: FARIA, Antonio Bento de. *Annotações theorico-praticas ao Codigo Penal do Brasil*. vol. 1. 4ª ed. Rio de Janeiro: Jacintho Ribeiro dos Santos editor, 1929, p. 368, em anotações a jurisprudência do art. 207; MOTTA FILHO, Candido. *Preleções de direito penal*. 3º ano do Curso de Bacharelado. São Paulo: Faculdade de Direito da Universidade de São Paulo, 1937, p. 160).

O CONCEITO DE FUNCIONÁRIO PÚBLICO E A ADMINISTRAÇÃO...

Em consonância com o conceito amplo de "Administração Pública" acolhido pelo Código Penal, estabeleceu o legislador também um conceito extensivo de funcionário público para efeitos penais.

É bem de ver que o termo funcionário público empregado pelo artigo corresponde à classificação de *agente público*, segundo a moderna doutrina de direito administrativo.

Nesse sentido, "agentes públicos" é expressão que, segundo Maria Sylvia Zanella Di Pietro, designa toda pessoa física que presta serviços ao Estado e às pessoas jurídicas da Administração Indireta.[11] São divididos em quatro categorias: agentes políticos; servidores públicos, que se subdividem em estatutários, celetistas e temporários; militares; e particulares em colaboração com o Poder Público.[12]

Assim, serão servidores públicos, segundo o art. 327, aqueles que, embora transitoriamente ou sem remuneração, exercem cargo (criado por lei, com denominação própria, em número certo e pago pelos cofres públicos), emprego (é o servidor contratado em regime especial ou regido pela CLT, por exemplo, diaristas, mensalistas etc.) ou função pública.

Mas é a partir do vocábulo "função pública" que se pode inferir que o legislador adotou a concepção de Administração Pública em sentido funcional ou objetivo, e nisso não discorda a doutrina.

No entanto, sob nosso ponto de vista, o critério funcional adotado é extremamente amplo e fluido no que diz respeito à limitação do que seja função pública. Daí a principal consequência perniciosa no sistema

---

[11] *Direito Administrativo*. 25ª ed. São Paulo: Atlas, 2012, p. 581.

[12] A classificação original, formulada por Oswaldo Aranha Bandeira De Mello, previa apenas três categorias: agentes políticos, servidores públicos (civis e militares) e particulares em atuação colaboradora. Contudo, a Emenda Constitucional 18/98 transformou os servidores públicos militares em categoria própria, restringindo a utilização da expressão servidor público exclusivamente ao civil. MELLO, Oswaldo Aranha Bandeira de. *Princípios do Direito Administrativo*. Rio de Janeiro: Forense, 1974, p. 277.

penal devido à insegurança jurídica que gera, incompatível na interpretação da norma penal incriminadora. Além disso, a interpretação penal não guarda coerência com o sistema do direito administrativo.

Observe que é tão amplo o conceito funcional adotado pela legislação repressiva que chega a extrapolar o próprio conceito administrativo que o informa. Isso fica evidente quando se sabe que para o direito administrativo o conceito de administração pública em sentido funcional exclui as atividades dos órgãos governamentais superiores e as funções políticas.[13] Se o direito penal fosse rigoroso na sistemática em conceituar a administração pública em sentido estrito na concepção funcional, deveria necessariamente excluir da interpretação penal tais atividades.

Para solucionar tais problemas, sustentamos a adoção do critério orgânico da administração pública, pelas razões que expomos em seguida.

Adotando o critério orgânico, é possível identificar não só os órgãos e as pessoas jurídicas destinadas, por meio de lei, à execução das atividades administrativas, como também, sua posição na estrutura da Administração Pública.

Isso porque a complexa estrutura da administração pública pode ser visualizada em uma representação simultânea (organograma) a partir da qual é possível identificar em cada órgão ou pessoa jurídica de direito público os diferentes cargos, empregos ou funções públicas que a compõe e que são exercidas por agentes para a consecução da atividade administrativa.

Nesse sentido, é a explicação de Edmir Netto de Araújo. Segundo o autor, a organização dos órgãos administrativos – sejam eles pessoas políticas, entidades ou órgãos da administração – é estruturada de forma orgânica, denominada organograma, comparada a uma pirâmide na qual

---

[13] Essa é a conclusão de Paulo José da Costa Jr., *in verbis:* "Para decidir acerca da qualificação de funcionário público o que se considera não é o tipo do cargo desempenhado, mas a circunstância de fato que o sujeito, na relação específica apontada pela norma penal, esteja a exercer uma função pública legislativa, administrativa, judiciária ou de governo" (*Dos crimes contra a administração pública*. São Paulo: Malheiros, 1997, p. 26).

O CONCEITO DE FUNCIONÁRIO PÚBLICO E A ADMINISTRAÇÃO...

se organiza hierarquicamente desde os órgãos de maiores até aqueles de menores competências decisórias.[14]

Cada um desses órgãos são diferentes unidades, com competências distintas e decorrentes da pessoa jurídica a qual se acham integrados, que sintetizam círculos de poder, por meio dos quais se executam as funções estatais, nos diferentes setores.[15]

Desse modo, será considerado funcionário público, por exercer função pública, aquele que ocupar uma dessas diferentes unidades com sua específica atribuição estabelecida em lei. E, consequentemente, quando o representante de uma empresa tratar com qualquer desses funcionários com a finalidade de praticar os atos previstos na Lei de Corrupção, estará configurada a infração administrativa, independentemente de haver interpretação mais restritiva do termo na seara exclusiva do direito administrativo.

2.2 Extensão da interpretação do § 1º

O atual parágrafo primeiro do art. 327 equipara a funcionário público para efeitos penais duas situações: a) quem exerce cargo, empregou ou função em entidade paraestatal e; b) quem trabalha para empresa prestadora de serviço contratada ou conveniada para execução de atividade típica da administração pública.

a) atividade em entidade parestatal

Até a edição do Decreto-lei n. 200/67, a expressão paraestatais era utilizada para designar de modo indiscriminado toda Administração Indireta, mas atualmente se considera que as paraestatais não integram a Administração Pública, Direta ou Indireta.[16] São, de acordo com o

---

[14] *Curso de direito administrativo*. São Paulo: Saraiva, 2005, p. 132.

[15] ARAÚJO, Edmir Netto. *Curso de direito administrativo*. São Paulo: Saraiva, 2005, p. 136.

[16] A redação original do artigo dispunha, em seu parágrafo único, que era considerado funcionário público, para efeitos penais, aquele que exercesse cargo, emprego ou função

VICENTE GRECO FILHO; JOÃO DANIEL RASSI

Direito Administrativo, entidades que atuam paralelamente ao Estado e que exercem atividades de interesse público não privativas do Estado.[17]

Celso Antônio Bandeira De Mello adotou, durante um período, um conceito mais restritivo de paraestatais, excluindo de seu campo de abrangência as sociedades de economia mista e as empresas públicas.[18]

Hely Lopes Meirelles chegou a considerar paraestatais como um intermédio entre o público e o privado, o que abrangia na época as empresas públicas, as sociedades de economia mista, as fundações instituídas pelo Poder Público, pois ele entendia que elas deveriam ter natureza jurídica de direito privado, e os serviços sociais autônomos.[19]

Atualmente, a obra de Meirelles, já atualizada com orientações mais modernas, enfatiza que paraestatais são pessoas jurídicas de direito privado que, por lei, são autorizadas a prestar serviços ou realizar atividades de interesse coletivo ou público, mas não exclusivos do Estado, compreendendo os serviços sociais autônomos e as organizações sociais.[20] Insere-se, portanto, na expressão os entes de cooperação com o Estado.[21]

---

em entidade paraestatal. O conflito de interpretações do citado dispositivo, até então, concentrava-se na definição acerca do conceito de entidade paraestatal, especialmente sobre a possibilidade ou não, de serem consideras como tais as sociedades de economia mista e as empresas públicas e era reflexo da divergência oriunda da doutrina do próprio Direito Administrativo. NOHARA, Irene Patrícia. *Direito Administrativo*. São Paulo: Atlas, 2013, p. 624.

[17] São exemplos de paraestatais da atualidade (com algumas variações encontráveis na doutrina do Direito Administrativo): os serviços sociais autônomos, as ordens e conselhos profissionais, as organizações sociais e as organizações da sociedade civil de interesse público.

[18] Sérgio de Andréa definiu paraestatais como autarquias que tem menores laços de subordinação em relação ao Estado (*Direito Administrativo Didático*. Rio de Janeiro: Forense, 1985, p. 78)

[19] Nas palavras do citado autor: "Entidades paraestatais são pessoas jurídicas de direito privado cuja criação é autorizada por lei específica para a realização de obras, serviços, ou atividades de interesse coletivo. *São espécies de entidades paraestatais as empresas públicas, as sociedades de economia mista e os serviços sociais autônomos (SESI, SESC, SENAI e outros)*. Ver: *Direito administrativo brasileiro*. São Paulo: Malheiros, 1996, p. 62.

[20] Organizações e serviços que, caso sejam considerados, entrariam no item posterior, desde que observados alguns requisitos que serão expostos, pois não se tratam atualmente de entes integrantes da Administração Indireta, conforme dito.

[21] MEIRELLES, Hely Lopes. *Direito administrativo brasileiro*. São Paulo: Malheiros, 2009, p. 68.

O CONCEITO DE FUNCIONÁRIO PÚBLICO E A ADMINISTRAÇÃO...

Apesar de atualmente não ter sido mantido no direito administrativo brasileiro o sentido originário de paraestatal, que sofreu mutações, entendemos que paraestatal para efeitos do Código Penal deve abarcar os entes da Administração Indireta, por dois motivos: em primeiro, para privilegiarmos uma interpretação integradora da norma penal, que, por sua natureza, prevê um conceito de funcionário público mais amplo do que aquele previsto à época pelo direito administrativo.[22] Por este raciocínio, se as especificidades doutrinárias do campo administrativo acerca do conceito de funcionário público são desprezadas pelo direito penal, que *a priori* utiliza um conceito mais abrangente de funcionário público[23], também devem ser suplantadas as dificuldades da doutrina administrativa em delimitar o conceito de paraestatal para efeitos estritamente penais, adotando-se um conceito mais amplo e sólido.

Em segundo, sustentamos esta convicção com o amparo legal do artigo 84 da Lei n. 8.666/93, que regula infraconstitucionalmente parcela substancial do direito administrativo, e determina a interpretação abrangente do conceito de entidade paraestatal, para nele incluir as sociedades de economia mista, empresas públicas, fundações e autarquias.[24]

---

[22] Depois substituído por um conceito mais abrangente de servidor público, conforme será exposto.

[23] Nos dizeres de Cezar Roberto Bitencourt: Nosso Código Penal, no art, 327, adotou a noção extensiva e deu maior elasticidade ao conceito de funcionário público. (*Tratado de Direito Penal*. São Paulo: Saraiva, 2009, p. 153). Também Nelson Hungria: Adotando a noção extensiva, o nosso Código ainda lhe deu maior elastério, não exigindo, para caracterização de funcionário publico, nem mesmo o exercício profissional ou permanente da função pública. (*Comentários ao Código Penal*. vol. 9. Rio de Janeiro: Forense, 1958, p. 398)

[24] Conforme Roberto Wagner Battochio Casolato: "O art. 84 da Lei n. 8.666/93, dispositivo de patente similitude com o artigo 327 do Código Penal, estabeleceu, no *caput*, que: 'considera-se servidor público, para os fins desta Lei, aquele que exerce, mesmo que transitoriamente ou sem remuneração, cargo, função ou emprego público'. No § 1º do artigo 84 o legislador fez certo que: 'equipara-se a servidor publico, para os fins desta Lei, quem exerce cargo, emprego ou função em entidade paraestatal, *assim consideradas, além das fundações, empresas públicas e sociedades de economia mista, as demais entidades sob controle, direto ou indireto, do Poder Público*". *In*: "A doutrina, a jurisprudência e o art. 327, do Código Penal". *Revista Brasileira de Ciências Criminais*, São Paulo, vol. 6, n. 22, p. 98.

É importante ressaltar, contudo, que mesmo adotando-se uma interpretação mais ampla acerca das entidades públicas, os funcionários das sociedades de economia mista, de empresas públicas ou fundações somente serão equiparados a funcionários públicos quando estiverem efetivamente desempenhando funções outorgadas por normas de direito público. Sob este parâmetro objetivo, não serão equiparados a funcionários públicos os agentes mencionados no artigo 327 do Código Penal (diretores, assessores e comissionários) quando exercerem atividades regidas por normas de direito privado.[25]

b) Atividade típica da Administração Pública

A Lei n. 9.983/00 deu nova redação ao § 1º do art. 327, estendendo-se a equiparação de funcionário público para além das pessoas que exercem cargo, emprego ou função em atividade paraestatal, também para aqueles que trabalham em empresa prestadora de serviço contratada ou conveniada para execução de atividade típica da Administração Pública.

Referida lei foi fruto do Projeto de Lei n. 2.848/99, cujo texto pretendia alterar o Código Penal "mediante a tipificação de condutas que constituem crimes contra a *previdência social*" além de outras providências. Segundo sua Exposição de Motivos, o Projeto seria mais uma dentre as várias medidas que se vinham adotando no combate às fraudes e desvios do patrimônio previdenciário que, em última análise, considera-se patrimônio do trabalhador. Assim foi, que propuseram novas condutas criminosas a serem acrescentadas ao Código Penal (arts. 168-A, 312-A e 337-A).

---

[25] Neste sentido, Paulo José da Costa Jr. e Antonio Pagliaro afirmam que: "o *prius* lógico dos crimes funcionais é que o sujeito, na situação concreta, esteja exercitando uma função pública. Deste dado de fato (e não da qualidade de funcionário público honorário, etc.) deriva a qualificação de funcionário público necessária à configuração dos crimes. Logo, os delitos funcionais podem ser classificados como 'delitos próprios de estrutura inversa', no sentido de que é necessário indagar sobre o fato antes de concluir que a qualificação subjetiva de funcionário público subsista realmente" (*Dos crimes contra a administração pública*. São Paulo: Malheiros, 1997, p. 30).

O CONCEITO DE FUNCIONÁRIO PÚBLICO E A ADMINISTRAÇÃO...

Entre tais condutas, sempre segundo a exposição de motivos, a última alteração proposta foi aquela que visava à modificação do §1º: "*12) Por fim, altera-se o § 1º do art. 327 para incluir no conceito penal de funcionário público quem trabalha para empresa prestadora de serviço contratada ou conveniada para a execução de atividade típica da previdência social*". O Projeto de Lei trazia, pois, a seguinte redação original para o §1º:

Art. 327.

§1º Equipara-se a funcionário público quem exerce cargo, emprego ou função em entidade paraestatal, e quem trabalha para empresa prestadora de serviço contratada ou conveniada para execução de atividade *típica da previdência social.*

Ao ser aprovada, entretanto, a redação original foi modificada para equiparar como funcionário público o trabalhador da empresa prestadora de serviço contratada ou conveniada para execução de atividade *típica da administração pública,* dando à norma uma extensão mais ampla.

Não há dúvida que a mudança no texto original (de "atividade típica da previdência", para "atividade típica da administração pública"), suscitou maiores dificuldades na delimitação do conceito inserido no art. 327. Como saber, então, o que exatamente consiste *atividade típica da administração pública?*

A única forma de salvaguardar a legalidade da aplicação do dispositivo é adotar o conceito orgânico de administração pública, procedendo à mesma interpretação adotada no *caput.*

Com base nesse entendimento, na hipótese do órgão ou pessoa jurídica contratar ou estabelecer convênio com empresa prestadora de serviços, para o exercício de sua atividade típica, lembre-se, estabelecida em lei, serão considerados funcionários públicos por equiparação os trabalhadores da empresa terceirizada, desde que ocupem posição de atividade correspondente àquela prevista no órgão ou pessoa jurídica de direito público contratante, ocupada por um servidor público.

Os órgãos administrativos devem obedecer à hierarquia prevista nas portarias, decretos ou leis que os organizam e atribuem suas funções, de modo que será considerado funcionário público aquele trabalhador de empresa conveniada ou contratada que encontrar um equivalente de suas atividades em uma das células do organograma da Administração Pública. Caso contrário, sua conduta poderá tipificar qualquer outro crime que não o funcional.[26]

2.3 O conceito de funcionário público na legislação penal especial

O conceito de funcionário público aplica-se não só às condutas do Código Penal, como também as Leis Especiais, desde que não prevejam disposição específica a respeito, tendo em vista o princípio da especialidade previsto no art. 12 do Código Penal. Note que muitos dos atos lesivos previstos na presente lei encontram correspondência também na legislação penal especial.

Observe que qualquer lei alteradora do conceito previsto na regra geral do art. 327 não tem o condão de alterar as eventuais previsões conceituais nas leis específicas que, a despeito da nova lei, manterá sua redação original.

---

[26] Elucidativa nessa questão é o acórdão do Superior Tribunal de Justiça, que equipara o *advogado dativo* a funcionário público, sempre que desempenhando as mesmas funções atribuídas à Defensoria Pública: "Embora não sejam servidores públicos propriamente ditos, pois não são membros da Defensoria Pública, os advogados dativos, nomeados para exercer a defesa de acusado necessitado nos locais onde o referido órgão não se encontra instituído, são considerados funcionários públicos para fins penais, nos termos do art. 327 do Código Penal" (STJ, 5ª T., RHC n. 2012/01180621, Rel. Min. Jorge Mussi, j. 05.06.13). Igualmente, segundo o conceito orgânico defendido, se equipara o *médico* que atende em hospital credenciado pelo Sistema Único de Saúde (SUS). De acordo com a jurisprudência do Supremo Tribunal Federal, "O hospital privado que, mediante convênio, se credencia para exercer atividade de relevância pública, recebendo, em contrapartida, remuneração dos cofres públicos, passa a desempenhar o múnus público. O mesmo acontecendo com o profissional da medicina que, diretamente, se obriga com o SUS" (STF, 2ª T., Rel. Min. Ayres Brito, RHC n. 90.253/ES, j. 19.04.11).

O CONCEITO DE FUNCIONÁRIO PÚBLICO E A ADMINISTRAÇÃO...

a) Lei de licitações

A Lei de Licitações (Lei n. 8.666/93), no artigo seu art. 84, atualizou a terminologia de acordo com a doutrina administrativa moderna passando a empregar a expressão servidor público, seguindo a orientação constitucional.[27] Além disso, deu abrangência conceitual que a doutrina e a jurisprudência já davam para o parágrafo §1º do art. 327[28] do Código Penal, procurando eliminar dúvidas que ele despertava.[29]

Assim, ao invés de utilizar-se a expressão "entidade paraestatal", como fez o §1º do art. 327, do CP, que não apresentava contornos precisos, a Lei esclareceu que serão considerados funcionários públicos por equiparação aqueles exercentes de atividades em entidade paraestatal, assim consideradas, além das fundações, empresas públicas e sociedades de economia mista, as demais entidades sob controle, direto ou indireto, do Poder Público. Tal conceito amplo de administração indireta responde à orientação constitucional.[30]

A respeito da Lei n. 9.983/00 que deu nova redação ao parágrafo 1º do art. 327 e suas eventuais repercussões no art. 84, sustentamos que, a despeito de adentrar no tortuoso conceito de atividade típica da Administração Pública, o que vai determinar a aplicação dos crimes da Lei de Licitações é se a entidade a que pertence o agente está, ou não, sujeita às regras e princípios das licitações, no termos do parágrafo único do art. 1º.[31]

Assim, se a entidade está sob qualquer forma de controle, inclusive contratual, direto ou indireto, da União, Estados, Distrito Federal e

---

[27] Servidor público é conceito mais abrangente do que o usado para designar, antes da Constituição de 1988, o funcionário público (NOHARA, Irene Patrícia. *Direito Administrativo*. São Paulo: Atlas, 2013, p. 633.

[28] Antes mesmo da alteração sofrida pela Lei n. 9.983/00. A observação é de GRECO FILHO, Vicente. *Dos crimes da lei de licitações*. 2ª ed. São Paulo: Saraiva, 2007, p. 25 ss.

[29] Cf. JUSTEN FILHO, Marçal. *Comentários à lei de licitações e contratos administrativos*. 11ª ed. São Paulo: Dialética, 2005, p. 611 ss.

[30] Na conclusão de JUSTEN FILHO, Marçal. *Comentários à lei de licitações e contratos administrativos*. 11ª ed. São Paulo: Dialética, 2005, p. 611 ss.

[31] *Dos crimes da lei de licitações*. 2ª ed. São Paulo: Saraiva, 2007, p. 26.

VICENTE GRECO FILHO; JOÃO DANIEL RASSI

Municípios e, em virtude mesmo desse controle, está sujeita às normas de licitação pública, serão seus agentes sujeitos aos crimes próprios da lei.[32] Igualmente, será a entidade sujeito passivo dos atos de corrupção tentados ou praticados por pessoas jurídicas.

b) Código Eleitoral

Prevê o Código Eleitoral (Lei n. 4.737/65) disposições criminais para assegurar, em regra, a lisura do processo eleitoral. A par dos crimes em espécie, previu o Código também um conceito legal de membro e funcionário público da Justiça Eleitoral (art. 283), a semelhança do art. 327 do Código Penal.

No *caput* do art. 283, o legislador considerou membros e funcionários da Justiça Eleitoral: os juízes que estejam presidindo Juntas Apuradoras, mesmo que não exercendo funções eleitorais, ou que se encontrem no exercício de outra função por designação de Tribunal Eleitoral; os cidadãos que integram órgãos da Justiça Eleitoral, temporariamente e os que hajam sido nomeados para as mesas receptoras ou Juntas Apuradoras; e os funcionários requisitados pela Justiça Eleitoral.

No §1º do art. 283, considerou-se funcionário público, para efeitos penais, além dos indicados acima, a semelhança do disposto no *caput* do art. 327, aquele que embora transitoriamente ou sem remuneração, exerce cargo, emprego ou função pública.

3. O FUNCIONÁRIO PÚBLICO ESTRANGEIRO

A lei n. 10.467, promulgada em 11 de junho de 2002, acrescentou o Capítulo II-A ("Dos crimes praticados por particular contra a Administração Pública estrangeira") ao Título XI do Código Penal, e visou dar efetividade ao Decreto n. 3.687, de 30 de novembro de 2000, que promulgou a Convenção sobre o Combate da Corrupção de

---

[32] *Cf.* GRECO FILHO, Vicente. *Dos crimes da lei de licitações.* 2ª ed. São Paulo: Saraiva, 2007, p. 26.

Funcionários Públicos Estrangeiros em Transações Comerciais, concluída em Paris, em 17 de dezembro de 1997.[33]

No novo Capítulo foram previstas as condutas criminosas de corrupção ativa em transação comercial internacional (art. 337-B) e o tráfico de influência em transação comercial internacional (art. 337-C). Além disso, no art. 337-D, foi definido o funcionário público estrangeiro, para efeitos penais[34], dando mais argumentos para a dificuldade em se interpretar o conceito penal de funcionário público.

Segundo o art. 337-D, *caput,* considera-se funcionário público estrangeiro quem, ainda que transitoriamente ou sem remuneração, exerce cargo, emprego ou função pública em entidades estatais ou em representações diplomáticas de país estrangeiro.

No §1º do mesmo artigo, equiparou-se a funcionário público estrangeiro quem exerce cargo, emprego ou função em empresas controladas, diretamente ou indiretamente, pelo Poder Público de país estrangeiro ou em organizações públicas internacionais.

Questão que parece relevante sobre o conceito específico de funcionário público estrangeiro é sobre o que poderá ser entendido por cargo, emprego ou função pública em entidades estatais estrangeiras. Quanto às representações diplomáticas, em princípio, não haveria problemas em identificá-la.

Nesse aspecto, inclusive, o art. 5, parágrafo primeiro, da chamada "Lei Anticorrupção" (Lei n. 12.846/13) colabora com o intérprete penal

---

[33] Também inseriu na Lei n. 9.613, de 3 de março de 1998, no art. 1º entre os crimes antecedentes a "lavagem", o praticado por particular contra a administração pública estrangeira (VII).

[34] Observe que o Projeto de Lei n. 4.143, do Executivo, que deu origem a citada lei, chegou a receber parecer contrário na Comissão de Constituição e Justiça e de Redação, tendo em vista a natureza do bem jurídico que se visa proteger, a partir da Convenção inspiradora. Segundo o Deputado Jarbas Lima, não cabe ao Estado brasileiro proteger a Administração Pública estrangeira, o que, aliás, seria injurídico se o fizesse. Por isso, para a preservação da sistemática do Código, não poderia haver previsão de um capítulo, sob o Título XI "Dos Crimes contra a Administração Pública", para proteger a administração pública de outro Estado. Assim foi que apresentou um substituto ao Projeto de Lei n. 4.143, propondo a criação de mais um Título no Código Penal (Título XII), denominado "Dos crimes previstos em atos internacionais", cujo Capítulo I seria "Dos crimes praticados em decorrência de transações comerciais internacionais" que não foi aprovado.

para a definição do conceito de administração pública estrangeira, ao estabelecer que "Considera-se administração pública estrangeira os órgãos e entidades estatais ou representações diplomáticas de país estrangeiro, de qualquer nível ou esfera de governo, bem como as pessoas jurídicas controladas, direta ou indiretamente, pelo poder público de país estrangeiro". Igualmente, prevê o art. 5º, § 2º da citada lei que equiparam-se à administração pública estrangeira as organizações públicas internacionais.

Aliás, o problema maior vai residir em se saber se a função pública é a brasileira ou estrangeira. Quer parecer que, para existir, a função de atos estrangeiros será assim considerada desde que convalidados pelo ordenamento brasileiro.[35]

Da mesma forma se diz em relação às empresas controladas, diretamente ou indiretamente, pelo Poder Público de país estrangeiro. No que diz respeito as organizações públicas internacionais, poderiam ser citados com exemplo a ONU, OMS, o FMI etc.[36]

Desse modo, como indicado nas páginas acima, entendemos que o conceito de administração pública que deve orientar a interpretação da Lei de Corrupção é aquele desenvolvido pela doutrina do direto penal. As atividades da administração pública, bem como os funcionários que figurarão como representantes das funções públicas nos atos de corrupção serão aqueles delimitados pelo direito penal. São as regras dessa área que nos oferecem as melhores ferramentas para a configuração do sujeito passivo e do bem jurídico protegido pela nova lei, e os efeitos de tal posição serão sentidos na maior integração das normas sancionadoras e harmonização das sanções aplicadas às pessoas físicas e jurídicas envolvidas no mesmo ato de corrupção.

Informação bibliográfica deste texto, conforme a NBR 6023:2002 da Associação Brasileira de Normas Técnicas (ABNT):

GRECO FILHO, Vicente; RASSI, João Daniel. "O conceito de funcionário público e a administração pública nacional ou estrangeira na lei anticorrupção". In: SOUZA, Luciano Anderson de; TUCUNDUVA SOBRINHO, Ruy Cardozo de Mello (Coord.). Temas de Processo Administrativo. São Paulo: Editora Contracorrente, 2017, pp. 353-370. ISBN. 978-85-69220-32-9.

---

[35] Cf. COSTA Jr., Paulo José; PAGLIARO, Antonio. Dos crimes contra a Administração Pública. São Paulo: Malheiros, 1997, pp. 26/27.

[36] Cf. BITENCOURT, Cezar Roberto. Tratado de direito penal. 3ª ed. São Paulo: Saraiva, 2009, pp. 258/259.

NOTAS

NOTAS

NOTAS

NOTAS

NOTAS

A Editora Contracorrente se preocupa com todos os detalhes de suas obras!
Aos curiosos, informamos que esse livro foi impresso no mês de Outubro
de 2017, em papel Polén Soft, pela Gráfica Grafilar.